Philip Kiefer

Dein iPhone 14

iPhone 14 Plus, iPhone 14 Pro & iPhone 14 Pro Max

Einfach alles können

Markt+Technik

ISBN 978-3-95982-534-4

Espenpark 1a
90559 Burgthann

Produktmanagement Christian Braun, Burkhardt Lühr
Lektorat, Herstellung Jutta Brunemann
Covergestaltung David Haberkamp
Coverfotos © Milad Fakurian – Unsplash.com, Tanja Binder
Druck Himmer GmbH Druckerei & Verlag
Printed in Germany

Inhaltsverzeichnis

Kapitel 1

Ihr neues iPhone stellt sich vor

Ist das wirklich schon so lange her? Es war am 9. Januar 2007, als Steve Jobs (1955–2011) auf einer Messe in San Francisco das erste iPhone vorstellte. Der Mitgründer und damalige CEO des amerikanischen Unternehmens Apple schrieb damit ein Stück Technikgeschichte. Seither wurden weltweit schon über 2,3 Milliarden dieser Smartphones verkauft, und das iPhone diente als Vorbild für viele andere Smartphones mit Multitouch-Display.

Am 7. September 2022 wurden bei einem Apple Event am Apple-Hauptsitz Cupertino die neusten iPhone-Versionen vorgestellt: das iPhone 14 und iPhone 14 Plus sowie das iPhone 14 Pro und iPhone 14 Pro Max. Erfahren Sie in diesem Buch – mitten in der Praxis – alles Wichtige über Ihr neues iPhone sowie über das ebenfalls im Herbst 2021 veröffentlichte iPhone-Betriebssystem iOS 16. Falls Sie über ein älteres iPhone mit iOS 16 verfügen (iOS 16 lässt sich ab dem iPhone 8 installieren), können Sie aus diesem Buch ebenfalls großen Nutzen ziehen.

Auf dieser Abbildung sehen Sie das iPhone 14 in unterschiedlichen Farbvarianten (Bildquelle: Apple)

Sie haben gerade Ihr erstes iPhone erworben? Dann wird dieses Buch für Sie eine spannende Entdeckungsreise voller verblüffender Erkenntnisse sein. Denn mit Ihrem neuen iPhone können Sie so ziemlich alles machen, was Sie sich vorstellen können. Ich selbst nutze es zum Chatten und für Videotelefonate, zum Surfen im Internet, zum Buchen von Reisen, zum Fotografieren und Filmen, zum Anhören von Musik, Hörbüchern und Podcasts, für die Navigation, fürs Onlinebanking, für die Terminplanung, zur Kontrolle meiner Gesundheitsdaten und noch für eine ganze Menge mehr.

Steigen Sie von einem älteren iPhone auf ein iPhone der neuen Generation um? Erfahren Sie ausführlich, wie Sie Ihr iPhone ab sofort ohne Home-Taste bedienen, und machen Sie sich mit den neuen Geräte-Features von iPhone 14 und 14 Plus sowie iPhone 14 Pro und 14 Pro Max vertraut. Auch die neuen Funktionen des iPhone-Betriebssystems iOS 16 werden in diesem Buch ausführlich behandelt.

Damit das Buch gut lesbar bleibt

Vier neue iPhones – das könnte im Text dieses Buches ein ganz schönes sprachliches Kuddelmuddel ergeben. Gestatten Sie mir deshalb, in diesem Buch lediglich »iPhone 14« zu schreiben, wenn alle vier neuen iPhone-Varianten gemeint sind. Sollte einmal eine spezielle iPhone-Variante gemeint sein, werde ich dies gesondert hervorheben.

Die vier iPhone-14-Varianten im Überblick

Das iPhone 14 entspricht in vielen Belangen, z. B. was den A15 Bionic Chip angeht, dem iPhone 13. Es hat aber immerhin unter anderem eine verbesserte Kamera, eine etwas längere Akkulaufzeit sowie eine automatische Unfallerkennung zu bieten. Einen wirklich guten Grund, vom iPhone 13 auf das iPhone 14 umzusteigen, gibt es jedoch nicht.

Wirkliche Neuerungen und Verbesserungen haben hingegen die Pro-Varianten des iPhone 14 zu bieten. Im Vergleich mit dem iPhone 13 Pro – und auch mit dem iPhone 14 – haben das iPhone 14 Pro und sein großer Bruder, das iPhone 14 Pro Max, den schnelleren A16 Bionic Chip sowie ebenfalls eine längere Akkulaufzeit erhalten. Besonders bemerkenswert ist aber, dass die iPhone-Kamera von 12 Megapixel auf 48 Megapixel aufgestockt wurde. Mit der iPhone-Kamera des iPhone 14 Pro bzw. iPhone 14 Pro Max lassen sich nun also Aufnahmen mit deutlich höherer Auflösung als bisher tätigen.

Äußerlich lassen sich die iPhone-14-Modelle kaum von der Vorgängergeneration unterscheiden. Nur farblich hat sich etwas getan, z. B. gibt es das iPhone 14 nicht mehr in Grün wie noch das iPhone 13, dafür ist die blaue Farbvariante blasser geworden und als neue Farbe wurde Violett eingeführt. Beim iPhone 14 Pro sind gleich mehrere Farbvarianten gegenüber dem iPhone 13 Pro weggefallen. Es ist nur in den Farben Dunkellila, Gold, Silber sowie Space Schwarz erhältlich. Wichtigstes Unterscheidungskritierum gegenüber dem iPhone 13 Pro ist, dass die Notch durch ein »Dynamic Island« ersetzt wurde. Mit dem Begriff

Notch ist die dunkle Aussparung für Frontkamera und Sensoren am oberen Displayrand gemeint. Das Dynamic Island beim iPhone 14 Pro und iPhone 14 Pro Max ist eine echte Neuerung. Es lassen sich diverse Informationen im Dynamic Island einblenden, z. B. zu einer Sprachmemo-Aufnahme, zur Musikwiedergabe oder zu einem laufenden Timer. Das Dynamic Island wird nur angezeigt, wenn das iPhone entsperrt ist. Die Größe des Dynamic Island wird den jeweiligen Inhalten angepasst.

Das Dynamic Island passt sich den jeweiligen Inhalten an (Bildquelle: Apple)

Und auch das ist eine relativ revolutionäre Neuerung beim iPhone 14 Pro und iPhone 14 Pro Max: das Always-on-Display. Der Sperrbildschirm wird in diesem Modus zwar abgedunkelt, bleibt aber sichtbar und kann auf den ersten Blick Informationen liefern, ohne dass Sie das Display extra aktivieren müssten. Der Stromverbrauch ist im Always-on-Modus minimal. Wobei das »always« aber relativ ist, z. B. wird auch bei aktiviertem Always-on-Modus das Display ausgeschaltet, wenn das iPhone mit dem Display nach unten liegt, das iPhone sich in einer Tasche befindet, der Stromsparmodus aktiviert ist und bei noch ein paar Ausnahmen mehr.

Nur beim iPhone 14 Pro und iPhone 14 Pro Max verfügbar: das Always-on-Display (Bildquelle: Apple)

Fans von Mini-iPhones müssen stark sein. Während es das iPhone 12 und das iPhone 13 noch in einer Mini-Ausführung gab, die man in die Hemdtasche packen konnte, gibt es kein iPhone 14 mini. Dafür gibt es aber die größere Version iPhone 14 Plus.

Lassen Sie uns nun noch etwas mehr in die Details gehen und die einzelnen iPhone-14-Modelle – soweit möglich – direkt mit den jeweiligen iPhone-13-Vorgängern vergleichen.

Diese Abbildung veranschaulicht den Größenunterschied von iPhone 14 und iPhone 14 Plus (Bildquelle: Apple)

- **iPhone 14:** Im Vergleich mit dem iPhone 13 hat dieses iPhone-Modell 1 g abgespeckt, nämlich von 173 auf 172 g. Und das, obwohl es minimal an Tiefe zugelegt hat. Die Abmessungen belaufen sich auf 146,7 x 71,5 x 7,80 mm gegenüber 146,7 x 71,5 x 7,65 mm beim iPhone 13. Die Displaygröße beträgt beim iPhone 14 wie beim Vorgänger 6,1 Zoll (das entspricht 15,4 cm, 2.532 x 1.170 Pixel bei 460 ppi). Wie schon das iPhone 13 verfügt auch das iPhone 14 über ein All-Screen-OLED-Display.
- **iPhone 14 Plus:** Dieses Modell wurde neu eingeführt und lässt sich daher am besten mit dem iPhone 14 vergleichen. Außer einer längeren Akkulaufzeit – z. B. bis zu 26 statt bis zu 20 Stunden Videowiedergabe – hat das iPhone 14 Plus gegenüber dem iPhone 14 ein größeres Display mit 6,7 Zoll Diagonale zu bieten (das entspricht 17 cm, 2.778 x 1.284 Pixel bei 458 ppi). Ansonsten entspricht es technisch dem kleineren Bruder.
- **iPhone 14 Pro:** Das iPhone 14 Pro folgt dem iPhone 13 Pro nach. Es ist 147,5 x 71,5 x 7,85 mm groß und wiegt 206 g – es ist damit in Höhe und Tiefe minimal größer und 3 g schwerer als sein Vorgänger. Auch das Display ist minimal größer geworden. Die 6,1 Zoll entsprechen beim iPhone 14 Pro 15,5 cm bzw. 2.556 x 1.179 Pixel bei 460 ppi).
- **iPhone 14 Pro Max:** Dieses iPhone-Modell folgt dem iPhone 13 Pro Max nach. Das iPhone 14 Pro Max hat eine Größe von 160,7 x 77,6 x 7,65 mm und ein Gewicht von 240 g. Die Displaygröße ist minimal größer als beim Vorgänger und beträgt 6,7 Zoll (17 cm), die 2.796 x 1.290 Pixel bei 460 ppi bieten.

iPhone 14 Pro und iPhone 14 Pro Max lassen sich auf den ersten Blick durch andere Farben und durch die zusätzliche Kameralinse vom iPhone 14 und iPhone 14 Plus unterscheiden (Bildquelle: Apple)

Sie wünschen sich noch einige weitere Detailinformationen die neuen iPhones betreffend? Nun gut. Das OLED-Display aller vier iPhone-Modelle wartet mit einem typischen Kontrastverhältnis von 2.000.000:1 auf. Dieses Kontrastverhältnis wurde erstmals beim iPhone 11 Pro geboten, während z. B. das iPhone XR und das iPhone 8 ein Kontrastverhältnis von lediglich 1.400:1 aufwiesen. Beim Kontrastverhältnis geht es um die Darstellung von Helligkeitsunterschieden auf dem Display, und dabei gilt: je höher das Kontrastverhältnis, desto schärfer und lebendiger wirkt das Bild. Die maximale typische Helligkeit ist – dies war bereits bei der iPhone-13-Generation so – bei den Pro-Varianten größer als bei den Standardmodellen: Sie beträgt beim iPhone 14 Pro und beim iPhone 14 Pro Max 1.000 Nits im Vergleich zu 800 Nits beim iPhone 14 und iPhone 14 Plus. Im Freien beträgt die Spitzenhelligkeit bei iPhone 14 Pro und iPhone 14 Pro Max sogar 2.000 Nits. Nit ist die Einheit der Leuchtdichte.

Die ProMotion-Technologie mit adaptiven Bildfrequenzen von 10 bis 120 Hz ist weiterhin nur den Pro-Versionen des iPhone 14 vorbehalten. Die Bildfrequenz wird vom iPhone automatisch geregelt und sorgt jeweils für die optimale Darstellung auf dem Display. Alle iPhone-14-Modelle verfügen auf der Vorderseite – wie bereits die jüngeren Vorgängermodelle – über ein »Ceramic Shield«, um die Bruchsicherheit des Displayglases zu erhöhen. Die Rückseite des Gehäuses besteht beim iPhone 14 und iPhone 14 Plus aus »Aluminium in Raumfahrt-Qualität« und beim iPhone 14 Pro sowie dem iPhone 14 Pro Max aus »Edelstahl in chirurgischer Qualität«.

Die iPhone-14-Modelle sind bis zu einer Tiefe von sechs Metern für eine halbe Stunde wasserdicht. Aber probieren Sie es lieber nicht aus, denn im Kleingedruckten ist bei Apple der Hinweis zu finden, dass die Garantie keine Schäden durch Flüssigkeiten abdeckt. Während das iPhone 14 und das iPhone 14 Plus, wie bereits erwähnt, den A15-Chip – also den Prozessor – der Vorgängergeneration verwenden, warten die Pro-Modelle mit dem A16 Bionic Chip auf, der bis zu 40 % schneller sein soll als die Konkurrenz. Die 16-Core Neural Engine soll an die 17 Billionen Rechenoperationen pro Sekunde durchführen können.

An der Speicherkapazität der iPhone-14-Modelle hat sich gegenüber der Vorgängergeneration nichts geändert. Die iPhones gibt es mit 128, 256 und 512 Gigabyte Speicher, die Pro-Modelle zusätzlich auch mit 1 Terabyte Speicher. Allerdings gilt: Je mehr Speicher, desto höher der Anschaffungspreis. So schlug im Apple Store im Herbst 2022 ein iPhone 14 Pro mit 128 GB Speicher mit 1.299 Euro zu Buche, während das gleiche Modell mit 1 TB Speicher 1.949 Euro kostete. Da sich viele Daten ins Internet verlagern lassen, ist im Normalfall aber gar nicht so viel lokaler Speicher nötig. Selbstverständlich unterstützen alle vier iPhone-14-Varianten den jüngsten Mobilfunkstandard 5G.

Die Leistung des A16-Chips und der Speicher sind nicht zuletzt für die herausragende Kamera der Pro-Modelle von Bedeutung. Diese kann jetzt Aufnahmen mit 48 Megapixeln tätigen. Ein Quad-Pixel-Sensor sorgt dafür, dass je vier Pixel zu einem größeren Quad-Pixel zusammengesetzt werden, was zu perfekten Aufnahmen auch bei wenig Licht führen soll. Die neue Ultraweitwinkel-Kamera mit 12 Megapixeln soll ein schärferes Bild mit mehr Details im Bereich der Makrofotografie liefern. Auch das Teleobjektiv der Pro-Modelle wurde verbessert und bietet einen 3-fach optischen Zoom.

Ein detailreiches Makrofoto, aufgenommen mit einem iPhone 14 Pro (Bildquelle: Apple)

Im Kinomodus lassen sich bei allen vier iPhone-14-Modellen nun auch 4K-Videos aufnehmen. Außerdem wurde ein Actionmodus eingeführt, der Wackler bei Videoaufnahmen in Bewegung automatisch korrigieren kann.

Wie bereits bei den jüngeren Vorgängermodellen liegen dem iPhone 14 weder Kopfhörer noch ein Netzteil zum Aufladen des Gerätes bei, sondern lediglich ein Kabel »Lightning auf USB-C«. Offizielle Begründung ist, dass die meisten iPhone-Nutzer schon über Kopfhörer und Netzteil verfügen würden. Das Weglassen ermögliche kleinere Verpackungen, die wiederum zu jährlichen CO_2-Einsparungen im siebenstelligen Bereich führen würden. Verfügen Sie bereits über die weggelassene Hardware, kein Problem! Andernfalls müssen Sie Kopfhörer und Netzteil nachrüsten.

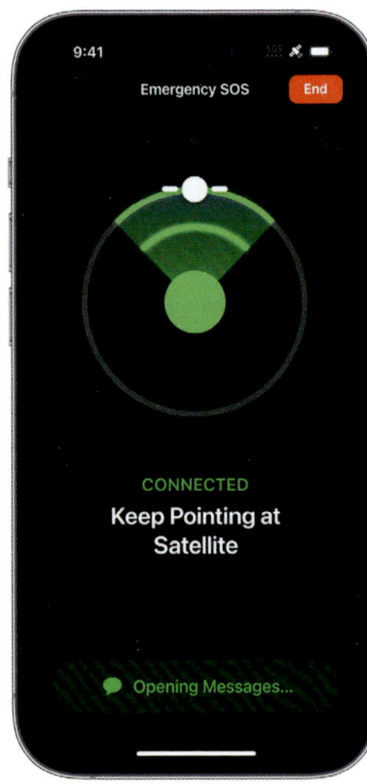

Ein Notruf SOS via Satellit kann in entlegenen Gegenden eine große Hilfe sein

Völlig neu bei allen vier iPhone-14-Modellen ist ein *Notruf SOS via Satellit*. Diese Sicherheitsfunktion wurde Mitte November 2022 zunächst nur in den USA und Kanada eingeführt, ist inzwischen aber auch in Deutschland, Frankreich und weiteren Ländern verfügbar. Wer ein iPhone 14 in den USA erwirbt, muss außerdem auf eine SIM-Lade verzichten. Statt einer physischen SIM wird nur noch die Nutzung einer eSIM gestattet, also einer digitalen SIM, wie Sie sie auch auf Ihrem europäischen iPhone verwenden können, z. B. als Zweit-SIM für den Urlaub. Neben den vier iPhone-14-Modellen werden von Apple im Herbst 2022 weiterhin das iPhone SE (Mini-Sparvariante des iPhones, noch mit Home-Taste), das Vorgängermodell iPhone 13 sowie das Vor-Vorgängermodell iPhone 12 vertrieben. Generell gilt bei neu eingeführten iPhones, dass diese zu Beginn recht teuer sind, dass die Preise im Laufe der Monate aber purzeln sollten.

Zusammen mit dem iPhone 14 eingeführt: das neue iPhone-Betriebssystem iOS 16

Das Betriebssytem, das zu Beginn auf Ihrem iPhone 14 läuft, ist das im Herbst 2022 eingeführte iOS 16. Es kann auch auf älteren iPhones ab dem iPhone 8 – also auf Apple-Smartphones, die ab dem Herbst 2017 eingeführt wurden – installiert werden.

Lassen Sie mich Ihnen im Folgenden die wichtigsten Neuerungen im Vergleich mit dem Vorgänger-Betriebssystem iOS 15 zunächst in einem kurzen Überblick vorstellen. Lassen Sie sich bitte nicht irritieren, falls Ihnen der eine oder andere Begriff zu diesem Zeitpunkt noch unbekannt sein sollte.

- Besondere Aufmerksamkeit wurde in iOS 16 dem Sperrbildschirm geschenkt. Sie können jetzt mehrere Sperrbildschirme einrichten und diese mit verschiedenen Hintergrundbildern sowie unterschiedlichen Widgets versehen. Auch Live Aktivitäten – etwa laufend aktualisierte Sportergebnisse – lassen sich nun auf dem Sperrbildschirm darstellen. Der Sperrbildschirm wird Ihnen angezeigt, wenn Sie den Bildschirm Ihres iPhones aktivieren, aber es noch nicht entsperrt haben. Mit der Always-on-Funktion des iPhone 14 Pro und iPhone 14 Pro Max können Sie den Sperrbildschirm – in abgedunkeltem Zustand – auch dann auf dem Display anzeigen lassen, wenn Sie das iPhone in den Stand-by-Modus versetzen.

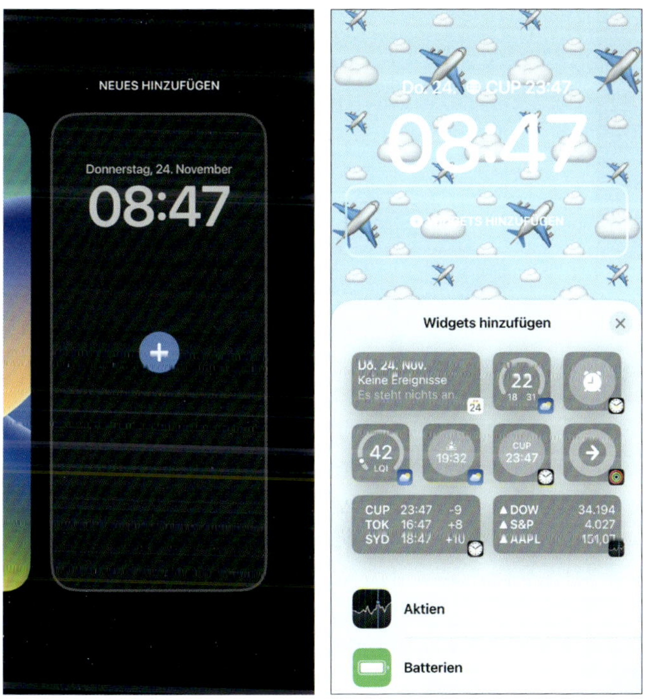

Richten Sie für unterschiedliche Zwecke jeweils eigene Sperrbildschirme ein und versehen Sie diese mit diversen Widgets

- Zwischen den Sperrbildschirmen wechseln Sie entweder manuell oder Sie verknüpfen einen Sperrbildschirm mit einem Fokus – den Sie manuell, bei einer bestimmten Aktivität oder nach Zeitplan starten. Mit iOS 16 wurden Fokusfilter eingeführt, mit denen Sie genau festlegen können, welche Inhalte bei einem aktivierten Fokus zur Verfügung stehen sollen und welche nicht.
- Diktieren Sie Ihrem iPhone Texte, müssen Sie die Satzzeichen nicht mehr unbedingt mitsprechen – iOS 16 kann die Interpunktion automatisch für Sie erledigen. Außerdem lassen sich Emojis mit Sprachbefehlen einfügen und der Wechsel zwischen Diktierfunktion und Tastatur wurde erleichtert.
- Sogar Texte in Videos werden mit iOS 16 erkannt (»Live Text«) und können z. B. in die Zwischenablage kopiert oder übersetzt werden.
- Besonders pfiffig ist außerdem die Funktion, mit einem einfachen Handgriff ein Motiv einem Foto zu entnehmen und dann freigestellt etwa in einer Nachricht zu senden.

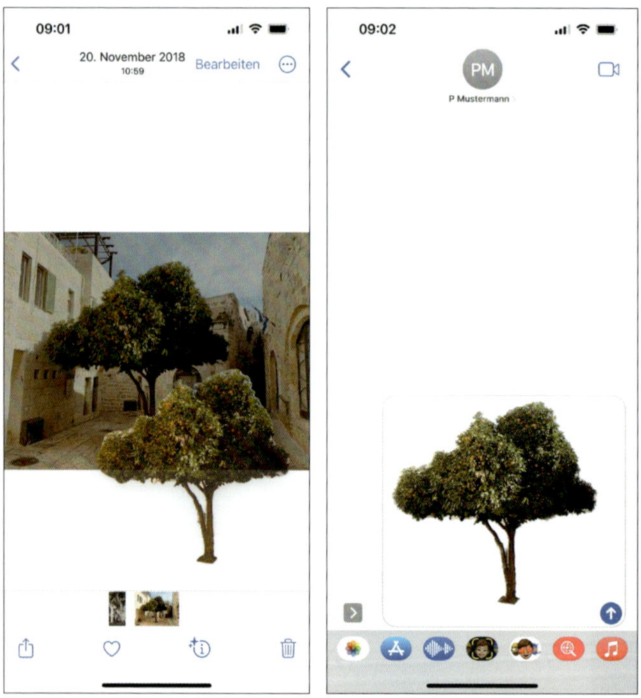

Hier wird ein Motiv aus einem Foto extrahiert und dann freigestellt in eine Nachricht eingefügt

- Wenn Sie mit dem iPhone Nachrichten senden, können Sie das Senden einer Nachricht innerhalb von zwei Minuten rückgängig machen. Innerhalb von 15 Minuten lässt sich eine gesendete Nachricht noch bearbeiten, wobei der Empfänger allerdings sieht, welche Änderungen Sie an der Nachricht vorgenommen haben. Gelöschte Nachrichten lassen sich bis zu 30 Tage lang wiederherstellen. Hinzugekommen sind weitere kleinere Neuerungen in der App *Nachrichten* wie etwa die Möglichkeit, beim Anhören von Audionachrichten vor- und zurückzuspulen, oder die Option, Nachrichten als ungelesen zu markieren.

- Auch in der App *Mail* ist es möglich, mit iOS 16 verschickte E-Mails »zurückzuholen«. Dafür haben Sie allerdings lediglich maximal 30 Sekunden Zeit. Schreiben Sie eine E-Mail in einer schlaflosen Nacht, dann wählen Sie einen besser geeigneten Zeitpunkt zum Senden aus. Wichtige E-Mails lassen sich mit einer Erinnerung versehen, damit Sie deren Beantwortung nicht vergessen.
- In Safari lassen sich auf Ihrem iPhone mit iOS 16 unter anderem Bilder auf Webseiten übersetzen und Ihre Einstellungen für Websites sowie Erweiterungen synchronisieren. Für mehr Sicherheit und eine komfortablere Anmeldung können nun Passkeys sorgen. Da diese nur auf Ihren Geräten gespeichert werden, können Sie bei der Verwendung von Passkeys z. B. nicht das Opfer von Website-Leaks werden.
- Im Zusammenhang mit dem Thema Sicherheit sind auch die *Sicherheitsprüfung* sowie der neue *Blockierungsmodus* zu erwähnen. Haben Sie das Gefühl, dass Ihr iPhone bespitzelt wird, können Sie sich mit diesen Funktionen schützen.

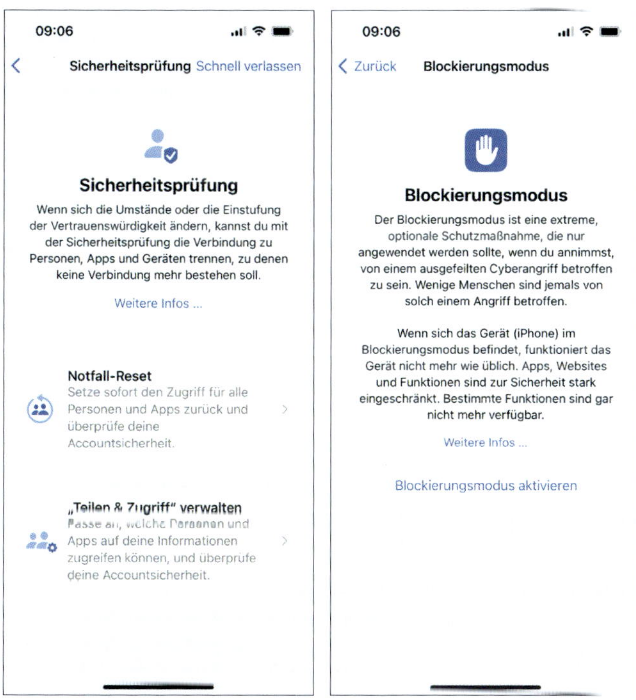

Mit der Sicherheitsprüfung und dem Blockierungsmodus schützen Sie Ihr iPhone vor Bespitzelung durch eifersüchtige Partner bzw. Hacker

- Mit iOS 16 – genauer gesagt mit iOS 16.1 – wurde eine iCloud-Fotomediathek eingeführt, die mit bis zu fünf anderen Personen geteilt werden kann. Die neue Funktion bietet diverse Einrichtungstools und ermöglicht es, gemeinsame Fotosammlungen aufzubauen.

- Schließlich zauberte das Update auf iOS 16.2 eine neue App aufs iPhone, nämlich die Whiteboard-App *Freeform*. Auf einer weißen »Tafel« können damit beliebige Inhalte gesammelt und mit anderen Personen geteilt werden, etwa um gemeinsam mit anderen ein Brainstorming durchzuführen.

Noch in vielen weiteren Apps gibt es verschiedene Neuerungen. Unter anderem können Sie in der App *Karten* bei der Routenplanung nun mehrere Stopps hinzufügen, die Home-App für die Smart-Home-Steuerung wurde mit neuen Ansichten versehen, in der App *Health* können Sie Ihre Medikamente erfassen, Kinder-Accounts lassen sich einfacher einrichten, ausgeblendete und zuletzt gelöschte Fotos sind standardmäßig gesperrt, FaceTime bietet nun ebenfalls Handoff zur Übertragung auf andere Apple-Geräte und die App *Wetter* kann Sie über Extremwetterlagen benachrichtigen. Und iOS 16 bietet noch mehr kleine, aber feine Änderungen. Eine vollständige Übersicht über die größeren und kleineren neuen Features bietet Ihnen die Webseite *https://www.apple.com/de/ios/ios-16/features*.

Die weiteren Kapitel dieses Buches im Schnelldurchlauf

Bevor Sie nun gleich mit der perfekten Nutzung Ihres iPhones loslegen, verschaffen Sie sich noch einen schnellen Überblick über die weiteren Kapitel dieses Buches. Sie erhalten dadurch einen motivierenden Eindruck von der Funktionsvielfalt Ihres iPhone 14 und wissen, worauf Sie sich bei der Lektüre des Buches freuen können.

Nehmen Sie mithilfe von Kapitel 2, sofern noch nicht erfolgt, Ihr neues iPhone in Betrieb. Ich stelle Ihnen das Äußere des iPhones vor und zeige Ihnen, wie Sie es mühelos aktivieren, optimal einrichten und per Face ID, Fingergesten, Kontrollzentrum und Co. effizient bedienen. Sie erfahren in Kapitel 2 außerdem, wie Sie eine WLAN-Verbindung herstellen, ein Bluetooth-Gerät verbinden und die eingebaute Suchfunktion verwenden, um alle Inhalte auf dem iPhone – und im Internet – sofort aufzuspüren.

Die Standard-Apps, die auf Ihrem iPhone bereits zur Verfügung stehen, sind nur der Anfang! Machen Sie sich in Kapitel 3 mit dem App Store vertraut, in dem Hunderttausende weiterer nützlicher, smarter oder verrückter Apps auf die Entdeckung durch Sie warten. Sie erfahren ausführlich, wie Sie Apps herunterladen, kostenpflichtige Apps sicher bezahlen und dank App-Mediathek und Co. auch bei vielen auf Ihrem iPhone installierten Apps den Überblick behalten. Auch eine App-Sammlung für den gelungenen Start mit Ihrem iPhone halte ich für Sie parat.

Das iPhone ist zwar ein fast alles könnender kleiner Computer – aber es ist doch auch immer noch ein Handy. In Kapitel 4 finden Sie die besten Tipps und Tricks rund um das Telefonieren und Versenden von Nachrichten mit Ihrem iPhone. Auch die Funktion FaceTime für Videotelefonate übers Internet stelle ich Ihnen in Kapitel 4 vor.

Damit Sie mithilfe Ihres iPhones jederzeit gut organisiert sind, erfahren Sie in Kapitel 5, wie Sie Ihr iPhone zur Verwaltung Ihrer Kontakte, Termine und Aufgaben optimal einsetzen und wie Sie sich pünktlich an ein anstehendes Meeting oder an einen Geburtstag erinnern lassen. Auch den Wecker, das Notizbuch sowie Ihr Diktiergerät ersetzt das iPhone, was ich Ihnen in Kapitel 5 ebenfalls zeigen werde.

Im links abgebildeten App Store finden Sie Apps, iPhone-Programme, zu allen denkbaren Themen; zum Verwalten der Apps steht unter anderem die App-Mediathek (Bild rechts) zur Verfügung

Auf die Sprachassistentin Siri werden Sie bestimmt nicht verzichten wollen: Die aktuelle Wetterprognose liefern, Wissensfragen beantworten, Einstellungen ändern, Musikstücke erkennen, Restaurants empfehlen, Fußballergebnisse abrufen – das alles kann Siri, die ich Ihnen in Kapitel 6 ausführlich vorstelle. Lernen Sie die Befehle kennen, die Sie Ihrer ganz persönlichen iPhone-Assistentin erteilen können, und richten Sie Siri für die Verwendung in Ihrem iPhone-Alltag ideal ein.

Mit Ihrem iPhone surfen Sie auch jederzeit im World Wide Web. Egal, wo Sie sich gerade aufhalten mögen: Lesen Sie Onlinenachrichten, rufen Sie in der Internet-Enzyklopädie Wikipedia interessante Artikel auf oder stöbern Sie bei Google nach Webseiten zu Ihren Wunschthemen. Die besten Tipps und Tricks zum mobilen Surfen erhalten Sie in Kapitel 7.

Eine im Zusammenhang mit dem Internet ebenfalls sehr wichtige Funktion ist das Senden und Empfangen von E-Mails. Das komplette Kapitel 8 dreht sich um dieses Thema, also um das Einrichten eines E-Mail-Kontos auf dem iPhone und das clevere Senden, Empfangen und Verwalten von elektronischer Post. Zukünftig müssen Sie zu diesem Zweck nicht mehr extra Ihren PC einschalten!

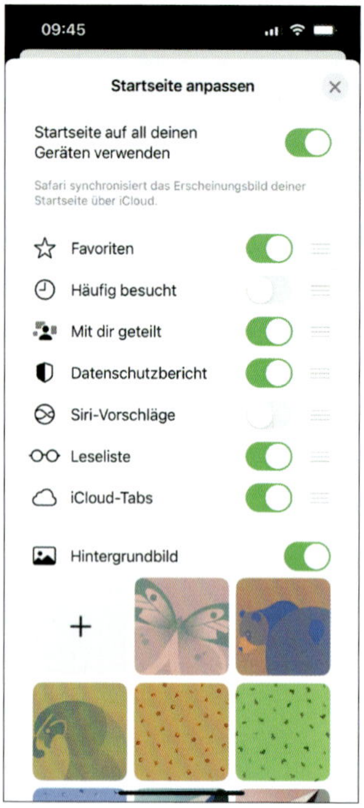

Die Startseite anpassen und Webrecherchen in Tabgruppen organisieren – das sind nur zwei Möglichkeiten, die sich Ihnen in der Browser-App Safari bieten

Ihr iPhone ist auch ein genialer Unterhaltungskünstler, mit dem Sie Musik und Hörbücher anhören, Filme und TV-Sendungen wiedergeben oder Podcasts abonnieren können. In Kapitel 9 bekommen Sie die besten Tipps dazu – vom Herunterladen Ihrer Lieblingssongs im integrierten Store über das gekonnte Organisieren Ihrer Mediathek auf dem iPhone bis hin zum Übertragen Ihrer Musik- und Filmdateien aufs TV-Gerät. Auch dem kostenlosen Empfangen von Webradio und Web-TV werden Sie sich in Kapitel 9 widmen.

Die Kamera des iPhones wird selbst von professionellen Fotografen gelobt und genutzt. In Kapitel 10 stelle ich Ihnen die besten Funktionen der iPhone-Kamera vor. Damit können Sie nicht nur exzellent fotografieren, sondern auch Videoclips aufzeichnen. Praktisch: Ihre Aufnahmen lassen sich direkt auf dem iPhone bearbeiten oder übers Internet mit anderen Personen teilen.

Gerade dann, wenn Sie viel unterwegs sind, werden Sie Ihr iPhone zukünftig nicht mehr missen wollen. Setzen Sie Ihr iPhone ein, um sich per Satellit zu Ihren Zielorten navigieren zu lassen, fragen Sie Bahnverbindungen oder das aktuelle Wetter ab, finden Sie in jeder Stadt das beste Hotel, organisieren Sie Bordkarten, Tickets und Co. mit der App *Wallet* oder zählen Sie mit der App *Health* die gelaufenen Schritte. Alles dazu in Kapitel 11.

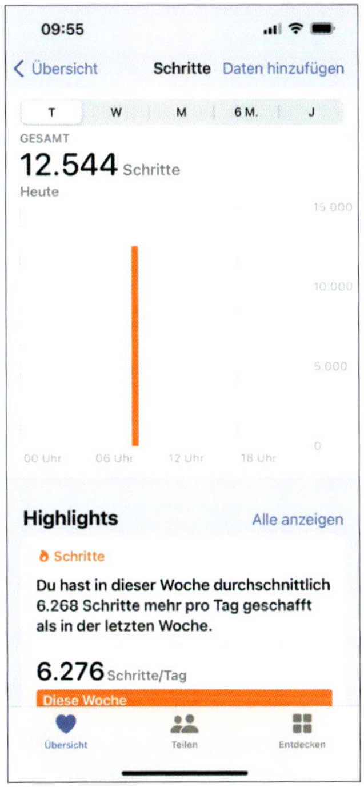

Das iPhone bietet jede Menge nützlicher Apps und Funktionen für unterwegs

Dank des iPhones haben Sie auch stets eine komplette Bibliothek in der Tasche mit dabei. Kostenlose Klassiker und aktuelle Bestseller lassen sich genauso darauf speichern und lesen wie aktuelle Nachrichten. In Kapitel 12 zeige ich Ihnen, wie Sie mit E-Books als Ergänzung zu gedruckten Büchern viel Freude haben werden und auch Ihre Lieblingsmagazine auf dem iPhone aufrufen.

Mit Ihrem iPhone Dokumente bearbeiten, shoppen, Finanzen verwalten, Sport treiben und noch ganz viel mehr: Kapitel 13 widmet sich weiteren beliebten und genialen Funktionen Ihres iPhones, die entweder schon verfügbar sind oder die Sie ganz einfach per App nachrüsten.

In Kapitel 14 lesen Sie, wie Sie Daten zwischen Ihrem iPhone und dem Computer austauschen. Sie machen sich außerdem gründlich mit Apples Internetspeicher iCloud vertraut, der die Datenübertragung und -sicherung im Internet ermöglicht. Wenn Sie sich für die iCloud-Nutzung entscheiden, können Sie auch von der Familienfreigabe Gebrauch machen und unter anderem Ihre Einkäufe auf einfache Weise mit Familienmitgliedern teilen. Auch dazu alles in Kapitel 14.

In Kapitel 15 halte ich schließlich noch wichtige Ratschläge vom iPhone-Experten für Sie bereit. Sie finden darin alles beschrieben, was Sie zur Wartung und zum Schutz Ihres iPhones wissen müssen.

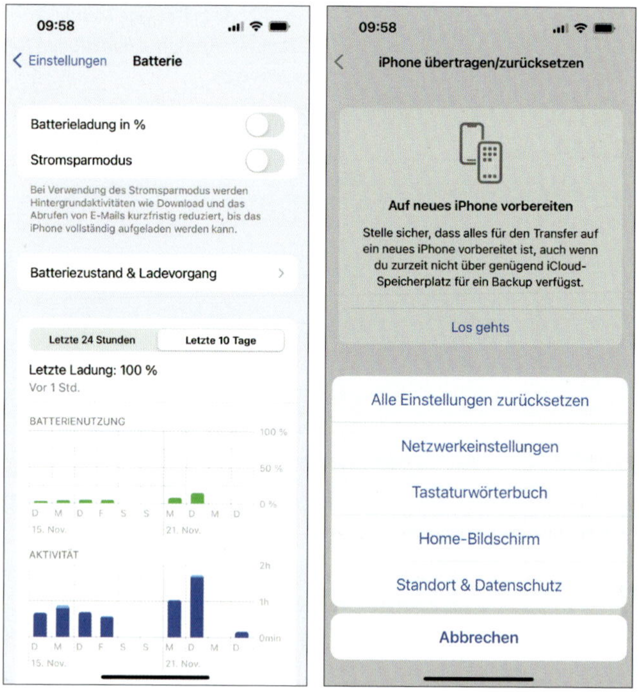

Kapitel 15 behandelt Themen von A wie Akku bis Z wie Zurücksetzen

Und jetzt geht's richtig los! Mein Anspruch ist, dass Ihnen dieses Buch ein nützlicher und allzeit bereiter Ratgeber in Sachen iPhone sein wird. Viel Freude beim Lesen und Umsetzen der Inhalte wünscht Ihnen

Ihr Autor Philip Kiefer

Kapitel 2

Ihr iPhone 14 einrichten und perfekt bedienen

Sie haben sich gerade ein neues iPhone 14 gekauft? Bestimmt möchten Sie es dann sofort in Betrieb nehmen. In diesem Kapitel nehme ich Sie dabei an die Hand. Zunächst stelle ich Ihnen das Äußere des iPhones vor, um Ihnen anschließend bei der Inbetriebnahme Ihres Gerätes, beim Herstellen einer Internetverbindung, beim Einrichten wichtiger Funktionen und bei der Bedienung des iPhones behilflich zu sein. Lernen Sie außerdem clevere Bedienungshilfen kennen, die Möglichkeit, drahtlos ein Gerät per Bluetooth zu verbinden, und noch vieles Nützliche mehr.

Das Äußere Ihres iPhones im Überblick

Zunächst machen Sie sich mit dem Äußeren Ihres iPhones näher vertraut. Die Vorderseite des iPhones wird fast zur Gänze vom Display beansprucht. Alle vier iPhone-14-Varianten verfügen über ein Super Retina XDR Display. Der von Apple geprägte Begriff Retina Display bedeutet schlicht, dass man die einzelnen Bildpunkte auf dem Display mit bloßem Auge nicht mehr ausmachen kann. Die Abkürzung XDR steht für **E**x**t**reme **D**ynamic **R**ange.

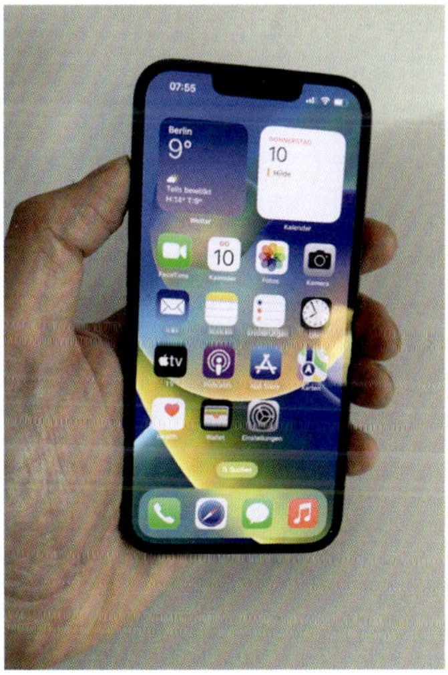

Auf diesem Foto eines eingeschalteten iPhone 14 ist die Notch (auf Deutsch: Einkerbung) oben im Display deutlich zu sehen

Oben im Display sehen Sie beim iPhone 14 und iPhone 14 Plus eine »Einkerbung«, die Notch, die Sensoren sowie die Linse der TrueDepth-Frontkamera beinhaltet. Ebenfalls in der Notch bzw. darüber befinden sich ein Stereolautsprecher sowie ein Mikrofon. Beim iPhone 14 Pro und dem iPhone 14 Pro wurde die Notch, wie bereits an anderer Stelle erwähnt, durch ein variables »Dynamic Island« ersetzt.

Das erste iPhone ohne Home-Taste war das 2017 veröffentlichte iPhone X, während das im gleichen Jahr herausgebrachte iPhone 8 noch über eine Home-Taste mit integriertem Fingerabdrucksensor verfügte. Bei den iPhones ohne Home-Taste – also auch beim iPhone 14 – kommt statt dieser Touch ID eine Face ID zum Einsatz, bei der mithilfe der TrueDepth-Frontkamera Ihr Gesicht eingescannt wird, um das iPhone zu entsperren oder sensible Aktionen zu autorisieren.

Auf der (bei Draufsicht) linken Seite des iPhones ist oben der »Stummschalter« angebracht. Darunter befinden sich Tasten, um die Lautstärke leiser oder lauter zu stellen. Auch die SIM-Lade, in die zur Inbetriebnahme eine Nano-SIM-Karte eingelegt werden muss, befindet sich auf der linken Seite des iPhone 14. Alternativ kann auch eine digitale eSIM Verwendung finden – in den USA ist dies beim iPhone 14 sogar verpflichtend. Die Antenne des iPhones ist übrigens in dessen Rahmen integriert.

Erkennen Sie unter anderem den Stummschalter und die beiden Lautstärketasten auf der linken Seite dieses iPhone 14?

Auf der (bei Draufsicht) rechten Seite des iPhones sehen Sie die Seitentaste. Sie dient dem Einschalten des iPhones sowie verschiedenen Funktionen, oftmals in Kombination mit einer oder beiden Lautstärketasten. Die Rückseite des iPhones wartet mit der Kamera auf – beim iPhone 14 und dem iPhone 14 Plus verfügt die Kamera über lediglich zwei – diagonal angeordnete – Linsen, beim iPhone 14 Pro und dem iPhone 14 Pro Max hingegen sind es drei Linsen. Außerdem finden Sie auf der Rückseite Ihres iPhones einen LED-Blitz für Aufnahmen bei schlechten Lichtverhältnissen sowie ein weiteres Mikrofon. Beim iPhone 14 Pro und dem iPhone 14 Pro Max ist zusätzlich ein LiDAR-Sensor vorhanden, der für bessere Aufnahmen bei Dunkelheit sorgen soll. Dies ermöglicht bei den Pro-Varianten unter anderem auch den Porträt-Nachtmodus. LiDAR steht übrigens für **Li**ght **D**etection **a**nd **R**anging.

Die Seitentaste sehen Sie auf der rechten Seite dieses iPhone 14

Diese Abbildung zeigt die beiden Kameralinsen, den LED-Blitz sowie ein weiteres Mikrofon auf der Rückseite eines iPhone 14

Bleibt noch die Unterseite des iPhones, und die hat es in sich: Verbinden Sie das iPhone hier – per Lightning-Anschluss (»lightning« ist das englische Wort für Blitz) – mit dem Computer oder verschiedenem Zubehör. Sie finden an der Unterseite des iPhones außerdem einen Stereolautsprecher und noch ein Mikrofon.

Neben dem Stereolautsprecher und noch einem Mikrofon befindet sich auf der Unterseite des iPhone 14 auch der Lightning-Anschluss

Unter der Haube hat das iPhone noch allerlei mehr zu bieten: weitere Sensoren, Bluetooth, WLAN, GPS usw.

Sie sehen: Das iPhone ist wirklich bestens ausgestattet, es wird so zu einem echten Multitalent für alle möglichen Einsatzzwecke.

Für den Werterhalt: Ihr iPhone richtig schützen und pflegen

Ein iPhone ist in der Anschaffung ziemlich teuer. Aber der hohe Preis relativiert sich, wenn man bedenkt, was sich mit einem iPhone alles anstellen lässt. Außerdem hat das iPhone einen relativ hohen Wiederverkaufswert – sofern es sich in gutem Zustand befindet. Ihr iPhone ist zwar recht robust, aber es ist natürlich nicht unkaputtbar, und Kratzer oder andere Mängel würden aufgrund des edlen Designs doppelt schwer wiegen. Damit Sie möglichst lange Freude an dem Hightechgerät haben und seinen Wert erhalten, sollten Sie einige wichtige Empfehlungen beherzigen.

Laden

Zum Laden des iPhone 14 bieten sich Ihnen mehrere Möglichkeiten. Zum einen können Sie ein eventuell bereits vorhandenes Netzteil verwenden – dies wird von Apple sozusagen vorausgesetzt, denn es wird kein gesondertes Netzteil mitgeliefert, wie es noch bei den vorherigen iPhone-Versionen der Fall war.

Stattdessen ist nur ein Lightning-auf-USB-C-Kabel im Gepack, das Sie z. B. an einen Mac anschließen können, um Ihr iPhone zu laden. Alternativ entscheiden Sie sich für den Kauf eines Qi- oder MagSafe-Ladezubehörs. Das Laden erfolgt in diesen beiden Fällen steckerlos.

Da das iPhone über einen Lithium-Ionen-Akku ohne Memory-Effekt verfügt, können Sie Ihr iPhone unabhängig vom aktuellen Ladestand jederzeit ans Stromnetz hängen, ohne dass der Akku Schaden nimmt.

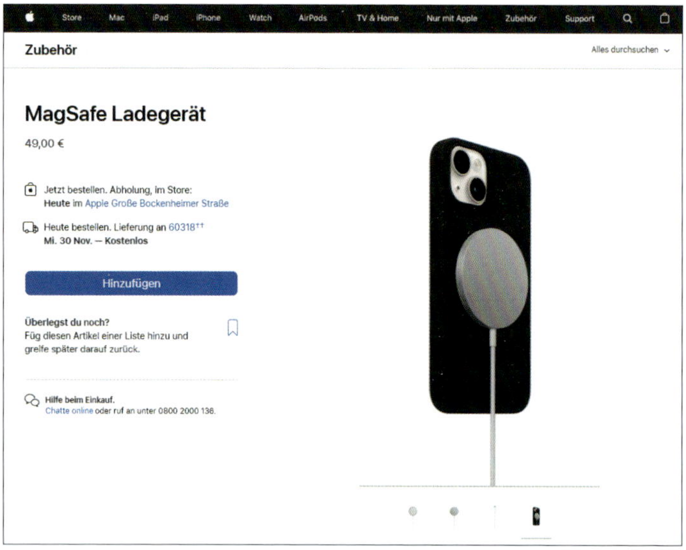

Diese Abbildung zeigt das im Apple Store angebotene MagSafe-Ladegerät, das allerdings 49 Euro kostet (Bildquelle: Apple.com)

Schutz

Um das iPhone-Gehäuse vor Kratzern und sonstigen Macken zu schützen, empfehle ich die Verwendung einer Silikon- oder Lederhülle, wie sie – mit entsprechenden Öffnungen für Tasten und Anschlüsse – auch speziell für die vier Varianten des iPhone 14 erhältlich ist. Apple selbst hat entsprechende Hüllen (Cases) in unterschiedlichen Farben im Angebot – auch solche mit MagSafe-Kompatibilität. Natürlich gibt es auch alternative Anbieter mit günstigeren Preisen – schauen Sie sich doch mal im örtlichen Elektronikfachmarkt um.

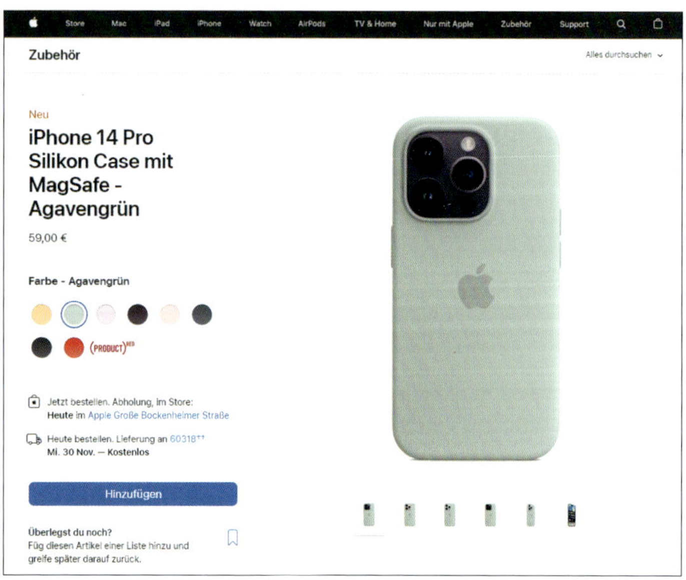

Diese Abbildung zeigt eine Silikonhülle mit MagSafe-Kompatibiliät in der Farbe Agavengrün, wie sie im Apple Store erworben werden kann (Bildquelle: Apple.com)

Für den Schutz des iPhone-Displays können Sie den Gebrauch einer speziellen Schutzfolie in Erwägung ziehen. Im Apple Store sind solche Folien ebenfalls erhältlich. Natürlich gibt es auch deutlich kostengünstigere No-Name-Produkte. Beachten Sie aber, dass es gerade bei Billigprodukten zu Blasenbildungen kommen kann.

Generell gilt es, Kratzer auch durch einen behutsamen Umgang mit dem iPhone zu vermeiden. Wenn Sie es in die Hosen- oder Handtasche stecken, sollten nicht Ihre Schlüssel dagegenschlagen. Wenn Sie Ihr iPhone auf den Tisch legen, tun Sie dies, als ob das iPhone ein rohes Ei wäre. Vermeiden Sie jeden unnötigen Kratzer!

Männer, aufgepasst!

Der Transport des iPhones – oder eines anderen Handys – sollte nur in Ausnahmefällen in der Hosentasche erfolgen. Wissenschaftler einer britischen Universität haben nämlich herausgefunden, dass das die männliche Fruchtbarkeit deutlich reduzieren kann.

Reinigung

Hin und wieder bedarf das iPhone einer Säuberung. Verwenden Sie zu diesem Zweck ausschließlich ein handelsübliches Mikrofasertuch. Damit lassen sich sowohl das Display als auch das Gehäuse reinigen. Damit eine Säuberung nicht allzu oft erforderlich ist, verwenden Sie das iPhone niemals, wenn Sie sich gerade die Hände eingecremt oder Kartoffelchips gegessen haben. Versuchen Sie dies, und Sie wissen, was ich meine!

Die neuen iPhones sind zwar prinzipiell staubgeschützt, aber manchmal kann es trotzdem vorkommen, dass sich im Lightning-Anschluss Staub und Flusen ansammeln. Dies bemerken Sie, wenn das iPhone nicht mehr auflädt, obwohl Sie es mit dem Stromnetz bzw. mit dem USB-C-Anschluss Ihres Computers verbunden haben. In einem solchen Fall verwenden Sie einen Zahnstocher oder eine aufgebogene Büroklammer, um den Schmutz aus dem Anschluss zu entfernen. Gehen Sie dabei äußerst vorsichtig zu Werke (wie beim Mikado) und scharren Sie nicht am Innenleben des iPhones herum!

Vermeiden Sie extreme Temperaturen!

Setzen Sie das iPhone weder großer Hitze noch großer Kälte aus! Das Handschuhfach im Auto ist deshalb kein guter Ablageplatz für das Gerät. Die iPhone-Nutzung unter 0 °C sowie über 35 °C kann zu diversen Problemen führen. Für die Aufbewahrung sind Temperaturen zwischen -20 °C und 45 °C vorgesehen.

Für Ihr iPhone gibt es noch viele weitere Zubehörprodukte, z. B. Sportarmbänder oder Musikstationen. Eine gute Anlaufstelle zum Einkaufen von iPhone-Zubehör ist etwa der Apple Store unter der Webadresse *store.apple.com/de*, aber im Internet finden sich auch zahlreiche andere Anbieter, deren Preise durchaus günstiger sind.

Nano-SIM-Karte einlegen

Nun machen Sie Ihr iPhone empfangsbereit, indem Sie die von Ihrem Mobilfunkanbieter erhaltene Nano-SIM-Karte in die SIM-Lade einlegen. Alternativ können Sie eine digitale eSIM verwenden. Die SIM – Kurzform für **S**ubscriber **I**dentity **M**odule – dient dazu, eine Verbindung zum Mobilfunknetz des Netzbetreibers herzustellen – um mit dem iPhone telefonieren und mobil im Internet surfen zu können. Das Einlegen der Nano-SIM-Karte ist schnell erledigt:

1. Sie finden in der iPhone-Verpackung einen kleinen Metallpiekser. Entnehmen Sie diesen.
2. Drücken Sie den Metallpiekser in die kleine Öffnung der SIM-Lade auf der rechten Seite des iPhones. Die SIM-Lade springt daraufhin ein Stück heraus, und Sie können sie entnehmen. Sollten Sie den Metallpiekser einmal verlieren, erfüllt eine aufgebogene Büroklammer den gleichen Zweck.

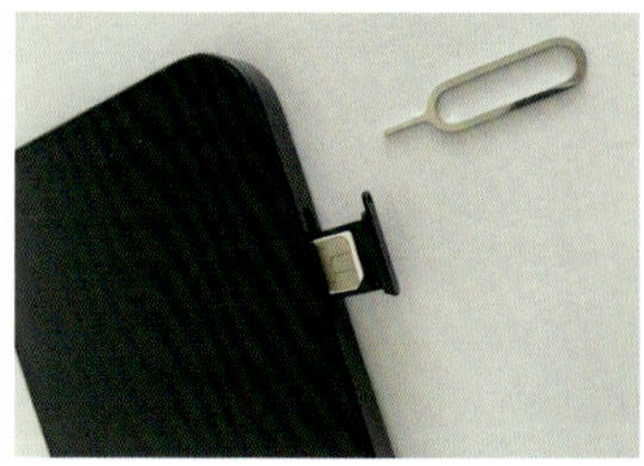

3. Legen Sie die Nano-SIM-Karte in die Lade ein; die abgeschnittene Ecke an der Nano-SIM-Karte zeigt Ihnen, wie diese richtig in die Lade eingelegt werden muss.
4. Führen Sie die nun bestückte SIM-Lade wieder in die dafür vorgesehene Öffnung ein.
5. Werden Sie zum Entsperren der Nano-SIM-Karte aufgefordert, tippen Sie auf die Option zum Entsperren und geben – über die auf dem Display eingeblendeten Zifferntasten – den zusammen mit der Nano-SIM-Karte erhaltenen PIN-Code ein.

Ach du Schreck, meine SIM-Karte ist viel zu groß!

Für das iPhone 14 benötigen Sie, wie gesagt, eine sogenannte Nano-SIM-Karte, eine kleinere Variante der Micro-SIM-Karte, die wiederum kleiner ist als eine ursprüngliche SIM-Karte. Die meisten Anbieter stellen eine Nano-SIM-Karte kostenlos oder gegen einen geringen Betrag zur Verfügung. Theoretisch können Sie Ihre SIM-Karte selbst auf Nanogröße zuschneiden. Das empfehle ich Ihnen jedoch nur, wenn Sie ein sehr versierter Bastler sind – im schlimmsten Fall machen Sie nämlich eine SIM-Karte durch das Zuschneiden unbrauchbar. Wenn Apple vom Einsatz einer selbst zugeschnittenen Nano-SIM-Karte Wind bekommt, könnten außerdem unter Umständen Garantieleistungen verweigert werden.

Ihr iPhone ist Dual-SIM-fähig. Bei Bedarf können Sie also z. B. neben einer Nano-SIM-Karte eine eSIM verwenden oder auch nur eine eSIM. Die eSIM kann dem neuen iPhone bereits von einem Mobilfunkanbieter zugewiesen sein, vom Vorgänger-iPhone übertragen werden oder mittels QR-Code eingescannt werden. Praktisch ist die eSIM auch auf Reisen, um auf die Schnelle einen lokalen Mobilfunktarif zu konfigurieren.

Das iPhone aktivieren und in Betrieb nehmen

Das mit der SIM-Karte ist erledigt, aber es sind noch weitere Schritte erforderlich. Sie müssen Ihr neues iPhone einmalig aktivieren und einrichten, um es verwenden zu können. Dies gelingt ganz ohne Computer, es muss lediglich eine Internetverbindung entweder übers Mobilfunknetz oder in einem WLAN hergestellt werden. Für die Aktivierung und das Einrichten des iPhones schalten Sie dieses zunächst ein, indem Sie die Seitentaste auf der rechten Seite des iPhones einen Moment lang gedrückt halten, sodass das Apple-Logo auf dem Display angezeigt wird. Folgen Sie nun den Hinweisen auf dem iPhone-Display, wobei Sie jeweils durch Antippen mit dem Finger eine Option auswählen bzw. bestätigen.

Zunächst werden Sie von Ihrem iPhone begrüßt. Streichen Sie mit dem Finger vom unteren Displayrand nach oben, um mit der Einrichtung zu starten. Ein Assistent führt Sie nun durch einige Konfigurationsschritte. Folgen Sie jeweils den Anweisungen, die Sie auf dem Display erhalten. Unter anderem stellen Sie Sprache und Land ein, stellen eine Internetverbindung her, konfigurieren die Face ID, erstellen einen Code und machen noch eine ganze Reihe weiterer Angaben. Besonders, wenn es um den Datenschutz geht, sollten Sie sich die Informationen gut durchlesen. Seien Sie sich stets darüber im Klaren, dass Sie bei der Nutzung eines iPhones viele Daten übers Internet senden!

Sprache und Land

Das iPhone beherrscht eine Menge Sprachen. Wählen Sie Ihre eigene Sprache aus und bestimmen Sie anschließend das Land, in dem Sie leben.

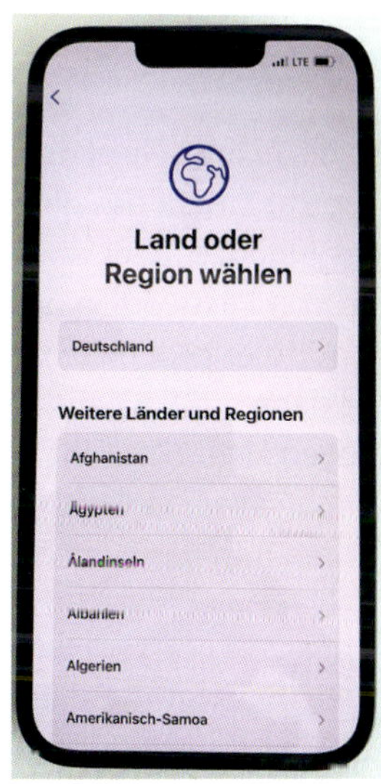

Beginnen Sie das Einrichten Ihres iPhones, indem Sie Sprache und Land bzw. Region auswählen

Schnellstart oder manuelle Konfiguration

Nun können Sie Ihr iPhone entweder mit der Option *Schnellstart* einrichten, benötigen dazu allerdings ein bereits eingerichtetes iPhone oder iPad, das Sie neben dem iPhone 14 positionieren, um die Einstellungen des anderen Gerätes zu übernehmen. Falls kein anderes Gerät verfügbar ist bzw. Sie die manuelle Konfiguration sowieso bevorzugen, wählen Sie *Manuell konfigurieren*.

Internet und Aktivierung

Nun stellen Sie eine Internetverbindung her. Wenn Sie hierzu das Mobilfunknetz verwenden möchten, tippen Sie auf die Option *Mobilfunknetz verwenden*. Ich entscheide mich für ein WLAN, gebe das zugehörige Passwort ein und tippe auf *Verbinden*. Sobald die Internetverbindung besteht, wird die Aktivierung des iPhones durchgeführt.

Sie können die Internetverbindung in einem WLAN oder im Mobilfunknetz herstellen

Daten und Datenschutz

Es wird ein Hinweis zum Thema Daten und Datenschutz angezeigt, den Sie sich gründlich durchlesen und anschließend mit *Weiter* bestätigen. Sie senden bei der Nutzung eines iPhones viele Daten übers Internet, das sollte Ihnen stets bewusst sein.

Face ID

Im nächsten Schritt richten Sie die Face ID ein. Hierbei scannen Sie Ihr Gesicht mit der True-Depth-Kamera des iPhones ein, um die so erstellte Face ID anschließend zum Entsperren des iPhones, aber auch zum Autorisieren von Käufen oder zum automatischen Ausfüllen von Passwörtern verwenden zu können. Zum Einrichten der Face ID sind nur wenige Schritte erforderlich. Bestätigen Sie zunächst den Hinweis zur Face ID mit *Weiter*. Tippen Sie dann auf *Los geht's* und positionieren Sie Ihr Gesicht in dem angezeigten Rahmen. Bewegen Sie Ihr Gesicht langsam im Kreis, sodass der angezeigte Rahmen rundherum grüne Striche anzeigt. Bestätigen Sie anschließend mit *Weiter*, um einen zweiten Scan durchzuführen und das Einrichten der Face ID abzuschließen.

Code

Erstellen Sie einen Code, der dann jeweils beim Starten oder Entsperren des iPhones abgefragt wird. Und nein: Sie sollten nicht Ihr Geburtsdatum verwenden, sondern eine willkürliche Ziffernkombination! Standardmäßig werden Sie dazu aufgefordert, einen aus sechs Ziffern bestehenden Code festzulegen. Wenn Sie auf *Codeoptionen* tippen, können Sie sich jedoch auch für einen lediglich vierstelligen (und damit deutlich unsichereren) Code entscheiden oder aber für einen alphanumerischen Code, der sowohl aus Ziffern als auch aus Buchstaben bestehen kann. Den Code dürfen Sie nicht vergessen!

Wiederherstellung aus Backup oder Neuanfang

Im nächsten Schritt haben Sie die Möglichkeit, die Daten aus einem bestehenden Backup wiederherzustellen, das Sie entweder mit iCloud oder auf einem Computer durchgeführt haben. Auch für Umsteiger von einem anderen iPhone oder einem Android-Smartphone wird eine Option angeboten.

Entscheiden Sie, ob Sie Daten von einem vorhandenen Gerät übernehmen wollen oder nicht

Sofern Sie nicht über ein Backup verfügen, den Umstieg zum gründlichen Ausmisten nutzen möchten oder einfach zum ersten Mal ein iPhone verwenden, wählen Sie die Option *Keine Apps & Daten übertragen*.

Apple-ID einrichten

Eine Apple-ID benötigen Sie unbedingt. Sie dient beispielsweise dazu, Apps aus dem App Store zu laden, iCloud zu nutzen und für die Verwendung einer ganzen Reihe weiterer Funktionen.

Um zunächst eine Apple-ID zu erstellen, wählen Sie *Passwort vergessen oder noch keine Apple-ID?* und machen die geforderten Angaben. Akzeptieren Sie schließlich noch die Nutzungsbedingungen. Ein kleiner Tipp: Im Browser am PC erfolgt das Anlegen einer Apple-ID komfortabler, und zwar unter der Webadresse *appleid.apple.com*.

Die Apple-ID ist unter anderem erforderlich, um Ihre Daten und Käufe im Internet zuzuordnen

Automatische Aktualisierungen

Aktualisierungen (im Englischen Updates) können automatisch auf Ihrem iPhone installiert werden. Bestätigen Sie hier mit *Fortfahren*.

Grundsätzlich ist gegen eine automatische Installation von Aktualisierungen nichts einzuwenden, allerdings gab es in der Vergangenheit auch schon mal Fälle, in denen eine Aktualisierung nicht richtig funktioniert hat, sodass es besser gewesen wäre, erst mal abzuwarten.

Sie können die automatische Aktualisierung in den *Einstellungen* unter *Allgemein* und dort unter *Softwareupdate* deaktivieren.

Ortungsdienste

Sie werden nun gefragt, ob Sie die Ortungsdienste aktivieren möchten, mit deren Hilfe jederzeit die genaue Position Ihres iPhones ermittelt werden kann. Ich empfehle Ihnen, diese sehr nützliche Funktion zu verwenden; später legen Sie im Einzelnen fest, welche Apps auf die Ortungsdienste zugreifen dürfen.

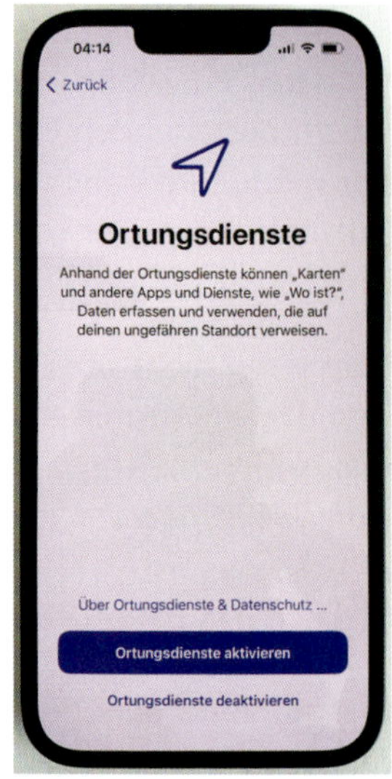

Damit das iPhone bei der Navigation und weiteren Funktionen Ihren Standort bestimmen kann, aktivieren Sie die Ortungsdienste

iCloud-Schlüsselbund

Den anschließend angebotenen iCloud-Schlüsselbund verwenden Sie, um Ihre Zugangsdaten für Apps und Websites – in verschlüsselter Form – bei Apple zu speichern und auf diese Weise auf allen Ihren Apple-Geräten verfügbar zu haben.

Siri

Auch die Verwendung der Sprachassistentin Siri ist sehr zu empfehlen. Wählen Sie entweder *Fortfahren*, um Siri sofort zu konfigurieren, indem Sie ein paar vorgegebene Sätze nachsprechen, oder wählen Sie *Später konfigurieren*, um die Sprachassistentin zu einem anderen Zeitpunkt einzurichten.

Bildschirmzeit

Diese Funktion dient dazu, Ihnen einen Überblick über Ihre Smartphone-Nutzung zu verschaffen und diese ggf. auch zu beschränken. Sie werden zu diesem Thema noch mehr erfahren. Auch im Zusammenhang mit der Bildschirmzeit wählen Sie beim Einrichten Ihres iPhones entweder *Fortfahren* oder *Später konfigurieren*.

iPhone-Analyse

Sie werden gefragt, ob Sie Analysedaten zur Produktverbesserung an Apple senden möchten. Hier sollten Sie sich aus Gründen des Datenschutzes in jedem Fall für die Option *Nicht teilen* entscheiden. Falls Sie allerdings mit Ihren Analysedaten zur Produktverbesserung beitragen möchten, tippen Sie hingegen auf *Mit Apple teilen*.

Erscheinungsbild

Sie können zwischen einem hellen und einem dunklen Erscheinungsbild wählen. Natürlich können Sie diese Einstellung später jederzeit ändern, wie ich Ihnen noch zeigen werde. Die Darstellung in diesem Buch erfolgt anhand des hellen Erscheinungsbildes.

Anzeigezoom

Nun können Sie zwischen der Standardanzeige und dem Anzeigezoom für den Home-Bildschirm wählen. Mit dem Anzeigezoom passen weniger Elemente auf den Home-Bildschirm, dafür ist die Darstellung aber größer. Auch diese Einstellung lässt sich später jederzeit ändern, und zwar in den *Einstellungen* unter *Anzeige & Helligkeit* und dort unter dem Eintrag *Darstellung*.

Notruf SOS

Schließlich werden noch die Notruf-Funktionen Ihres iPhone 14 vorgestellt. Zu den Neuerungen gehören die automatische Unfallerkennung sowie das Notruf SOS via Satellit. Nachdem Sie Ihr iPhone fertig eingerichtet haben, streichen Sie mit dem Finger vom unteren Displayrand nach oben, um Ihr iPhone ab sofort in vollem Umfang nutzen zu können.

Machen Sie sich mit Home- und Sperrbildschirm vertraut

Auf dem Home-Bildschirm, der Ihnen nach dem Einrichten des iPhones angezeigt wird, sind bereits einige Standard-Apps vorhanden, mit denen ich Sie im Laufe des Buches noch vertraut machen werde.

Die Apps lassen sich auf mehreren Seiten anordnen, der Seitenwechsel erfolgt durch horizontales Streichen. Einige Apps werden als sogenannte Widgets auf dem Home-Bildschirm dargestellt – diese ermöglichen das Anzeigen wichtiger Informationen, ohne dass die jeweilige App extra geöffnet werden muss.

Oben auf dem Home-Bildschirm sehen Sie eine Statusleiste mit der aktuellen Uhrzeit, einer Info zum aktuellen Akkuladestand und einer Reihe von Symbolen für WLAN etc. Unten auf dem Home-Bildschirm befindet sich das Dock, in dem besonders wichtige Apps zur Verfügung stehen, die auf allen App-Seiten zu sehen sind. Oberhalb des Docks sehen Sie einen Such-Button, den Sie antippen, um eine Suche auf dem iPhone durchzuführen.

Der Home-Bildschirm des iPhones

Im gesperrten Zustand wird statt des Home-Bildschirms der Sperrbildschirm angezeigt, wenn Sie im Stand-by-Modus das iPhone entweder anheben oder das Display antippen. Zum Sperren des iPhones drücken Sie kurz die Seitentaste, nach einer bestimmten Zeit der Nichtnutzung wird es allerdings automatisch gesperrt. Auf dem iPhone 14 Pro und dem iPhone 14 Pro Max kann der Sperrbildschirm dank Always-on-Technologie in abgedunkeltem Zustand auch im Stand-by-Modus angezeigt werden.

Woher kommt das Wort App?

Das Wort App für Programme auf dem iPhone sowie anderen Geräten kommt vom englischen Wort »application«, was so viel wie »Anwendung« bedeutet.

Zum Entsperren des iPhones halten Sie Ihr Gesicht in die TrueDepth-Kamera – dank Face ID gelingt das Entsperren in der Regel blitzschnell, sodass Sie es kaum bemerken werden. Nach dem Entsperren streichen Sie mit dem Finger vom unteren Displayrand nach oben, um vom Sperrbildschirm zum Home-Bildschirm zu wechseln.

Der Sperrbildschirm des iPhones – er lässt sich später aber auch anders gestalten

Streichen Sie auf dem Sperrbildschirm von rechts nach links, wird die App *Kamera* eingeblendet, um Foto- und Videoaufnahmen machen zu können, ohne dass Sie das iPhone zuvor entsperren müssen.

Zum Aufrufen der Kamera sowie zum Einschalten des Kamerablitzes als »Taschenlampe« finden Sie unten auf dem Sperrbildschirm auch Symbole.

Auch die vom Home-Bildschirm her bekannte Statusleiste wird Ihnen auf dem Sperrbildschirm angezeigt. Unterhalb der Statusleiste wird neben der aktuellen Uhrzeit auch das aktuelle Datum eingeblendet. Wenn Sie Musik abspielen, können Sie das Cover des gerade wiedergegebenen Musiktitels auf dem Sperrbildschirm betrachten. Außerdem werden Funktionen zum Steuern der Wiedergabe eingeblendet.

Verbindung mit einem WLAN herstellen

Wie bereits erwähnt, können Sie mit Ihrem iPhone entweder übers Mobilfunknetz oder über ein WLAN (im Englischen Wi-Fi) ins Internet gehen. Der Internetzugang übers Mobilfunknetz bietet den Vorteil, dass Sie fast überall ins Internet kommen und dass Sie den Zugang nicht extra einrichten müssen – das Ganze ist über Ihren Mobilfunkvertrag geregelt. Steht vonseiten Ihres Tarifanbieters der Mobilfunkstandard 5G zur Verfügung, brauchen Sie auch in Sachen Download-Geschwindigkeit keine Abstriche gegenüber dem WLAN zu machen.

Allerdings macht der Internetzugang übers Mobilfunknetz nur dann Spaß, wenn Sie über eine Datenflatrate mit hohem Übertragungsvolumen verfügen. Ansonsten machen Sie es so wie ich: Suchen Sie sich einen preisgünstigen Mobilfunkanbieter, um auch unterwegs eine Internetverbindung herstellen zu können, zu Hause gehen Sie jedoch per WLAN ins Internet. Voraussetzung ist auch hier ein entsprechender Vertrag mit dem Telefonanbieter oder Kabelnetzbetreiber sowie ein WLAN-Gerät, das vom Anbieter in vielen Fällen kostenlos zur Verfügung gestellt wird.

Im Zusammenhang mit dem WLAN-Gerät – dem WLAN-Router – ist insbesondere wichtig, dass dieser mit dem Internet verbunden ist und dass Sie das WLAN mit einem Passwort absichern.

Bei mehreren WLANs in der Umgebung sollten Sie außerdem wissen, wie Ihr eigenes WLAN heißt. Falls Ihr WLAN-Gerät über eine Zugriffsliste verfügt, müssen Sie das iPhone dort ggf. zunächst hinzufügen, um eine WLAN-Verbindung herstellen zu können.

Wenn Sie eine Verbindung in einem fremden WLAN, z. B. in einem Hotel oder am Flughafen, herstellen möchten, ist die Vorgehensweise die gleiche wie zu Hause. Was Sie auf dem iPhone benötigen, ist der Name des WLANs sowie das zugehörige Passwort.

Sie kennen die Zugangsdaten? Dann ist das Herstellen einer WLAN-Verbindung auf dem iPhone eine Sache nur noch weniger Handgriffe:

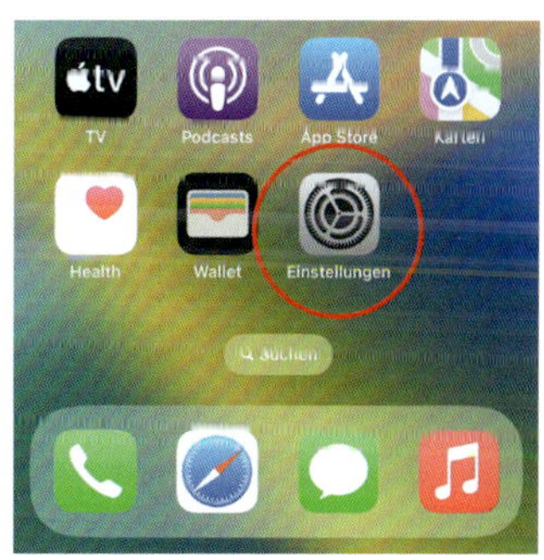

1. Tippen Sie auf dem Home-Bildschirm des iPhones auf das graue Zahnradsymbol, das zum Öffnen der *Einstellungen* dient.
2. Wählen Sie in den *Einstellungen* – wiederum per Fingertipp – den Eintrag *WLAN*.
3. Die Option *WLAN* ist standardmäßig bereits aktiviert; falls sie nicht aktiviert sein sollte, aktivieren Sie sie mit dem entsprechenden Schalter. Warten Sie einen Augenblick, bis das WLAN vom iPhone erkannt und angezeigt wird. Tippen Sie dann Ihr WLAN an.

4. Geben Sie das Passwort ein, mit dem das WLAN verschlüsselt ist. Bestätigen Sie mit *Verbinden*. Die WLAN-Verbindung wird daraufhin hergestellt. Wichtig ist: Groß- und Kleinschreibung beachten und nicht vertippen!

Dass die WLAN-Verbindung hergestellt wurde, erkennen Sie zum einen am Häkchen ✓ neben dem WLAN-Namen und zum anderen am Symbol in der Statusleiste, wobei letzteres Symbol Sie gleichzeitig über die Empfangsqualität des WLANs in Kenntnis setzt. Gut zu wissen: Wenn das iPhone Zugang zu einem WLAN hat, nutzt es dieses automatisch für die Datenverbindung und lässt das Mobilfunknetz außen vor.

Die Bedienfunktionen Ihres iPhones erkunden

Die Bedienung des iPhones erfolgt recht intuitiv. Dennoch wird Ihnen der folgende Überblick über die wichtigsten Bedienfunktionen sicherlich hilfreich sein, damit Sie auch ganz sicher keine der Funktionen verpassen. Ich unterscheide dabei zwischen solchen Bedienfunktionen, die Sie mit den Tasten des iPhones durchführen (Seitentaste und Lautstärketasten), und solchen, die Sie auf dem Touchscreen ausführen.

Aktivieren beim Anheben und Always-on-Funktion ausschalten

Ihr iPhone wird standardmäßig beim Anheben aktiviert, auf einem iPhone 14 Pro und einem iPhone 14 Pro Max kann zudem auch im Stand-by-Modus der Sperrbildschirm angezeigt werden (Always-on-Funktion).

Wenn Sie diese Funktionen nicht wünschen, z. B. um den iPhone-Akku zu schonen, gehen Sie in die *Einstellungen* und wählen den Eintrag *Anzeige & Helligkeit*. Deaktivieren Sie dort den Schalter *Beim Anheben aktivieren* sowie auf einem iPhone mit Always-on-Funktion den Schalter *Immer eingeschaltet*.

Bedienung mit den Tasten

Beim iPhone 14 übernehmen die Seitentaste und die Lautstärketasten einige der Funktionen, die bei älteren iPhone-Modellen mit der Home-Taste verbunden waren, andere Funktionen werden hingegen durch Face ID und neue Touch-Gesten ersetzt. Wenn Sie bereits ein iPhone mit Home-Taste genutzt haben, erfordern die neuen Bedienfunktionen eine gewisse Einarbeitungszeit, doch Sie werden feststellen, dass die Umstellung sehr schnell gelingt und Sie nicht mehr zu einem iPhone mit Home-Taste zurückkehren möchten.

Die Seitentaste erfüllt zunächst mal die wichtige Funktion, das iPhone einzuschalten, indem Sie die Seitentaste gedrückt halten. Ist das iPhone bereits eingeschaltet und Sie halten die Seitentaste gedrückt, aktivieren Sie dadurch die Sprachassistentin Siri. Drücken Sie die Seitentaste bei eingeschaltetem iPhone hingegen lediglich kurz, sperren Sie den Bildschirm bzw. zeigen bei bereits gesperrtem Bildschirm den Sperrbildschirm an. Ein doppeltes schnelles Drücken der Seitentaste ruft die Apple-Pay-Option auf, sofern Sie Apple Pay in der App *Wallet* eingerichtet haben.

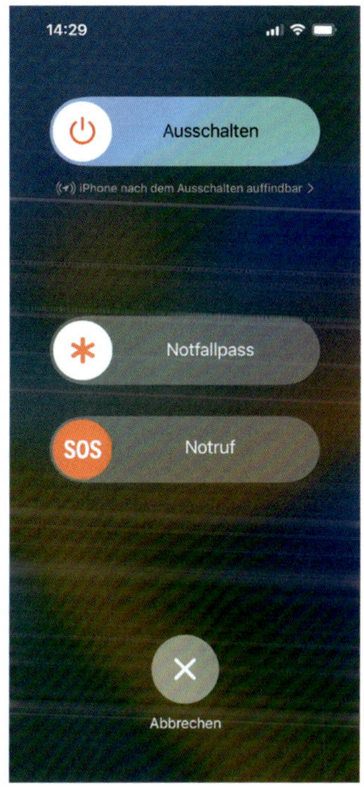

Um den Schieberegler zum Ausschalten des iPhones einzublenden, halten Sie die Seitentaste sowie eine der beiden Lautstärketasten gedrückt

Die Seitentaste für sich können Sie – bei dreimaligem Betätigen – auch zum Verwenden bestimmter Bedienungshilfen einsetzen, sofern Sie dies in den *Einstellungen* unter *Allgemein* und dort unter *Bedienungshilfen* einrichten. Doch zu den verschiedenen Bedienungshilfen später in diesem Kapitel mehr.

Möchten Sie Ihr iPhone wieder ausschalten, halten Sie hierzu die Seitentaste und eine der beiden Lautstärketasten gedrückt.

Es erscheint daraufhin der Schieberegler *Ausschalten* auf dem Display, den Sie mit dem Finger nach rechts ziehen, um das iPhone auszuschalten, beispielsweise abends vor dem Schlafengehen oder wenn Sie am Wochenende mal einen iPhone-freien Tag einlegen möchten.

Das iPhone ist abgestürzt?

Falls Ihr iPhone bei der Verwendung einer App einmal nicht mehr reagieren sollte, können Sie einen Reset durchführen: Drücken Sie dazu kurz die obere Lautstärketaste, dann die untere Lautstärketaste und halten Sie schließlich die Seitentaste so lange gedrückt, bis ein Neustart des iPhones erfolgt. Machen Sie von dieser Funktion aber wirklich nur in Notfällen Gebrauch!

Die normale Funktion der Lautstärketasten ist sowieso klar. Wenn Sie die Kamera verwenden, bieten die Lautstärketasten darüber hinaus eine zusätzliche Option, um eine Foto- oder Videoaufnahme zu starten sowie eine Videoaufnahme auch wieder zu beenden.

Den Stummschalter des iPhones nutzen Sie, um sämtliche System- und Hinweistöne auszuschalten, dazu zählen beispielsweise Hinweise über eingehende Nachrichten, aber auch Tastentöne beim Eintippen von Texten. Nutzen Sie diese Funktion etwa dann, wenn der Ehepartner gerade neben Ihnen schläft oder wenn Sie während eines Seminars keine Störungen verursachen möchten.

Zum Widerrufen schütteln

Sie haben sich beim Schreiben vertippt oder möchten eine sonstige Eingabe widerrufen? Schütteln Sie Ihr iPhone (halten Sie es dabei gut fest, damit es Ihnen nicht aus der Hand gleitet) und Ihnen wird ein kleines Auswahlfenster angezeigt, in dem Sie sich für *Widerrufen* entscheiden. Dazu muss die Funktion *Zum Widerrufen schütteln* in den *Einstellungen* unter *Bedienungshilfen* und dort unter *Tippen* aktiviert sein.

Bedienung auf dem Touchscreen

Viele weitere Bedienfunktionen werden ausschließlich auf dem Touchscreen, also dem berührungsempfindlichen Display des iPhones ausgeführt. Lassen Sie mich Ihnen alle in diesem Zusammenhang wichtigen Funktionen in einem Überblick vorstellen.

- Streichen Sie mit dem Finger vom unteren Displayrand nach oben, um zum Home-Bildschirm zu wechseln. Streichen Sie mit dem Finger nach links, rechts, unten oder oben, um die entsprechenden Inhalte innerhalb einer Seite anzuzeigen bzw. um eine Seite zu wechseln. Übrigens: In einigen Fällen kann es von Bedeutung sein, ob Sie mit nur einem oder mit mehreren Fingern streichen.
- Tippen Sie beim Einrichten des iPhones auf eine Option, um diese auszuwählen. Tippen Sie mit einem Finger auf ein App-Symbol, um die entsprechende App zu starten. Innerhalb einer App tippen Sie auf einen Menüpunkt oder in ein Formular, um die entsprechende Auswahl zu treffen.
- Tippen und Gedrückthalten: Durch das Tippen und Gedrückthalten lassen sich verschiedene Optionen aufrufen. Ein Beispiel: Halten Sie auf einer Webseite einen Link gedrückt, öffnen Sie damit ein Kontextmenü und gleichzeitig wird das Linkziel in einem Pop-up-Fenster angezeigt.

  Bei verschiedenen App-Symbolen auf dem Home-Bildschirm öffnen Sie durch festes Gedrückthalten ebenfalls ein Kontextmenü, beispielsweise bei der App *Telefon*, der App *Safari*, der App *Mail* etc. Das Tippen und Gedrückthalten bietet noch weitere Möglichkeiten: Halten Sie auf der iPhone-Tastatur eine Taste gedrückt, um weitere Zeichenvarianten einzublenden. Halten Sie in manchen Apps Text gedrückt, um ihn zu markieren und gleichzeitig Copy-and-paste sowie ggf. weitere Optionen einzublenden.

- Wenn Sie eine Datei in einer App gedrückt halten, z. B. ein in der App *Dateien* gespeichertes Dokument oder ein in der App *Fotos* gespeichertes Bild, können Sie die Datei per Drag-and-drop) in eine andere App bewegen, was allerdings einige Fingerfertigkeit erfordert. In der App *Fotos* lassen sich sogar Motive durch Gedrückthalten markieren und dann durch Ziehen freigestellt in eine andere App einfügen.

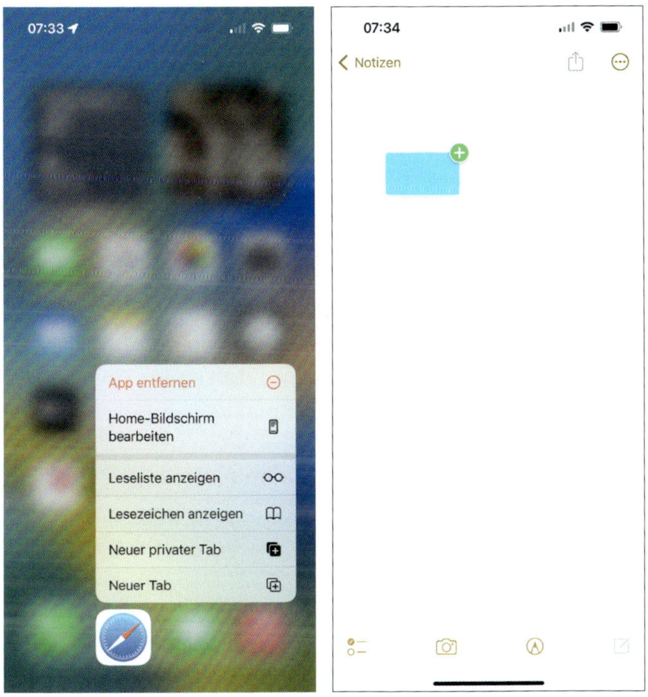

Die linke Abbildung zeigt das Kontextmenü der App Safari, das durch Gedrückthalten des App-Symbols aufgerufen wurde; in der rechten Abbildung wird ein Dokument per Drag-and-drop in die App Notizen gezogen

- Das Doppeltippen dient in einigen Apps dem Markieren von Text, in anderen Apps, etwa der App *Karten*, bewirkt es eine Zoomfunktion, also ein Vergrößern der angetippten Inhalte.

Doppeltipp für die Tastatur

Auch auf der iPhone-Tastatur ist der Einsatz des Doppeltipps sehr nützlich. Vermissen Sie auf der Tastatur die Feststelltaste zur Eingabe mehrerer Großbuchstaben hintereinander? Doppeltippen Sie zum Feststellen auf die ⇧-Taste; ein erneuter Fingertipp auf die Taste löst die Feststellung wieder. Und wenn Sie Texte noch schneller eintippen möchten: Doppeltippen Sie am Satzende auf die *Leerzeichen*-Taste, um einen Punkt mit anschließendem Leerzeichen einzufügen.

- Bewegen Sie Daumen und Zeigefinger auf dem iPhone-Display auseinander, um in vielen Apps die Displayinhalte zu vergrößern; durch Zueinanderbewegen von Daumen und Zeigefinger auf dem Display werden die Inhalte wieder verkleinert.

Keine Bange: Sie müssen diese Bedienfunktionen nicht auswendig lernen – die meisten Funktionen entsprechen der intuitiven Anwendung, und bereits nach kurzer Zeit, die Sie mit Ihrem iPhone umgehen, werden sie Ihnen in Fleisch und Blut übergegangen sein. In den verschiedenen Apps können noch eine Reihe weiterer Gesten hinzukommen, etwa das Drehen eines Elements durch eine Drehbewegung mit Daumen und Zeigefinger.

Den Einhandmodus verwenden

Bedienen Sie das iPhone mit lediglich einer Hand, kommen Sie aufgrund der Größe des iPhones vermutlich nicht an den oberen Bereich des Displays heran. In solchen Fällen schafft der Einhandmodus Abhilfe. Dieser schiebt den oberen Bereich des Displays temporär nach unten.

Um den Einhandmodus zu verwenden, vollziehen Sie am unteren Displayrand, auf Höhe des Docks, eine Streichbewegung nach unten. Voraussetzung ist lediglich, dass die Option *Einhandmodus* in den *Einstellungen* unter *Bedienungshilfen* und dort unter *Tippen* aktiviert ist. Falls Sie den Einhandmodus nicht benötigen, aber manchmal versehentlich aktivieren, schalten Sie ihn dort ab.

So blenden Sie den App-Umschalter ein

Eine weitere wichtige Funktion bietet der App-Umschalter. In ihm greifen Sie auf die zuletzt geöffneten Apps zu und können außerdem nicht mehr benötigte Apps, die im Hintergrund laufen, beenden.

Um den App-Umschalter aufzurufen, streichen Sie mit dem Finger vom unteren Displayrand nach oben, halten dann jedoch mit der Bewegung inne.

Streichen Sie im App-Umschalter horizontal, um eine App auszuwählen. Um eine App im App-Umschalter zu beenden, streichen Sie diese mit dem Finger nach oben aus dem Display heraus.

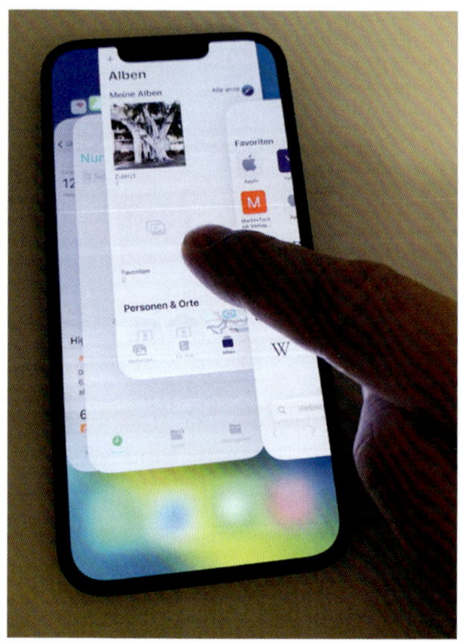

Im App-Umschalter verwalten Sie die zuletzt geöffneten und ggf. im Hintergrund laufenden Apps

Greifen Sie im Kontrollzentrum auf wichtige Funktionen zu

Für den Schnellzugriff auf wichtige Funktionen steht Ihnen auf Ihrem iPhone ein Kontrollzentrum zur Verfügung. Streichen Sie mit dem Finger von der rechten oberen Ecke des Bildschirms nach unten, um das Kontrollzentrum einzublenden. Sie finden im Kontrollzentrum Funktionen zum Aktivieren und Deaktivieren von Flugmodus, WLAN, Bluetooth, mobilen Daten, Ausrichtungssperre, Fokus, zum Steuern der Musikwiedergabe, zum Einstellen von Bildschirmhelligkeit und Lautstärke und noch einige weitere Steuerelemente.

Wenn Sie im Kontrollzentrum eine Funktionsgruppe gedrückt halten, können sich Ihnen weitere Funktionen bieten. Auch beim Gedrückthalten einiger Symbole zeigen sich weitere Funktionen, so lassen sich beispielsweise Einstellungen zum Timer oder zur Kamera vornehmen.

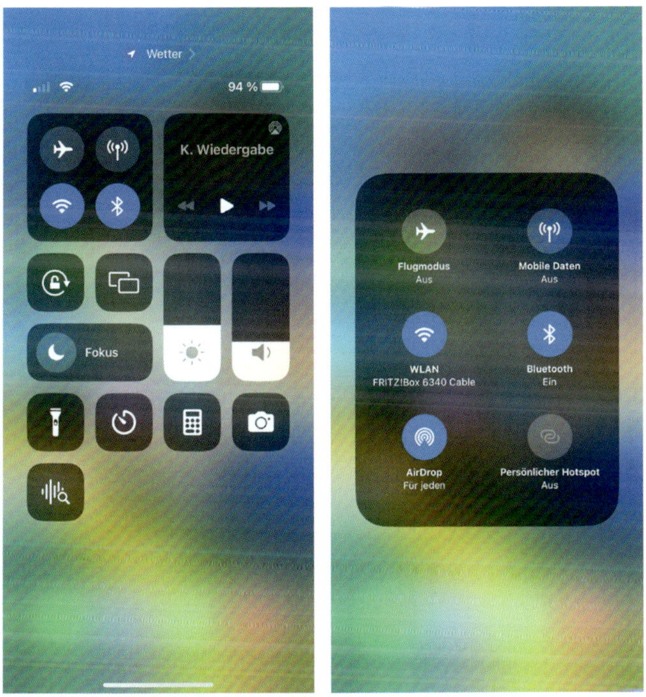

Das Kontrollzentrum bietet schnellen Zugriff auf wichtige Funktionen Ihres iPhones; halten Sie bestimmte Funktionsgruppen bzw. Symbole innerhalb des Kontrollzentrums gedrückt, um weitere Funktionen zu erhalten

Batterieanzeige in Prozent

Sie sehen den Akkuladestand in Prozent im Kontrollzentrum und können diesen auch in einem Batterie-Widget darstellen. Um außerdem in der Statusleiste Ihres iPhones eine Prozentangabe zu erhalten, aktivieren Sie in den *Einstellungen* unter *Batterie* den Schalter *Batterieladung in %*.

Das Kontrollzentrum lässt sich mit weiteren Steuerelementen bestücken bzw. Sie können auch einige Steuerelemente aus dem Kontrollzentrum entfernen. Dies erfolgt in den iPhone-Einstellungen, und zwar folgendermaßen:

1. Wählen Sie auf dem Home-Bildschirm Ihres iPhones die *Einstellungen*.
2. Entscheiden Sie sich in den *Einstellungen* für den Eintrag *Kontrollzentrum*.
3. Tippen Sie bei einem Steuerelement auf das Symbol ⊖, um es aus dem Kontrollzentrum zu entfernen, bzw. auf das Symbol ⊕, um dem Kontrollzentrum ein Steuerelement hinzuzufügen. Es stehen ganz unterschiedliche Steuerelemente zur Verfügung, z. B. das Steuerelement *Bildschirmaufnahme*, mit dessen Hilfe sich die Displayinhalte auf dem iPhone als Video aufzeichnen lassen.

4. Wenn Sie bei einem hinzugefügten Steuerelement auf das Symbol ≡ tippen und dieses gedrückt halten, können Sie das Element in eine andere Position ziehen.

Um das Kontrollzentrum zu schließen, schieben Sie es mit einem Finger einfach wieder zum Displayrand zurück.

Lupe, Sprachsteuerung und weitere nützliche Bedienungshilfen

Viele Inhalte in einer App lassen sich größer anzeigen, indem Sie Daumen und Zeigefinger auf dem Display auseinanderbewegen, auf das Display doppeltippen oder auch, indem Sie das iPhone ins Querformat drehen, um die Displayinhalte auf diese Weise vergrößert darzustellen.

Wenn das einmal nicht funktionieren sollte, nutzen Sie die allgemeine Zoomfunktion, die das iPhone – nebst einer ganzen Reihe weiterer nützlicher Bedienungshilfen – bietet. Gern stelle ich Ihnen diese Funktionen im Folgenden vor. Das Aktivieren einer Bedienungshilfe erfolgt jeweils in den *Einstellungen* und dort unter *Bedienungshilfen*.

Aktivieren Sie dort die gewünschte Bedienungshilfe und passen Sie diese ggf. an. Die Bedienungshilfen wurden zwar für Personen mit körperlichen Einschränkungen unterschiedlicher Art konzipiert, können aber auch anderen Nutzern in vielfacher Hinsicht nützlich sein.

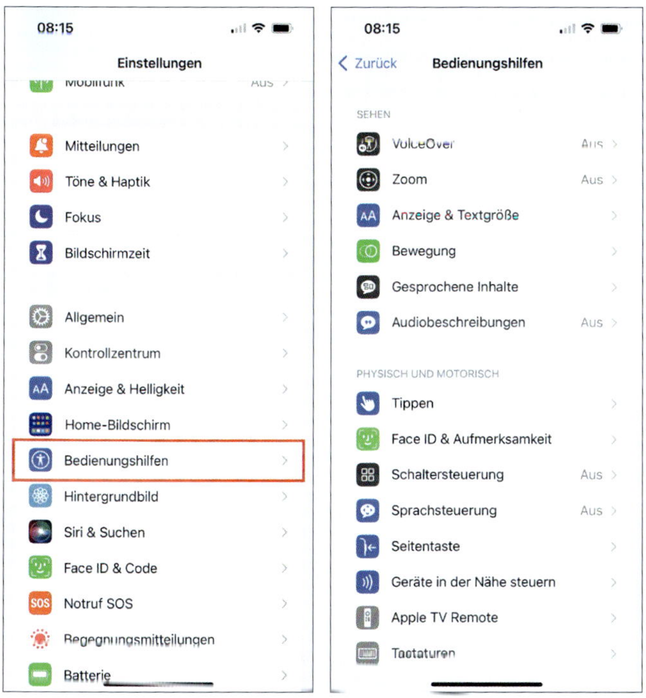

Die Bedienungshilfen werden jeweils in den Einstellungen aktiviert bzw. wieder deaktiviert

Wenn Sie sich in den iPhone-Einstellungen für die *Bedienungshilfen* entscheiden, werden Ihnen folgende Funktionen angeboten:

Bedienungs-hilfe	Funktion
VoiceOver	Lassen Sie sich mit dieser Bedienungshilfe die Menüführung und Ihre sämtlichen Eingaben vorlesen. Sogar Blindenschriftgeräte lassen sich verbinden. Aber aufgepasst: Das Aktivieren von VoiceOver verändert die Bedienfunktionen des iPhones!

Bedienungs-hilfe	Funktion
Zoom	Wenn Sie diese Funktion aktivieren, werden die Inhalte auf dem iPhone-Display mit einer Vergrößerungsstufe dargestellt. Zum Herein-, aber auch zum Herauszoomen doppeltippen Sie mit drei Fingern auf das Display. Durch Ziehen mit drei Fingern können Sie sich auf dem Display bewegen. Statt die gesamten Displayinhalte zu vergrößern, können Sie sich unter *Zoombereich* auch für ein Zoomfenster entscheiden.
Anzeige & Textgröße	Unter diesem Eintrag finden Sie verschiedene Optionen zum Anpassen der Anzeige auf dem iPhone-Display, z. B. können Sie sich für die Darstellung von fett gedrucktem oder größerem Text entscheiden, einen erhöhten Kontrast aktivieren oder die Farben umkehren. 
Bewegung	Mit dieser Funktion werden unnötige Bewegungen auf dem Display abgeschaltet.
Gesprochene Inhalte	Sie möchten sich von Ihrem iPhone E-Mails und weitere Texte vorlesen lassen? Dann aktivieren Sie unter *Gesprochene Inhalte* die Option *Auswahl sprechen*. Wenn Sie anschließend in einer App Text markieren, wird Ihnen das Sprechen des markierten Textes angeboten. Aktivieren Sie die Option *Bildschirminhalt sprechen*, dann ziehen Sie mit zwei Fingern vom oberen Displayrand nach unten, um sämtliche Displayinhalte vorzulesen. 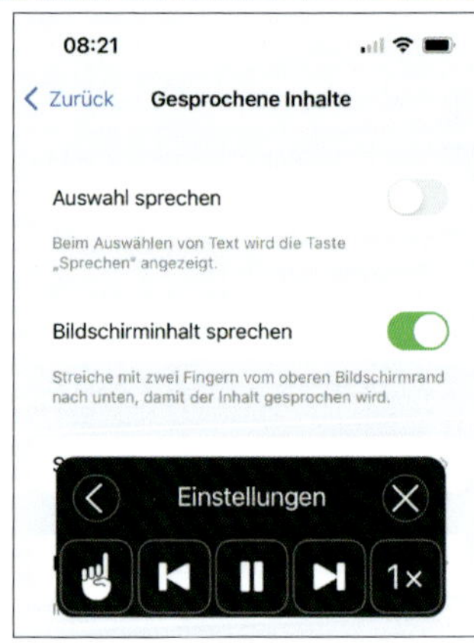
Audiobe-schreibungen	Sofern in einem Medium Audiobeschreibungen enthalten sind, können Sie mit dieser Option deren Wiedergabe aktivieren.
Tippen	Unter diesem Eintrag werden mehrere Bedienungshilfen für die Texteingabe zusammengefasst. Hier stelle ich Ihnen besonders wichtige Funktionen vor. ▪ Dank *Assistive Touch* lässt sich das iPhone mit nur einem Finger bedienen – Gesten lassen sich in einem Menü auswählen.

Bedienungs-hilfe	Funktion
	▪ Beim *Einhandmodus* wird der iPhone-Bildschirm, wie bereits weiter vorn in diesem Kapitel beschrieben, nach unten verschoben, sodass die oberen Inhalte besser erreichbar sind. ▪ Haben Sie Probleme mit der Bedienung auf dem Touchscreen, nehmen Sie *Touchanpassungen* vor, etwa die Zeit, die vergehen muss, damit das Antippen mit dem Finger als solches erkannt wird. ▪ *Zum Widerrufen schütteln* funktioniert so: Haben Sie sich vertippt und möchten lediglich die letzte Eingabe rückgängig machen? Dazu schütteln Sie Ihr iPhone und wählen anschließend die Option *Widerrufen*. ▪ Mit der Funktion *Zum Aufwecken tippen* entscheiden Sie, ob das iPhone durch Antippen des Displays aus dem Stand-by-Modus aufgeweckt werden soll oder nicht. ▪ Unter dem Eintrag *Anrufaudioausgabe* können Sie festlegen, ob die Anrufannahme immer auf einem Headset oder dem Lautsprecher erfolgen soll. ▪ Besonders pfiffig ist die Bedienungshilfe *Auf Rückseite tippen*. Unter diesem Eintrag können Sie festlegen, welche Aktion bei einem Doppel- oder Dreifachtipp auf die Rückseite des iPhones ausgeführt werden soll, z. B. das Aufrufen des App-Umschalters oder das Aufnehmen eines Bildschirmfotos.
Face ID & Aufmerksamkeit	Legen Sie fest, ob Sie zum Entsperren per Face ID in die Kamera blicken müssen oder nicht. Auch bei bestimmten Funktionen wird auf diese Weise Ihre Aufmerksamkeit geprüft.
Schalter-steuerung	Dank der Schaltersteuerung lässt sich das iPhone auf vielfältige Weise bedienen – unter anderem auch durch ein Schnalzen oder Klicken. Aktivieren Sie dazu in den Bedienungshilfen unter *Schaltersteuerung* die Option *Schaltersteuerung*. Tippen Sie dann auf *Schalter* und wählen Sie *Neuen Schalter hinzufügen*. Entscheiden Sie sich für die »Quelle« *Geräusch* und bestimmen Sie anschließend, welche Aktion bei welchem erzeugten Geräusch ausgeführt werden soll.
Seitentaste	Wie schnell muss das doppelte oder dreifache Drücken der Seitentaste erfolgen, um als Doppel- bzw. Dreifachtipp erkannt zu werden? Hier passen Sie die Geschwindigkeit an Ihre Bedürfnisse an.
Geräte in der Nähe steuern	Diese Funktion erlaubt es, andere Geräte zu steuern, die den gleichen iCloud-Account verwenden, etwa um die Medienwiedergabe zu pausieren und fortzusetzen.

Bedienungs-hilfe	Funktion
Sprach-steuerung	Die Sprachsteuerung ermöglicht eine iPhone-Bedienung komplett ohne motorische Aktionen. Eine Übersicht über die Befehle, die Ihnen für die Sprachsteuerung zur Verfügung stehen, erhalten Sie, wenn Sie unter *Sprachsteuerung* auf den Eintrag *Befehle anpassen* tippen. 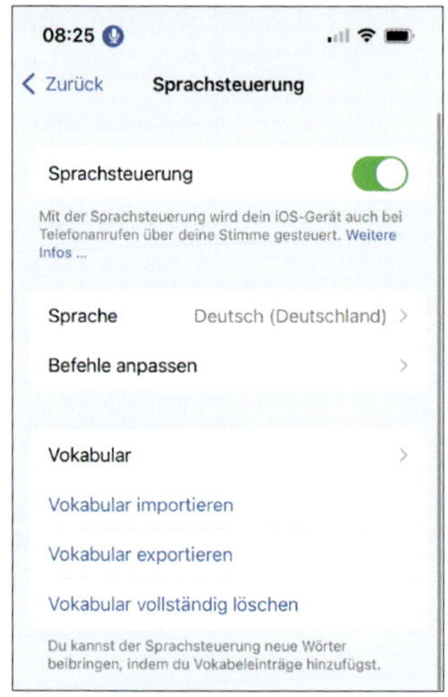
Apple TV Remote	Wenn Sie Ihr iPhone als Apple-TV-Fernsteuerung verwenden, können Sie dies entweder durch Tasten oder durch Streichgesten tun. Dies bestimmen Sie hier.
Tastaturen	Unter diesem Eintrag können Sie die iPhone-Steuerung mit einer externen Tastatur aktivieren, aber auch Einstellungen zu Tastenwiederholung, Einfingerbedienung und Tastenverzögerung vornehmen.
Hörhilfen	Wenn Sie über ein »Made for iPhone«-Hörgerät bzw. einen kompatiblen Klangprozessor verfügen, lassen sich diese unter *Hörhilfen* mit dem iPhone verbinden.
Geräusch-erkennung	Dank Geräuscherkennung können Sie dem iPhone erlauben, ständig auf Geräusche zu hören und Sie im Fall von Geräuschen, die Gefahr bedeuten könnten, etwa dem Knistern von Feuer oder dem Bellen eines Hundes, zu warnen. 
Audio/Visuell	Schalten Sie unter diesem Eintrag zwischen *Stereoklang* und *Mono-Audio* um, aktivieren Sie bei einem Tinnitus *Hintergrundgeräusche* oder regeln Sie die *Lautstärke-Balance*. Darüber hinaus können Sie mit der Option *LED-Blitz bei Hinweisen* Hinweistöne und Vibrationen beim Eingehen neuer E-Mails und Co. durch den eingebauten LED-Blitz visualisieren lassen.

Bedienungshilfe	Funktion
Untertitel & erweiterte UT	Diese Möglichkeit dient dem Einblenden von Untertiteln bei der Videowiedergabe.
Geführter Zugriff	Verwenden Sie den geführten Zugriff, um das Aktivieren nicht gewünschter Funktionen von vornherein auszuschließen oder bei bestimmten Funktionen eine »Kindersicherung« für andere Nutzer einzubauen. Wenn der geführte Zugriff aktiviert ist, öffnen Sie eine beliebige App und drücken dreimal schnell hintereinander die Seitentaste, um nun einzelne Funktionen der App durch Einkreisen zu deaktivieren. Unter der *Optionen*-Schaltfläche links unten lassen sich außerdem allgemeine Bedienfunktionen deaktivieren.
Siri	Siri wird normalerweise durch Spracheingaben gesteuert. Sie können die Siri-Befehle jedoch alternativ auch eintippen, indem Sie in den Bedienungshilfen die Option *Siri-Anfragen tippen* aktivieren.
Kurzbefehl	Hier entscheiden Sie, welche Bedienungshilfe Sie durch dreimaliges Drücken der Seitentaste schnell hintereinander aufrufen möchten. Wenn Sie nur eine Bedienungshilfe auswählen, wird diese direkt aktiviert, bei mehreren ausgewählten Bedienungshilfen erhalten Sie beim Dreifachklick ein entsprechendes Auswahlmenü. 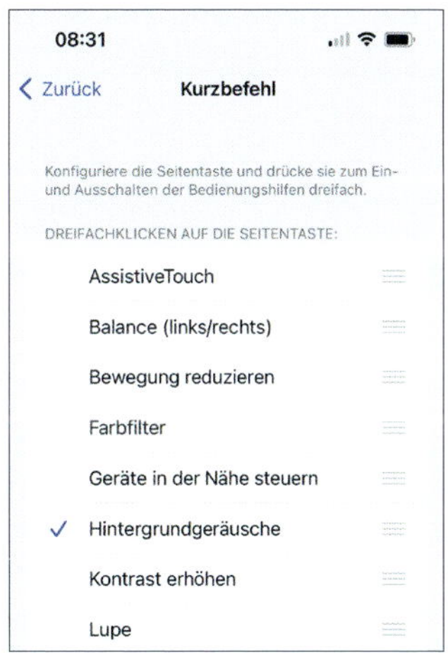
App-spezifische Einstellungen	Verschiedene Bedienungshilfen, etwa das Verwenden von fettem Text, lassen sich für einzelne Apps konfigurieren, und zwar unter diesem Eintrag. Fügen Sie die App hinzu und wählen Sie anschließend die Bedienungshilfen aus, die für diese App angewendet werden sollen.

Einige der Bedienungshilfen erfordern eine gewisse Einarbeitung, doch die kann sich für Sie in jedem Fall lohnen!

Die iPhone-Tastatur gekonnt einsetzen

Machen Sie sich nun noch etwas näher mit der iPhone-Tastatur vertraut. Das Tippen auf der iPhone-Tastatur erfolgt recht komfortabel. Ihnen werden oberhalb der Tastatur während des Eintippens jeweils Wortvorschläge unterbreitet, die Sie einfach durch Antippen auswählen können.

Die Tastatur wird jeweils automatisch aktiviert, wenn Sie in ein Eingabefeld oder in ein Dokument tippen. Außerdem gut zu wissen: Sie können die Zeichen nicht nur klassisch eintippen, sondern auch von einem Buchstaben zum anderen wischen. Je nach App kann sich die Tastatur leicht unterscheiden, sie bietet aber grundsätzlich folgende Ebenen:

- **Buchstaben:** Diese Tastaturebene wird in den allermeisten Fällen automatisch aktiviert. Sie dient der Eingabe von Text, aber z. B. auch zur Eingabe von E-Mail-Adressen in der App *Mail* oder von Webadressen in der App *Safari*. Halten Sie einen Buchstaben gedrückt, um auf Buchstabenvarianten zuzugreifen, etwa auf ein **ß** statt eines **s**. Von der Zahlen- und Zeichen-Tastaturebene wechseln Sie per **ABC**-Taste zurück zur Buchstaben-Tastaturebene.

- **Zahlen:** Zu dieser Tastaturebene gelangen Sie durch Drücken der Taste **123** links unten auf der Buchstaben- sowie der Zeichen-Tastaturebene. Angeboten werden Ihnen hier die Ziffern 0–9 und die wichtigsten Sonderzeichen.
- **Zeichen:** Diese Tastaturebene, die Sie über die Taste **#+=** auf der Zahlen-Tastaturebene aufrufen, bietet weitere Zeichen, die hin und wieder, aber nicht ganz so häufig benötigt werden.

- **Symbole:** Wenn Sie Smileys oder andere Emojis sowie sogenannte Memoji-Sticker in eine Nachricht einfügen möchten, entscheiden Sie sich unterhalb der iPhone-Tastatur für das Symbol ☺. Wählen Sie ein Emoji per Fingertipp aus. Sie können auch mit dem eingebauten Suchfeld oberhalb der Emoji-Übersicht nach einem passenden Emoji suchen. Um wieder zu den anderen Tastaturebenen zurückzukommen, tippen Sie unterhalb der Tastatur auf die **ABC**-Taste.

Andere Hautfarbe gewünscht?

Das iPhone ist politisch ziemlich korrekt: So wie sich beim Gedrückthalten einiger Buchstaben verschiedene Buchstabenvarianten aufrufen lassen, lässt sich beim Gedrückthalten einiger Symbole eine Auswahl zusätzlicher Varianten einblenden – dies erlaubt es, Körperteile oder Gesichter in unterschiedlichen Hautfarben zu versenden.

Für Mails nach Frankreich oder Laos: Tastaturen hinzufügen

Die iPhone-Tastatur kann noch viel mehr Zeichen! Aktivieren Sie mit wenigen Handgriffen weitere Tastaturen, wenn Sie E-Mails und andere Texte in fremden Sprachen erstellen möchten. Das geht so:

1. Öffnen Sie auf dem Home-Bildschirm die *Einstellungen* und entscheiden Sie sich unter *Allgemein* relativ weit unten für den Eintrag *Tastatur*.

2. Wählen Sie im nächsten Schritt den Eintrag *Tastaturen*.

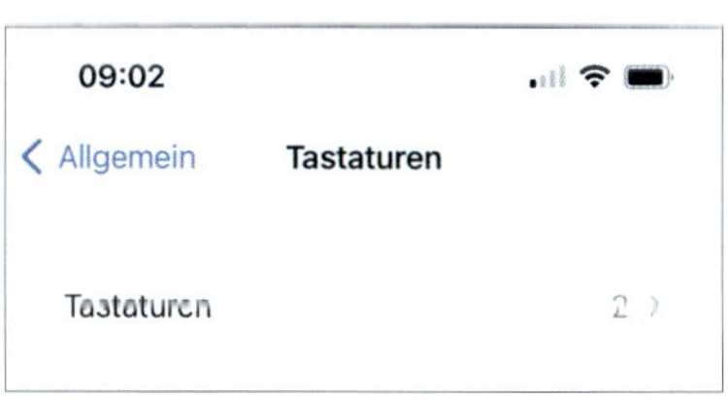

3. Die bereits vorhandene Standardtastatur sowie die standardmäßig aktivierte Emoji-Tastatur werden Ihnen angezeigt. Tippen Sie darunter auf *Neue Tastatur hinzufügen*.

4. Wählen Sie die gewünschte zusätzliche Tastatur aus. Hier z. B. entscheide ich mich für das Hinzufügen einer laotischen Tastatur.

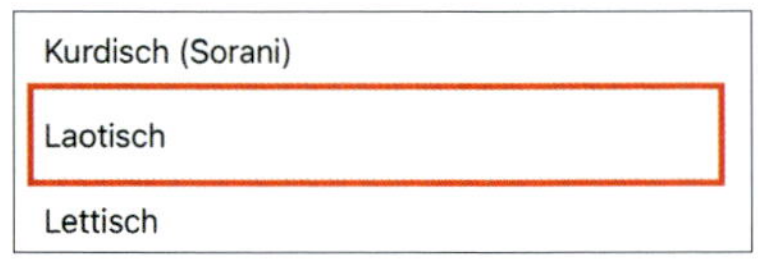

5. Tippen Sie auf der iPhone-Tastatur auf das nun angezeigte Symbol 🌐, halten Sie dieses gedrückt und wählen Sie im Menü die gewünschte Tastatur aus. Alternativ tippen Sie das Symbol mehrfach an, um zwischen den einzelnen Tastaturen zu wechseln.

Sie können in Schritt 4 übrigens auch die Tastatur eines Drittanbieters auswählen – Sie müssen nur die entsprechende App installiert haben.

Auf diese Weise lässt sich das Tastaturlayout Ihres iPhones ganz individuell anpassen. Ein Beispiel für eine Drittanbietertastatur, die Sie im App Store finden, ist *Gboard* aus dem Hause Google.

So löschen Sie auf dem iPhone

Sie benötigen eine Tastatur nicht mehr und möchten diese wieder löschen? Tippen Sie die Tastatur in der Übersicht aus Schritt 3 an und ziehen Sie den Finger auf dem Eintrag nach links. Es erscheint eine *Löschen*-Schaltfläche, die Sie antippen, um die Tastatur zu entfernen.

Diese Option zum Löschen steht nicht nur in den iPhone-Einstellungen, sondern auch in vielen Apps zur Verfügung. Eine alternative, ebenfalls häufige Methode zum Löschen in verschiedenen Apps: Wählen Sie *Bearbeiten* und tippen Sie dann auf das erscheinende Symbol ⊖.

Wenn Sie das Symbol 🌐 zur Tastatur-Auswahl bzw. das Symbol ☺ gedrückt halten, finden Sie übrigens auch Optionen zur Auswahl einer Einhandtastatur, die das einfachere Eintippen mit einer Hand ermöglichen soll, indem die Taste auf die linke oder die rechte Seite des Displays verlagert wird. Dazu dienen die Symbole ⌨ bzw. ⌨. Um die Einhandtastatur zu beenden, tippen Sie einfach auf den eingeblendeten Pfeil.

Bluetooth-Geräte mit dem iPhone verbinden

Mithilfe der nach einem mittelalterlichen Wikinger benannten Bluetooth-Technologie können Geräte drahtlos auf kurze Distanz mit dem iPhone verbunden werden. Vielleicht sagt Ihnen das Eintippen von Texten auf der Touchscreen-Tastatur nicht zu? Dann können Sie Ihrem iPhone die Texte auch diktieren, wie ich es in Kapitel 6 noch detailliert beschreiben werde. Oder Sie schließen per Bluetooth-Technologie drahtlos eine externe physische Tastatur an.

Solche Bluetooth-Tastaturen sind – in verschiedenen Formen, etwa auch zum Zusammenrollen – bereits für etwa 20 Euro erhältlich. Wie das Verbinden mit dem iPhone erfolgt, zeige ich Ihnen am Beispiel einer Bluetooth-Mini-Tastatur des Herstellers GeneralKeys:

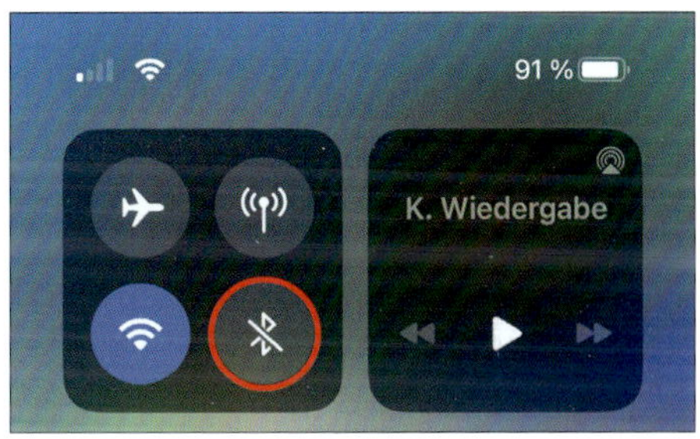

1. Achten Sie zunächst darauf, dass auf Ihrem iPhone Bluetooth aktiviert ist. Falls dies nicht der Fall sein sollte, aktivieren Sie es im Kontrollzentrum per Fingertipp auf das Symbol ✱.
2. Schalten Sie die Bluetooth-Tastatur ein. Bei meiner Tastatur befindet sich der Ein-/Ausschalter auf der Rückseite des Gerätes. Aktivieren Sie außerdem die Bluetooth-Verbindung. Bei meiner Tastatur muss ich hierzu mit einer aufgebogenen Büroklammer in ein kleines Loch rechts hinten in der Tastatur drücken.

3. Das iPhone erkennt automatisch, dass ein Bluetooth-Gerät in der Nähe zur Verfügung steht. Tippen Sie die angezeigte Tastatur in den *Einstellungen* unter *Bluetooth* an.

4. Nun muss das Herstellen der Verbindung nur noch bestätigt werden, in diesem Fall durch einen vierstelligen Code, der auf der Tastatur eingetippt und per *Return*-Taste bestätigt wird. Anschließend steht die Verbindung und Sie können Ihre Texte ab sofort auch mit der Bluetooth-Tastatur eingeben.

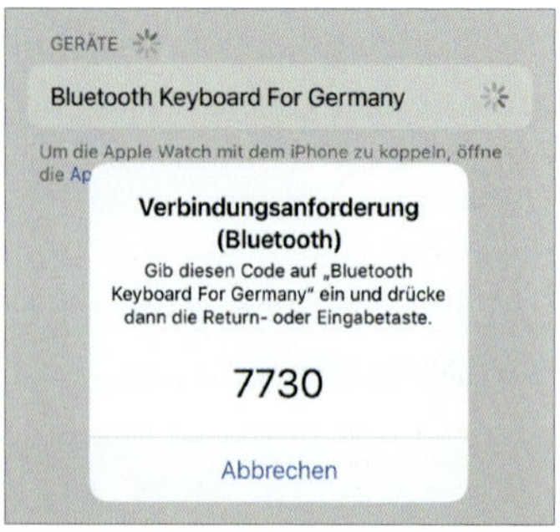

Auf die gleiche Weise – oft ohne Code-Eingabe – lassen sich auch weitere Geräte wie Bluetooth-Headsets, Bluetooth-Stereoanlagen oder Bluetooth-Freisprecheinrichtungen mit dem iPhone verbinden. Bluetooth taugt allerdings nur für einen relativ geringen Geräteabstand von ca. 10 m ohne Mauer dazwischen.

Grundeinstellungen vornehmen

Führen Sie auf dem iPhone nun einige Grundeinstellungen durch. Öffnen Sie dazu auf dem Home-Bildschirm die *Einstellungen*. Nehmen Sie anschließend die gewünschten Änderungen vor – diese Einstellungen sind optional, Sie entscheiden selbst, welche davon Sie festlegen möchten.

Hintergrundbild ändern

Der Standardhintergrund auf dem iPhone gefällt Ihnen nicht oder Sie wünschen sich einfach etwas Abwechslung auf dem Display? Richten Sie mit wenigen Fingertipps ein anderes Hintergrundbild ein – dabei kann es sich um einen auf dem iPhone bereits verfügbaren Standardhintergrund handeln oder aber um ein selbst aufgenommenes Foto. Zum Ändern des Hintergrundbildes entscheiden Sie sich in den iPhone-Einstellungen für den Eintrag *Hintergrundbild* und tippen dann auf *Neues Hintergrundbild auswählen*. Suchen Sie nun einen Hintergrund aus, der Ihnen zusagt.

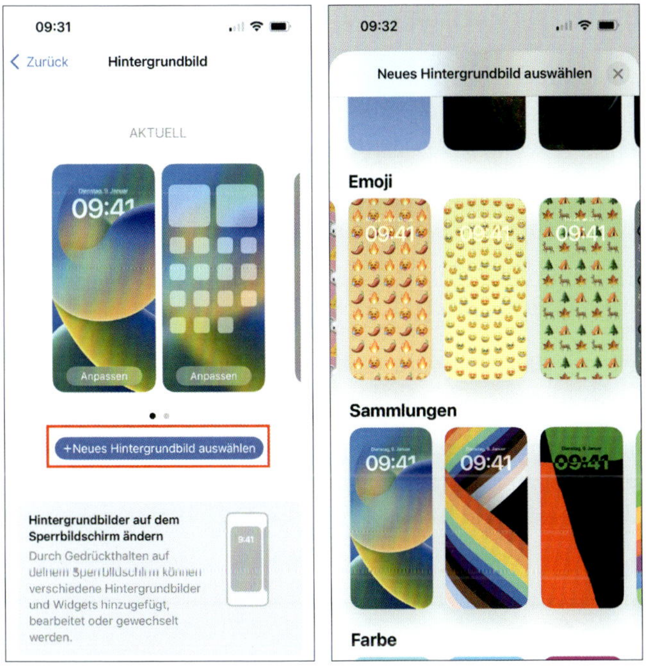

Für etwas Abwechslung zwischendurch: Ändern Sie auf Ihrem iPhone das Hintergrundbild

Bestätigen Sie, nachdem Sie ein Hintergrundbild ausgewählt haben, mit *Hinzuf.* und tippen Sie anschließend auf *Als Hintergrundbildpaar festlegen*. Das neue Hintergrundbild wird anschließend wie von Ihnen gewünscht dargestellt.

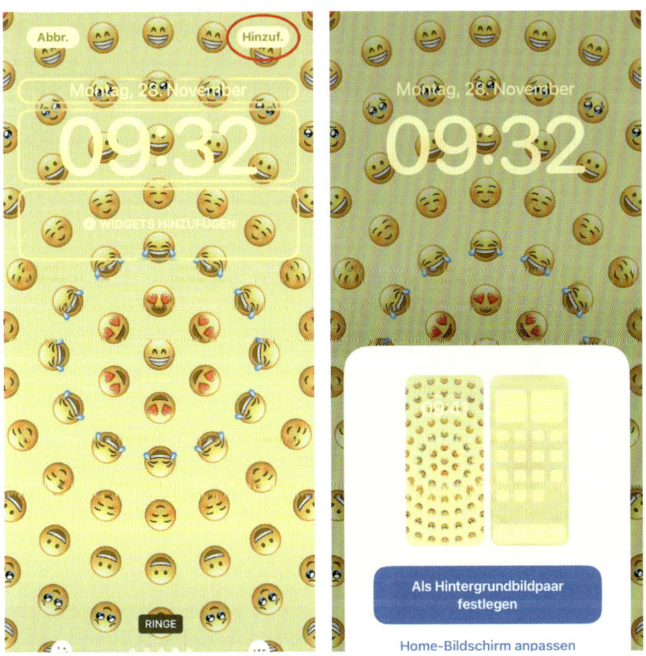

Das gewählte Hintergrundbild wird im Anschluss an Ihre Einstellungen auf dem iPhone dargestellt

Mehrere Sperrbildschirme verwenden

Sie können auf Ihrem iPhone mehrere Sperrbildschirme mit unterschiedlichen Hintergründen anlegen und diese auch mit sogenannten Widgets versehen, die unterschiedliche Informationen bzw. Funktionen bieten. Die folgende Anleitung beschreibt das Anlegen und Konfigurieren eines weiteren Sperrbildschirms:

1. Tippen Sie auf den aktuellen Sperrbildschirm und halten Sie ihn gedrückt.
2. Um den Sperrbildschirm anzupassen, wählen Sie *Anpassen*. Um einen neuen Sperrbildschirm anzulegen, tippen Sie auf das Plussymbol.
3. Wie oben im Zusammenhang mit den Hintergrundbildern gezeigt, wählen Sie nun einen Hintergrund aus, der Ihnen zusagt.
4. Ihnen bieten sich jetzt unterschiedliche Anpassungsmöglichkeiten, die vom gewählten Hintergrund abhängen. Bei einem Hintergrund mit Emojis können Sie z. B. unter dem Symbol andere Emojis festlegen, während Sie unter dem Symbol die Hintergrundfarbe bestimmen. Außerdem lässt sich die Gittergröße anpassen.

5. Auch die eingerahmten Elemente lassen sich anpassen, indem Sie diese antippen. Wählen Sie also z. B. *Widgets hinzufügen*.

6. Anschließend können Sie eines oder mehrere Widgets in den Rahmen einfügen.
7. Bestätigen Sie, wie schon oben beschrieben, mit *Hinzuf.* und dann mit *Als Hintergrundbildpaar festlegen*.

Sperrbildschirme lassen sich manuell wechseln, indem Sie den aktuellen Sperrbildschirm gedrückt halten und dann horizontal zu einem anderen Sperrbildschirm streichen. Sperrbildschirme lassen sich aber auch mit einem Fokus verknüpfen und z. B. bei einer bestimmten Aktivität automatisch aktivieren. Wie Sie einen Fokus einrichten, lesen Sie in Kapitel 4. Und so können Sie einen Sperrbildschirm wieder entfernen: Halten Sie den aktuellen Sperrbildschirm gedrückt und streichen Sie horizontal zum Sperrbildschirm, den Sie löschen möchten. Schieben Sie diesen anschließend mit dem Finger nach oben und tippen Sie auf das eingeblendete Papierkorbsymbol.

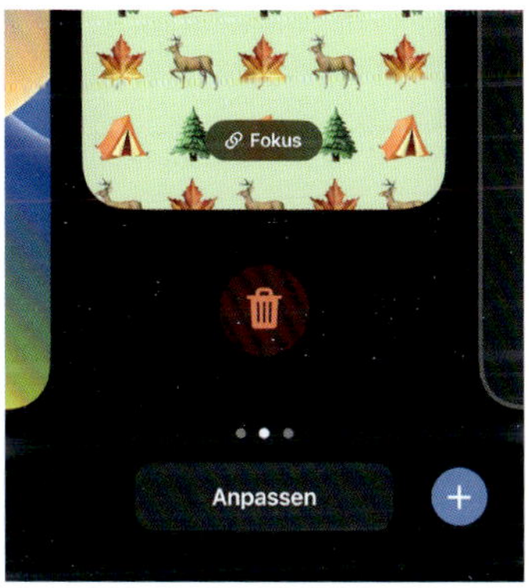

Ein nicht mehr benötigter Sperrbildschirm lässt sich mit wenigen Handgriffen wieder entfernen

Erscheinungsbild wechseln

Bei der Inbetriebnahme Ihres iPhones haben Sie sich entweder für ein helles oder ein dunkles Erscheinungsbild auf dem iPhone-Display entschieden. Diese Einstellung lässt sich mit wenigen Schritten ändern. Dazu wählen Sie in den *Einstellungen* die Option *Anzeige & Helligkeit*. Tippen Sie dann im Abschnitt *Erscheinungsbild* die gewünschte Option an. Wenn Sie den Schalter *Automatisch* aktivieren, können Sie das iPhone auch je nach Tageszeit das Erscheinungsbild einstellen lassen.

Wichtige Einstellungen zum Datenschutz vornehmen

Damit Sie als iPhone-Nutzer nicht völlig gläsern werden, legen Sie großen Wert auf den Datenschutz und geben nur gerade so viele Daten preis, wie es für bestimmte Zwecke unbedingt notwendig ist.

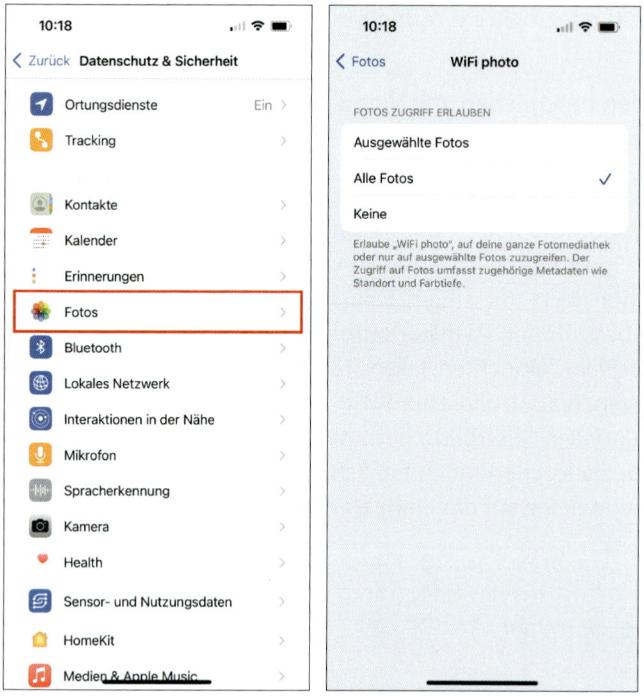

Hier entscheide ich, ob eine App auf meine Aufnahmen zugreifen darf oder nicht

Grundsätzlich werden Sie bei der Nutzung einer App gefragt, wenn die App auf Ihren Standort, auf Ihre Kontakte und auf weitere Daten zugreifen möchte. Die entsprechende Erlaubnis lässt sich selbstverständlich auch wieder entziehen.

Für die Konfiguration des Datenschutzes tippen Sie in den *Einstellungen* auf den Eintrag *Datenschutz & Sicherheit*. Tippen Sie nun die einzelnen Einträge an, um herauszufinden, welche Apps auf welche Daten zugreifen, also auf *Ortungsdienste, Tracking, Kontakte, Kalender, Erinnerungen, Fotos, Bluetooth, Lokales Netzwerk, Interaktionen in der Nähe, Mikrofon, Spracherkennung, Kamera, Health, Sensor- und Nutzungsdaten, HomeKit, Medien & Apple Music, Dateien und Ordner, Bewegung & Fitness* sowie *Fokus*. Um einer App den Zugriff auf die entsprechenden Daten zu verbieten, deaktivieren Sie einfach die entsprechende Option.

Der Zugriff auf Ihren exakten Standort ist z. B. für die Navigation und verschiedene andere Zwecke notwendig; häufig wird jedoch auch der Zugriff auf Ihre ungefähre Position ausreichen

Was den Zugriff auf Ihren aktuellen Standort betrifft, so können Sie statt Ihres exakten Standorts auch nur einen ungefähren Standort preisgeben, was in vielen Apps sicherlich ausreichend sein wird. Dazu wählen Sie unter *Datenschutz* den Eintrag *Ortungsdienste* und entscheiden sich für die entsprechende App. Deaktivieren Sie, wenn Sie bereits den exakten Standort freigegeben haben, den Schalter *Genauer Standort*.

In den Datenschutzeinstellungen finden Sie noch einen weiteren Eintrag, der dazu dient, dass Sie von Werbetreibenden maßgeschneiderte Werbung erhalten – dass dies eine gewisse Beobachtung voraussetzt, ist klar. Um die diesbezüglichen Einstellungen zu prüfen, tippen Sie ganz unten unter *Datenschutz & Sicherheit* auf den Eintrag *Apple-Werbung*. Deaktivieren Sie hier ggf. den Schalter *Personalisierte Werbung*.

Analysedaten verwalten

Auf das Teilen Ihrer Analysedaten mit Apple sollten Sie lieber verzichten. Die entsprechenden Daten können Sie sich auch selbst ansehen, und zwar unter *Datenschutz & Sicherheit*, indem Sie dort *Analyse & Verbesserungen* wählen und sich dann für den Eintrag *Analysedaten* entscheiden. Sie werden mit diesen Daten zwar nicht viel anfangen können, aber interessant ist das Betrachten derselben allemal.

Eine etwas verstecktere Einstellung betrifft den Zugriff von Systemdiensten auf Ihren Standort. Wählen Sie unter *Datenschutz* den Eintrag *Ortungsdienste* und tippen Sie unten auf *Systemdienste*, um eine Übersicht zu erhalten. Hier können Sie z. B. die Schalter *Ortsabhängige Vorschläge* sowie alle Schalter im Abschnitt *Produktverbesserungen* deaktivieren.

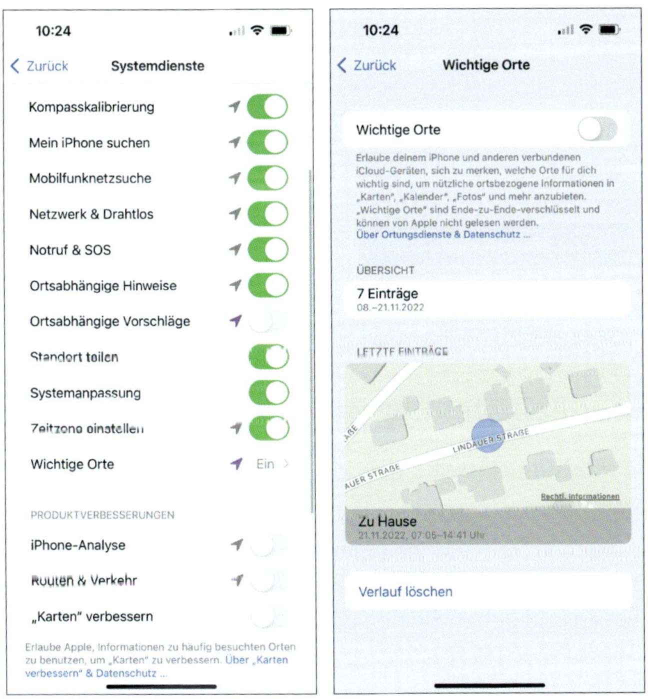

Die Systemdienste greifen häufig auf Ihren Standort zu, ohne dass Sie es mitbekommen – werfen Sie deshalb einen genauen Blick darauf!

Schalten Sie außerdem die Funktion *Wichtige Orte* lieber aus, denn damit wird ein Verlauf der von Ihnen häufig besuchten Orte erstellt. Mit *Verlauf löschen* können Sie den bereits gespeicherten Verlauf der häufig besuchten Orte bereinigen.

Noch zwei weitere Funktionen finden Sie in den *Einstellungen* unter *Datenschutz & Sicherheit*. Nämlich zum einen den *Blockierungsmodus*, der verschiedene Datenverbindungen zwischen Ihrem iPhone und dem Internet kappt und dazu dient, akute Hackerangriffe aus dem Internet zu unterbinden.

Die Option *Sicherheitsprüfung* wählen Sie hingegen, wenn Sie Spionage in Ihrem näheren Umfeld vermuten. Sie können damit prüfen, welchen Kontakten Sie Zugriff auf welche Daten genehmigt haben, und die Freigabe mit ein paar Handgriffen unterbinden.

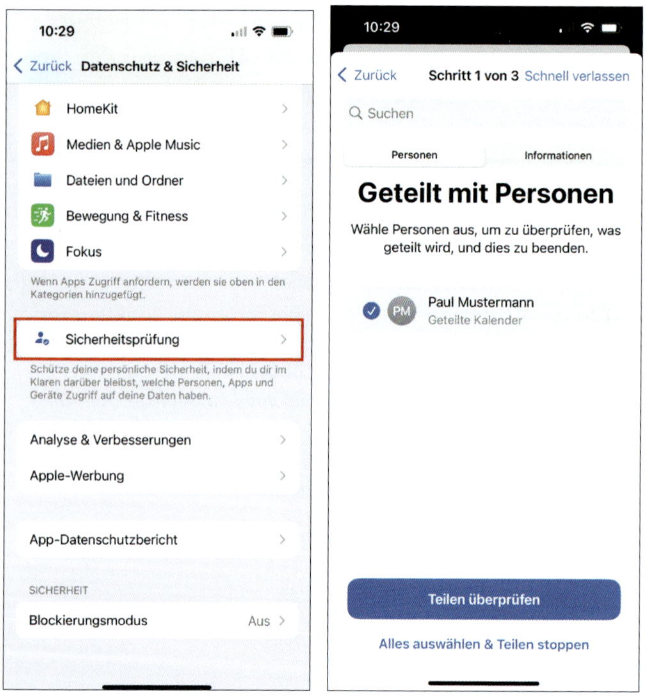

Hier wird eine Sicherheitsprüfung durchgeführt, um festzustellen, wer Zugriff auf welche Ihrer Daten hat

Noch mehr nützliche Grundeinstellungen

Hier noch ein paar weitere kleinere Grundeinstellungen, die Ihnen bei der Verwendung Ihres iPhones nützlich sein könnten:

- **iPhone-Name ändern:** Sie möchten Ihrem iPhone einen anderen Namen geben? Entscheiden Sie sich dazu in den *Einstellungen* unter *Allgemein* für *Info*. Tippen Sie den standardmäßig vergebenen Namen an und geben Sie den gewünschten neuen Namen ein.

Unter *Info* finden Sie übrigens auch viele wichtige Daten zu Ihrem iPhone: die IMEI, die Seriennummer, die WLAN-Adresse, eine Angabe zum verfügbaren Speicher etc.

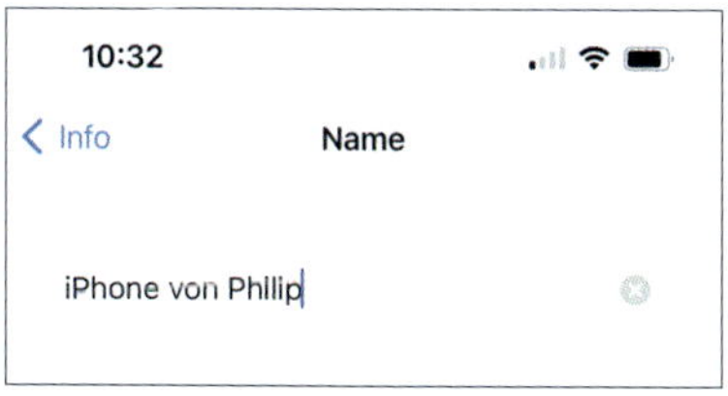

- **Automatische Sperre einrichten:** Nach welchem Zeitraum der Nichtnutzung soll das iPhone gesperrt und das Display abgeschaltet werden? Wählen Sie in den *Einstellungen* unter *Anzeige & Helligkeit* den Eintrag *Automatische Sperre*, um Ihren Wunschzeitraum festzulegen. Um den Akku nicht unnötig zu belasten, sollte der Zeitraum möglichst kurz gewählt werden, allerdings kann es für die optimale Nutzung einiger Apps hilfreich sein, die automatische Sperre zu verhindern.

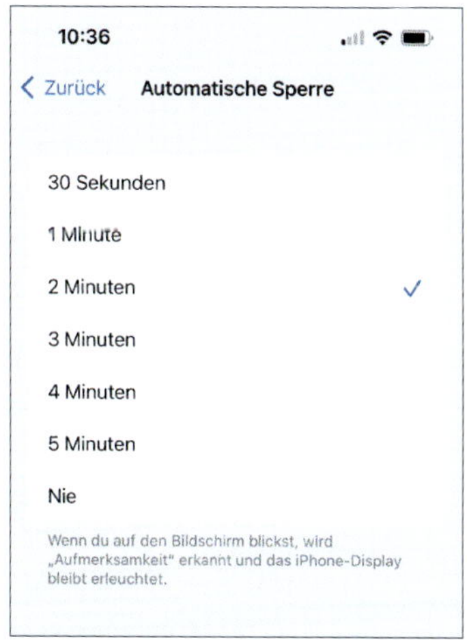

- **Auto-Korrektur abschalten:** Wenn Sie sich in den *Einstellungen* unter *Allgemein* für den Eintrag *Tastatur* entscheiden, sehen Sie, dass die Optionen für die Rechtschreibprüfung und -korrektur standardmäßig bereits aktiviert sind. Besonders die Option *Auto-Korrektur* kann sich aber mitunter als störend erweisen, da häufig von Ihnen richtig geschriebene Wörter vom iPhone durch andere Wörter ersetzt werden, ohne dass dies von Ihnen gewünscht ist. Deaktivieren Sie die Option einfach! Zurückhaltender ist da schon die Option *Rechtschreibprüfung*. Bei dieser Option werden (vermeintliche) Fehler lediglich unterstrichen. Wenn Sie ein unterstrichenes Wort antippen, werden Ihnen alternative Wörter vorgeschlagen und Sie können bei Bedarf eines auswählen. Auch die Option *Vorschläge* ist nicht jedermanns Sache. Diese Möglichkeit betrifft die Wortvorschläge, die Ihnen beim Eintippen oberhalb der Tastatur gemacht werden. Wenn Sie die Funktion als störend empfinden, deaktivieren Sie sie ebenfalls!

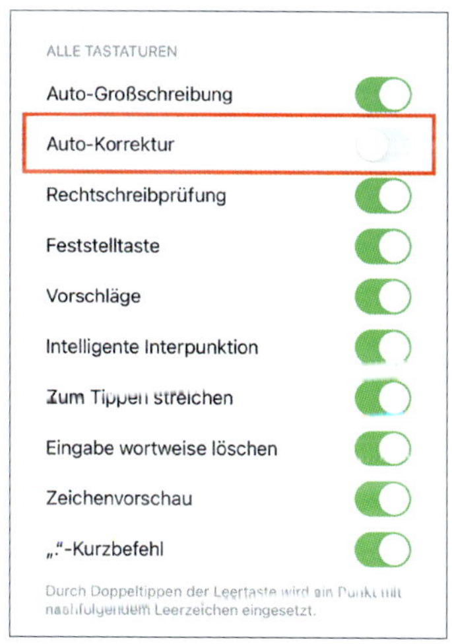

Das iPhone bietet natürlich noch viele weitere Einstellungsmöglichkeiten. Stöbern Sie gern selbst ein wenig in den iPhone-Einstellungen herum. Weitere wichtige Optionen werden Sie auch noch im Verlauf dieses Buches kennenlernen.

So setzen Sie Ihr iPhone als Hotspot ein

Sofern Ihr Mobilfunkanbieter es gestattet, lässt sich das iPhone auch als WLAN-, Bluetooth- oder USB-Hotspot einsetzen. Das bedeutet schlicht, dass Sie die mobile Datenverbindung anderen Geräten, etwa einem Notebook, drahtlos (WLAN bzw. Bluetooth) oder über den USB-Anschluss zur Verfügung stellen: Die Internetverbindung wird zwar mit dem iPhone hergestellt, aber Sie surfen auf dem Notebook im Internet. Und so funktioniert es:

1. Öffnen Sie die iPhone-Einstellungen und entscheiden Sie sich für den Eintrag *Persönlicher Hotspot*. Die mobilen Daten müssen aktiviert sein, damit der Eintrag angezeigt wird.
2. Aktivieren Sie die Option *Zugriff für andere erlauben*. Das automatisch erstellte WLAN-Passwort können Sie verwenden oder es durch ein einfacheres Passwort ersetzen. Der persönliche Hotspot ist nun aktiviert.
3. Der Hotspot kann jetzt auf dem anderen Gerät ausgewählt werden, z. B. auf einem Windows-Notebook. Dazu muss lediglich das iPhone ausgewählt und das auf dem iPhone angegebene WLAN-Passwort eingegeben werden.

VPN-Verbindung herstellen

Mit dem iPhone können Sie eine Verbindung zu einem VPN – einem virtuellen privaten Netzwerk, z. B. einem Firmennetzwerk – herstellen: Entscheiden Sie sich in den *Einstellungen* unter *Allgemein* dazu für den Eintrag *VPN und Geräteverwaltung*, wählen Sie unter *VPN* die Option *VPN hinzufügen* und geben Sie die vom Systemadministrator mitgeteilten Zugangsdaten ein.

Die Suchfunktion Ihren Bedürfnissen anpassen

Wenn Sie auf dem Home-Bildschirm auf den Such-Button oberhalb des Docks tippen oder auf dem iPhone-Display eine kurze Streichbewegung von oben nach unten vollführen, werden Ihnen ein Suchfeld sowie standardmäßig diverse Siri-Vorschläge angezeigt.

Um eine individuelle Suche zu starten, geben Sie einen Suchbegriff in das Suchfeld ein. Bereits während der Texteingabe werden Ihnen passende Treffer angezeigt. Sie können auch mehrere Wörter eingeben, um die Suche bei vielen Treffern einzugrenzen – die Wörter werden durch ein unsichtbares UND verknüpft. Tippen Sie ein gefundenes Element an, um es zu öffnen.

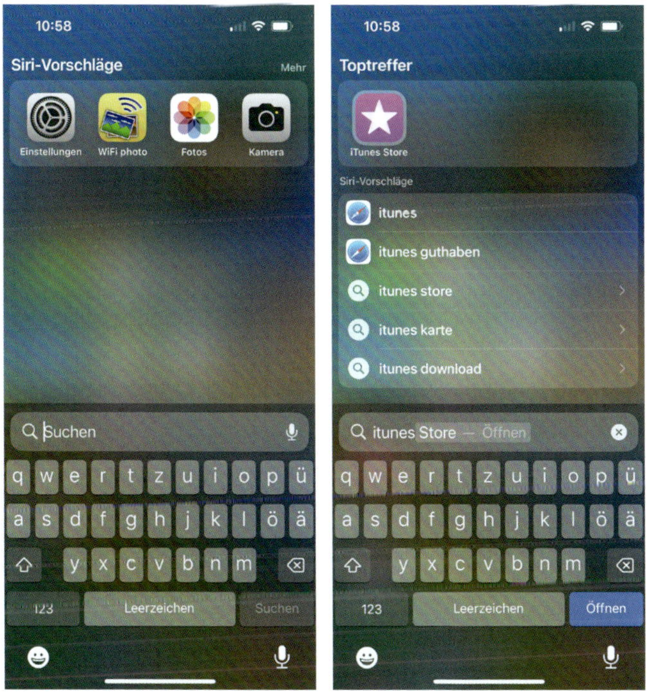

Mit der Suchfunktion Ihres iPhones spüren Sie blitzschnell die von Ihnen gesuchten Elemente auf und können auch direkt verschiedene Funktionen ausführen

Wenn Sie die Suchfunktion regelmäßig verwenden, beispielsweise um Ihre Apps zu finden und zu öffnen, sollten Sie die Funktion für Sie ideal einrichten. Um festzulegen, welche Elemente mit der Suchfunktion angezeigt werden, gehen Sie so vor:

1. Tippen Sie in den iPhone-Einstellungen unter *Allgemein* auf den Eintrag *Siri & Suchen*.

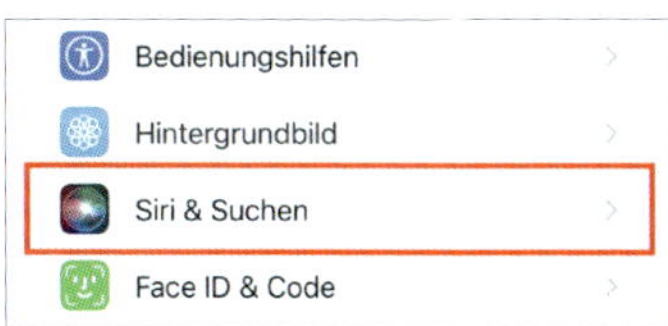

2. Entscheiden Sie unterhalb der Siri-Einstellungen zunächst per Schalter, ob Sie die diversen Vorschläge erhalten möchten oder nicht.

3. Nun bestimmen Sie, welche Apps in die Suche einbezogen werden sollen.

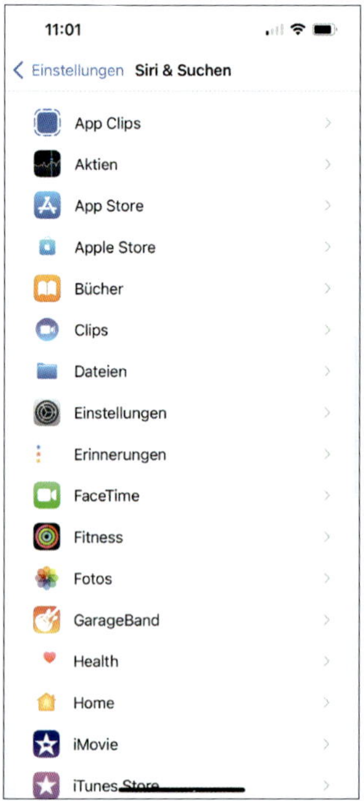

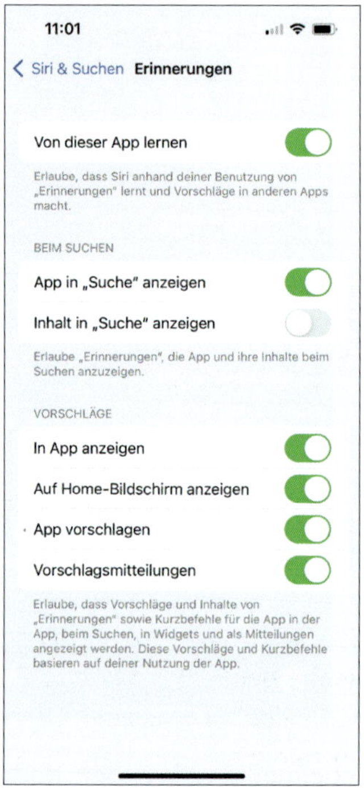

Seitenanzeige statt Such-Button

Um oberhalb des Docks statt des Such-Buttons eine Seitenanzeige des Home-Bildschirms einzublenden, wählen Sie in den *Einstellungen* den Eintrag *Home-Bildschirm*. Deaktivieren Sie nun im Abschnitt *Suchen* den Schalter *Auf Home-Bildschirm anzeigen*.

KAPITEL 3

Großartige Apps installieren und gekonnt verwalten

Mit Ihrem iPhone können Sie viel mehr machen als nur zu telefonieren, zu kommunizieren, zu organisieren und was Sie sonst noch von einem Smartphone erwarten würden – Sie werden all diese Funktionen in den nachfolgenden Kapiteln noch ausführlich kennenlernen.

Dank – laut Statista – rund 2,2 Millionen im App Store verfügbarer Apps lässt sich der Funktionsumfang des iPhones beinahe beliebig erweitern. Rüsten Sie komplette Wörterbücher und Sprachführer, vollwertige Navigationssysteme, Office-Apps, Instrumente-Apps, Shopping-Apps und viele weitere Apps nach.

In diesem Kapitel erfahren Sie, wie Sie die besten Apps finden und installieren. Außerdem zeige ich Ihnen, wie Sie mithilfe der App-Mediathek, der App-Ordner und weiterer Funktionen stets den Überblick über Ihre Apps behalten.

Die besten Apps sofort finden

Voraussetzung für die Nutzung des App Stores ist, dass Sie über eine Apple-ID verfügen. Diese haben Sie spätestens bei der Inbetriebnahme Ihres neuen iPhones erstellt. Zum Herunterladen kostenpflichtiger Apps müssen Sie die Apple-ID zusätzlich mit Zahlungsdaten hinterlegen, Ihre diesbezüglichen Möglichkeiten stelle ich Ihnen gleich noch vor.

Zunächst machen Sie sich mit den Rubriken des App Stores vertraut, um jederzeit die besten Apps zu den von Ihnen gewünschten Themen zu finden. Öffnen Sie den App Store, indem Sie auf dem Home-Bildschirm das entsprechende Symbol antippen.

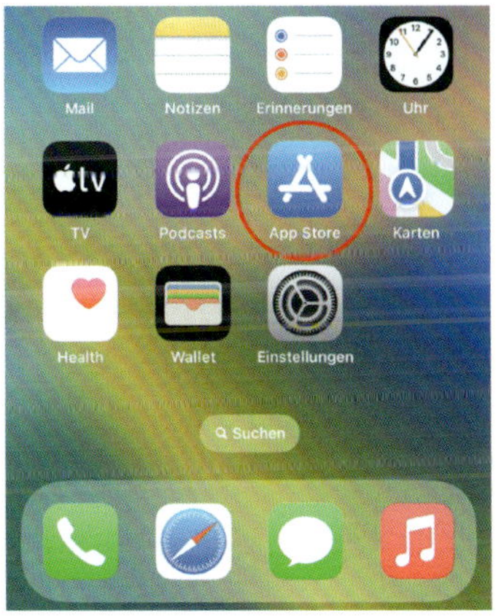

Das Symbol des App Stores zeigt ein weißes A auf blauem Hintergrund

Heute

Diese Rubrik im App Store ist eine spannende Anlaufstelle, wenn Sie nicht nach Apps zu bestimmten Themen suchen, sondern sich einfach inspirieren lassen möchten. Es werden Ihnen ausgewählte Apps aus unterschiedlichen Bereichen vorgestellt, darunter Apps und Spiele des Tages sowie weitere App-Tipps.

Spiele

In dieser Rubrik finden Sie viele Spiele-Apps, sortiert in unterschiedlichen Kategorien und Charts. Wer sein iPhone gern auch mal zum Spielen einsetzen möchte, wird in dieser Rubrik garantiert fündig. Viele Spiele lassen sich kostenlos auf das iPhone laden; kostenpflichtig wird es häufig erst, wenn Sie bestimmte Funktionen freischalten oder höhere Level spielen möchten.

Apps

In dieser Rubrik finden Sie alle weiteren Apps, also Apps, die keine Spiele sind. Wie bei den Spielen können Sie sich die Apps in unterschiedlichen Kategorien und Charts anzeigen lassen. Tolle App-Angebote landen früher oder später auch in den Charts. Werfen Sie daher regelmäßig einen Blick dort rein!

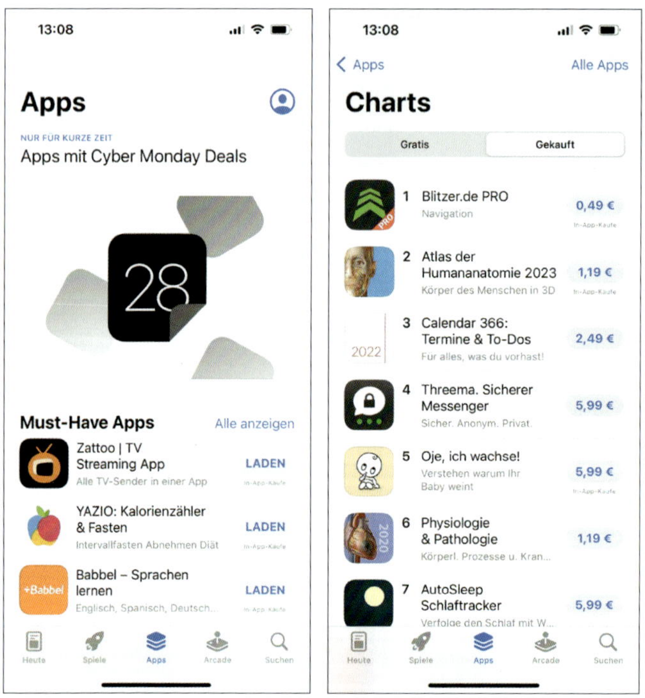

Die Rubrik »Apps« im App Store

Arcade

Für Spiele-Begeisterte bietet Apple ein Spiele-Abo mit dem Namen *Arcade* an. Dieses finden Sie im App Store in der gleichlautenden Rubrik. Das Spiele-Abo kann kostenlos getestet werden. Es stehen unzählige Spiele zum Ausprobieren zur Verfügung. Da wird es sicherlich niemandem langweilig! Bevor Sie das Arcade-Test-Abo oder sonstige Abonnements abschließen, lesen Sie aber zunächst den Abschnitt zu den Zahlungsmethoden weiter hinten in diesem Kapitel.

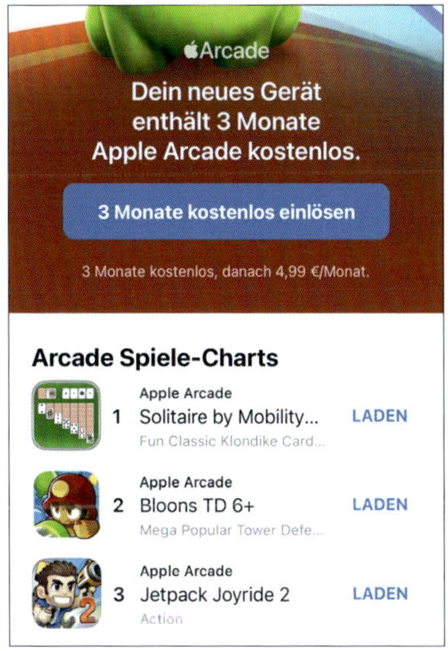

Das Spiele-Abo »Arcade« wird in der gleichlautenden Rubrik im App Store aufgerufen

Suchen

Falls Sie die Kategorien und Charts nicht ergiebig finden, suchen Sie einfach nach Apps zu bestimmten Themen bzw. nach dem Namen einer bestimmten App. Hierzu entscheiden Sie sich im App Store für die Rubrik *Suchen*.

Tippen Sie Ihren Suchbegriff ein – oder auch mehrere Wörter, die dann durch ein unsichtbares UND verknüpft werden. Wählen Sie entweder einen der Suchvorschläge aus oder tippen Sie auf *Suchen*, um Apps zu finden, die zu Ihrer Suche passen. Die Suchfunktion erhalten Sie auch in einem Kontextmenü, wenn Sie das *App Store*-Symbol auf dem Home-Bildschirm gedrückt halten.

Stöbern Sie eine Zeit lang im App Store herum, bevor Sie loslegen, Apps herunterzuladen. Grundsätzlich gilt: Sämtliche Apps werden von Apple relativ gründlich geprüft, bevor diese im App Store veröffentlicht werden.

Das Ganze ist also – im Hinblick auf Schadsoftware oder betrügerische Absichten von App-Anbietern – ziemlich sicher. Wobei es die absolute Sicherheit natürlich auch im App Store nicht gibt. So wurde schon vor einiger Zeit ein größerer Hackerangriff bekannt, durch den zahlreiche manipulierte Apps Eingang in den App Store fanden.

Was Sie vor dem Herunterladen von Apps ebenfalls wissen sollten: Jeder App-Download wird mit Ihrer Apple-ID verknüpft. Das bietet Ihnen den Vorteil, dass Sie eine einmal gekaufte App später jederzeit erneut herunterladen können, ohne sie erneut kaufen zu müssen. Es bedeutet aber auch, dass die einmal heruntergeladenen Apps immer mit Ihrer Apple-ID verknüpft sein werden. Laden Sie also besser keinen Mist aus dem App Store!

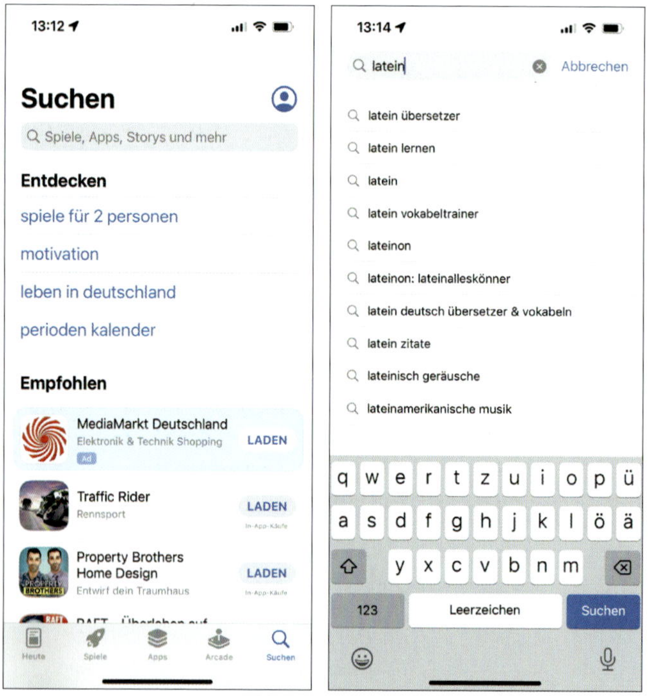

Durchsuchen Sie den App Store nach Ihren Begriffen

App-Rezensionen richtig interpretieren

Bevor Sie eine App herunterladen, sollten Sie in jedem Fall die Ihnen dazu präsentierten Sternebewertungen betrachten und die Rezensionen lesen. Tippen Sie dazu eine im App Store gefundene App an und wählen Sie im Abschnitt *Bewertungen & Rezensionen* die Option *Alle anzeigen*.

Standardmäßig sind die Rezensionen nach »Nützlichkeit« sortiert, Sie können jedoch z. B. eine chronologische Sortierung vornehmen oder die negativen Bewertungen, die manchmal interessante Informationen enthalten, zuerst lesen.

Eine hohe Anzahl von Sternen spricht in jedem Fall schon mal für eine ausgezeichnete App. Wenn dann auch noch begeisterte Rezensionen zu lesen sind, was sollte Sie dann noch vom Download abhalten?

Nun, zunächst mal sollten Sie abwägen, ob die Bewertungen überhaupt repräsentativ, sprich: in ausreichender Zahl vorhanden sind. Beachten Sie außerdem, dass nicht alle Rezensionen zwingend von App-Nutzern abgegeben werden müssen – sie können theoretisch auch von den App-Herstellern selbst bzw. von deren Handlangern stammen. Wenn eine App zu sehr bejubelt wird, und das in erster Linie mit kurzen, ähnlichen Rezensionen, dann sollten Ihre Alarmglocken schrillen!

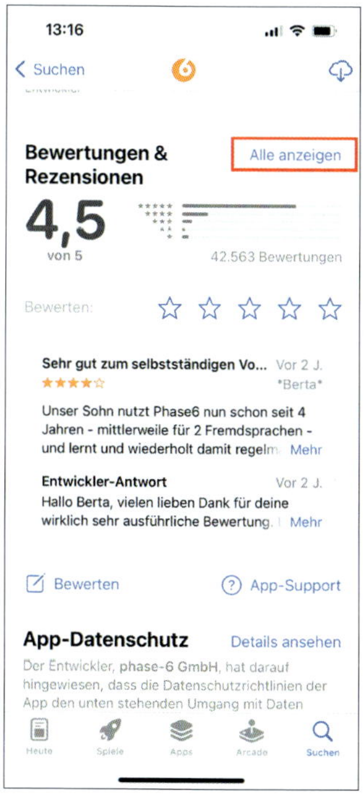

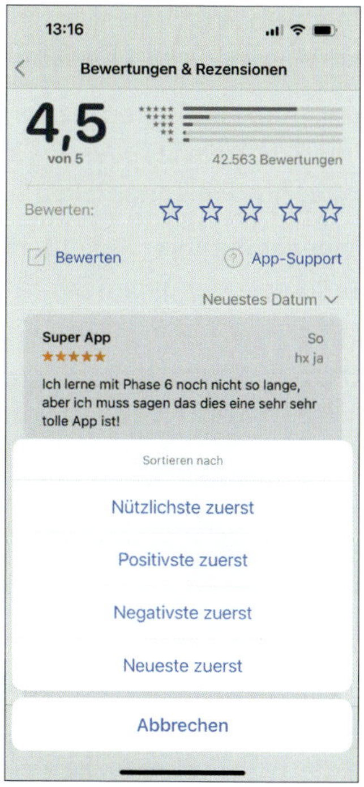

Zumindest bei größeren Anbietern können Sie sich ziemlich sicher sein, dass die Bewertungen echt sind; die Rezensionen lassen sich nach unterschiedlichen Kriterien sortieren

Andererseits muss nicht jede App, die schlecht bewertet wird, tatsächlich schlecht sein. Auf dem älteren iPhone eines anderen Nutzers mag eine App vielleicht nicht perfekt funktionieren, während sie auf Ihrem iPhone 14 exzellent läuft. In so einem Fall hilft nur Ausprobieren!

Weitere Apps eines Entwicklers gewünscht?

Wenn ein App-Entwickler eine super App herausgebracht hat, ist es nicht unwahrscheinlich, dass auch seine anderen Apps Sie begeistern könnten. Wählen Sie eine gefundene App im App Store aus und tippen Sie unterhalb der App-Beschreibung – sofern verfügbar – im Abschnitt *Mehr von* auf *Alle anzeigen*. Sie erhalten daraufhin eine Übersicht über die weiteren vom Entwickler veröffentlichten iPhone-Apps.

Neue Apps aufs iPhone laden

Bevor Sie gleich Ihre erste kostenlose App installieren, noch ein paar Worte zum Thema »Gratis«. Viele Apps, die Sie im App Store finden, sind tatsächlich dauerhaft und in vollem Umfang gratis. Andere Apps jedoch sind nur vorübergehend oder nur mit eingeschränktem Funktionsumfang kostenlos – weitere Funktionen lassen sich dann durch sogenannte In-App-Käufe freischalten oder – nach dem Ausprobieren der Lite-Version – durch das Herunterladen der Vollversion auf das iPhone bringen.

Zum Herunterladen einer App aus dem App Store sind nur wenige Schritte erforderlich. Gern zeige ich Ihnen den genauen Vorgang Schritt für Schritt:

1. Wählen Sie eine beliebige Gratis-App aus. Tippen Sie bei der App, die Sie auf Ihr iPhone herunterladen möchten, auf die Schaltfläche *Laden*. Bei kostenpflichtigen Apps wird Ihnen auf der Schaltfläche der jeweilige Preis angezeigt.
2. Bestätigen Sie das Laden entweder mit Ihrer Face ID, indem Sie zweimal schnell hintereinander die Seitentaste drücken, oder geben Sie das zu Ihrer Apple-ID gehörende Passwort ein.

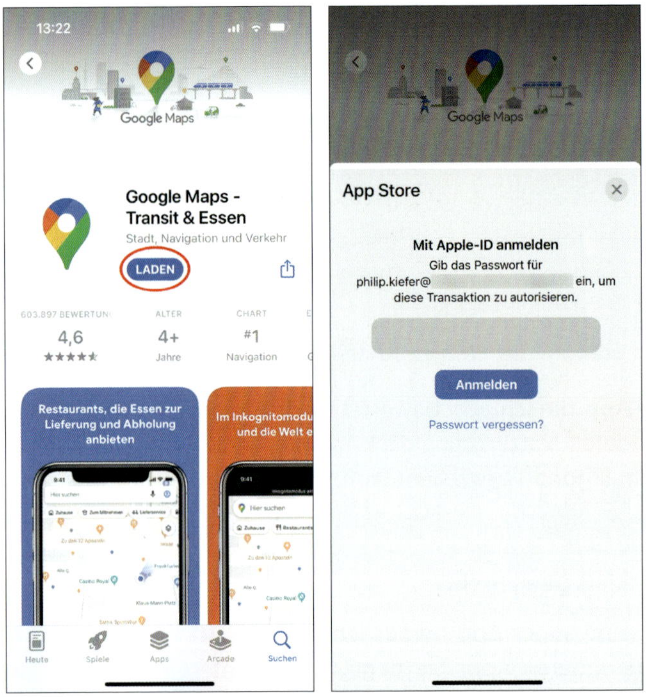

3. Das Herunterladen der App erfolgt prompt, und zwar entweder nur in die App-Mediathek oder auch auf den Home-Bildschirm (dazu später in diesem Kapitel mehr). Wie lange der Download dauert, richtet sich nach der Größe der App und der Geschwindigkeit Ihrer Internetverbindung. Auf dem Home-Bildschirm bzw. in der App-Mediathek lässt sich der Lade- und Installationsvorgang verfolgen – bis schließlich das App-Symbol zum Starten der App zur Verfügung steht. Per Fingertipp lässt sich das Laden bei Bedarf pausieren und später wieder fortsetzen.

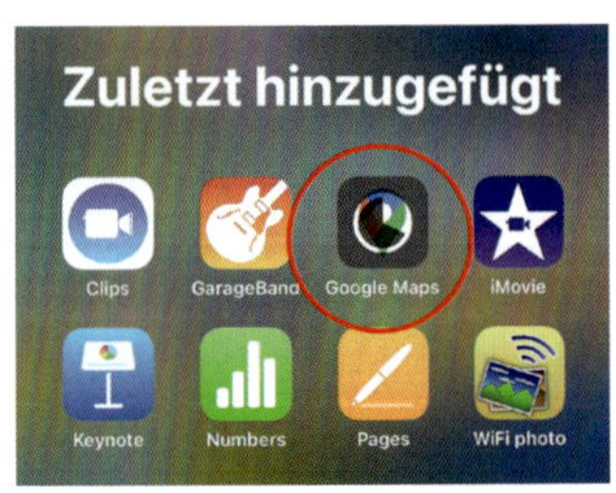

Speichergröße beachten!

Beachten Sie vor dem Herunterladen einer App unbedingt auch deren Speichergröße. Diese Angabe finden Sie bei einer im App Store ausgewählten App im Abschnitt *Informationen*. Handelt es sich um ein einfaches Spiel oder Tool, die App verstopft aber mit mehreren Hundert Megabyte den kostbaren Speicher Ihres iPhones? Dann sollten Sie auf den Download lieber verzichten. Übrigens: Die frühere Begrenzung für Downloads im Mobilfunknetz wurde von Apple aufgehoben. Bei Downloads von über 200 MB erfolgt aber standardmäßig eine Rückfrage.

Die verschiedenen Zahlungsmethoden im Überblick

Anfangs werden Sie mit den Gratis-Apps vielleicht genug zu tun haben, aber Sie werden sicherlich auch auf die eine oder andere kostenpflichtige App stoßen, die Sie gern auf Ihrem iPhone installieren würden. Um kostenpflichtige Apps erwerben zu können, müssen Sie sich zunächst für eine Zahlungsmethode entscheiden.

Guthabenkarte

Sie finden in verschiedenen Supermärkten und Discountern, in Elektronikfachmärkten oder an Tankstellen (natürlich auch direkt bei Apple) Guthabenkarten, auch Gift Cards genannt, für den App Store, iTunes Store und Book Store. Diese Prepaid-Karten in unterschiedlicher Höhe sind sehr empfehlenswert, um Ihre Ausgaben im App Store (sowie im iTunes Store und Book Store, dazu später mehr) unter Kontrolle zu behalten. Sie können immer nur so viel Geld ausgeben, wie Guthaben zur Verfügung steht. Wenn Sie mehr Guthaben benötigen, kaufen Sie einfach weitere Guthabenkarten.

Ein weiterer Vorteil: Mittlerweile gibt es regelmäßig Guthabenkarten-Sonderangebote. Halten Sie nach solchen Angeboten Ausschau oder suchen Sie im Internet beispielsweise nach »iTunes Rabatt« – mit dieser Suche werden Sie rasch fündig. Dank der Sonderangebote kaufen Sie Ihre Apps oft mit 10 % oder mehr Rabatt ein.

Um eine Guthabenkarte im App Store einzulösen, rubbeln Sie den Gutscheincode auf der Guthabenkarte frei. Entscheiden Sie sich dann beispielsweise im App Store für die Rubrik *Heute*, *Spiele* oder *Apps*. Tippen Sie dort fast ganz unten auf die Schaltfläche *Einlösen*. Melden Sie sich mit Ihrer Apple-ID an und entscheiden Sie, ob Sie den auf der Guthabenkarte freigerubbelten Code manuell eintippen oder mit der iPhone-Kamera einscannen möchten. Bestätigen Sie mit *Einlösen*.

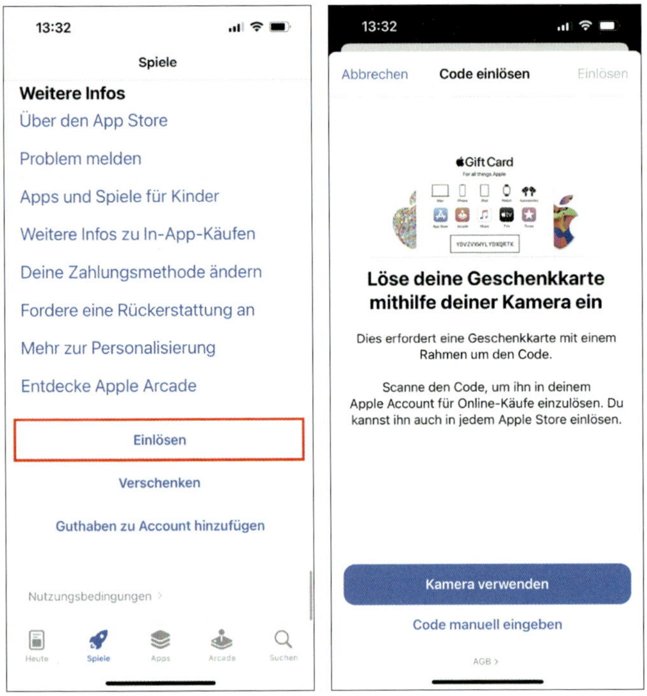

Das Einlösen einer Guthabenkarte erfordert nur wenige Handgriffe

Kreditkarte

Sehr bequem ist die Zahlung per Kreditkarte oder Debitkarte. Sie brauchen nur einmal Ihre Kreditkartendaten einzugeben und können anschließend nach Herzenslust Ihre Downloads tätigen. Die Abrechnung erfolgt monatlich per Kreditkartenabrechnung.

Unter der Webadresse *www.cardscout.de* finden Sie eine Übersicht von Kreditkartenanbietern – auch solcher ohne Jahresgebühr. Im Unterschied zur Kreditkarte muss für die Verwendung der Debitkarte ein entsprechendes Guthaben zur Verfügung stehen.

Die Kreditkartendaten lassen sich ebenfalls direkt auf dem iPhone hinzufügen. Hierzu gehen Sie folgendermaßen vor:

1. Öffnen Sie auf dem Home-Bildschirm die iPhone-Einstellungen und tippen Sie ganz oben auf den Eintrag mit Ihrem Benutzernamen.

2. Tippen Sie als Nächstes auf den Eintrag *Zahlung & Versand*.

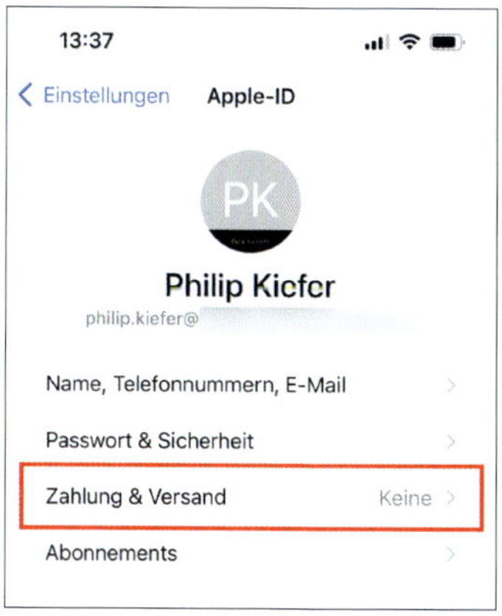

3. Tippen Sie nun auf *Zahlungsmethode hinzufügen*.

4. Wählen Sie in diesem Fall den Eintrag *Kredit-/Debitkarte*.

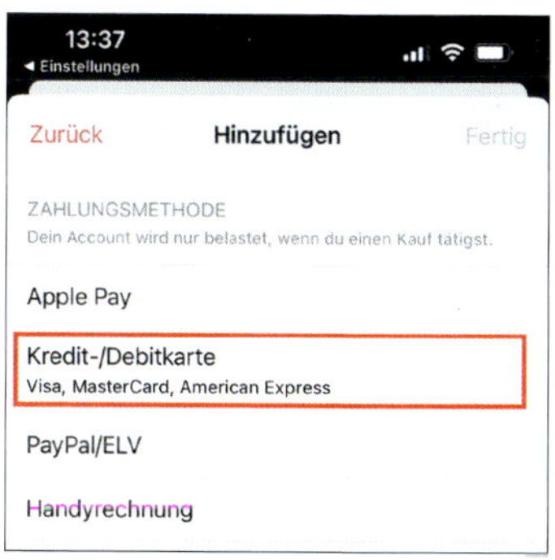

5. Geben Sie Ihre Kreditkartennummer, das Gültigkeitsdatum sowie den Sicherheitscode Ihrer Kreditkarte ein. Wenn Sie im Feld für die Kreditkartennummer auf das Symbol tippen, können Sie die Daten auch mit der iPhone-Kamera einscannen. Bestätigen Sie anschließend mit *Fertig*.

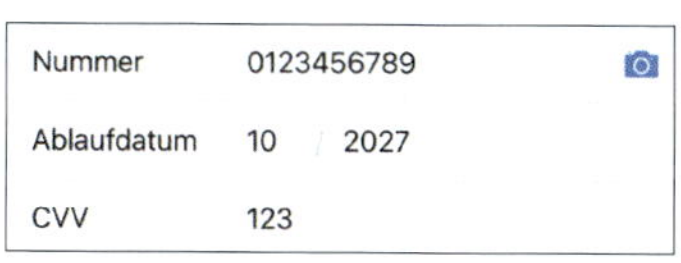

Apple Pay

Apple Pay ist ein Zahlungsdienst des iPhone-Herstellers Apple selbst. Bei diesem Dienst können Sie eine oder ggf. mehrere Kreditkarten hinzufügen, die Apple Pay unterstützen und dann Zahlungen direkt mit dem iPhone vornehmen. Apple Pay richten Sie auf Ihrem iPhone in der App *Wallet* ein. Anschließend können Sie Apple Pay als Zahlungsmethode für Ihre Käufe auf dem iPhone auswählen.

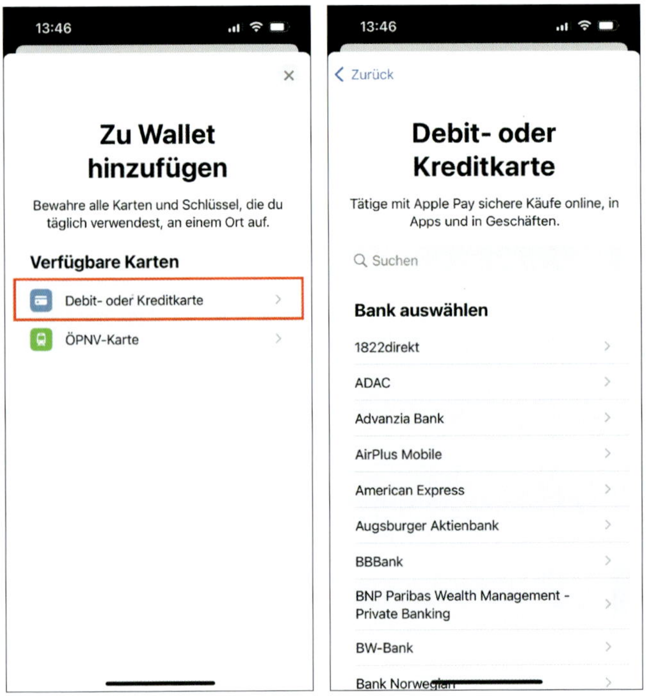

Apple Pay wird in der App Wallet eingerichtet, die auf dem Home-Bildschirm des iPhones zur Verfügung steht

Zahlung mit PayPal

Eine Alternative zur Zahlung mit der Kreditkarte bzw. mit Apple Pay bietet der amerikanische Zahlungsdienstleister PayPal. Wenn Sie sich unter der Webadresse *www.paypal.com* für diesen Dienst anmelden, können Sie sich das Geld für Ihre Zahlungen von PayPal vorstrecken lassen. Die fälligen Beträge werden jeweils von dem von Ihnen hinterlegten Bankkonto abgebucht. Um PayPal als Zahlungsmethode zu nutzen, wählen Sie den entsprechenden Eintrag aus und melden sich mit Ihren PayPal-Zugangsdaten an.

Zahlung per Handyrechnung

Eine weitere Zahlungsoption, die Sie unter dem Eintrag *Zahlungsdaten* finden, nennt sich *Handyrechnung*. Diese Zahlungsoption wird in Deutschland z. B. von der Telekom, O2 (inkl. Partnermarken) sowie Vodafone unterstützt. Vom Prinzip her entspricht die Zahlung per

Handyrechnung der Zahlung per Kreditkarte, d. h., Sie erhalten sofort die gewünschte Leistung, bezahlen diese aber erst zu einem späteren Zeitpunkt.

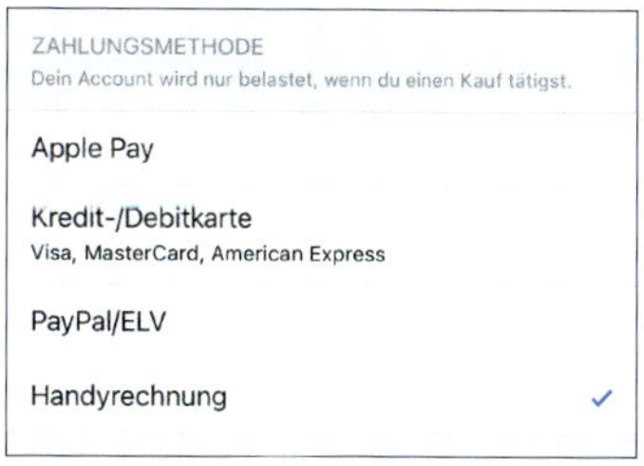

Bei verschiedenen Mobilfunkanbietern ist auch eine Zahlung per Handyrechnung möglich

Das Herunterladen kostenpflichtiger Apps erfolgt – nach dem Hinterlegen der Zahlungsdaten – genauso wie das Herunterladen von Gratis-Apps. Einziger Unterschied: Statt auf die *Laden*-Schaltfläche tippen Sie auf den angezeigten Preis und bestätigen anschließend per Face ID bzw. mit dem zu Ihrer Apple-ID gehörenden Passwort.

Abonnements verwalten

Viele Dienste auf dem iPhone werden inzwischen im Abonnement angeboten, etwa ein Musik-Streamingdienst, ein Zeitschriften-Abo o. Ä. Wird ein solches Abo über den integrierten Store abgeschlossen, erfolgt die Zahlung mit der zuvor Ihrer Apple-ID hinzugefügten Zahlungsmethode.

Und auch das Kündigen des Abos erfolgt über die Apple-ID. Tippen Sie dazu in den *Einstellungen* oben auf Ihren Benutzernamen und wählen Sie anschließend den Eintrag *Abonnements*, um Ihre Abos verwalten zu können.

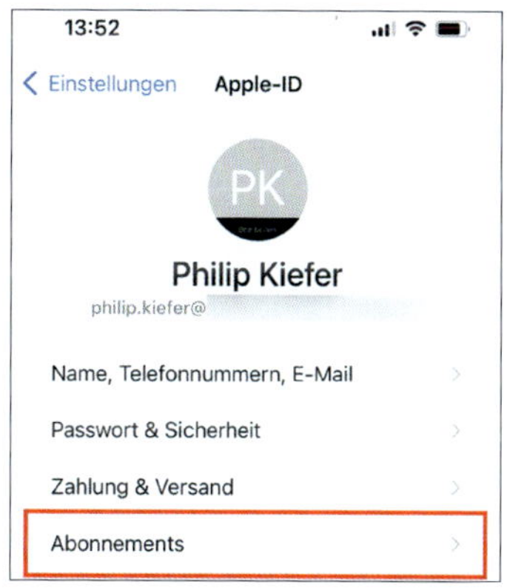

Denken Sie daran, nicht mehr benötigte Abonnements rechtzeitig zu kündigen, ansonsten laufen diese automatisch weiter

Auf Ihre gekauften Apps jederzeit erneut zugreifen

Wie bereits erwähnt, stehen Ihre einmal gekauften oder auch kostenlos heruntergeladenen Apps jederzeit erneut zum Download bereit. Einzige Voraussetzung ist, dass die Apps überhaupt noch im App Store zur Verfügung stehen. Apps, die Sie bereits einmal heruntergeladen haben, erkennen Sie im App Store am Symbol ☁. Tippen Sie auf das Symbol, um die App erneut zu laden. Sie können auch oben im App Store auf Ihr Profilbild bzw. den Bildplatzhalter tippen und dann *Gekauft* wählen, um auf bereits heruntergeladene Apps zuzugreifen.

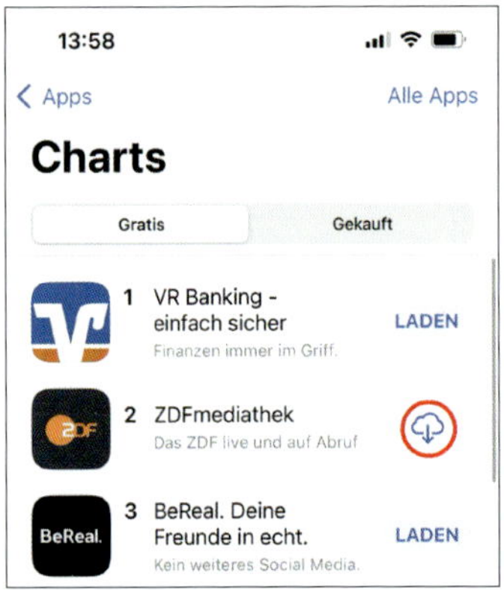

Ihre Käufe sind mit Ihrer Apple-ID verknüpft, Sie können sie dadurch jederzeit erneut laden

Das Prinzip »gekauft ist gekauft« gilt auch für In-App-Käufe. Manchmal finden Sie in den entsprechenden Apps eine Schaltfläche zum Wiederherstellen von Käufen nach einer Neuinstallation. Ansonsten tätigen Sie den In-App-Kauf einfach erneut – Sie werden dann darauf hingewiesen, dass Sie den Kauf bereits einmal getätigt haben, und können den In-App-Download kostenlos vornehmen.

Vielleicht erledigen Sie App-Käufe lieber auf einem iPad? Sofern es sich um iPhone-kompatible Apps handelt, lassen sich diese automatisch auf das iPhone laden. Hier öffnen Sie die *Einstellungen* und wählen den Eintrag *App Store*. Aktivieren Sie, sofern noch nicht geschehen, im Abschnitt *Automatische Downloads* den Schalter *App-Downloads*. Achtung: Verwechseln Sie diese Option nicht mit dem Schalter *Automatische Downloads* im Abschnitt *Mobile Daten*!

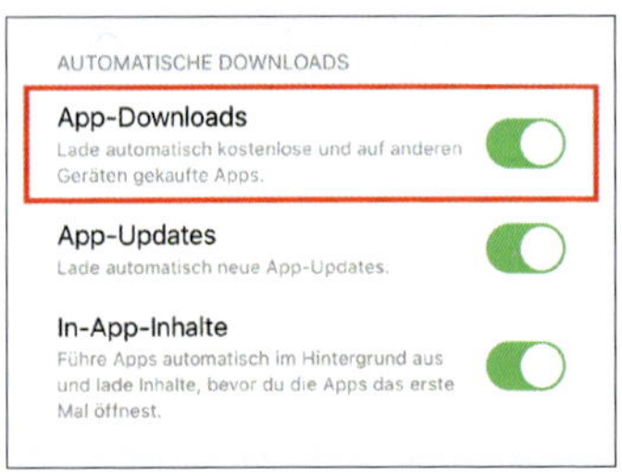

Auf anderen Geräten erworbene Apps lassen sich auf dem iPhone automatisch herunterladen

Falls eine App nicht wie gewünscht funktioniert

Falls eine App nicht so funktionieren sollte, wie es in den Informationen zur App versprochen wird, oder falls Sie eine App einfach versehentlich erworben haben, können Sie es mit einer Reklamation versuchen. Apple zeigt sich da häufig kulant. Verfassen Sie unter der Webadresse *reportaproblem.apple.com* eine entsprechende Nachricht an den Apple-Support.

Ihre iPhone-Apps gekonnt verwalten

Ihr iPhone bietet Platz für jede Menge Apps. Wenn eine Seite auf dem Home-Bildschirm mit Apps gefüllt ist, wird für neue Apps automatisch eine weitere Seite angelegt. Zudem können Sie sich entscheiden, Apps erst gar nicht auf dem Home-Bildschirm erscheinen zu lassen, sondern nur in der App-Mediathek rechts neben dem Home-Bildschirm aufzurufen. Lassen Sie mich Ihnen im Folgenden alle wichtigen Verwaltungsfunktionen für Ihre Apps vorstellen, damit Sie auch bei zahlreichen Apps stets den Überblick behalten.

Mit der App-Mediathek den Überblick über Ihre Apps behalten

Auf Ihrem iPhone finden Sie rechts neben der letzten Seite des Home-Bildschirms eine App-Mediathek, die alle Apps enthält, die Sie auf dem iPhone installiert haben. Dank App-Mediathek müssen Sie die Apps nicht mehr unbedingt auf dem Home-Bildschirm verfügbar haben. Meine Empfehlung: Auf selten genutzte Apps greifen Sie zukünftig in der App-Mediathek zu, während die häufig verwendeten Apps auf dem Home-Bildschirm verbleiben.

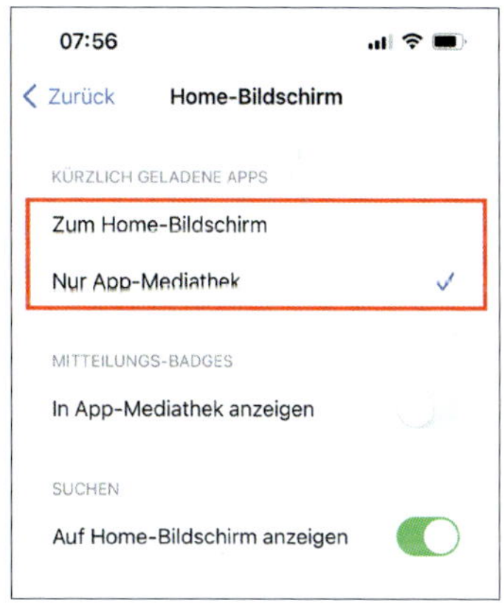

Sie können in den Einstellungen festlegen, ob neue Apps zunächst nur in der App-Mediathek oder auch auf dem Home-Bildschirm verfügbar sein sollen

Entscheiden Sie zunächst, wie mit Apps verfahren werden soll, die Sie neu installieren: Sollen diese ausschließlich in der App-Mediathek oder auch auf dem Home-Bildschirm verfügbar sein? Um dies festzulegen, wählen Sie die *Einstellungen* und entscheiden sich für den Eintrag *Home-Bildschirm*. Nun haben Sie die Wahl zwischen den Optionen *Zum Home-Bildschirm* (App-Symbol erscheint auch auf dem Home-Bildschirm) oder *Nur App-Mediathek* (App-Symbol der neu installierten App befindet sich ausschließlich in der App-Mediathek).

Und wie entfernen Sie Apps vom Home-Bildschirm so, dass sie in der App-Mediathek weiterhin zur Verfügung stehen? Die folgende Anleitung zeigt es Ihnen:

1. Halten Sie eine freie Fläche des Home-Bildschirms gedrückt, sodass die Apps anfangen zu wackeln. Der Home-Bildschirm befindet sich jetzt im Bearbeitungszustand.

2. Tippen Sie bei der App, die Sie vom Home-Bildschirm entfernen möchten, auf das Minussymbol ⊖.

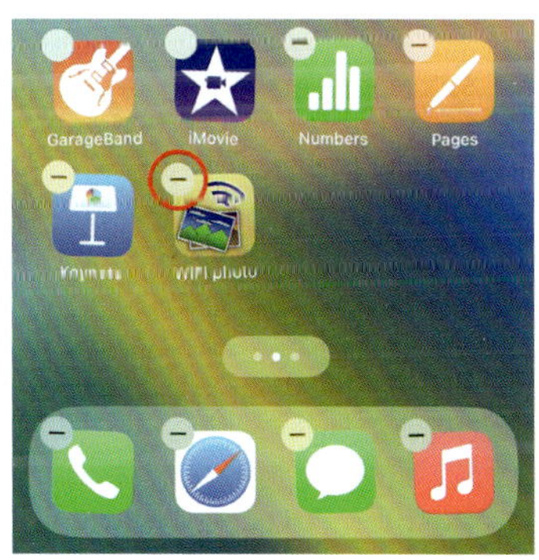

3. Wählen Sie danach im folgenden Menü den Eintrag *Vom Home-Bildschirm entfernen*.

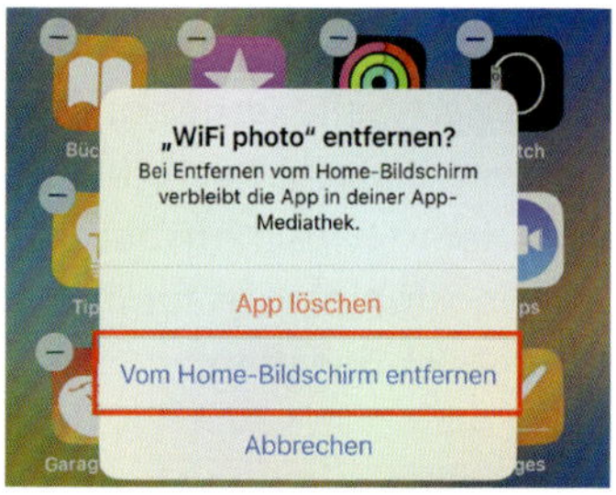

4. Um die App-Mediathek aufzurufen, streichen Sie auf dem Home-Bildschirm so lange von rechts nach links, bis die App-Mediathek eingeblendet wird.

5. Die Sortierung der Apps erfolgt automatisch. Sie können die App entweder im passenden Ordner aufrufen oder zum Auffinden der App die eingebaute Suchfunktion nutzen. Enthält ein Ordner mehr als vier Apps, wird dies durch kleinere App-Symbole angezeigt. Tippen Sie diese an, um den Ordner zu öffnen – die linke Abbildung zeigt einen geöffneten Ordner in der App-Mediathek. Streichen Sie in der App-Mediathek mit dem Finger nach unten, wird statt der Ordner eine alphabetisch sortierte App-Liste mit Register angezeigt (siehe rechte Abbildung).

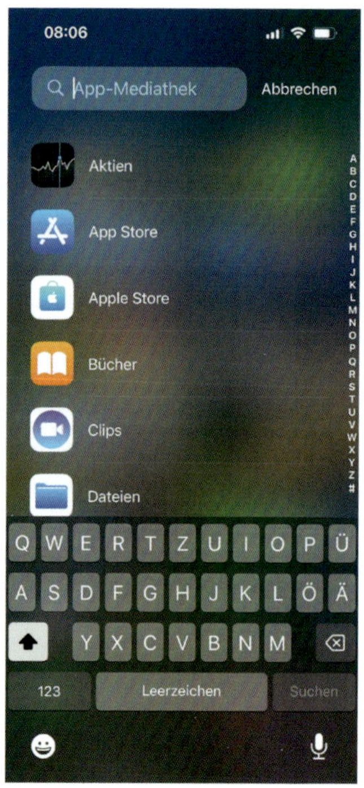

Natürlich können Sie umgekehrt eine App, die nur in der App-Mediathek zur Verfügung steht, auch auf dem Home-Bildschirm verfügbar machen. Dazu halten Sie entweder die App gedrückt und ziehen sie nach links auf den Home-Bildschirm, oder Sie entscheiden sich im Kontextmenü der App – das erscheint bei Gedrückthalten ohne Bewegung – für den Eintrag *Zum Home-Bildschirm*.

Eine lediglich in der App-Mediathek befindliche App kann jederzeit auf dem Home-Bildschirm verfügbar gemacht werden

Ganze Seiten des Home-Bildschirms ausblenden

Sie können auch ganze Seiten des Home-Bildschirms ausblenden. Die entsprechenden Apps bleiben weiterhin in der App-Mediathek verfügbar. Zum Ausblenden halten Sie eine freie Fläche des Home-Bildschirms gedrückt, bis die Apps wackeln. Tippen Sie dann oberhalb des Docks auf die Punkte, die die Seiten des Home-Bildschirms symbolisieren – diese werden im Bearbeitungszustand statt des Such-Buttons angezeigt. Das Ausblenden einer Seite des Home-Bildschirms erfolgt durch Entfernen des entsprechenden Kontrollhäkchens.

Apps verschieben oder löschen

Die Apps auf dem Home-Bildschirm sind nicht festgeklebt. Sie lassen sich jederzeit verschieben oder auch wieder löschen.

Um eine nicht mehr benötigte App zu löschen, halten Sie diese auf dem Home-Bildschirm oder alternativ in der App-Mediathek gedrückt. Entscheiden Sie sich dann im Kontextmenü für den Eintrag *App entfernen*. Oder Sie tippen im Bearbeitungszustand (wackelnde Apps nach Gedrückthalten des Home-Bildschirms) auf das bei jeder App – außer bei einigen Standard-Apps – erscheinende Minussymbol ⊖. Anschließend wählen Sie *App löschen*.

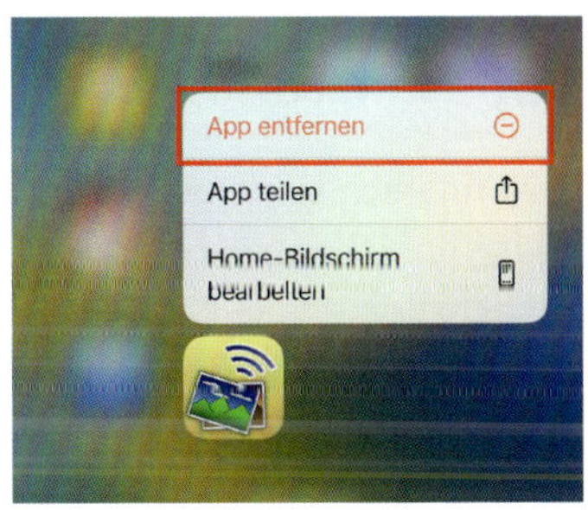

Die Optionen zum Entfernen lassen sich durch Antippen des Minussymbols, aber auch in einem Kontextmenü aufrufen

Meine Empfehlung: Löschen Sie regelmäßig Apps, die Sie einen Monat oder länger nicht verwendet haben – das können Sie durchaus mit dem Ausmisten Ihres Kleiderschranks vergleichen.

Auch das Verschieben von Apps auf dem Home-Bildschirm erfolgt im Bearbeitungszustand, den Sie durch das Gedrückthalten einer freien Fläche des Home-Bildschirms aktivieren.

Tippen Sie eine wackelnde App an und ziehen Sie sie mit dem Finger in die gewünschte Position. Um eine App auf einer anderen Seite des Home-Bildschirms zu platzieren, ziehen Sie sie an den linken oder rechten Rand der aktuellen Seite – die Seite wird daraufhin prompt gewechselt. Auch innerhalb von App-Ordnern, die Sie gleich kennenlernen werden, lassen sich Apps auf diese Weise verschieben.

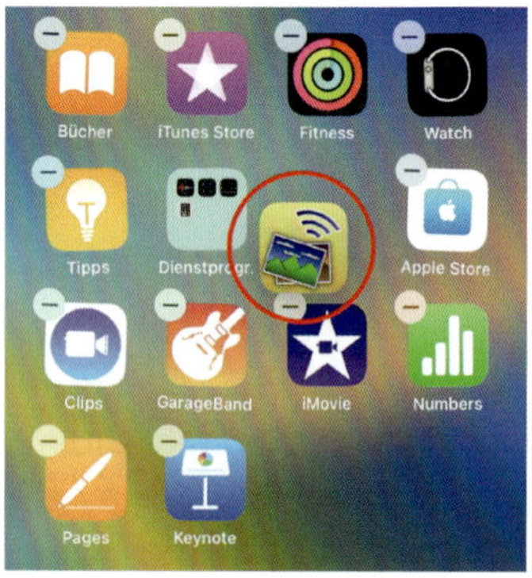

Apps lassen sich innerhalb einer Seite des Home-Bildschirms, aber auch auf eine neue Seite verschieben

Um den Bearbeitungszustand wieder zu beenden, tippen Sie rechts oben auf dem Bildschirm auf *Fertig* oder einfach erneut auf eine freie Fläche des Home-Bildschirms.

Übrigens können Sie eine App auch ins Dock ziehen, allerdings müssten Sie zuvor – wiederum im Bearbeitungszustand – eine der Standard-Apps herausziehen bzw. löschen, um für die andere App Platz zu schaffen.

Apps in Ordnern sortieren

Sehr nützlich sind auch die App-Ordner, die es Ihnen erlauben, Ihre Apps auf dem Home-Bildschirm thematisch zu sortieren. Um einen neuen App-Ordner zu erstellen, halten Sie zunächst eine freie Fläche des Home-Bildschirms – wie zuvor beschrieben – gedrückt, um den Bearbeitungszustand zu aktivieren. So geht es weiter:

1. Tippen Sie auf eine App, die Sie in den zu erstellenden Ordner aufnehmen möchten, und ziehen Sie sie auf eine andere App, die Sie ebenfalls in den Ordner aufnehmen möchten. Erst dann lassen Sie die App los.

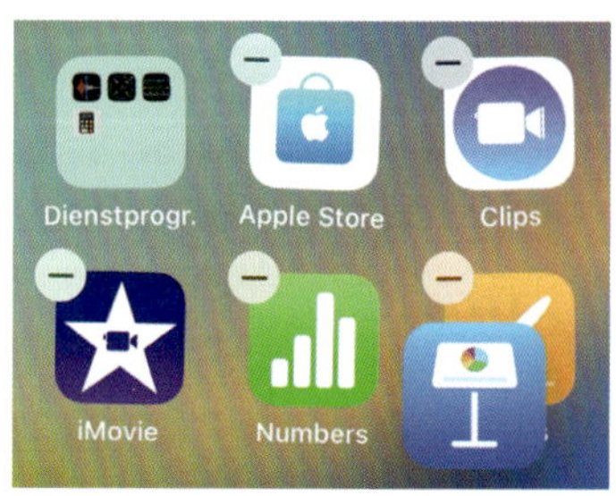

2. Der App-Ordner wird automatisch erstellt. Öffnen Sie den Ordner und tippen Sie ggf. in das Namensfeld, um die automatisch erstellte Bezeichnung für den Ordner anzupassen.

   Wählen Sie keinen zu langen Namen – dieser wird ansonsten auf dem Home-Bildschirm abgeschnitten. Um den Ordner zu schließen, aber den Bearbeitungszustand zu erhalten, tippen Sie aus dem Ordner heraus auf den Home-Bildschirm.

3. Möchten Sie weitere Apps in den Ordner aufnehmen, ziehen Sie diese wie gehabt im Bearbeitungszustand darauf. Die Platzierung von Apps innerhalb eines Ordners bzw. auf den Ordnerseiten erfolgt wie die Platzierung von Apps auf dem Home-Bildschirm.

   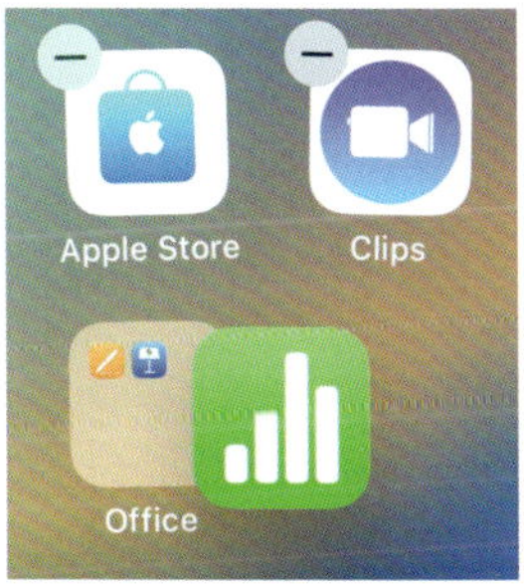

Widgets auf dem Home-Bildschirm verwenden

Außer in Form von App-Symbolen lassen sich viele Apps auch als Widgets – also App-Schnipsel – auf dem Home-Bildschirm darstellen, die verschiedene Informationen und Funktionen anbieten, etwa eine Wetterprognose oder eine Wertpapierliste. Auf die folgende Weise fügen Sie dem Home-Bildschirm Widgets hinzu:

1. Tippen Sie auf eine freie Fläche des Home-Bildschirms, um den Bearbeitungszustand (wackelnde App-Symbole) aufzurufen.

2. Streichen Sie ggf. zunächst zur Seite des Home-Bildschirms, auf der Sie das Widget hinzufügen möchten. Tippen Sie dann links oben auf die Plus-Schaltfläche.

3. Wählen Sie ein Widget aus, das Sie hinzufügen möchten. Sie können auch das eingebaute Suchfeld nutzen, um ein gewünschtes Widget aufzuspüren. Neben Widgets, die Informationen lediglich einer App anzeigen, können Sie auch Smart-Stapel hinzufügen, bei denen Sie sich durch vertikales Streichen durch die Informationen mehrerer Apps scrollen. Zwei solcher Smart-Stapel stehen standardmäßig schon auf der ersten Seite des Home-Bildschirms Ihres iPhone 14 zur Verfügung.

4. Entscheiden Sie sich durch horizontales Streichen für die gewünschte Widget-Größe.

5. Bestätigen Sie mit der Schaltfläche *Widget hinzufügen*.

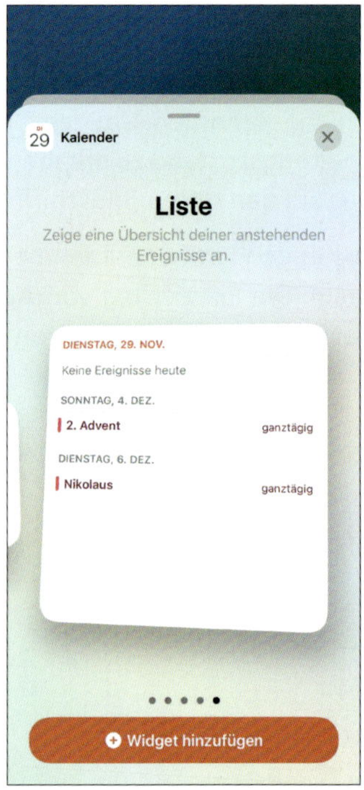

Das Widget steht nun auf dem Home-Bildschirm zur Verfügung und kann im Bearbeitungszustand wie eine App in eine andere Position gezogen oder vom Home-Bildschirm wieder entfernt werden. Beachten Sie aber, dass das Hinzufügen von Widgets Ihre App-Sortierung durcheinanderbringen kann! Einige Widgets können Sie noch einrichten, indem Sie diese im Bearbeitungszustand antippen.

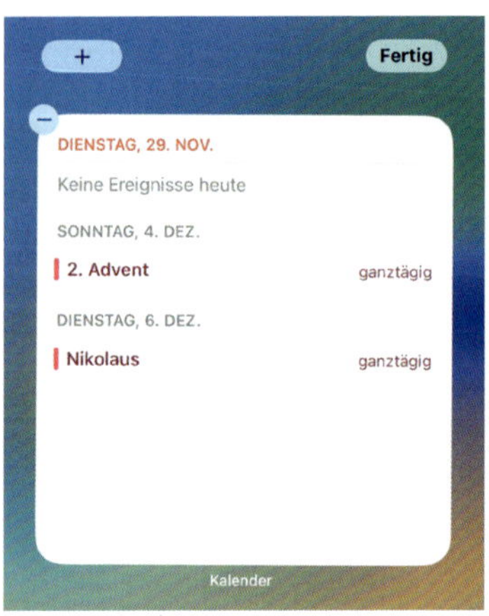

Das Widget wurde hinzugefügt und kann im Bearbeitungszustand noch an eine andere Position des Home-Bildschirms gezogen werden

Apps aktualisieren

Für viele Apps stehen regelmäßige Aktualisierungen (sogenannte Updates) zur Verfügung, die neue Funktionen mitbringen oder erkannte Fehler korrigieren. Das Aktualisieren von Apps erfolgt auf Ihrem iPhone standardmäßig automatisch. Allerdings können manche Aktualisierungen Verschlimmbesserungen mit sich bringen, sodass Sie vielleicht manuelle Updates bevorzugen werden. Wenn dies der Fall ist, deaktivieren Sie in den *Einstellungen* unter *App Store* im Abschnitt *Automatische Downloads* den Schalter *App-Updates*. Um eine Aktualisierung manuell durchzuführen, öffnen Sie den App Store und tippen dort oben rechts auf Ihr Profilbild. Ihnen werden nun die anstehenden Aktualisierungen aufgelistet und Sie können diese durchführen.

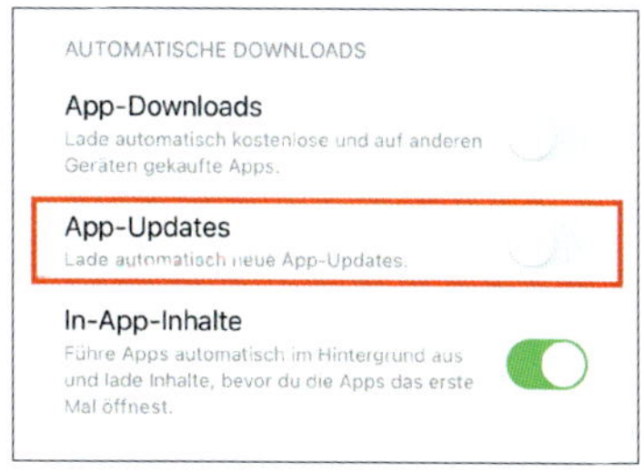

Bestimmen Sie per Schalter in den iPhone-Einstellungen, ob die App-Updates automatisch erfolgen sollen oder nicht

App-Einstellungen vornehmen

Das Einrichten der Apps erfolgt meistens in den Apps selbst – und zwar von App zu App unterschiedlich. Einstellungen zum Datenschutz, zum Mitteilungsverhalten, zum Speicherverhalten sowie noch weitere Optionen nehmen Sie in den iPhone-Einstellungen vor. Öffnen Sie die *Einstellungen* und wählen Sie eine App aus, um sich die zur Verfügung stehenden Einstellungen anzeigen zu lassen.

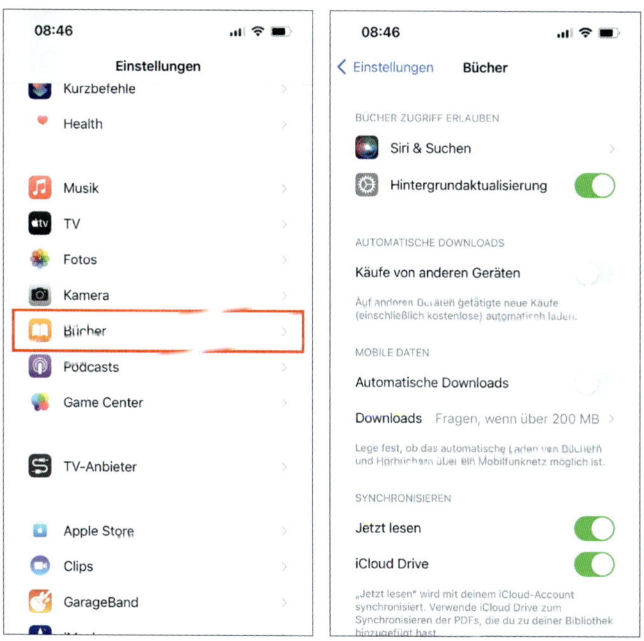

App-Einstellungen in den iPhone-Einstellungen

Die 20 besten Apps für den Start mit Ihrem iPhone

Sie wissen noch nicht so recht, welche Apps Sie auf Ihrem iPhone installieren sollen? Entnehmen Sie der folgenden Tabelle 20 Apps in einer bunten Mischung, aber alphabetisch sortiert, die Ihnen einen gelungenen Start mit dem iPhone ermöglichen sollen – weitere tolle Apps werden Sie dann auch noch in den folgenden Kapiteln kennenlernen. Gut zu wissen: Alle Apps in der Tabelle waren bei Redaktionsschluss, zumindest in ihrer Basisvariante, kostenlos zu haben.

App-Name	Symbol	Kurze Beschreibung
aboalarm		Damit Sie nie wieder vergessen, einen Vertrag (z. B. Zeitschriftenabonnement, Mobilfunkvertrag etc.) rechtzeitig zu kündigen, lassen Sie sich von dieser App rechtzeitig an fällige Kündigungstermine erinnern. Gegen einen geringen Betrag kann die Kündigung sogar direkt aus der App heraus durchgeführt werden.
Airbnb		Reiselustige machen mit dieser App Privatunterkünfte auf der ganzen Welt ausfindig – und wenn Sie selbst ein Zimmer frei haben, können Sie dieses mit Airbnb bequem an Gäste vermieten. Ein Bewertungssystem hilft dabei, Fehlgriffe zu vermeiden.
Chefkoch		Greifen Sie übers Internet auf eine äußerst umfangreiche Rezeptdatenbank zu und finden Sie stets das passende Koch- oder Backrezept für jeden Anlass. Auch eigene Rezepte lassen sich in der App sammeln.
Codecheck		Scannen Sie auf einem Lebensmittel- oder Kosmetikprodukt den Barcode ein, um sich über die Inhaltsstoffe zu informieren. Durch ein Farbensystem wird Ihnen angezeigt, welche Inhaltsstoffe empfehlenswert sind und welche überhaupt nicht.
CovPass		Diese App dient dem Speichern und Vorzeigen Ihres Corona-Impfzertifikats bzw. eines Genesenennachweises. Mit der ebenfalls kostenlos erhältlichen App *CovPass Check* lassen sich die Zertifikate prüfen.
Dropbox		Dropbox ist ein beliebter Onlinespeicherdienst für Ihre Dokumente, Bilder und sonstigen Dateien und kann als Alternative oder zusätzlich zu iCloud Drive verwendet werden. Dropbox ist deshalb besonders interessant, weil zahlreiche Apps eine Verbindung zu diesem Dienst anbieten. Das ist ideal, um kostbaren Speicherplatz auf dem iPhone zu sparen.

App-Name	Symbol	Kurze Beschreibung
gesund.de		Fachärzte und Apotheken suchen, Rezepte elektronisch einlösen oder Medikamente vorbestellen – das klappt mit dieser Gesundheits-App. Zum Thema Gesundheit finden Sie noch viele weitere Apps im App Store.
Get a Power Nap!		Wenn Sie sich gern mal hypnotisieren lassen, können Sie dazu beispielsweise diese Gratis-App verwenden, die Sie in einen Power Nap – einen erholsamen Kurzschlaf – führt. Ideal, um neue Kraft zu tanken!
Google Earth		Google Earth ist ein digitaler Globus für die Jacken- oder Handtasche: Fliegen Sie Ihre Reiseziele mit dieser App vorab an und blenden Sie Informationen und Bilder dazu ein.
Immo-Scout24		Wer eine Wohnung mieten oder ein Haus kaufen möchte, findet in dieser App unzählige Angebote. Ein Merkzettel hilft Ihnen beim schnellen Wiederfinden besonders interessanter Objekte. Auch das Anbieten von Objekten ist per App möglich.
Instagram		Instagram ist eine sehr beliebte App, um Ihre Fotos, die Sie mit dem iPhone schießen, durch Effekte, Filter & Co. zu verschönern und anschließend direkt im Internet zu veröffentlichen. Achtung: Anmeldung erforderlich!
Microsoft To Do		*Microsoft To Do* ist eine To-do-App, eine leistungsstarke Alternative zur auf dem iPhone bereits verfügbaren App *Erinnerungen*. Planen und synchronisieren Sie damit Ihre Aufgaben und Ziele. Die App ist übrigens aus dem von Microsoft gekauften beliebten Dienst Wunderlist hervorgegangen.
Netzkino		Wenn Sie sich übers Internet kostenlos und legal Spielfilme anschauen möchten, bietet sich diese App an. Der Anbieter finanziert sich durch kurze Werbeeinblendungen, das Ausmaß der Werbung ist aber erträglich. Die Filmauswahl kann sich durchaus sehen lassen, auch wenn natürlich viele alte Schinken dabei sind.
Rechen-knecht		Eine äußerst nützliche App, die zahlreiche verschiedene Rechner vereint, etwa einen Zinsrechner, einen Umsatzsteuerrechner, einen Dreisatzrechner, einen Gehaltsrechner, einen Inflationsrechner und noch mehr.

App-Name	Symbol	Kurze Beschreibung
SkyView Lite		Erkunden Sie mit dieser Augmented-Reality-App den Nachthimmel und spüren Sie sofort jedes gesuchte Sternbild auf. Perfekt für Hobbyastronomen!
Skype		Mit dieser App telefonieren Sie – mit anderen Skype-Nutzern – übers Internet. Auch Videotelefonate sind kein Problem. Die App bietet eine gute Alternative bzw. Ergänzung zu Apples FaceTime.
Spotify		Diese beliebte App bietet kostenloses Musikstreaming und bietet somit eine Alternative zu Apple Music. In der kostenlosen Variante kommt allerdings hin und wieder nervige Werbung; außerdem können Musikalben und Wiedergabelisten lediglich in zufälliger Reihenfolge wiedergegeben werden.
Wise		Wise (ehemals TransferWise) ist eine sehr nützliche App für internationale Finanztransaktionen. Sie können damit Ihr Geld in zahlreiche Währungen umtauschen oder kostengünstig in andere Länder versenden. Auch eine kostenlose Debitkarte ist im Angebot, die Ihnen auf Ihren Reisen gute Dienste erweisen kann.
TV Spielfilm		Verwandeln Sie Ihr iPhone mit dieser App in ein talentiertes Fernsehprogramm und lassen Sie sich rechtzeitig vor einer gewünschten Sendung daran erinnern, das TV-Gerät einzuschalten.
vanilla bean		Wer sich hin und wieder oder immer fleischlos ernähren möchte, findet mithilfe dieser App passende vegetarische oder vegane Restaurants in der Umgebung bzw. auch solche Restaurants, die neben Fleischgerichten vegetarische Gerichte anbieten.

QR-Codes einscannen ohne Zusatz-App

Zum Einscannen von QR-Codes benötigen Sie keine zusätzliche App. Verwenden Sie hierzu einfach die Kamera-App: Scannen Sie den QR-Code mit der eingebauten Kamera ein, wird Ihnen die dem QR-Code entsprechende Option angeboten.

Kapitel 4

Kommunizieren mit dem iPhone: Telefonate, Chats und mehr

In den bisherigen Kapiteln haben Sie erfahren, wie Sie Ihr iPhone optimal einrichten und perfekt bedienen. Außerdem habe ich Ihnen gezeigt, wie Sie Ihr iPhone per App Store um tolle Funktionen erweitern. Dieses Kapitel widmet sich nun wichtigen Kommunikationsfunktionen des Gerätes, nämlich dem Telefonieren (auch mit Videoübertragung) sowie dem Versenden von Kurznachrichten als SMS oder iMessage.

Einen Anruf entgegennehmen – oder auch nicht

Wenn Sie selbst auf Ihrem iPhone angerufen werden, wählen Sie auf dem Home-Bildschirm entweder die *Annehmen*-Option, um den Anruf entgegenzunehmen; oder Sie tippen auf den *Ablehnen*-Button.

Übrigens werden Ihnen Name und Bild des Anrufers angezeigt, sofern Sie die Rufnummer und das Bild beim entsprechenden Kontakt gespeichert haben; bei einem nicht den Kontakten hinzugefügten Anrufer wird, sofern verfügbar, dessen Rufnummer eingeblendet. Auf dem Home-Bildschirm wird Ihnen ein eingehender Anruf zunächst nur als Banner oben auf dem Bildschirm angezeigt.

Wenn Sie auf das Banner tippen, wird der Anruf auf dem ganzen Bildschirm dargestellt und Ihnen werden die Optionen *Erinnerung* sowie *Nachricht senden* angezeigt, die Sie gleich noch kennenlernen werden.

Geht ein Anruf auf dem Sperrbildschirm ein, nehmen Sie diesen durch Streichen des Schalters *Annehmen* an. Das Ablehnen eines Anrufs erfolgt in diesem Fall, indem Sie zweimal hintereinander die Seitentaste drücken.

Betätigen Sie die Seitentaste lediglich einmal, wird der Anruf stummgeschaltet – das ist praktisch, wenn Sie sich gerade in einem Konzertsaal oder einem Meeting befinden und das Stummschalten des iPhones vergessen haben sollten.

In diesem Fall geht der Anruf auf dem Home-Bildschirm ein; tippen Sie das Banner an, wird der Anruf auf dem gesamten Bildschirm dargestellt

Wenn Sie einen Anruf gerade nicht entgegennehmen können oder wollen, bieten sich Ihnen noch weitere Möglichkeiten:

- **Anruf ablehnen und Erinnerung erstellen:** Auch wenn Sie sich für den Button *Erinnerung* entscheiden, wird der Anruf abgelehnt. Gleichzeitig wird ein Menü geöffnet, mit dessen Hilfe Sie unkompliziert eine Erinnerung für den Rückruf erstellen.

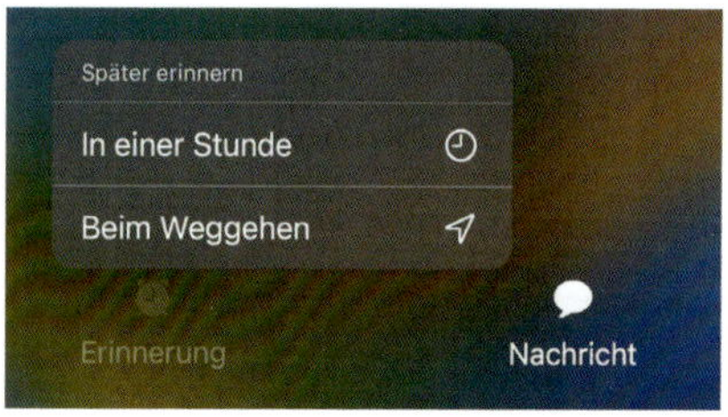

- **Anruf ablehnen und Nachricht senden:** Oder möchten Sie dem Anrufer eine Kurznachricht senden, wenn Sie den Anruf ablehnen? Drücken Sie hierzu auf den Button

Nachricht. Wählen Sie eine der fertigen Kurznachrichten aus oder tippen Sie auf *Eigene*, um eine individuelle Kurznachricht zu verfassen und zu versenden.

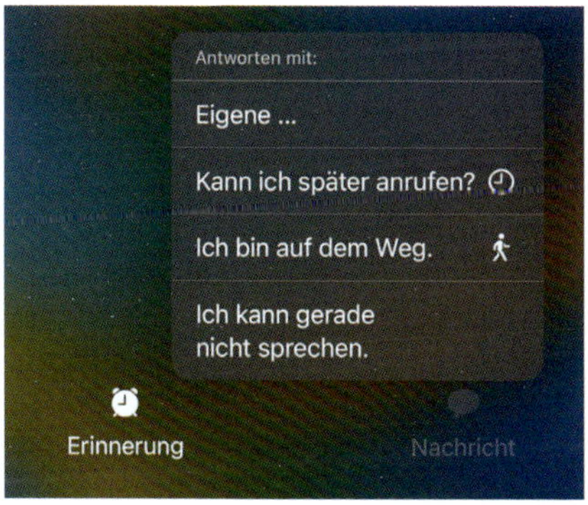

Andere Antwortnachrichten erstellen

Die vorgeschlagenen Antwortnachrichten beim Ablehnen eines Anrufs sind nicht für jeden Nutzer passend. Ersetzen Sie in so einem Fall die Standard-Antwortnachrichten durch eigene. Öffnen Sie dazu die iPhone-Einstellungen, wählen Sie den Eintrag *Telefon* und dort den Eintrag *Mit Nachricht antworten*. Tippen Sie in ein Feld, um Ihren eigenen Nachrichtentext einzugeben. Wenn Sie den Text in einem Feld löschen, werden wieder die Standard-Antwortnachrichten verwendet.

Mit mehreren Teilnehmern gleichzeitig telefonieren

Möchten Sie selbst einen Anruf tätigen oder eine Telefonkonferenz mit gleich mehreren Teilnehmern starten? Auch das funktioniert mit dem iPhone einfach und komfortabel. Und zwar folgendermaßen:

1. Entscheiden Sie sich auf Ihrem iPhone für das App-Symbol *Telefon*, das Sie standardmäßig links unten im Dock finden.
2. Um eine Rufnummer einzutippen, gehen Sie unten in der App auf *Ziffernblock*. Geben Sie nun wie bei einem herkömmlichen Telefon die Rufnummer ein und tippen Sie auf den grünen Telefon-Button, um den Anruf zu starten. Wenn Sie Kontakte angelegt haben (vgl. Kapitel 5), können Sie diese unter *Kontakte* bzw. *Favoriten* auswählen, statt die Rufnummer einzutippen.
3. Sobald der Empfänger den Anruf annimmt, wird eine Reihe von Anrufoptionen eingeblendet, z. B. zum Beenden des Anrufs, zum Stummschalten oder für die Nutzung des Lautsprechers. Möchten Sie mit mehreren Personen eine Telefonkonferenz abhalten? Dann tippen Sie auf *Anruf hinzufügen*, um einen weiteren Teilnehmer anzurufen.

4. Der erste Teilnehmer kommt dann kurz in eine Warteschleife. Sobald die zweite Person das Gespräch annimmt, starten Sie die *Konferenz* – ideal, um auf die Schnelle geschäftliche Probleme zu klären, aber auch für das Familiengespräch zwischendurch oder für Verabredungen mit Freunden!

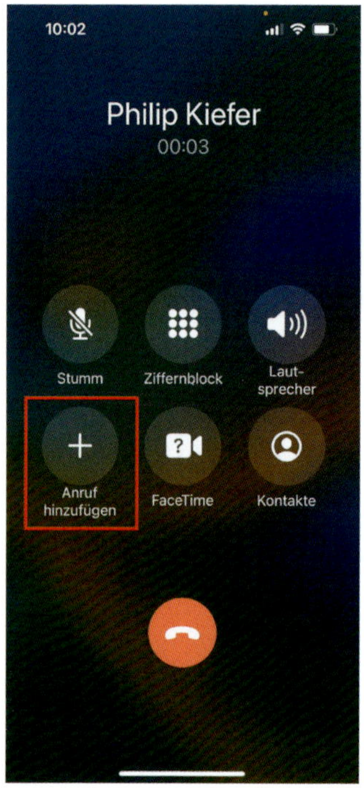

> **Damit die SIM-PIN nicht beim iPhone-Start abgefragt wird**
>
> Die im iPhone verwendete SIM-Karte ist eventuell durch eine SIM-PIN, eine vierstellige Geheimzahl, gesichert, um zu verhindern, dass andere Personen die SIM-Karte zum Telefonieren verwenden können. Um mit dem iPhone in diesem Fall telefonieren zu können, muss die SIM-PIN standardmäßig jeweils beim iPhone-Start eingegeben werden. Wenn Sie dies nicht wünschen, gehen Sie in die iPhone-Einstellungen. Wählen Sie den Eintrag *Mobilfunk* und dann *SIM-PIN*. Deaktivieren Sie den Schalter *SIM-PIN* und bestätigen Sie die Änderung durch die Eingabe der SIM-PIN.

Weitere wichtige Telefonfunktionen im Überblick

Das iPhone bietet natürlich noch weitere Telefonfunktionen. Lassen Sie mich Ihnen diese in einem kleinen Überblick vorstellen:

- **Voicemail:** In der Telefon-App unter *Voicemail* greifen Sie auf Ihre Mailbox zu, also Ihren Anrufbeantworter im Mobilfunknetz. Je nach Mobilfunkanbieter werden Sie entweder direkt mit der Mailbox verbunden oder Sie erhalten eine visuelle Auflistung der Sprachnachrichten sowie die Möglichkeit, einen eigenen Begrüßungstext aufzuzeichnen. Die Mailbox steht Anrufern selbstverständlich auch dann zur Verfügung, wenn das iPhone abgeschaltet ist.

- **Anrufliste:** In der Telefon-App unter *Anrufliste* finden Sie eine Liste der ein- und ausgegangenen Telefonate sowie der entgangenen Anrufe. Um jemanden aus der Liste anzurufen, brauchen Sie nur den jeweiligen Eintrag anzutippen. Für nähere Informationen zum Anruf bzw. Anrufer tippen Sie bei einem Eintrag auf das Symbol ⓘ. Oder möchten Sie die komplette Anrufliste leeren? Dann wählen Sie *Bearbeiten* und anschließend *Löschen*. Alternativ lassen sich auch einzelne Einträge – wie bereits kennengelernt – per ⊖-Symbol entfernen.

- **Anrufe ankündigen:** Möchten Sie bei einem Anruf durch die Siri-Stimme informiert werden, wer gerade anruft? Das können Sie in den *Einstellungen* in der Rubrik *Telefon* unter dem Eintrag *Anrufe ankündigen* festlegen.
- **WLAN-Anrufe:** Abhängig von Ihrem Mobilfunktarif können Sie in den *Einstellungen* in der Rubrik *Telefon* und dort unter dem Eintrag *WLAN-Anrufe* das Verwenden von Anrufen im WLAN aktivieren bzw. auch wieder deaktivieren.
- **Rufweiterleitung:** Wenn Sie auf Ihrem iPhone eingehende Anrufe an eine andere Rufnummer weiterleiten möchten, öffnen Sie die *Einstellungen* und wählen unter *Telefon* den Eintrag *Rufweiterleitung*. Schalten Sie die Option *Rufweiterleitung* ein und geben Sie die gewünschte Rufnummer für die Weiterleitung ein. Besprechen Sie die anfallenden Kosten für die Rufweiterleitung mit Ihrem Mobilfunkanbieter!

- **Anklopfen/Makeln:** Wenn die Funktionen *Anklopfen* und *Makeln* vom Mobilfunkanbieter unterstützt werden, lassen sie sich in den *Einstellungen* unter *Telefon* und dort unter *Anklopfen/Makeln* aktivieren. Anklopfen bedeutet, dass sich ein Anrufer durch ein Signal bemerkbar machen kann, wenn Sie gerade mit jemand anderem telefonieren. Beim Makeln können Sie zwei Anrufe gleichzeitig annehmen und zwischen den Anrufern hin- und herschalten.
- **Meine Anrufer-ID senden:** Soll Ihr Telefon-Gesprächspartner nicht sehen, welche Rufnummer Sie verwenden? Um diese zu unterdrücken, entscheiden Sie sich in den *Einstellungen* unter *Telefon* für den Eintrag *Meine Anrufer-ID senden*. Deaktivieren Sie anschließend den Schalter *Meine Anrufer-ID senden*.

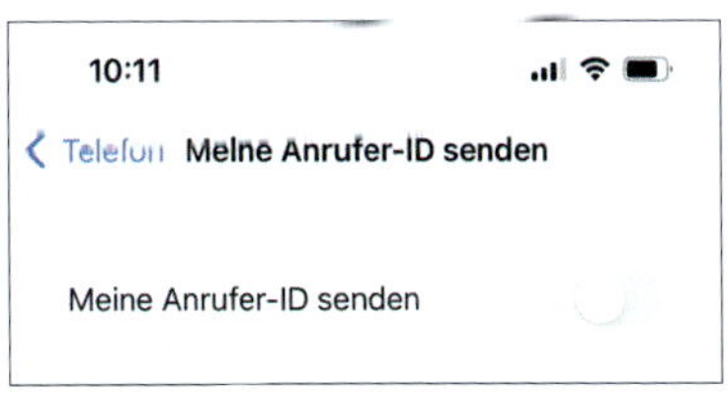

- **Unbekannte Anrufer stumm:** Aktivieren Sie diese Option, werden Anrufe von unbekannten Nummern automatisch an Ihre Voicemail weitergeleitet, ohne dass das iPhone klingelt.
- **Blockierte Kontakte:** Sie können ungewünschte Rufnummern sperren. Voraussetzung ist allerdings, dass Sie diese Ihren Kontakten hinzugefügt oder aber bereits einen Anruf oder eine Nachricht von dem Kontakt erhalten haben. Zum Sperren vorhandener Kontakte entscheiden Sie sich in den *Einstellungen* unter *Telefon* für den Eintrag *Blockierte Kontakte*. Wählen Sie *Kontakt hinzufügen*, um den zu sperrenden Kontakt zu bestimmen – von diesem Kontakt können Sie dann weder Anrufe noch Kurznachrichten (SMS, iMessage) empfangen.

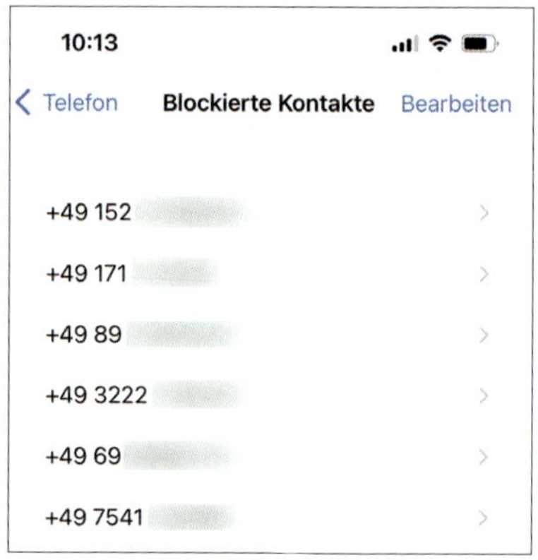

- **SMS- und Anrufberichte:** Diese Option erlaubt es, unerwünschte Anrufe oder Nachrichten an Drittanbieter zu melden, sofern diese die Funktion bereithalten.

Damit Ihr iPhone in Grenznähe nicht den Netzbetreiber wechselt

Wenn Sie sich in Grenznähe aufhalten, kann es passieren, dass Ihr iPhone automatisch von Ihrem eigentlichen Netzbetreiber zu einem ausländischen wechselt. Um das zu verhindern, entscheiden Sie sich in den iPhone-Einstellungen unter *Mobilfunk* für den Eintrag *Netzauswahl*. Deaktivieren Sie die Option *Automatisch*, warten Sie einen Moment, bis die verfügbaren Netzbetreiber aufgeführt werden, und wählen Sie Ihren Netzbetreiber manuell aus.

Klingel- und Hinweistöne einrichten

Falls Ihnen der Standardklingelton bei eingehenden Anrufen nicht zusagt oder Sie einen anderen Hinweiston – z. B. den Hinweiston bei eingehenden Kurznachrichten – ändern möchten: kein Problem! Hierzu gehen Sie wie folgt vor:

1. Entscheiden Sie sich in den *Einstellungen* für den Eintrag *Töne & Haptik*.

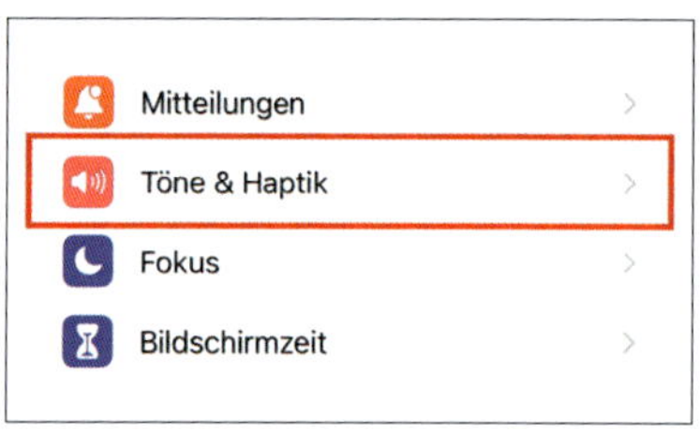

2. Wählen Sie hier zunächst im Abschnitt *Schalter für Klingelmodus/Stummmodus* aus, ob und wann das iPhone ein haptisches Feedback geben soll.

3. Im Abschnitt *Klingel- und Hinweistöne* legen Sie per Schieberegler die Lautstärke für die Töne fest. Wenn Sie die Klingeltonlautstärke manchmal versehentlich ändern, weil Sie beim Betätigen der Seitentaste aus Versehen die Lautstärketasten drücken, deaktivieren Sie ggf. lieber den Schalter *Mit Tasten ändern*.

4. Im Abschnitt *Töne und haptische Muster* wählen Sie nun einen Eintrag aus, um anschließend einen anderen Ton festlegen zu können sowie ggf. Einstellungen zur Vibration vorzunehmen.

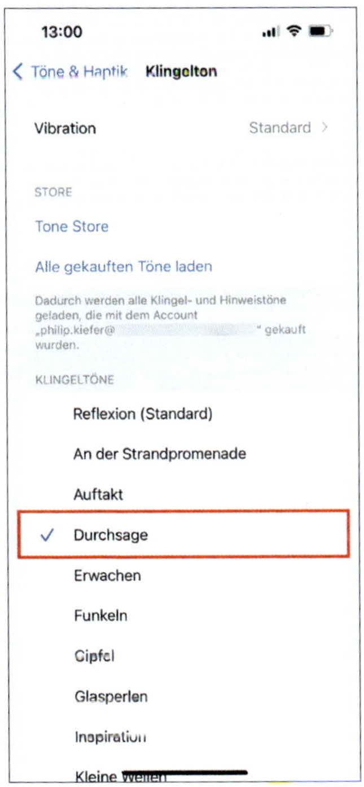

Übrigens: Jedem Kontakt (zu diesem Thema noch viel mehr in Kapitel 5) lässt sich ein eigener Klingelton bzw. eine eigene Vibration zuweisen – so wissen Sie stets sofort, ob Ihr bester Kumpel oder Ihre Chefin anruft. Falls Ihnen die bereits verfügbaren Töne nicht zusagen sollten, können Sie welche im entsprechenden Store kaufen, der sich direkt aus den Töne-Einstellungen heraus aufrufen lässt.

Ton beim Sperren und Tastaturfeedback abschalten

Sie verwenden Ihr iPhone in der Univorlesung oder im Großraumbüro? In diesem Fall könnten das Tastaturfeedback sowie der Ton beim Sperren des iPhones störend sein. Um diese Töne abzuschalten, deaktivieren Sie in den *Einstellungen* unter *Töne & Haptik* den Schalter *Ton beim Sperren*. Unter dem Eintrag *Tastaturfeedback* legen Sie fest, ob Sie Ton und/oder haptisches Feedback bzw. gar kein Feedback wünschen. Auch das haptische Feedback bei Systeminteraktionen lässt sich deaktivieren, indem Sie ganz unten unter *Töne & Haptik* den Schalter *Systemhaptik* deaktivieren.

Dank Fokus: Lassen Sie sich von Ihrem iPhone nicht stören

Wenn Sie Ihr iPhone auch nachts, während der Arbeit oder einer sonstigen Aktivität, die Ihre volle Konzentration erfordert, eingeschaltet lassen, verwenden Sie den Stummschalter auf der linken Seite des iPhones, um die Klingel- und Hinweistöne vollständig zu deaktivieren. Sie können sich dann auf eingehende Anrufe, Nachrichten etc. immer noch durch eine Vibration hinweisen lassen.

Eine Alternative zum Stummschalter bietet die *Fokus*-Funktion Ihres iPhones, die über erweiterte Einstellungsmöglichkeiten verfügt.

Sie können einen Fokus für unterschiedliche Tätigkeiten einrichten, beispielsweise allgemein *Nicht stören*, für die Arbeit, zum Schlafen, fürs Yoga und und und. Bestimmen Sie selbst, von welchen Kontakten Sie Anrufe oder von welchen Apps Sie Mitteilungen erhalten möchten.

Der Fokus lässt sich im Kontrollzentrum manuell einschalten, aber auch per Zeitplan bei einer bestimmten Aktivität.

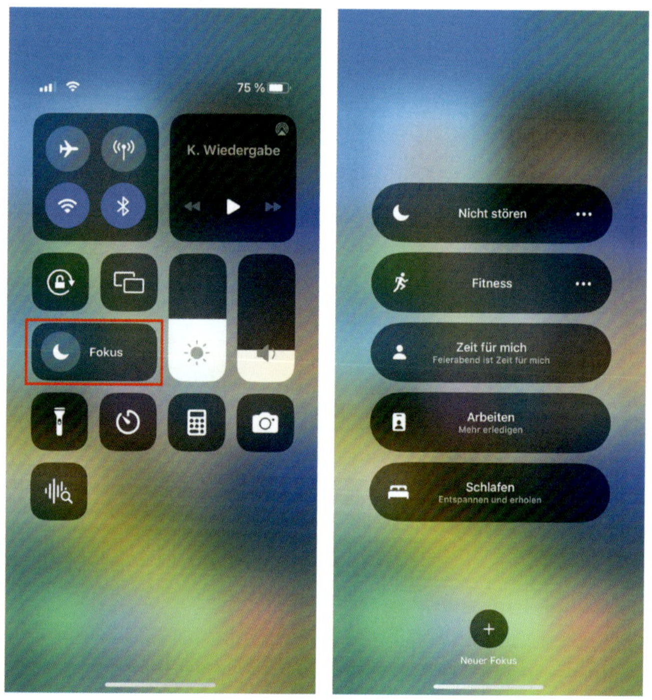

Aktivieren Sie den gewünschten Fokus z. B. im Kontrollzentrum

Um Ihre individuellen Fokuseinstellungen vorzunehmen, entscheiden Sie sich in den *Einstellungen* für den Eintrag *Fokus*. Wählen Sie nun einen vorhandenen Fokus aus, um diesen zu konfigurieren, oder fügen Sie per +-Symbol einen weiteren Fokus hinzu. Die folgende Anleitung skizziert, wie Sie einen Fokus anlegen und diesen mit einem Sperrbildschirm (vgl. Kapitel 2) verknüpfen – bei aktiviertem Fokus wird dann der gewählte Sperrbildschirm angezeigt.

1. Wählen Sie unter dem Plussymbol + einen Fokus als Basis aus bzw. wählen Sie die Option *Eigener*.
2. Geben Sie dem eigenen Fokus eine sinnvolle Bezeichnung. Wählen Sie außerdem eine passende Farbe und ggf. ein Symbol aus, bevor Sie auf *Weiter* tippen.

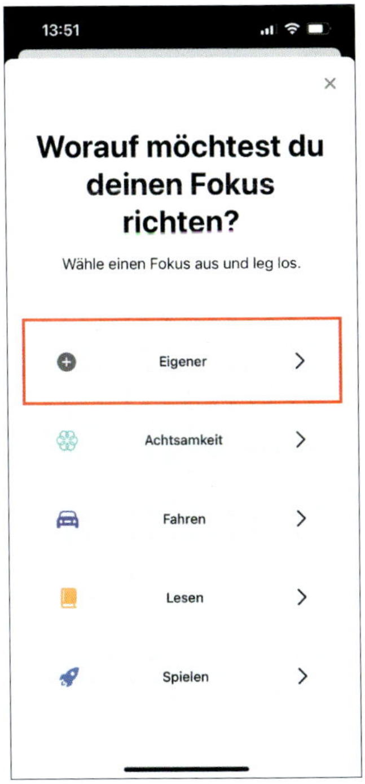

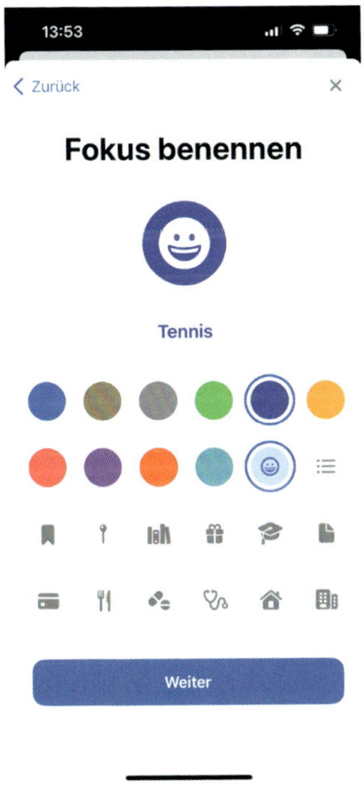

3. Als Nächstes tippen Sie auf *Fokus anpassen*.
4. Nun soll ein Sperrbildschirm mit dem Fokus verknüpft werden. Dazu tippen Sie im Abschnitt *Bildschirme anpassen* beim Sperrbildschirm auf *Wählen*.

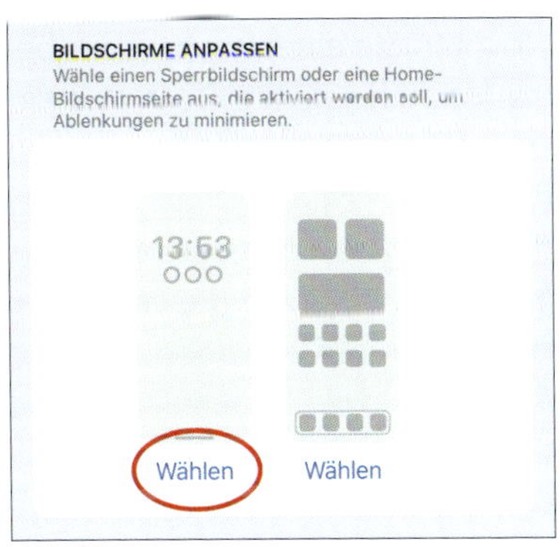

5. Entscheiden Sie sich anschließend für den gewünschten Sperrbildschirm und bestätigen Sie mit *Fertig*. Es geht aber auch umgekehrt, d. h., Sie können – wie in Kapitel 2 beschrieben – einen Sperrbildschirm auswählen und dann unter *Fokus* die Verknüpfung des Sperrbildschirms mit dem Fokus vornehmen.

6. Nun können Sie noch Personen und Apps auswählen, die auch bei aktiviertem Fokus zu Ihnen durchdringen sollen, Fokusfilter definieren sowie für eine Aktivierung nach Zeitplan bzw. eine »intelligente Aktivierung« sorgen. Kurz: Sie richten den Fokus ganz nach Ihrem Bedarf ein.

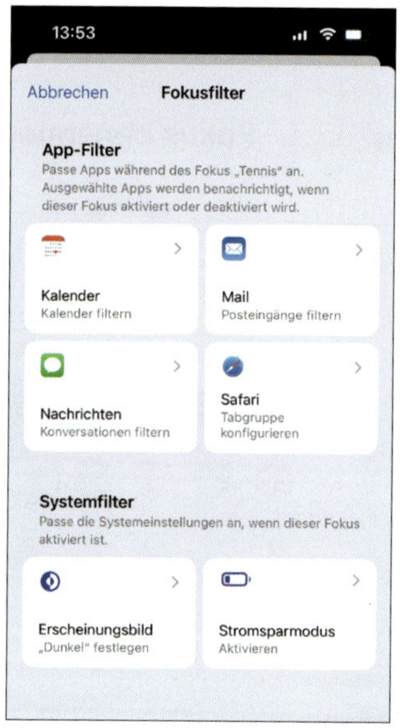

7. Das manuelle Aktivieren des Fokusses erfolgt, wie bereits oben dargestellt, im Kontrollzentrum.

Möchten Sie einen nicht mehr benötigten Fokus wieder löschen, wählen Sie in den *Einstellungen* unter *Fokus* einen Fokus aus, scrollen ganz nach unten und tippen auf *Fokus löschen*. Zwei weitere Einstellungen betreffen alle Fokusse: Mit *Geräteübergreifend teilen* entscheiden Sie, ob die von Ihnen eingerichteten Fokusse auch auf etwaigen anderen Apple-Geräten zur Verfügung stehen sollen. Auch das Aktivieren bzw. Deaktivieren eines Fokus erfolgt dann synchron. Unter *Fokusstatus* entscheiden Sie außerdem jeweils per Schalter, ob auch andere Personen über einen von Ihnen aktivierten Fokus informiert werden sollen oder nicht.

SMS versenden

Für eine schnelle Benachrichtigung ist eine Kurznachricht das probate Kommunikationsmittel. Hier ist zu unterscheiden zwischen Kurznachrichten, die über das mobile Telefonnetz übertragen werden, und solchen, die eine Internetverbindung voraussetzen. Die Übertragung über das mobile Telefonnetz erfolgt in Form einer SMS. Mit dem iPhone geht das Versenden von SMS ganz leicht:

1. Starten Sie per Fingertipp die App *Nachrichten*, die Sie standardmäßig im Dock finden. Alternativ können Sie das App-Symbol gedrückt halten und im Kontextmenü *Neue Nachricht* wählen. Sie erhalten ggf. eine Übersicht der bislang erhaltenen Kurznachrichten. Um eine neue Kurznachricht zu verfassen, tippen Sie rechts oben auf das Symbol ☐.

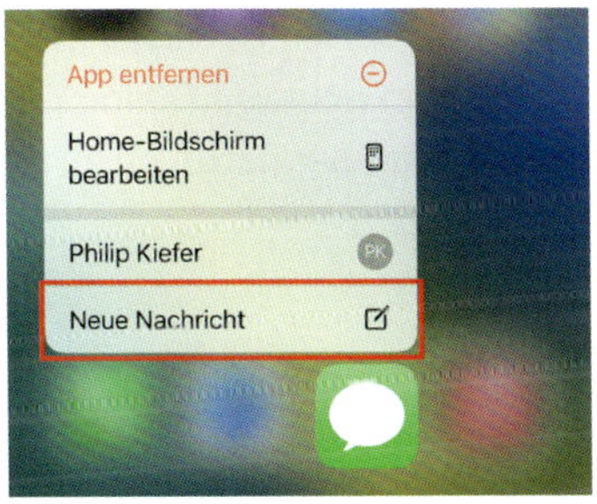

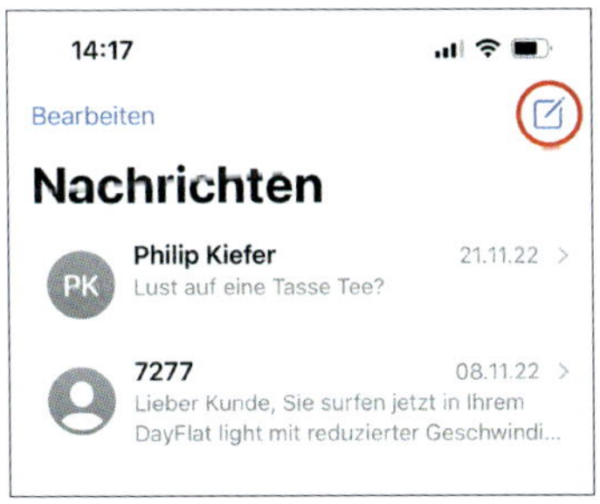

2. Geben Sie die Handynummer des Kurznachrichtenempfängers ein (bzw. wählen Sie den Empfänger per ⊕-Symbol aus Ihren Kontakten aus). Sie können Ihre Kurznachricht auch an mehrere Empfänger richten, indem Sie deren Rufnummern jeweils per *Return*-Taste trennen.

3. Verfassen Sie anschließend Ihre Kurznachricht (160 Zeichen pro SMS, wobei sich die SMS auch verketten lassen) und bringen Sie diese per Fingertipp auf das Symbol ⬆ auf den Weg.

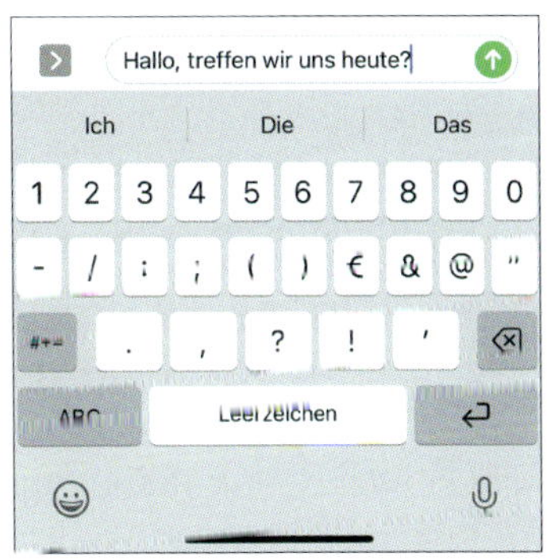

Was die Kosten für eine SMS anbelangt, prüfen Sie Ihren Mobilfunkvertrag bzw. erkundigen Sie sich vor dem Versand von SMS bei Ihrem Mobilfunkanbieter, welche Kosten anfallen. Würden Sie auf die gezeigte Weise ein Bild oder ein Video senden, wäre das keine SMS mehr, die aus reinem Text besteht, sondern eine sogenannte MMS, die noch deutlich teurer sein kann. Bilder und Videos senden Sie deshalb in der Regel übers Internet und nicht übers mobile Telefonnetz.

> **Zeichenanzahl der SMS anzeigen lassen**
>
> Sie bezahlen pro SMS? Dann empfehle ich Ihnen, in den *Einstellungen* unter *Nachrichten* die Option *Zeichenanzahl* zu aktivieren. Sie sehen dann beim Verfassen der Nachricht ab der zweiten Zeile, wie viele Zeichen Sie bereits eingegeben haben, und vermeiden auf diese Weise, dass Sie ab dem 161. Zeichen eine weitere SMS bezahlen müssen.

Kostenlos chatten und viele weitere Funktionen mit iMessage

Statt SMS können Sie natürlich auch einfach E-Mails versenden, wie ich es Ihnen in Kapitel 8 zeige. Der Vorteil von Kurznachrichten ist jedoch, dass sich ein richtiger Dialog entwickeln kann, eine Art Chat. Falls Sie keine SMS-Flatrate haben, ist das aber natürlich zu teuer.

Eine Alternative kann hier der Dienst iMessage sein, mit dem Nutzer von Apple-Geräten (iPhone, iPad, iPod touch, aber auch Mac) Kurznachrichten untereinander austauschen können. Dafür ist dann allerdings eine Internetverbindung erforderlich. Dafür bietet der Dienst iMessage, wie Sie gleich sehen werden, eine Menge pfiffiger Funktionen. Für iMessage gibt es keine extra App. Achten Sie lediglich darauf, dass in den *Einstellungen* unter *Nachrichten* die Option *iMessage* aktiviert ist. Bestimmen Sie in den *Einstellungen* unter unter *Nachrichten* außerdem unter anderem, ob Sie eine Lesebestätigung senden möchten, ob Sie Audionachrichten nach der Wiedergabe automatisch löschen möchten, wie mit den Nachrichten unbekannter Absender verfahren werden soll oder ob Sie eine Kurznachricht als SMS senden möchten, falls iMessage nicht zur Verfügung steht.

Entscheiden Sie in den iPhone-Einstellungen, ob Sie den Dienst iMessage nutzen möchten oder nicht

Das Senden und Empfangen von Kurznachrichten mit dem Dienst iMessage erfolgt grundsätzlich wie das Senden und Empfangen einer SMS in der App *Nachrichten*. Wenn eine Rufnummer oder E-Mail-Adresse für iMessage zur Verfügung steht, ändert sich die Überschrift automatisch von *Neue Nachricht* in *Neue iMessage*. Und während SMS-Empfänger grün dargestellt werden, werden iMessage-Empfänger blau angezeigt. Ansonsten funktioniert das Ganze wie ein normaler SMS-Versand.

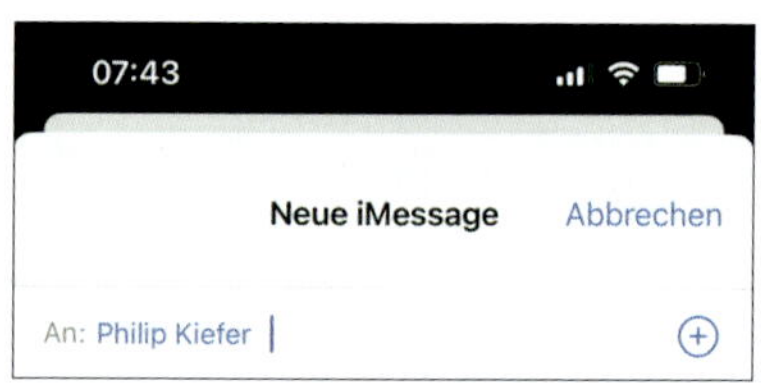

Einen iMessage-Empfänger erkennen Sie an der Blaufärbung

Übrigens: Am Symbol erkennen Sie jeweils, wenn die andere Person gerade dabei ist, Ihnen zu antworten – so macht Chatten richtig Spaß!

Neben Textnachrichten können Sie mit iMessage auch Sprachnachrichten senden. Blenden Sie dazu ggf. zunächst die Einfügeoptionen ein, indem Sie links neben dem Eingabefeld für die Nachricht das Symbol wählen.

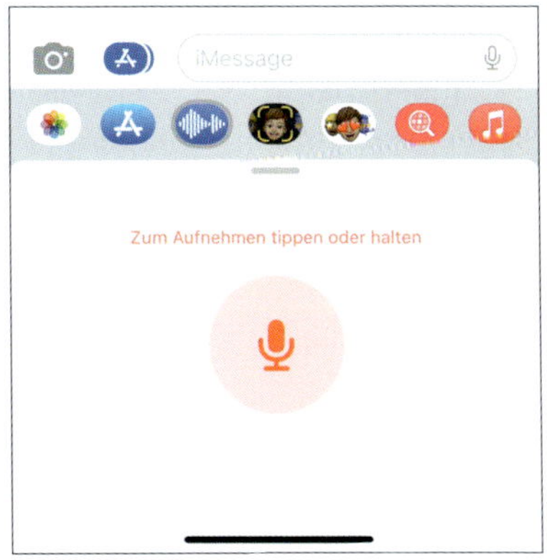

Sie können iMessage auch verwenden, um Audionachrichten zu versenden

Tippen Sie dann auf das Symbol , um einen Aufnahmebutton einzublenden, mit dem Sie Ihre Audionachricht aufzeichnen und anschließend an den iMessage-Empfänger versenden. Das Mikrofonsymbol direkt im Eingabefeld dient hingegen dazu, eine Textnachricht zu diktieren.

Ebenfalls gut zu wissen, falls Sie mehrere Apple-Geräte verwenden: Dank der iCloud-Funktion *Handoff* lassen sich Aktivitäten auf dem einen Apple-Gerät beginnen und auf einem anderen Apple-Gerät fortsetzen.

Sie können also beispielsweise auf dem iPhone mit dem Schreiben einer Nachricht anfangen und auf dem iPad weitermachen. Das Ganze funktioniert auch noch mit anderen Apps, z. B. können Sie auch ein FaceTime-Telefonat auf dem iPhone beginnen und dann auf dem Mac fortführen.

Die Handoff-Aktivitäten werden Ihnen jeweils auf dem Sperrbildschirm sowie im App-Umschalter angezeigt, auf dem Mac erscheinen Sie im Dock. Wenn Sie auf die Handoff-Funktion lieber verzichten möchten, deaktivieren Sie sie in den *Einstellungen* unter *Allgemein*, indem Sie dort den Eintrag *AirPlay & Handoff* wählen und dann die Option *Handoff* deaktivieren.

Auch mit Nicht-Apple-Nutzern Kurznachrichten austauschen

Der Nachteil von iMessage besteht darin, dass er lediglich eine Kommunikation zwischen Nutzern von Apple-Geräten erlaubt. Um auch mit Nutzern von Android- und weiteren Geräten Kurznachrichten übers Internet auszutauschen, verwenden Sie eine Zusatz-App aus dem App Store.

Mit Abstand der beliebteste Dienst – trotz Bedenken im Hinblick auf den Datenschutz, nicht zuletzt seit er zum Facebook-Konzern Meta gehört – ist WhatsApp. Nach der Installation der gleichnamigen App auf Ihrem iPhone können Sie den Dienst kostenlos nutzen.

Nachrichten zurückholen und bearbeiten

Wenn Sie in der App *Nachrichten* eine Nachricht senden, können Sie das Senden noch zwei Minuten lang widerrufen. Halten Sie die Nachricht dazu gedrückt und wählen Sie im Kontextmenü *Senden widerrufen*. Bei der empfangenden Person wird in diesem Fall nur noch die Meldung angezeigt, dass das Senden widerrufen wurde. Auch das nachträgliche Bearbeiten von Nachrichten ist eine Viertelstunde lang möglich. Die empfangende Person kann sich allerdings ansehen, welche Bearbeitungen duchgeführt wurden. Zum Bearbeiten halten Sie die Nachricht ebenfalls gedrückt und entscheiden sich im Kontextmenü für den Eintrag *Bearbeiten*.

Rufen Sie die Optionen zu einer Nachricht in deren Kontextmenü auf

Handschriftliche Nachrichten, Memojis, Fotoeffekte, Digital Touch und mehr

Sie finden in der App *Nachrichten* zahlreiche weitere pfiffige Funktionen für das Versenden von iMessages, unter anderem das Verschicken handschriftlicher Nachrichten oder Sticker, das Erstellen von Memojis, das Verwenden von Fotoeffekten sowie das Senden sogenannter Digital-Touch-Nachrichten. Dazu eine kleine Übersicht:

- **Handschriftliche Nachricht:** Um eine handschriftliche Nachricht zu erstellen, tippen Sie in das Eingabefeld, drehen das iPhone ins Querformat und wählen auf der Tastatur das Symbol . Entscheiden Sie sich nun für einen bereits verfügbaren handschriftlichen Text bzw. schreiben Sie einen neuen Text auf das Display. Möchten Sie eine handschriftliche Nachricht wieder aus der Liste löschen, halten Sie die handschriftliche Nachricht gedrückt. Ähnlich wie bei den Apps auf dem Home-Bildschirm aktivieren Sie damit einen Bearbeitungszustand und haben nun die Möglichkeit, einzelne handschriftliche Nachrichten zu löschen.

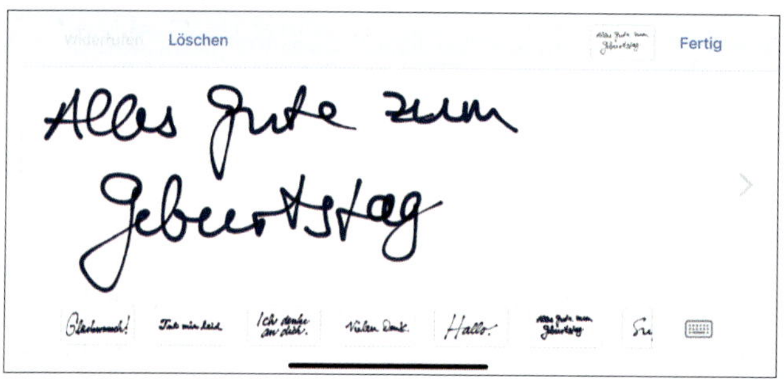

- **Memoji:** Memojis sind animierte Bildchen, die Sie mit Ihrer eigenen Mimik ausstatten können. Um ein Memoji auszuwählen und Ihre Mimik aufzuzeichnen, tippen Sie in den

Einfügeoptionen (Sie erinnern sich: Symbol) unterhalb des Eingabefeldes für die Nachrichten auf das Symbol und wählen ein Memoji aus. Sie können ein Memoji auch komplett selbst gestalten – hierzu tippen Sie links neben den vorhandenen Memojis auf die Plus-Schaltfläche.

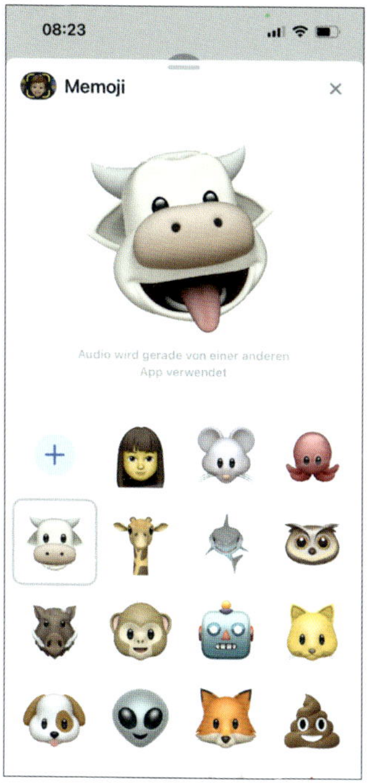

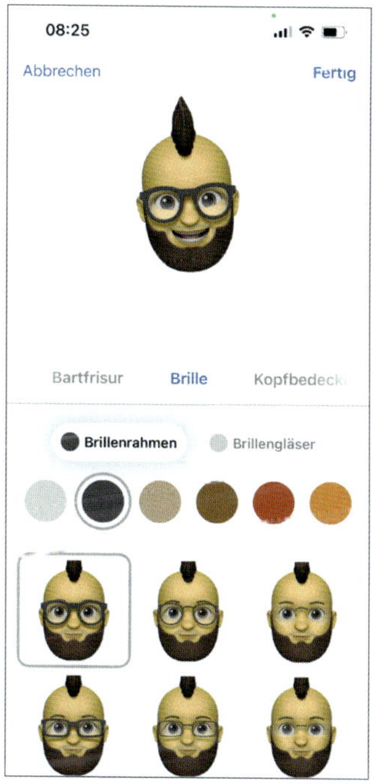

- **Memoji-Sticker:** Wenn Sie Memojis erstellen, können Sie diese in verschiedenen anderen Apps – etwa im vorhin erwähnten *WhatsApp* oder in einer E-Mail-App – als Memoji-Sticker senden. Greifen Sie in diesem Fall über die Emoji-Tastatur unter dem Symbol ☺ auf Ihre Memoji-Sticker zu. In der App *Nachrichten* wählen Sie dazu das Symbol .

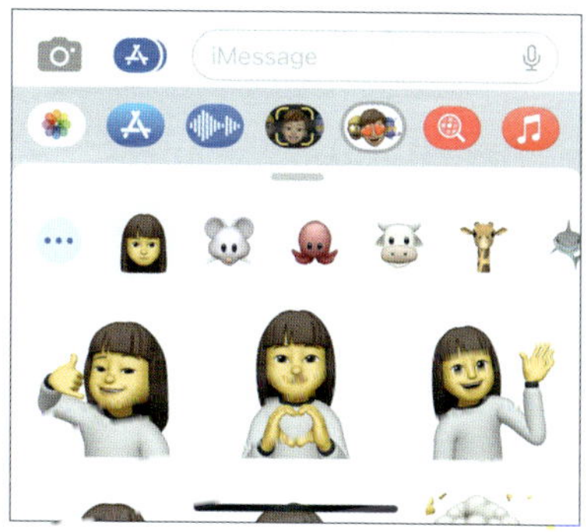

- **Weitere Sticker:** Neben den Memoji-Stickern lassen sich viele weitere Sticker einsetzen. Um Sticker-Apps aufzuspüren, tippen Sie in den Einfügeoptionen unterhalb des Eingabefeldes für die Nachrichten auf das Symbol , um die im App Store verfügbaren Sticker-Apps anzuzeigen. Die Auswahl einer Sticker-App bzw. der enthaltenen Sticker erfolgt dann ebenfalls in den Einfügeoptionen unterhalb des Eingabefeldes für die Nachrichten.

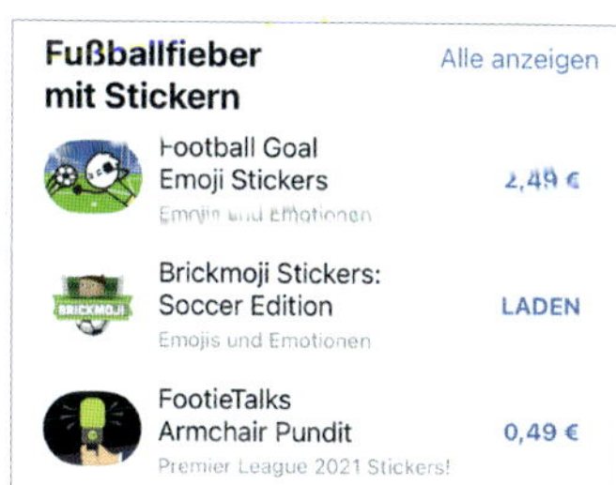

- **Fotoeffekte:** Möchten Sie eine Aufnahme mit einem interessanten Fotoeffekt versenden, tippen Sie zunächst links neben dem Eingabefeld für die Nachricht auf das Kamerasymbol und wählen anschließend das Symbol . Entscheiden Sie sich dann über eines der verschiedenen Symbole für einen der verfügbaren Fotoeffekte. Wenn Sie ein Objekt in eine Aufnahme einfügen, können Sie dieses durch Auseinanderbewegen von Daumen und Zeigefinger auf dem Effekt vergrößern.

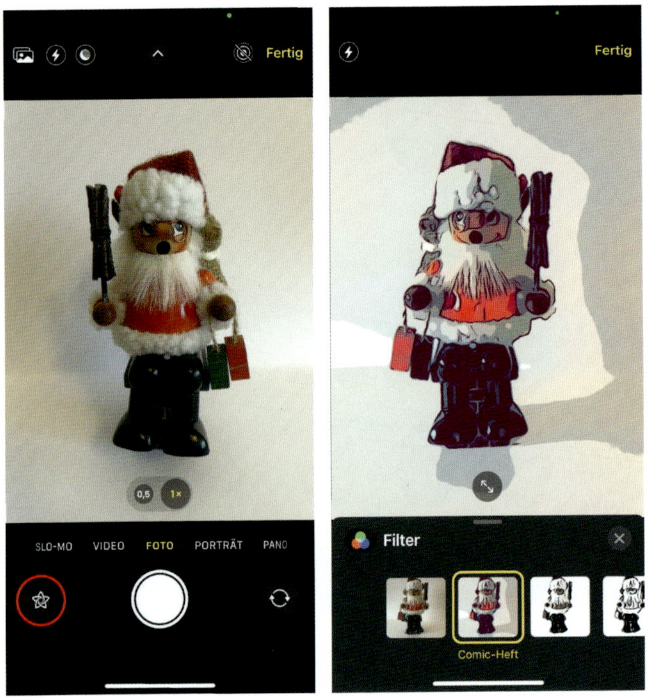

- **Digital-Touch-Nachricht:** Sehr pfiffig sind auch die Digital-Touch-Nachrichten. Wählen Sie in den Einfügeoptionen das Symbol , um eine Digital-Touch-Nachricht aufzuzeichnen und dann als Animation an den Nachrichtenempfänger zu schicken. Sie können eine Digital-Touch-Nachricht mit dem Finger frei zeichnen (Scribble), aber auch verschiedene Standardanimationen senden: Das Tippen mit einem Finger bewirkt einen Tap, das Tippen und Gedrückthalten mit einem Finger einen Feuerball, das Tippen mit zwei Fingern einen Kuss, das Tippen und Gedrückthalten mit zwei Fingern einen Herzschlag. Wenn Sie mit zwei Fingern tippen, gedrückt halten und nach unten ziehen, senden Sie ein animiertes zerbrochenes Herz.

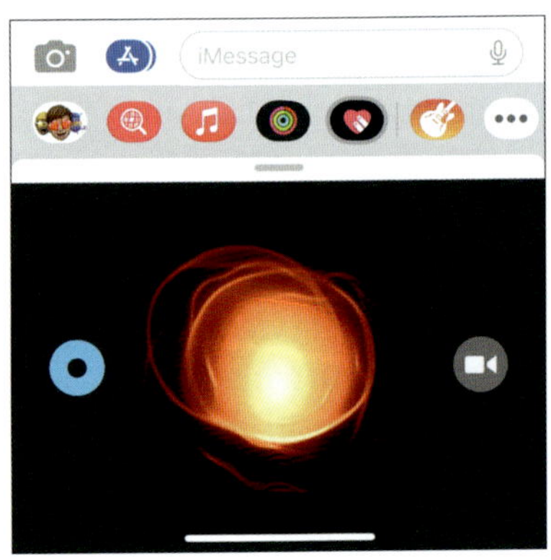

Feuerball, Kuss und Co.: Versenden Sie pfiffige Animationen als Digital-Touch-Nachricht

Einzelne Nachrichten kommentieren und beantworten

Sie können einzelne Nachrichten mit einer Sprechblase kommentieren. Dazu halten Sie eine Nachricht in einer Konversation einfach gedrückt – schon erhalten Sie eine entsprechende Auswahl. Zusätzlich zur Sprechblasenauswahl wird das bereits an anderer Stelle vorgestellte Kontextmenü geöffnet, in dem Sie sich zum Beispiel für das Beantworten, Zurückholen oder Übersetzen dieser speziellen Nachricht entscheiden können.

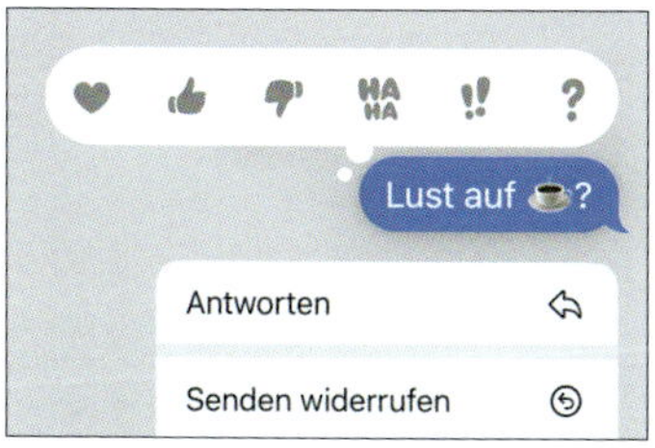

Halten Sie eine Nachricht in einem Chat gedrückt, um diese mit einer Sprechblase zu kommentieren sowie in einem Kontextmenü weitere Optionen zu erhalten

In einer Kurznachricht Ihren Standort freigeben

Praktisch, wenn Sie sich per Kurznachricht mit anderen Personen verabreden möchten: Senden Sie Ihren aktuellen Standort bzw. geben Sie Ihren eigenen Standort frei, um ihn für eine gewisse Zeit von anderen Personen orten zu lassen. So geht's:

1. Wählen Sie in der App *Nachrichten* die Konversation mit einer Person aus.
2. Tippen Sie oben auf den Benutzer.
3. Entscheiden Sie sich danach entweder für die Option *Meinen aktuellen Standort senden* oder für die Option *Standort teilen*.

4. Wenn Sie sich für die Option *Standort teilen* entschieden haben, bestimmen Sie per Menü, ob die Freigabe eine Stunde lang, bis zum Ende des Tages oder unbegrenzt erfolgen soll.

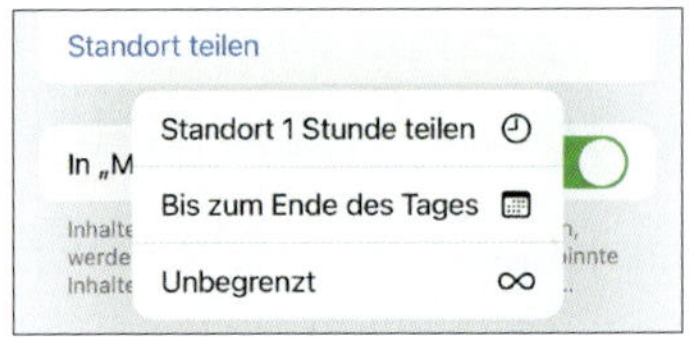

Der geteilte Standort kann direkt in der App *Nachrichten* angezeigt werden, indem dort wie in Schritt 2 der Benutzer ausgewählt wird. Noch deutlich komfortabler erfolgt der Zugriff auf den geteilten Standort aber in der auf Ihrem iPhone 14 bereits verfügbaren Standard-App *Wo ist?*.

Konversationen und einzelne Nachrichten löschen

Wenn Sie in der App *Nachrichten* aufräumen, können Sie entweder komplette Konversationen löschen oder aber nur einzelne Nachrichten innerhalb einer Konversation. Zum Löschen der kompletten Konversation tippen Sie diese in der App *Nachrichten* an und ziehen den Finger nach links. Tippen Sie auf die erscheinende *Löschen*-Schaltfläche. Alternativ gehen Sie auf *Bearbeiten*, wählen eine oder mehrere Konversationen aus und tippen dann rechts unten auf *Löschen*. Um einzelne Nachrichten innerhalb einer Konversation zu löschen, wählen Sie die Konversation in der App *Nachrichten* aus. Halten Sie eine Nachricht gedrückt und entscheiden Sie sich im sich dann öffnenden Menü für *Mehr*. Wählen Sie die zu löschenden Nachrichten aus und tippen Sie links unten auf das Symbol 🗑.

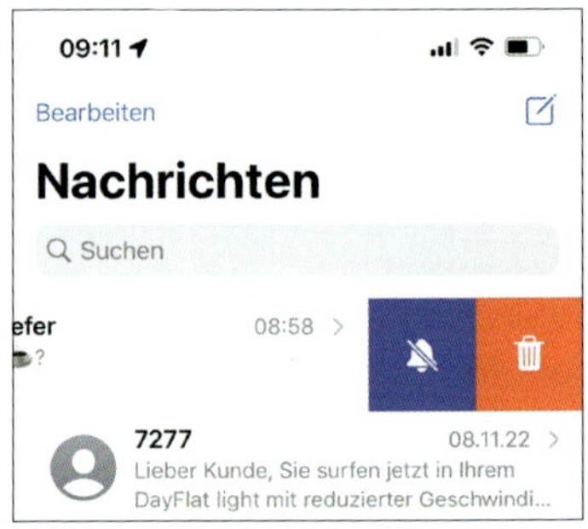

In diesem Fall wird eine komplette Konversation in der App Nachrichten gelöscht

Infos eines Gruppen-Chats anpassen

In der App *Nachrichten* können Sie auch Gruppen-Chats führen. Hierzu geben Sie einfach mehrere Nachrichten-Empfänger in das Adressfeld ein. Damit der Gruppen-Chat in der Liste der Konversationen übersichtlich dargestellt wird, versehen Sie die Gruppe am besten mit einem individuellen Namen und Gruppenbild. Das geht so:

1. Wählen Sie die Gruppen-Konversation in der App *Nachrichten* aus.

2. Tippen Sie oben auf die Gruppe.

3. Entscheiden Sie sich jetzt für *Namen und Foto ändern*.

4. Geben Sie eine passende Bezeichnung für den Gruppen-Chat ein.
5. Wählen Sie ein Bild aus, das Ihnen zusagt. Es kann sich hierbei entweder um ein Icon handeln oder um eine Aufnahme, die Sie mit dem iPhone machen bzw. schon gemacht haben.

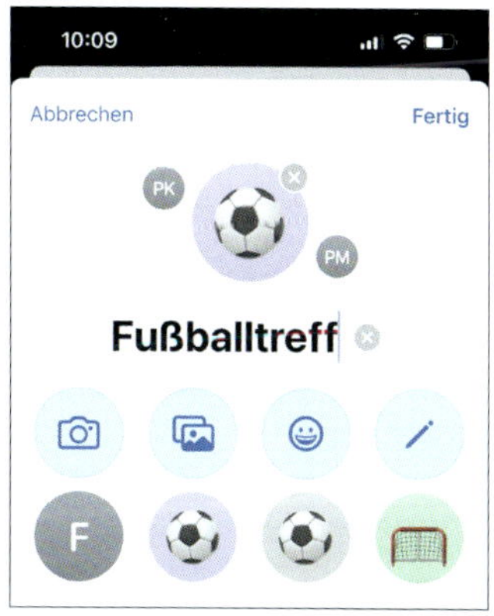

6. Bestätigen Sie zweimal mit *Fertig*. Den Effekt Ihrer Änderungen sehen Sie in der Liste mit den Konversationen.

Bestimmte Konversationen rasch wiederfinden

Wenn Sie die Liste mit den Konversationen in der App *Nachrichten* nach unten ziehen, erscheint ein Suchfeld für die Suche nach einer bestimmten Nachricht. Wichtige Konversationen können Sie außerdem oberhalb der Liste anheften, um diese schnellstmöglich verfügbar zu haben. Zum Anheften einer Konversation tippen Sie diese in der Liste mit den Konversationen an und halten sie gedrückt. Entscheiden Sie sich im so geöffneten Kontextmenü für den Eintrag *Anpinnen*. Um eine angeheftete Konversation wieder loszulösen, lautet der entsprechende Eintrag im Kontextmenü *Loslösen*.

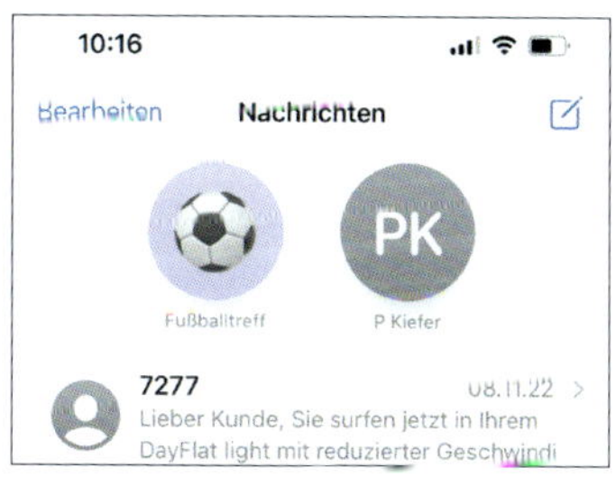

Hier wurden die Konversation mit der zuvor erstellten Gruppe sowie eine weitere Konversation oberhalb der Liste mit den Konversationen angeheftet, um schnell darauf zugreifen zu können

Übers Internet telefonieren – auch mit Videoübertragung

Sie können übers Internet nicht nur Kurznachrichten austauschen, sondern auch telefonieren, wenn gewünscht mit Videoübertragung, und das mit dem iPhone 14 auch noch in HD-Qualität. Das Telefonieren übers Internet ist insbesondere dann praktisch, wenn sich der Gesprächspartner im Ausland befindet und herkömmliche Telefonate zu teuer wären. Oder dann, wenn Sie Ihren Sohn, der in Greifswald lebt, selten zu Gesicht bekommen, und ihn deshalb wenigstens beim wöchentlichen Telefonat auf dem iPhone-Display sehen möchten. Vielleicht möchten Sie auch eine Videokonferenz mit mehreren Kollegen durchführen? Dafür sind Videotelefonate übers Internet ebenfalls geeignet. Diesem Zweck dient auf Ihrem iPhone der Dienst FaceTime.

FaceTime-Telefonate können dabei nicht mehr nur zwischen Nutzern von Apple-Geräten geführt werden, sondern es lässt sich ein »FaceTime-Link« zur Teilnahme an Gesprächen an Nutzer anderer Geräte (Android, Windows) senden.

Voraussetzung für die FaceTime-Nutzung ist zunächst, dass Sie die Option *FaceTime* in den *Einstellungen* unter *FaceTime* aktiviert haben. Bestimmen Sie in den *Einstellungen* außerdem, mit welchen Rufnummern und E-Mail-Adressen Sie für FaceTime erreichbar sein möchten.

Übrigens: Für die FaceTime-Aktivierung wurde in der Vergangenheit einmalig eine SMS ins Ausland verschickt, die – je nach Vertrag – mit Kosten verbunden ist! Wundern Sie sich also nicht, falls ggf. ein entsprechender Posten in Ihrer Handyrechnung auftaucht. Um eine FaceTime-Übertragung zu starten, bieten sich Ihnen ganz verschiedene Optionen. Hier ein kleiner Überblick:

- Sie entscheiden sich während eines herkömmlichen Telefonats für die Option *FaceTime*. Bei dieser Variante können Sie zunächst abklären, ob eine Videoübertragung gewünscht ist (nicht jeder ist zu jeder Zeit geschminkt oder angezogen).
- Sie wählen in der App *Nachrichten* eine Konversation aus und tippen rechts oben auf das FaceTime-Symbol. Wählen Sie anschließend im Menü *FaceTime-Audio* bzw. *FaceTime-Video*.

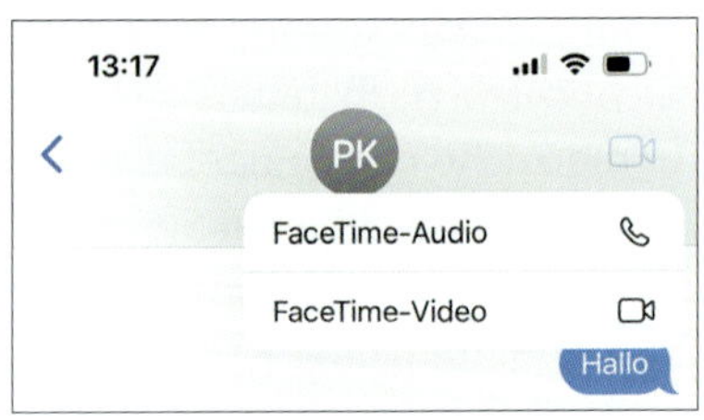

- Sie rufen einen Kontakt in der App *Kontakte* bzw. in der App *Telefon* unter *Kontakte* auf und entscheiden sich für das Symbol (Audiotelefonat) bzw. (Videotelefonat). Die Rufnummer oder E-Mail-Adresse, unter der der Kontakt für FaceTime erreichbar ist, muss dabei selbstverständlich eingetragen sein.
- Geben Sie der Sprachassistentin Siri einen entsprechenden Sprachbefehl (dazu mehr in Kapitel 6). Der Befehl könnte beispielsweise »FaceTime-Anruf mit Lisa« lauten.

- Sie öffnen die App *FaceTime* und wählen unter *Neuer FaceTime-Anruf* einen Kontakt aus bzw. geben die Rufnummer oder E-Mail-Adresse ein, unter der die Person für FaceTime erreichbar ist. Entscheiden Sie anschließend, ob Sie ein Audio- oder ein Videotelefonat führen möchten. Alternativ wählen Sie *Link erstellen*, um Nutzer eines Nicht-Apple-Gerätes zu einem FaceTime-Telefonat einzuladen.

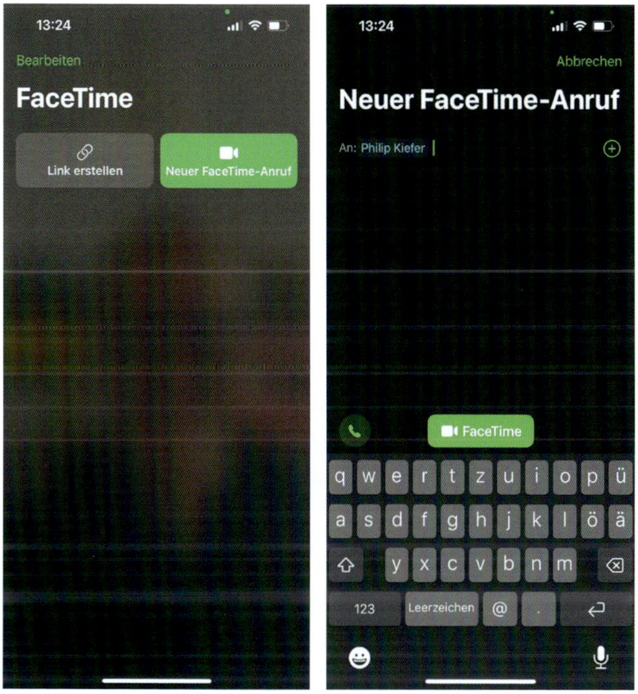

In der App FaceTime können Sie Gespräche mit Nutzern von Apple-Geräten direkt starten; Nutzer von Android- oder Windows-Geräten laden Sie per FaceTime-Link zur Teilnahme ein

Ein FaceTime-Telefonat verläuft ganz unkompliziert und bietet verschiedene Möglichkeiten wie etwa SharePlay oder eine Bildschirmfreigabe. Die folgende Anleitung skizziert die Vorgehensweise:

1. Starten Sie auf eine der beschriebenen Arten ein FaceTime-Telefonat. Entscheiden Sie sich also beispielsweise direkt in der App *FaceTime* für ein Videotelefonat mit einem bereits einmal angerufenen Kontakt.
2. Auf dem eigenen iPhone erscheint zunächst das eigene Bild und Sie erhalten verschiedene Optionen wie das Nutzen von Kameraeffekten, das Wechseln der Kamera, das Stummschalten etc.
3. Nimmt der Empfänger den Anruf an, geht's los! Sie sehen Ihren Gesprächspartner nun im Großformat und sich selbst in einer Ecke des Displays. Das eigene Bild lässt sich mit dem Finger jederzeit in eine andere Ecke streichen.

4. Sie können dem Gespräch noch weitere Teilnehmer hinzufügen. Dazu tippen Sie auf das ⓘ-Symbol und entscheiden sich anschließend für die Option *Personen hinzufügen*.

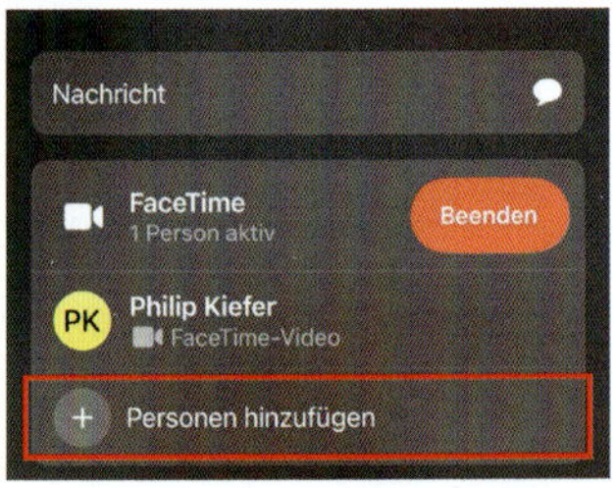

5. Möchten Sie gemeinsam Mediendateien betrachten oder Ihren iPhone-Bildschirm freigeben? Rufen Sie während eines FaceTime-Telefonats unter dem Symbol die SharePlay-Optionen auf.

Achten Sie bei Ihren FaceTime-Videotelefonaten auf gute Lichtverhältnisse, um Ihrem Gegenüber einen perfekten Videostream von sich zu übermitteln! Übrigens: Aus einem Gruppen-Chat in der App *Nachrichten* heraus können Sie per FaceTime-Symbol direkt ein FaceTime-Telefonat mit mehreren Teilnehmern starten.

Kapitel 5

Clever organisiert: Kontakte, Termine, Aufgaben und Co.

Sie haben auf Ihrem iPhone auch alle Ihre Kontakte, Termine und Aufgaben stets mit dabei. Wenn Sie eine nette Person kennenlernen, tippen Sie deren Kontaktdaten sofort ein oder lassen sich diese per AirDrop (siehe Kapitel 14) senden. Lassen Sie sich außerdem vom iPhone-Kalender an wichtige Termine erinnern, verwalten Sie Ihre Aufgaben mit der App *Erinnerungen*, nutzen Sie die App *Uhr* für Wecker, Weltzeit und Co. und halten Sie Ihre Ideen per Notiz oder Sprachmemo fest. In diesem Kapitel stelle ich Ihnen alle in diesem Zusammenhang wichtigen Funktionen vor.

Vom iPhone prompte Mitteilungen erhalten

Machen Sie sich zunächst mit den unterschiedlichen Formen der Mitteilungen vertraut, die Ihnen Ihr iPhone bei neu eingegangenen Nachrichten, aber auch bei anstehenden Terminen, Aufgaben etc. liefert:

- **Sperrbildschirm:** Ihr iPhone ist auch im gesperrten (jedoch nicht im ausgeschalteten!) Zustand empfangsbereit und zeigt Ihnen neue Nachrichten und Co. als Hinweise auf dem Sperrbildschirm an. Ziehen Sie auf der Nachricht mit dem Finger leicht nach links, um verschiedene Optionen für den Umgang mit dem Hinweis zu erhalten. Ziehen Sie den Hinweis vollständig nach links, wird er auf dem Sperrbildschirm ausgeblendet.

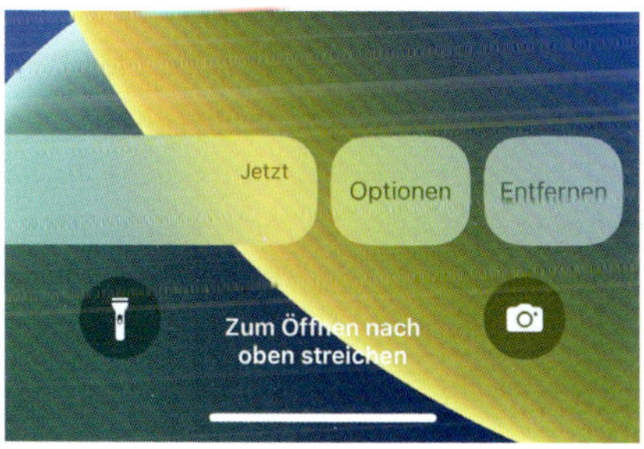

Ziehen Sie auf einem Hinweis mit dem Finger leicht nach links, um Optionen dazu einzublenden

- **Home-Bildschirm:** Auf dem Home-Bildschirm werden die Hinweise als Banner oben auf dem Bildschirm angezeigt. Sie können selbst festlegen, ob diese automatisch ausgeblendet werden sollen oder erst nach einer Aktion Ihrerseits – wie das gemacht wird, zeige ich Ihnen gleich im Anschluss an diese Auflistung.

Ziehen Sie den Hinweis über eine eingegangene Nachricht am unteren Rand nach unten, um die Nachricht direkt zu beantworten

- **Kennzeichen:** Eine Reihe von Apps gibt Kennzeichen aus. Das sind kleine, runde Nummern, die direkt auf dem App-Symbol angezeigt werden und über neue Nachrichten oder sonstige Inhalte, entgangene Anrufe, anstehende Aufgaben etc. informieren.

Dieses Kennzeichen informiert über eine neue ungelesene Nachricht; um sie zu lesen, öffnen Sie die entsprechende App

Push-Benachrichtigungen

Viele Apps bieten Push-Benachrichtigungen an, können also Hinweise direkt auf das iPhone-Display senden. Erlauben Sie Mitteilungen nur solchen Apps, von denen Sie Meldungen erhalten möchten. Sie werden von einer entsprechenden App beim ersten Start danach gefragt.

- **Mitteilungszentrale:** Aktuelle Hinweise sowie den Zugriff auf Ihre Widgets erhalten Sie in der Mitteilungszentrale. Streichen Sie mit dem Finger vom oberen Displayrand nach unten, um die Mitteilungszentrale einzublenden. Ihnen werden nun ungelesene Nachrichten etc. angezeigt. Streichen Sie mit dem Finger von links nach rechts, um auf unterschiedliche Widgets zuzugreifen (Termine, Ladestand der Batterie, Wetter etc.). Die Seite mit den Widgets ist die gleiche, die Sie auch links neben dem Home-Bildschirm einblenden können. Um die Mitteilungszentrale wieder auszublenden, streichen Sie mit dem Finger vom unteren Displayrand nach oben.

Halten Sie sich in der Mitteilungszentrale über neue Nachrichten, anstehende Termine und Co. auf dem Laufenden

Festlegen, wie die Benachrichtigungen erfolgen sollen

Das Mitteilungsverhalten der einzelnen Apps lässt sich selbstverständlich jederzeit noch nachträglich bearbeiten. Entscheiden Sie sich dazu in den *Einstellungen* für den Eintrag *Mitteilungen*. Entscheiden Sie zunächst, wie Sie die Mitteilungen angezeigt haben wollen, zur Auswahl stehen die Anzeigeoptionen *Anzahl*, *Stapel* sowie *Liste*.

Außerdem können Sie eine *Geplante Übersicht* einrichten, um einen Zeitplan für die Zustellung von Hinweisen zu erstellen – damit Sie nicht jederzeit vom iPhone gestört werden. Bestimmen Sie darüber hinaus, ob eine Vorschau auch auf dem Sperrbildschirm angezeigt werden soll oder nicht. Und ob Mitteilungen auch dann erfolgen sollen, wenn Sie Ihren Bildschirm über FaceTime freigegeben haben.

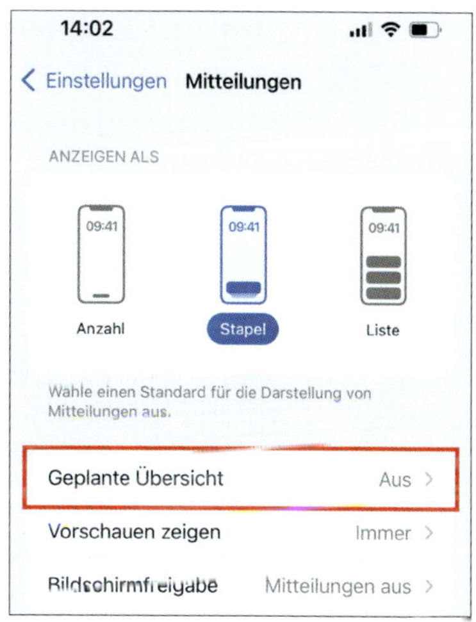

Richten Sie in den Mitteilungseinstellungen unter anderem eine »Geplante Übersicht« ein, um nicht rund um die Uhr nicht ganz so wichtige Hinweise aufs iPhone zu erhalten

Um das Mitteilungsverhalten einer einzelnen App zu ändern, tippen Sie im Abschnitt *Mitteilungsstil* die gewünschte App an. Dies sind die wichtigsten Optionen:

Das Mitteilungsverhalten lässt sich für jede App individuell einrichten

- *Mitteilungen erlauben:* Mit dieser Option bestimmen Sie, ob Sie von einer App überhaupt Mitteilungen erhalten möchten oder nicht.
- *Dringliche Mitteilungen:* Das iPhone erkennt standardmäßig dringliche Mitteilungen einer App und kann diese auch bei einer geplanten Übersicht sofort zustellen – es sei denn, Sie deaktivieren diesen Schalter.
- *Sperrbildschirm:* Dürfen Benachrichtigungen auch auf dem Sperrbildschirm angezeigt werden? Dies entscheiden Sie mit diesem Schalter.
- *Mitteilungen:* Dürfen Mitteilungen einer App in der Mitteilungszentrale dargestellt werden? Bestimmen Sie das mit dieser Option.
- *Banner:* Entscheiden Sie z. B., ob Hinweise oben auf dem Home-Bildschirm erfolgen sollen oder nicht.
- *Bannerstil:* Bestimmen Sie unter diesem Eintrag, ob Hinweise auf dem Display temporär oder dauerhaft (bis zum Durchführen einer Aktion) dargestellt werden sollen.
- *Töne:* Entscheiden Sie, ob bei der Benachrichtigung ein Ton ausgegeben werden soll. Bei einigen Apps lässt sich auch der Benachrichtigungston individuell auswählen.
- *Kennzeichen:* Mit dieser Option bestimmen Sie, ob die App Kennzeichen auf dem App-Icon anzeigen darf. Bei einer Reihe von Apps können die Kennzeichen wirklich nerven, in so einem Fall deaktivieren Sie sie lieber.
- *Vorschauen zeigen:* Vorschauen werden auf dem Sperrbildschirm standardmäßig nur im entsperrten Zustand angezeigt. So können Unbefugte keine Inhaltsschnipsel von Nachrichten und Co. sehen. Vorschauen lassen sich aber auch komplett deaktivieren oder auch im nicht entsperrten Zustand verfügbar machen.
- *Mitteilungsgruppierung:* Die Mitteilungen der einzelnen Apps werden auf dem Sperrbildschirm standardmäßig gruppiert dargestellt – es sei denn, Sie deaktivieren diese Option.

Bei einigen Apps finden Sie noch weitere Einstellungsmöglichkeiten, z. B. lassen sich bei der App *Kalender* Mitteilungen auf bestimmte Ereignisse beschränken. Treffen Sie für jede App Ihre ganz persönliche Auswahl!

Ihre Kontakte auf dem iPhone verwalten

Auf Ihrem iPhone haben Sie alle Ihre Kontakte immer mit dabei. Die Verwaltung der Kontakte erfolgt entweder in der App *Telefon* unter *Kontakte* oder aber in der App *Kontakte*, die Sie auf Ihrem iPhone standardmäßig auf der zweiten Seite des Home-Bildschirms finden. Die Funktionsweise ist jeweils die gleiche. Lassen Sie mich Ihnen zunächst Schritt für Schritt (am Beispiel der App *Telefon*) zeigen, wie einfach Sie einen neuen Kontakt anlegen:

1. Entscheiden Sie sich in der App *Telefon* – wie schon gesagt – für die Rubrik *Kontakte* und tippen Sie dann rechts oben auf das Plussymbol +. Alternativ halten Sie das App-Symbol der App *Telefon* bzw. *Kontakte* gedrückt und wählen im Kontextmenü *Neuen Kontakt erstellen*.

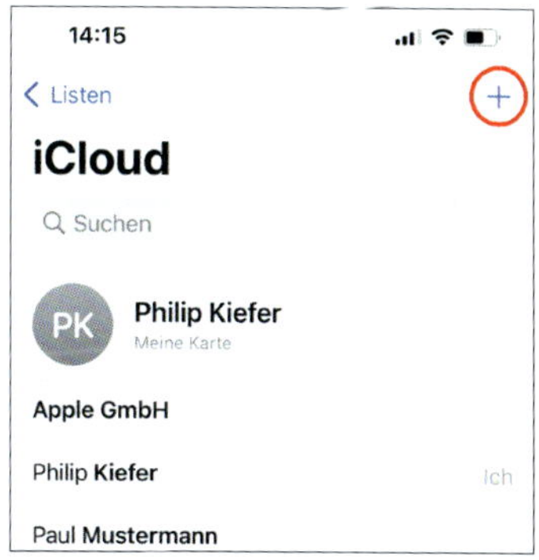

2. Es werden Ihnen verschiedene Felder und Optionen angezeigt. Tippen Sie jeweils in ein Feld, um es auszufüllen. Tippen Sie auf eine Option, um Felder hinzuzufügen.

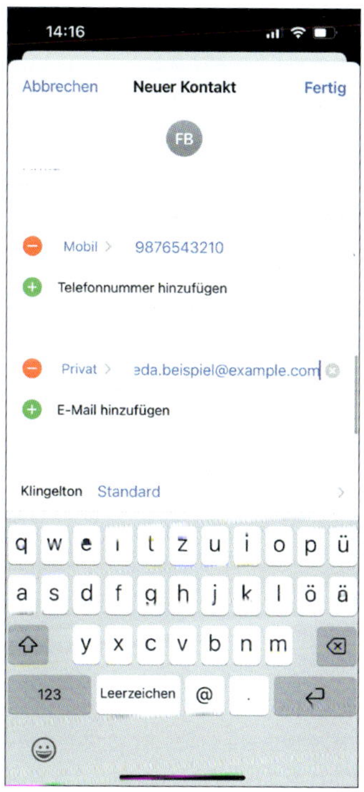

3. Die Optionen links neben einem Eingabefeld sind die sogenannten Etiketten. Geben Sie hier z. B. an, ob es sich bei einer E-Mail-Adresse um eine private oder geschäftliche Adresse handelt. Tippen Sie ein Etikett an, um die entsprechende Auswahl zu erhalten.

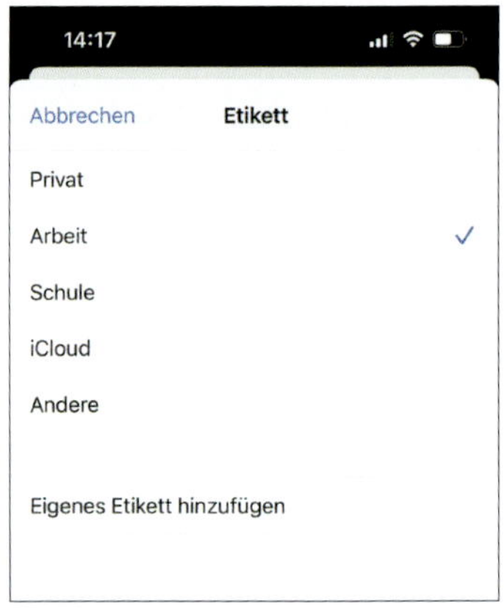

4. Möchten Sie ein Foto hinzufügen? Dazu tippen Sie auf *Foto hinzufügen* und wählen anschließend entweder ein gespeichertes Foto aus oder nehmen es direkt auf, wenn Ihnen der Kontakt gerade gegenübersteht.

5. Schließlich lassen sich einem Kontakt auch noch individuelle Klingel- und Nachrichtentöne (sowie Vibrationsmuster) zuweisen. Treffen Sie dazu unter *Klingelton* bzw. *Nachrichtenton* Ihre Auswahl. Bestätigen Sie zum Schluss mit *Fertig*, um den Kontakt anzulegen.

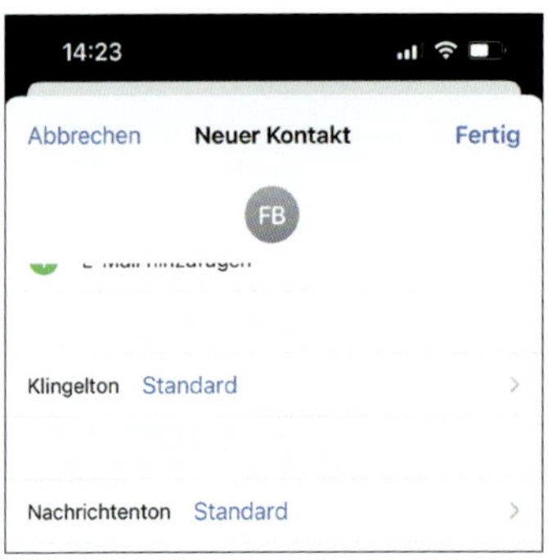

Kontaktdaten aus einer anderen App übernehmen

Um sich einiges an Tipparbeit zu ersparen, können Sie Kontaktdaten auch aus einer anderen App übernehmen, etwa aus der App *Nachrichten*. Dazu rufen Sie eine Konversation auf, tippen dann oben auf den Personenplatzhalter und wählen *Info*. Sie erhalten nun unterhalb der Daten die Optionen *Neuen Kontakt erstellen* bzw. *Zu Kontakt hinzufügen*, falls der Kontakt bereits angelegt ist und lediglich um weitere Daten ergänzt werden soll.

Bereits auf anderen Geräten verfügbare Kontakte aufs iPhone bringen

Vielleicht haben Sie schon auf einem anderen Gerät bereits fleißig Kontakte angelegt und deshalb verständlicherweise keine Lust, diese auf dem iPhone erneut manuell einzugeben. Selbstverständlich können Sie die bereits anderweitig eingegebenen Kontakte auf dem iPhone übernehmen. Dies sind Ihre Möglichkeiten:

- Verwenden Sie für die Synchronisierung von Kontakten beispielsweise die Software *CopyTrans Contacts* (Preis bei Redaktionsschluss 15,99 Euro, Webadresse: *www.copytrans.de/copytranscontacts.php*).
- Legen Sie den Anbieter, bei dem Sie Ihre Kontakte erstellt haben, direkt auf dem iPhone an, und zwar in den *Einstellungen* unter *Kontakte* und dort unter *Accounts*. So lassen sich Kontakte, die bei Drittanbietern gespeichert sind, mit nur wenigen Handgriffen in die iPhone-Kontakte übernehmen.

Externe Kontakte, z. B. solche, die Sie bei Microsoft oder Google gespeichert haben, lassen sich ganz einfach auch auf dem iPhone verwenden

- Importieren Sie Kontakte im vCard-Format (Dateiendung *.vcf*). Wenn Sie sich eine vCard selbst per E-Mail zusenden und in der App *Mail* öffnen (vgl. Kapitel 8), erhalten Sie unten in der geöffneten Visitenkarte die Optionen *Neuen Kontakt erstellen* bzw. *Zu Kontakt hinzufügen*.
- Falls Sie Kontakte auf Ihrer SIM-Karte gespeichert haben sollten, lassen sich diese ebenfalls importieren. Öffnen Sie hierzu die *Einstellungen* und wählen Sie *Kontakte*. Tippen Sie unten auf die Schaltfläche *SIM-Kontakte importieren*.

Kontaktquellen verwalten

Wenn Sie Ihre bei einem anderen Anbieter gespeicherten Kontakte – wie im zweiten Aufzählungspunkt beschrieben – in die iPhone-Kontakte integrieren, können Sie diese extra aus- bzw. wieder einblenden.

Tippen Sie dazu links oben in der App *Kontakte* bzw. in der App *Telefon* unter *Kontakte* auf *Listen*. Die verfügbaren Kontaktquellen werden Ihnen angezeigt und können per Fingertipp ausgewählt werden.

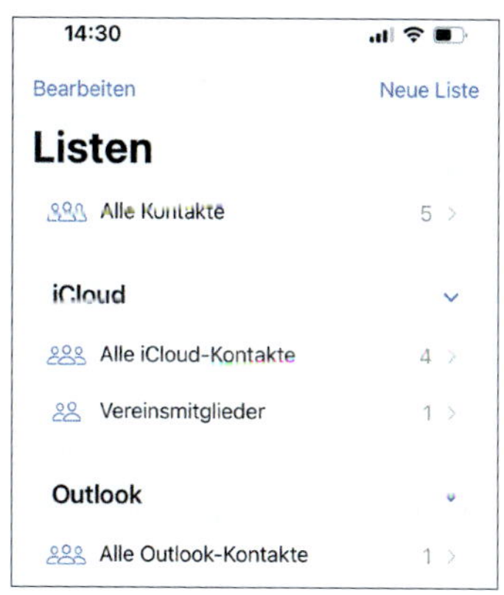

Sie können jederzeit einzelne Kontaktquellen auswählen, um sich nur die entsprechenden Kontakte anzeigen zu lassen

Wenn Kontakte doppelt gelistet werden

Bei der Verwendung mehrerer Kontaktquellen ist es gut möglich, dass ein und derselbe Kontakt mehrfach auftaucht. Die Lösung besteht darin, einen überflüssigen Kontakt entweder zu löschen oder ihn mit dem Duplikat zu verknüpfen. Öffnen Sie dazu zunächst einen doppelten Kontakt und wählen Sie rechts oben *Bearbeiten*.

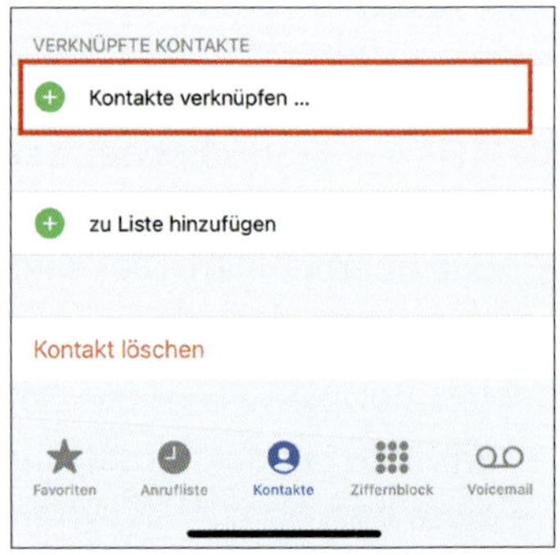

Das Problem doppelt vorkommender Kontakte beheben Sie ganz einfach durch das Verknüpfen von Duplikaten

Um einen Kontakt zu löschen, tippen Sie ganz unten auf den Eintrag *Kontakt löschen*. Zum Verknüpfen eines Kontaktes wählen Sie den Eintrag *Kontakte verknüpfen*. Wählen Sie anschließend das zu verknüpfende Duplikat aus – es taucht dann nur noch einmal in der Kontaktliste auf.

Auf Ihre Kontakte schnell zugreifen

Für den schnellen Zugriff auf Ihre Kontakte können Sie die Spotlight-Suchfunktion verwenden, die Sie per Such-Button oberhalb des Docks oder durch eine Streichbewegung von oben nach unten auf dem Display einblenden. Aber auch in der App *Kontakte* bzw. in der App *Telefon* unter *Kontakte* finden Sie ein eingebautes Suchfeld, das den Vorteil bietet, dass damit ausschließlich nach Kontakten gesucht wird.

Das eingebaute Suchfeld hilft beim schnellen Auffinden eines Kontaktes

Tippen Sie in das Suchfeld einfach ein, wen Sie suchen – die passenden Kontakte werden Ihnen bereits während der Eingabe angezeigt. Wählen Sie einen gefundenen Eintrag aus, um den entsprechenden Kontakt zu öffnen.

In vielen Fällen ist außerdem das Register nützlich, das rechts in der App *Kontakte* bzw. in der App *Telefon* unter *Kontakte* angezeigt wird. Tippen Sie hier auf einen Buchstaben, um direkt zu den Kontakten mit dem entsprechenden Anfangsbuchstaben zu wechseln.

Hier wird die Anzeigefolge so angepasst, dass gemäß der Sortierung zuerst die Nachnamen der Kontakte angezeigt werden

Vielleicht irritiert es Sie, dass die Kontakte in der Reihenfolge »Vorname, Nachname« angezeigt, jedoch in der Reihenfolge »Nachname, Vorname« sortiert werden? In den *Einstellungen* unter *Kontakte* und dort unter dem Eintrag *Sortierfolge* bzw. *Anzeigefolge* können Sie diese Einstellung anpassen.

> **Ihre eigene Rufnummer anzeigen**
>
> Sie haben Ihre eigene Rufnummer gerade nicht mehr im Kopf? Öffnen Sie die App *Einstellungen* und wählen Sie *Telefon*. Ihre eigene Rufnummer wird Ihnen beim Eintrag *Meine Nummer* angezeigt.

Einen Kontakt zu Ihren Favoriten hinzufügen

Um in der App *Telefon* schneller auf besonders wichtige Kontakte zugreifen zu können und bestimmten Kontakten während eines aktivierten Fokus Sonderrechte zuzuweisen, fügen Sie diese Ihren Favoriten hinzu. So einfach geht's:

1. Rufen Sie den Kontakt, den Sie den Favoriten hinzufügen möchten, in der App *Kontakte* bzw. in der App *Telefon* in der Rubrik *Kontakte* auf.
2. Tippen Sie unterhalb der Kontaktdaten auf den Eintrag *Als Favoriten sichern*.
3. Wählen Sie bei mehreren Kontaktmöglichkeiten diejenige aus, die den Favoriten hinzugefügt werden soll.
4. Öffnen Sie die App *Telefon* und entscheiden Sie sich für die Rubrik *Favoriten*. Sie stellen fest, dass der Favorit hinzugefügt wurde. Sie brauchen lediglich den Eintrag anzutippen, um den Favoriten anzurufen. Um die Kontaktdaten aufzurufen, tippen Sie auf das zugehörige Symbol ⓘ.

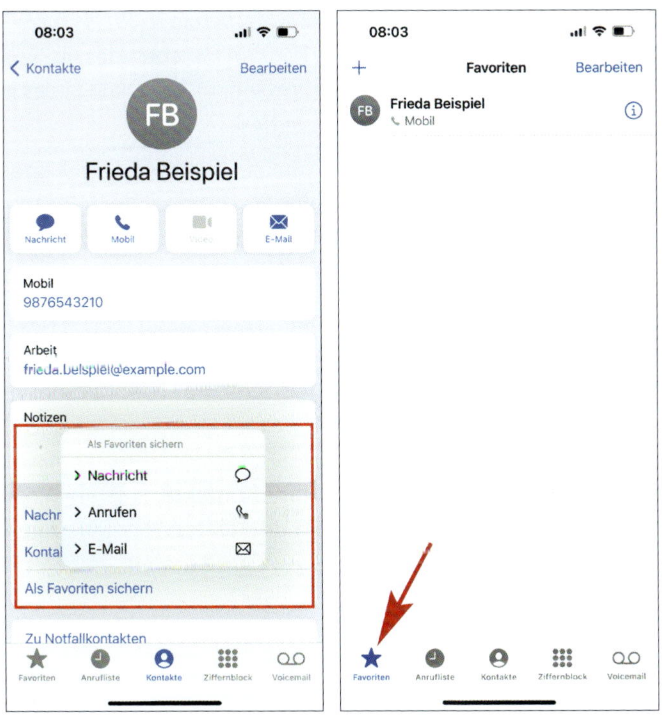

Übernehmen Sie Kontakte bzw. die Rufnummer eines Kontaktes in Ihre Favoritenliste

Auf Rufnummern und Adressen übers Internet zugreifen

Da Sie mit Ihrem iPhone praktisch immer ins Internet gehen können, haben Sie jederzeit Zugriff auf Millionen weiterer Kontakte – ganz einfach durch Telefonbücher und Gelbe Seiten, die im App Store erhältlich sind.

Suchen Sie im App Store nach dem Begriff *telefonbuch*, um Telefonbücher für Deutschland, Österreich und die Schweiz ausfindig zu machen. Hier einige Empfehlungen für Gratis-Apps:

Name der App	App-Symbol	Kurzbeschreibung
Das Telefonbuch		Diese App der Deutschen Telekom erlaubt es, nach Rufnummern und Adressen in ganz Deutschland zu suchen. Wenn eine Adresse verfügbar ist, lässt sich der Standort auch gleich noch auf einer Karte anzeigen und die Route dorthin planen.
Das Örtliche		Diese App bietet eine gute Alternative zur App *Das Telefonbuch* und dient ebenfalls der Suche nach Rufnummern und Adressen in Deutschland mitsamt nützlichen Zusatzfunktionen wie etwa einem Benzinpreisvergleich.
Herold.mobi		Für Österreich bietet sich statt einer App aus dem App Store die Webseite *www.herold.mobi* als mobiles Telefonbuch an. Diese können Sie ebenfalls als Symbol dem Home-Bildschirm hinzufügen, wie Sie es in Kapitel 7 noch lernen werden.
Schweizer Telefonbuch	local.ch	Mit dieser App installieren Sie ein Telefonbuch speziell für die Schweiz auf Ihrem iPhone. Auch Restaurants, Geldautomaten und Co. in der Nähe lassen sich damit schnell aufspüren.
Gelbe Seiten	Gelbe Seiten	Für die Suche nach einem Handwerker oder einem Blumengeschäft in der Nähe nutzen Sie die Gelben Seiten, das bekannte deutsche Branchentelefonbuch in einer App-Version.

Sie finden im App Store weitere nützliche Apps rund um Ihre Kontakte, z. B. auch solche Apps, die Visitenkarten mithilfe der iPhone-Kamera erfassen und daraus einen neuen Kontakt erstellen. Ein Beispiel hierfür ist die App *CamCard Business Card Scanner*.

Kalender und Termine mit dem iPhone clever verwalten

Auf dem App-Symbol der App *Kalender* auf dem Home-Bildschirm Ihres iPhones wird Ihnen jeweils der aktuelle Tag angezeigt, doch die App *Kalender* kann selbstverständlich noch viel mehr. Verwenden Sie diese App für Ihre Terminplanung und lassen Sie sich rechtzeitig an wichtige Termine erinnern. So einfach erstellen Sie einen Termin mit Erinnerungshinweis:

1. Tippen Sie auf dem Home-Bildschirm auf das Symbol der App *Kalender*, um diese App zu öffnen. Alternativ halten Sie das Symbol der App *Kalender* auf dem Home-Bildschirm gedrückt und wählen im Kontextmenü *Ereignis hinzufügen*.
2. Entscheiden Sie sich zunächst für eine Ansichtsoption: Wählen Sie in der Jahresansicht einen Monat aus, um sich die einzelnen Tage des Monats anzeigen zu lassen. Durch Antippen eines Tages gelangen Sie zur Tagesansicht. Auch eine Wochenansicht ist verfügbar, um diese zu sehen, drehen Sie das iPhone ins Querformat. In der Monatsansicht werden Termine übrigens durch einen grauen Punkt unterhalb des jeweiligen Tages angezeigt.

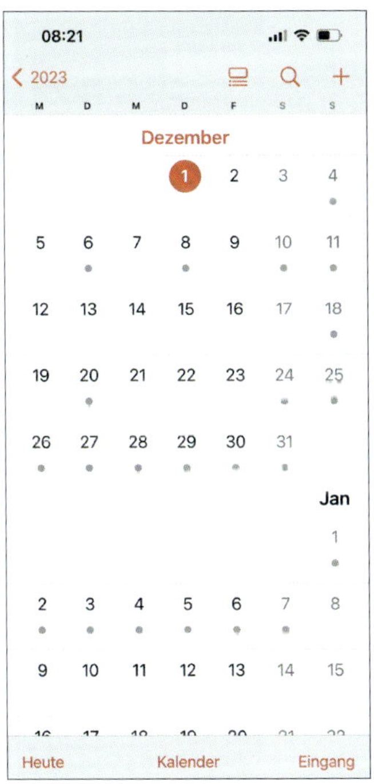

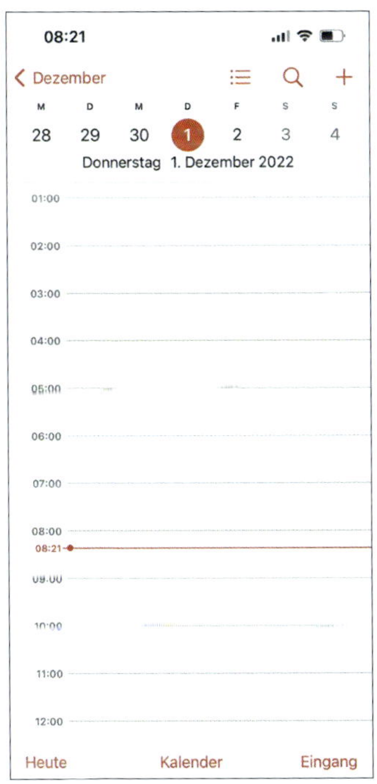

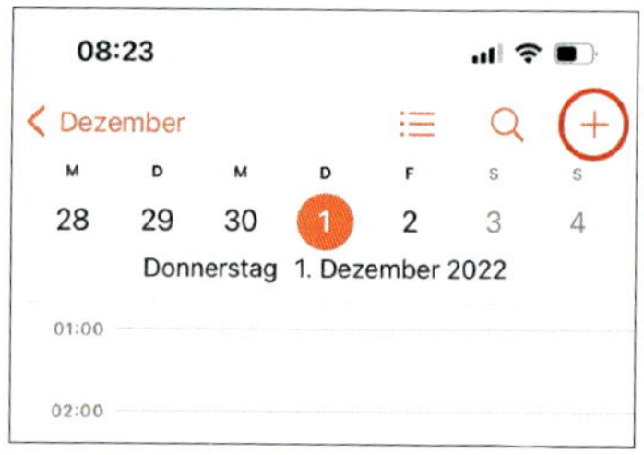

3. Um einen neuen Termin einzutragen, tippen Sie rechts oben im Kalender auf das Plussymbol +. In der Tages- oder Wochenansicht können Sie alternativ auch einfach ein Kalenderfeld gedrückt halten.
4. Anschließend machen Sie Ihre Angaben zum Termin: Geben Sie diesem eine Bezeichnung, fügen Sie ggf. eine Ortsangabe hinzu und bestimmen Sie den Zeitrahmen. Unter *Wiederholen* können Sie auch noch ein Wiederholungsintervall festlegen, etwa um einen jährlich wiederkehrenden Geburtstag oder die quartalsweisen Steuertermine nicht jedes Mal erneut eintragen zu müssen.

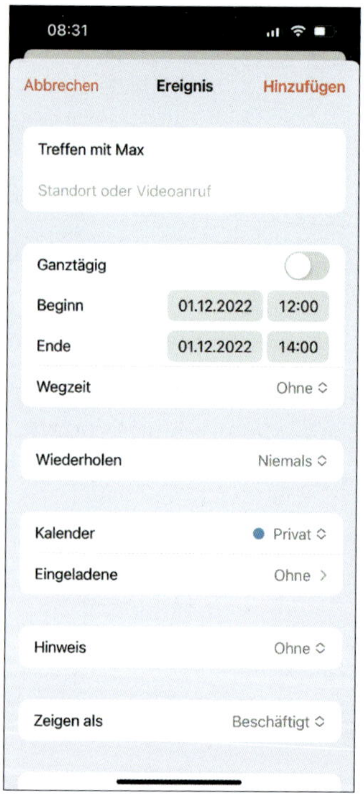

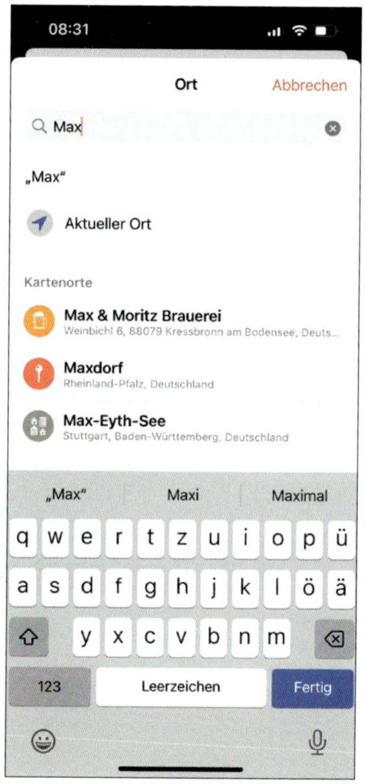

5. Sofern mehrere Kalender zur Verfügung stehen, tippen Sie auf *Kalender*, um den Kalender auszuwählen, in dem der Termin erstellt werden soll. In den *Einstellungen* unter *Kalender* bestimmen Sie, in welchem Kalender ein Termin standardmäßig erstellt wird.

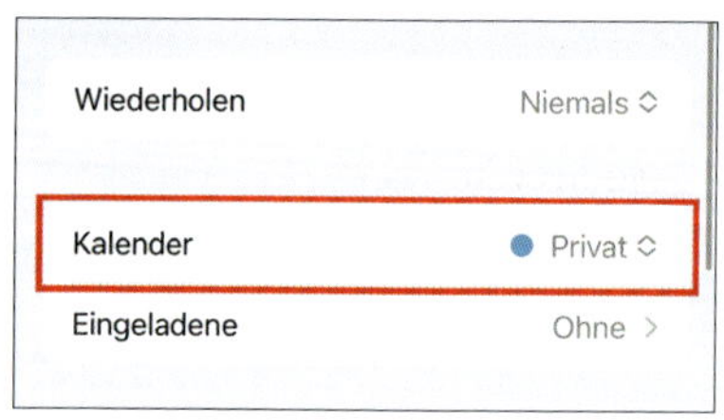

6. Um sich rechtzeitig vor einem Termin an diesen erinnern zu lassen, tippen Sie nun noch auf den Eintrag *Hinweis* und legen fest, wann Sie vor einem Termin erinnert werden möchten. Wenn gewünscht, lässt sich auch noch eine zweite Erinnerung einrichten. Übrigens: In den *Einstellungen* unter *Kalender* können Sie auch Standardhinweise für einzelne Kalender festlegen. Unter *Wegzeit* lässt sich zudem die Anfahrtszeit zum Termin mit einplanen.

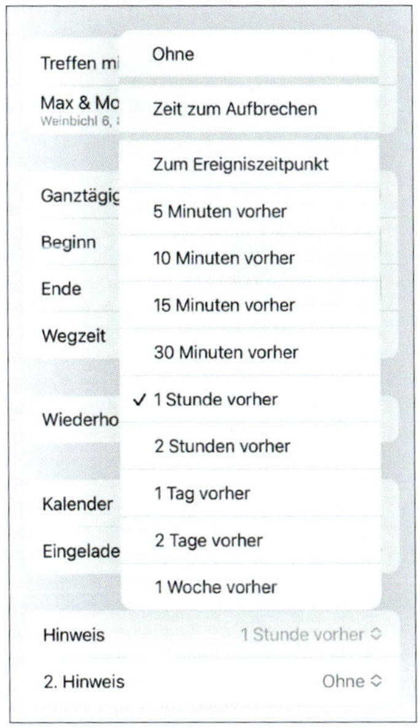

7. Bestätigen Sie schließlich mit *Hinzufügen*, um den Termin in Ihren Kalender einzutragen.

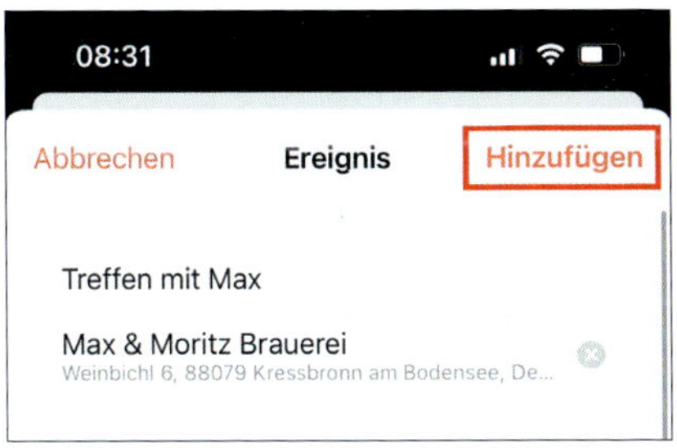

Die Erinnerung an einen Termin erfolgt standardmäßig als Hinweis auf dem iPhone-Display, verbunden mit einem kurzen Klang. Passen Sie die Mitteilungseinstellungen Ihren eigenen Bedürfnissen an, indem Sie sich in den *Einstellungen* unter *Mitteilungen* für den Eintrag *Kalender* entscheiden.

Gut zu wissen: Wenn Ihnen ein Termin in einer Nachricht oder einer E-Mail mitgeteilt wird (Termine werden dort unterstrichen dargestellt), halten Sie diesen einfach gedrückt, um ihn in die App *Kalender* übernehmen zu können.

Mehrere Kalender auf dem iPhone pflegen

Wie bei den Kontakten gilt, dass Sie auch bereits auf einem anderen Gerät eingetragene Termine auf dem iPhone übernehmen können, indem Sie mit dem Computer synchronisieren, direkt Kalender von Google und Co. in den iPhone-Kalender übernehmen oder sich diese im iCal-Format (Dateiendung *.ics*) per E-Mail zusenden und aus der App *Mail* heraus (vgl. Kapitel 8) dem Kalender hinzufügen.

Sie müssen dabei nicht die Termine aller Kalender jederzeit in der App *Kalender* einblenden. Um festzulegen, welche Kalender angezeigt werden sollen, tippen Sie unten in der App *Kalender* auf *Kalender*. Entfernen bzw. setzen Sie nun Häkchen bei den Kalendern, die aus- bzw. wieder eingeblendet werden sollen. Bestätigen Sie Ihre Auswahl mit *Fertig*.

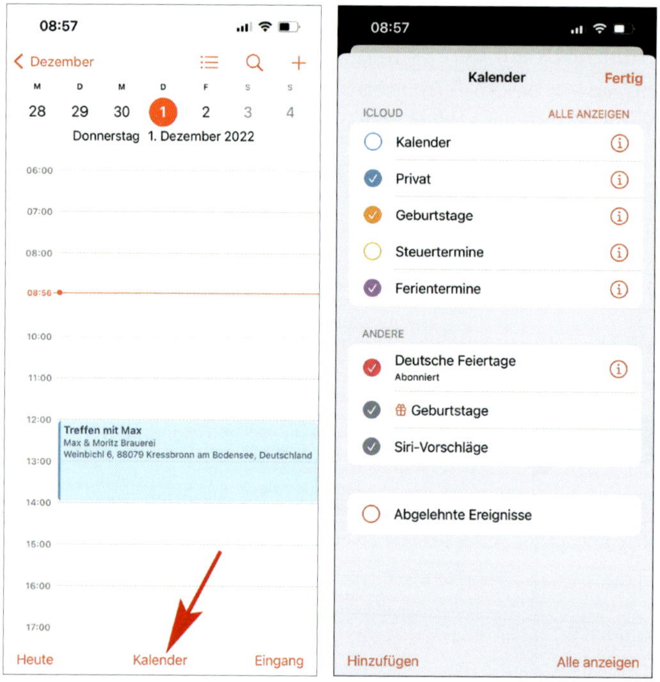

Die Termine einzelner Kalender lassen sich jederzeit aus- und wieder einblenden

Auch das Hinzufügen weiterer Kalender kann direkt auf dem iPhone erfolgen. Zu diesem Zweck tippen Sie in der App *Kalender* erneut unten auf *Kalender*. Wählen Sie dann links unten *Hinzufügen* und im Menü erneut *Hinzufügen*. Geben Sie dem neuen Kalender eine sinnvolle Bezeichnung und weisen Sie ihm eine Kalenderfarbe zu, in der dann die entsprechenden Termine gekennzeichnet werden. Bestätigen Sie mit *Fertig*.

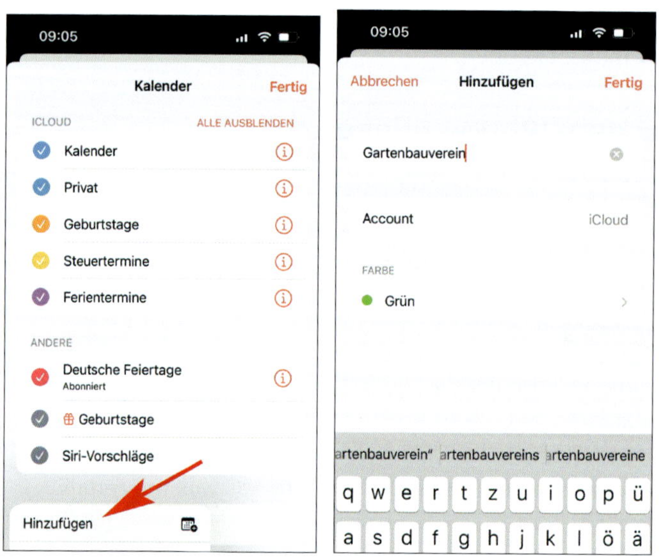

Hier erstelle ich einen neuen iCloud-Kalender

Jeden gesuchten Termin sofort finden

Auch in der App *Kalender* steht eine Suchfunktion zur Verfügung, die Sie per Fingertipp auf das Symbol aufrufen. Geben Sie einen Begriff ein – bereits während der Eingabe werden die passenden Termine aufgelistet. Beachten Sie aber, dass lediglich die eingeblendeten Kalender durchsucht werden. Alternativ verwenden Sie die Terminübersicht, die Sie unter dem Symbol bzw. (je nach gewählter Kalenderansicht) unter dem Symbol einblenden.

Kalender aus dem Internet abonnieren

Bundesliga, Schulferien, Vereinstermine – im Internet finden Sie eine ganze Reihe weiterer Kalender, die Sie ggf. auf dem iPhone verwenden können. Ihnen bieten sich dazu zwei verschiedene Möglichkeiten. Zum einen können Sie einen Internetkalender im iCal-Format direkt in der App *Safari* (vgl. Kapitel 7) aufrufen. Ihnen wird automatisch angeboten, die zugehörigen Termine zu übernehmen.

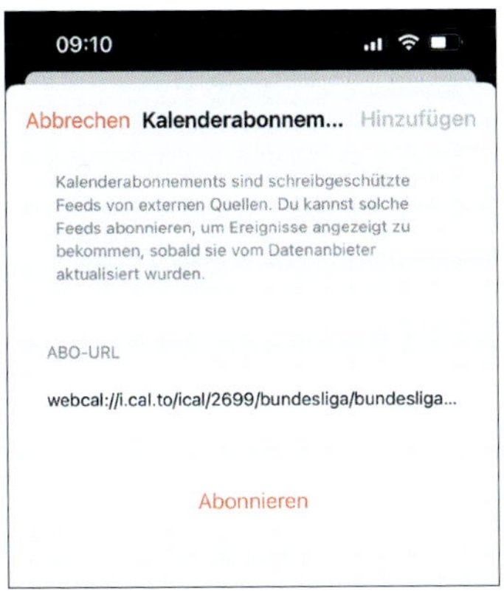

Die Termine eines iCal-Kalenders in die Kalender-App übernehmen – die App Safari bietet Ihnen diese Option beim Öffnen eines Kalenders automatisch an

Zum anderen besteht die Möglichkeit, einen Kalender aus dem Internet manuell zu abonnieren. Zum Abonnieren eines Kalenders benötigen Sie zunächst mal die entsprechende URL, die Sie ebenfalls im Internet ausfindig machen.

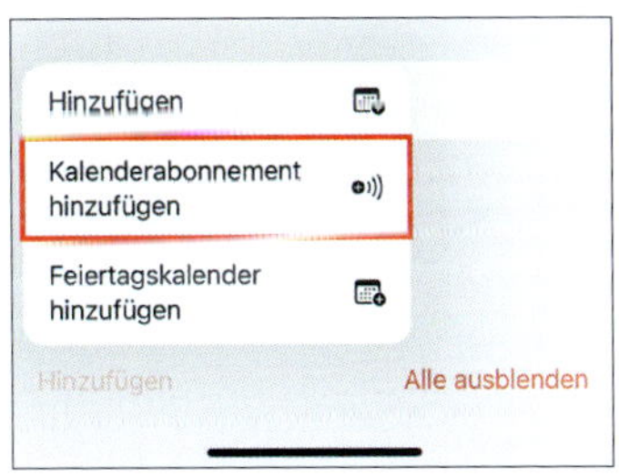

Ein Kalenderabo ist auf dem iPhone auch manuell schnell eingerichtet

Wählen Sie dann unten in der App *Kalender* erneut *Kalender*. Tippen Sie links unten auf *Hinzufügen* und entscheiden Sie sich im Menü diesmal für den Eintrag *Kalenderabonnement hinzufügen*. Wählen Sie *Andere* und dann den Eintrag *Kalenderabo hinzufügen*. Geben Sie die Kalender-URL ein und bestätigen Sie mit *Abonnieren*. Er wird als zusätzlicher Kalender in die App *Kalender* übernommen.

> **Einen Kalender wieder entfernen**
>
> Sie möchten einen Kalender wieder aus der Kalender-App entfernen? Wählen Sie hierzu *Kalender*. Tippen Sie beim betreffenden Kalender auf das Symbol ⓘ und entscheiden Sie sich ganz unten für den Eintrag *Kalender löschen*. Bestätigen Sie anschließend erneut mit *Kalender löschen*.

Einen iCloud-Kalender für andere Personen freigeben

Speziell bei einem iCloud-Kalender bieten sich Ihnen noch weitere Möglichkeiten. Zum Thema iCloud lesen Sie alles in Kapitel 14. Hier vorab die Information, dass Sie auch Ihre Kalender und Termine im Internet speichern können. Der Vorteil liegt einerseits in der Datensicherung und im Zugriff auf Ihre Daten von mehreren Geräten aus und andererseits in der vereinfachten Freigabe für andere Personen.

Auch in diesem Zusammenhang bieten sich Ihnen zwei Möglichkeiten, nämlich zum einen die Veröffentlichung eines Kalenders im Internet, sodass jeder, der über den entsprechenden Link verfügt, darauf zugreifen und den Kalender abonnieren kann. Zum anderen können Sie einen Kalender auch für bestimmte Personen freigeben, um etwa Ihre geschäftlichen Termine mit Ihren Mitarbeitern und Kollegen zu teilen.

In beiden Fällen wählen Sie in der App *Kalender* zunächst *Kalender* und tippen dann bei dem Kalender, den Sie für andere Personen freigeben möchten, auf das Symbol ⓘ.

Um einen Kalender für bestimmte Personen freizugeben, tippen Sie im Abschnitt *Geteilt mit* auf den Eintrag *Neue Person*. Geben Sie die E-Mail-Adresse der betreffenden Person ein und bestätigen Sie mit *Hinzufügen*. Standardmäßig kann die betreffende Person den Kalender selbst bearbeiten, also Termine hinzufügen oder entfernen.

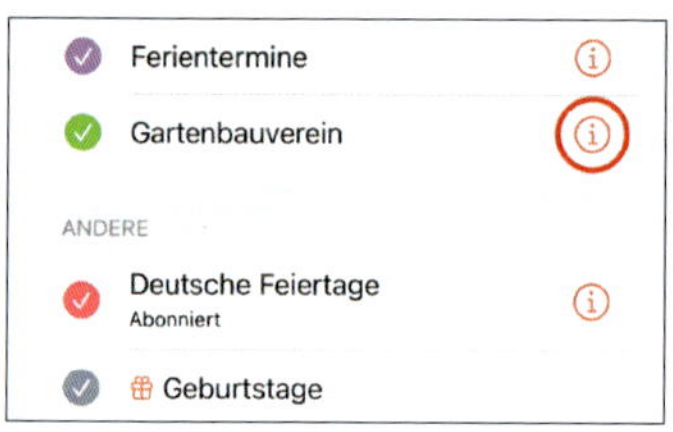

Entscheiden Sie zunächst, welchen Kalender Sie freigeben möchten

Um die Bearbeitungsoption zu deaktivieren oder die Freigabe komplett wieder zu beenden, tippen Sie im Abschnitt *Geteilt mit* die Person an und nehmen die gewünschten Änderungen vor.

Gibt eine andere Person einen Kalender für Sie frei, finden Sie die entsprechende Einladung direkt in der App *Kalender* unter *Eingang*.

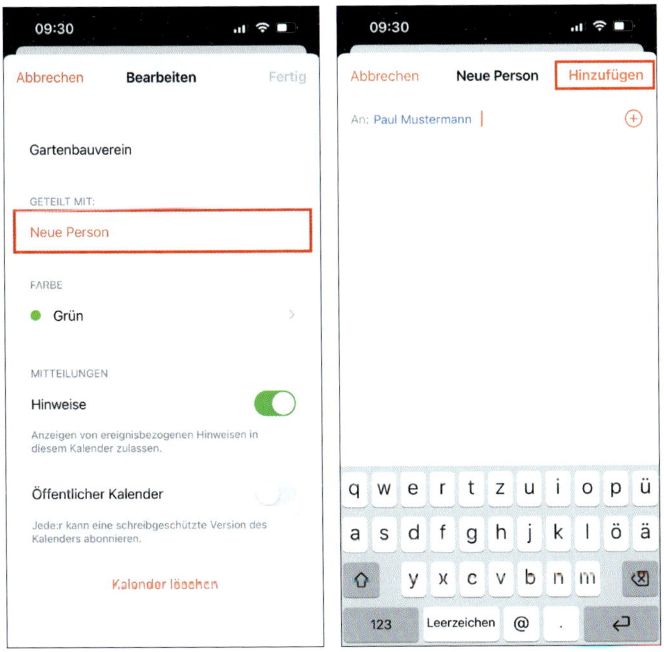

Wenn Sie einen Kalender für bestimmte Personen freigeben, können diese den Kalender – sofern von Ihnen nicht untersagt – auch bearbeiten

Um einen Kalender im Internet zu veröffentlichen, sodass er von anderen Personen abonniert werden kann, aktivieren Sie die Option *Öffentlicher Kalender*.

Tippen Sie anschließend auf den Eintrag *Link teilen*, um die Kalender-URL z. B. per E-Mail oder in einer Kurznachricht zu versenden. Der Kalender kann von den Personen dabei nur angesehen, jedoch nicht verändert werden.

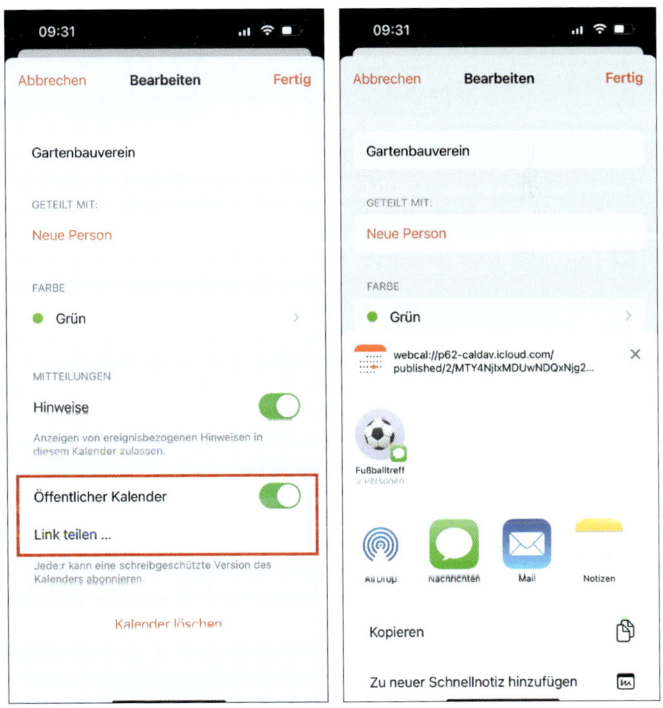

Veröffentlichen Sie einen Kalender im Internet und teilen Sie den Link mit anderen Personen

> **Einstellungen zum Kalender vornehmen**
>
> Zeitzonen automatisch anpassen, einen chinesischen Kalender verwenden, Kalenderwochen anzeigen, Ortsvorschläge aktivieren bzw. deaktivieren: Diese und weitere Einstellungen zur App *Kalender* nehmen Sie in den iPhone-Einstellungen unter *Kalender* vor.

Zeit- oder ortsbasiert an anstehende Aufgaben erinnern lassen

Egal, ob für einen elektronischen Einkaufszettel oder für die To-do-Liste Ihrer Aufgaben im Büro: Mit der App *Erinnerungen* erstellen Sie Listen aller Art und lassen sich von Ihrem iPhone entweder zu einer bestimmten Zeit oder an einem bestimmten Ort zuverlässig an Ihre Aufgaben erinnern.

Ihnen steht in der App *Erinnerungen* bereits eine Standardliste mit der Bezeichnung »Erinnerungen« zur Verfügung. Um eine neue Liste zu erstellen, tippen Sie rechts unten in der App auf die Option *Neue Liste*, geben der neuen Liste eine schlüssige Bezeichnung, wählen ggf. eine andere Listenfarbe sowie ein passendes Symbol aus und bestätigen mit *Fertig*.

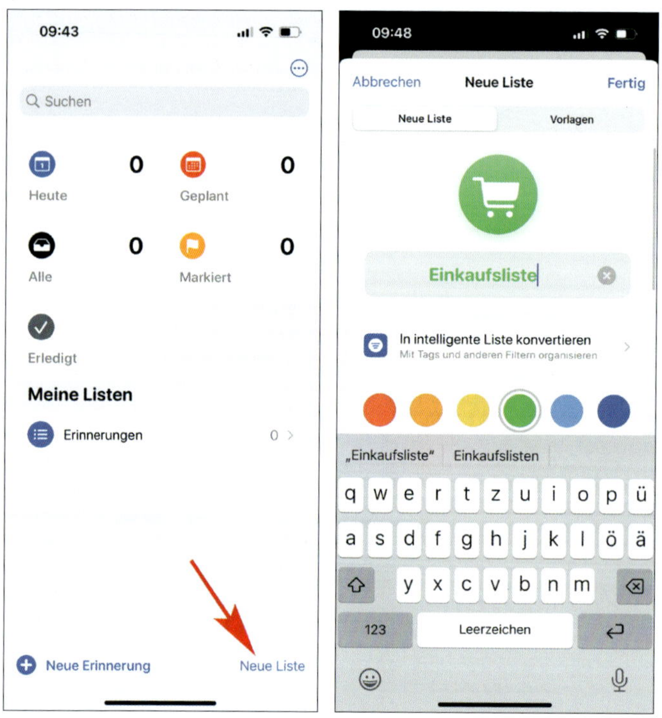

Erstellen Sie beliebige Listen, die Sie dann mit entsprechenden Aufgaben füllen

Statt einer einfachen Liste lässt sich auch eine »intelligente Liste« erstellen. Diese versehen Sie dann mit passenden Tags und Filtern, mit denen Sie bestimmen, welche Einträge in der Liste angezeigt werden. Wählen Sie dazu die Option *In intelligente Liste konvertieren*. Neben Listen lassen sich außerdem – unter dem Reiter *Vorlagen* – auch Vorlagen für weitere Listen anlegen. In den *Einstellungen* unter *Erinnerungen* wählen Sie aus, welche Liste standardmäßig zum Erstellen von Erinnerungen genutzt werden soll, insbesondere wenn Sie Siri (vgl. Kapitel 6) mit dem Erstellen einer Erinnerung beauftragen.

So erstellen Sie eine neue Erinnerung

Das Erstellen von Erinnerungen ist eine recht einfache Sache. Hier zeige ich Ihnen, wie ich eine Erinnerung erstelle und diese mit einer hohen Priorität sowie einem ortsbezogenen Hinweis versehe:

1. Wählen Sie im ersten Schritt die gewünschte Liste aus.

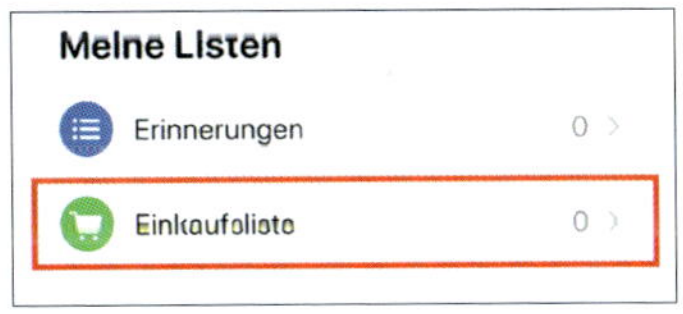

2. Tippen Sie auf *Neue Erinnerung*.
3. Geben Sie die Erinnerung ein und tippen Sie in unserem Fall anschließend auf das zugehörige Symbol ⓘ. Um den Eintrag ohne weitere Angaben zu erstellen, bestätigen Sie einfach mit *Fertig*.

4. Zunächst soll der Eintrag mit einer hohen Priorität versehen und in der Liste entsprechend gekennzeichnet werden. Hierzu wählen Sie unter *Priorität* die gewünschte Dringlichkeitsstufe aus, in diesem Fall *Hoch*.

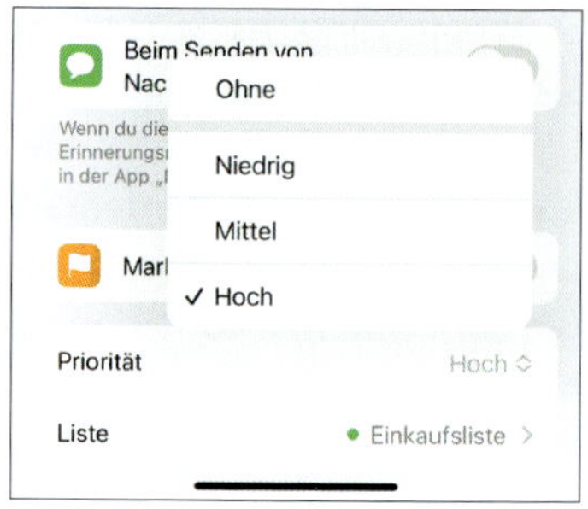

5. Sie möchten sich von Ihrem iPhone an einem bestimmten Ort an eine Aufgabe erinnern lassen? Dann aktivieren Sie die Option *Ort* und wählen anschließend *Eigene*. Sie müssen der App außerdem, falls noch nicht geschehen, den Zugriff auf die Ortungsdienste gestatten, damit das Ganze funktioniert.

6. Geben Sie nun die gewünschte Adresse ein. Eine Trennung der Daten durch Kommata ist nicht erforderlich. Auch die Suche nach bestimmten Örtlichkeiten, z. B. einem Supermarkt, ist kein Problem. Wählen Sie einen Ort aus und bestimmen Sie, ob die Erinnerung bei der Ankunft oder beim Verlassen des Ortes erfolgen soll. Wechseln Sie anschließend mit *Details* zurück. Übrigens: Entsprechende Hardware vorausgesetzt, kann die ortsbasierte Erinnerung auch beim Ein- oder Aussteigen aus dem Auto erfolgen.

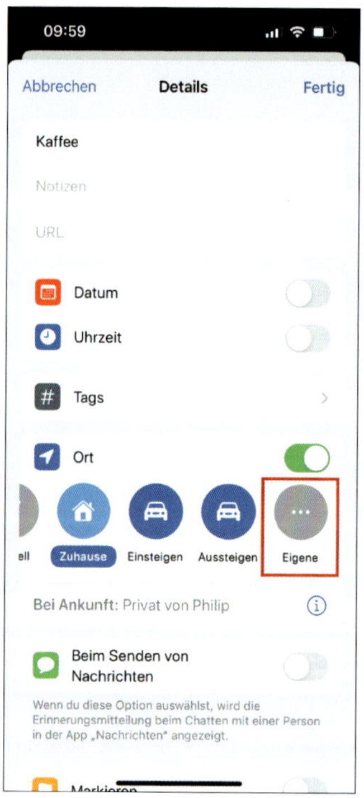

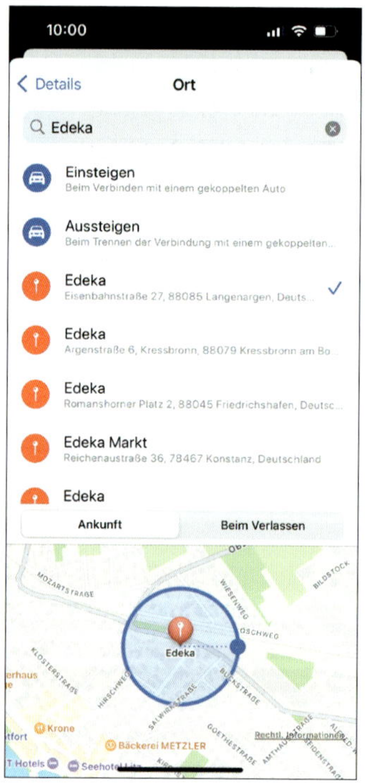

7. Machen Sie, wenn gewünscht, noch weitere Angaben, beispielsweise können Sie einem Eintrag Notizen oder Tags hinzufügen. Bestätigen Sie Ihre Einstellungen mit

Fertig. Sie stellen fest, dass der Eintrag in Ihrer Liste mit den entsprechenden Angaben versehen wurde.

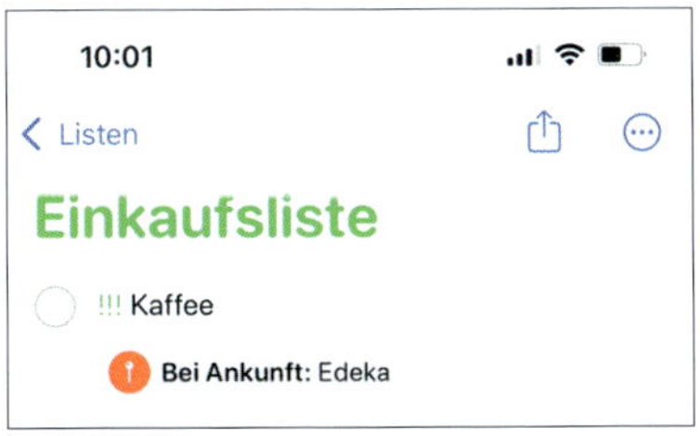

Natürlich lassen sich auch zeitbasierte Erinnerungshinweise erstellen. Dazu aktivieren Sie in Schritt 3 die Option *Datum* sowie ggf. noch *Uhrzeit* und machen anschließend Ihre Datums- bzw. Uhrzeitangabe. Schließlich ist auch ein Erinnerungshinweis beim Senden einer Nachricht an eine bestimmte Person möglich. Diese Option lautet *Beim Senden von Nachrichten*.

So verwalten Sie Ihre Erinnerungen

Sie haben eine Aufgabe erledigt? Dann können Sie sie entweder wie gewohnt durch Löschen aus der Liste entfernen (in der Liste darauf tippen, Finger nach links ziehen und die Schaltfläche *Löschen* antippen). Oder aber Sie aktivieren bei einem Eintrag das Optionsfeld ○. Der Eintrag wird dann den erledigten Aufgaben hinzugefügt.

Tippen Sie bei einer Erinnerung in das Optionsfeld, um diese als erledigt zu markieren

Um die erledigten Elemente auszublenden, tippen Sie rechts oben auf das Symbol ⊙ und entscheiden sich im Menü für *Erledigte einblenden*.

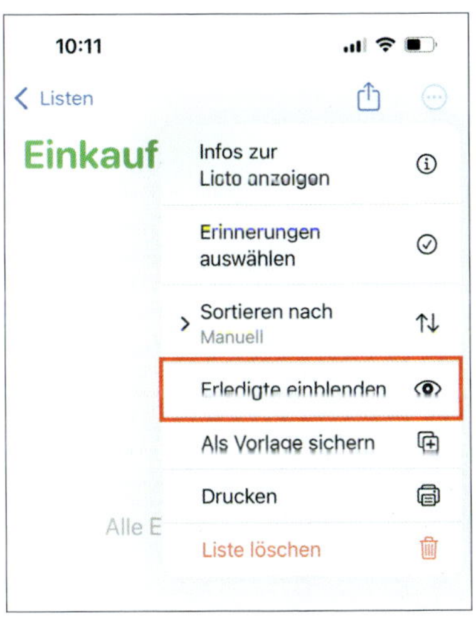

Blenden Sie mit wenigen Handgriffen Ihre erledigten Erinnerungen ein

Möchten Sie einen Eintrag wieder als nicht erledigt markieren? Tippen Sie dazu einfach in der Liste mit den erledigten Erinnerungen erneut in das Optionsfeld. Beim nächsten Aufrufen der Liste ist der Eintrag wieder bei den noch nicht erledigten Erinnerungen zu finden. Falls Sie viele Aufgaben erstellt haben: Mithilfe des Suchfeldes oben in der Listenansicht finden Sie sofort den gesuchten Eintrag. Zeitbasierte Erinnerungen rufen Sie in der Liste *Geplant* auf. Nützlich kann auch das Markieren von Erinnerungen sein, die Sie dann – unabhängig von der Liste, in der sie sich befinden – in der Liste *Markiert* aufrufen können.

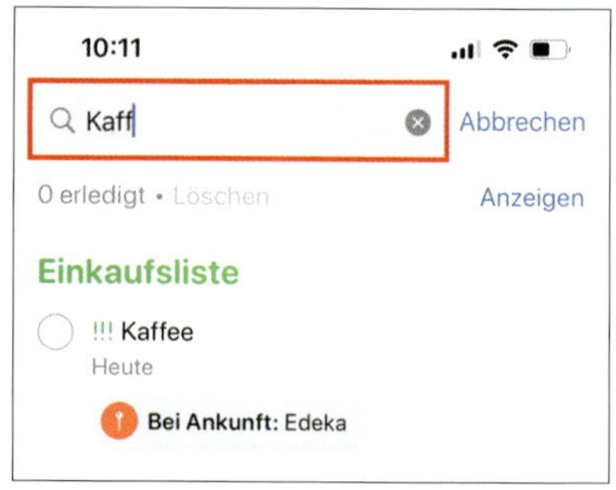

Verwenden Sie unter anderem das eingebaute Suchfeld, um gesuchte Erinnerungen ausfindig zu machen

Die Uhr-App: Weltuhr, Wecker, Stoppuhr und Timer in einem

Für die Organisation Ihres Alltags ebenfalls sehr nützlich ist die App *Uhr*. Während in der Statusleiste sowie auf dem Symbol der App *Uhr* nur die aktuelle Uhrzeit angezeigt wird, bietet die App selbst noch weitergehende Funktionen, nämlich eine Weltuhr, einen Wecker, eine Stoppuhr sowie einen Timer. Gern verschaffe ich Ihnen auch in diesem Zusammenhang einen Überblick.

Weltuhr

Ihre Tochter verbringt ein Jahr in Kanada, oder ein Geschäftspartner von Ihnen hat seinen Sitz in Havanna? Entscheiden Sie sich unten in der App *Uhr* für die Rubrik *Weltuhr*. Um eine neue Weltuhr hinzuzufügen, tippen Sie rechts oben auf das Plussymbol ➕. Suchen Sie nach der gewünschten Stadt und fügen Sie diese durch Antippen des Treffers Ihren Weltuhren hinzu. Auf diese Weise stellen Sie sicher, dass Sie im Ausland nicht zu Unzeiten anrufen.

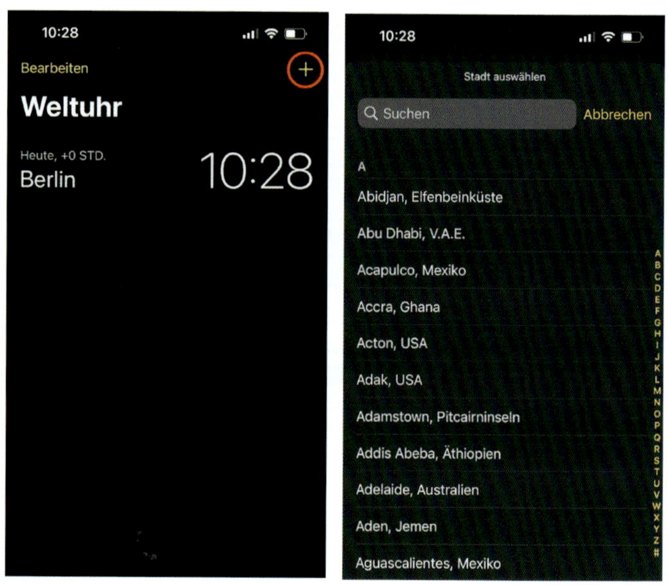

Das Hinzufügen weiterer Uhren ist ein Kinderspiel

Wecker

Auch mehrere Wecker lassen sich anlegen, etwa ein Wecker für Arbeitstage, ein Wecker für den Urlaub, ein Wecker für den Mittagsschlaf oder bei einer Bahnreise ein Wecker für die Ankunft am Zielort. Um einen neuen Wecker anzulegen, entscheiden Sie sich in der App *Uhr* für die Rubrik *Wecker*. Tippen Sie rechts oben auf das Plussymbol ➕. Oder halten Sie das Symbol der App *Uhr* gedrückt und wählen Sie im Kontextmenü *Wecker erstellen*. Stellen Sie die Weckzeit ein, machen Sie Ihre Angaben zum Wecker (wählen Sie z. B. Ihre in der App *Musik* gespeicherte Wunschmusik zum Wecken aus; zum Thema Musik dann alles in Kapitel 9) und bestätigen Sie das Erstellen des Weckers mit *Sichern*.

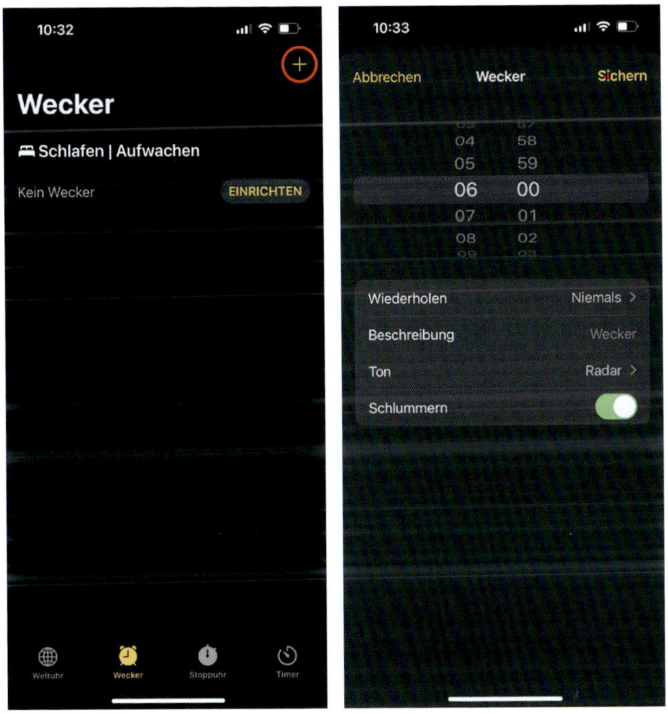

Erstellen Sie in der Uhr-App einen oder mehrere Wecker

Der Wecker ist nach dem Erstellen automatisch aktiviert, lässt sich aber jederzeit per Schalter wieder deaktivieren. Sie können einen Wecker auch nachträglich bearbeiten und natürlich auch wieder löschen.

So achten Sie auf Ihre Schlafenszeit

Möchten Sie von Ihrem iPhone nicht nur pünktlich geweckt, sondern auch regelmäßig an die Schlafenszeit erinnert werden, erstellen Sie einen Schlafplan in der App *Health*. Tippen Sie dazu in der App *Health* und dort in der Rubrik *Übersicht* bei *„Schlaf" konfigurieren* auf die Schaltfläche *Los geht's*.

Stoppuhr

Ebenfalls äußerst praktisch ist die Rubrik *Stoppuhr*, falls Sie auf dem Sportplatz oder dem Hundeplatz gerade keine richtige Stoppuhr zur Hand haben sollten. Messen Sie damit in einem Wettbewerb die Zeit. Auch die Zeit pro Runde lässt sich mit der iPhone-Stoppuhr aufzeichnen. Die Stoppuhr steht in einer digitalen sowie in einer analogen Variante zur Verfügung.

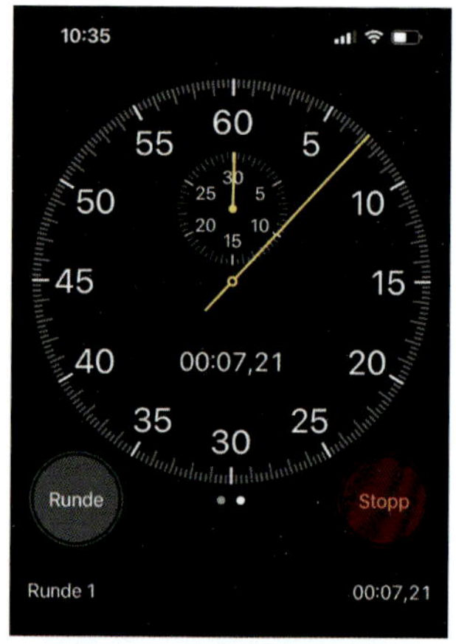

Hier wurde durch horizontales Streichen die analoge Stoppuhr eingeblendet

Timer

Um den Kuchen im Ofen nicht zu vergessen oder um nach einem von Ihnen festgelegten Zeitrahmen von einer Aufgabe zur nächsten zu wechseln (Stichwort Pomodoro-Technik), ist die Rubrik *Timer* sehr nützlich. Übrigens können Sie sowohl den Timer als auch den Wecker standardmäßig auch im Kontrollzentrum aufrufen, das Sie aus der rechten oberen Ecke des Displays auf das Display ziehen. Stellen Sie für die Verwendung des Timers einfach die gewünschte Zeit und – unter dem Eintrag *Timer-Ende* – den gewünschten Ton ein. Mit einem Fingertipp auf *Start* wird die Zeit nach unten gezählt. Das Herunterzählen lässt sich jederzeit pausieren und wieder fortsetzen oder abbrechen.

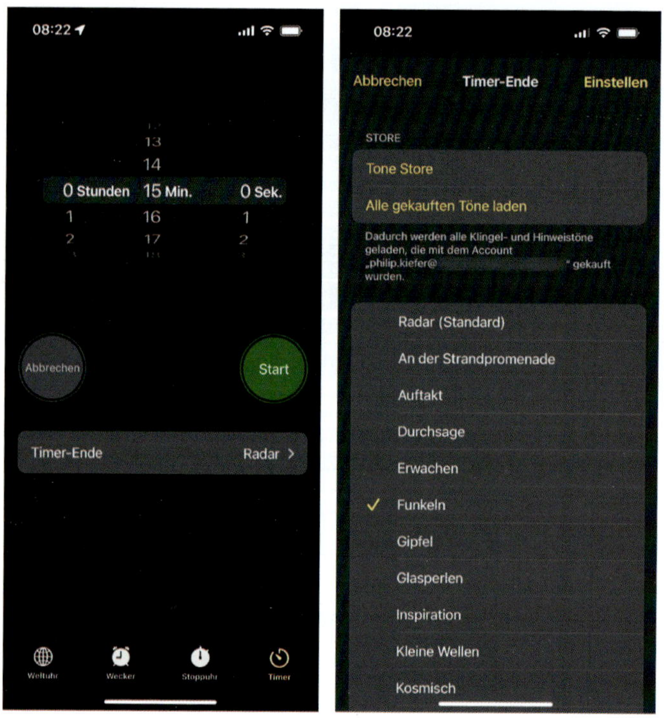

Der Timer ist vielfältig verwendbar, z. B. um sich daran erinnern zu lassen, dass die Pizza fertig ist

> **Musikwiedergabe per Timer stoppen**
>
> Falls Sie auf Ihrem iPhone zum Einschlafen noch ein Viertelstündchen Musik hören möchten: Entscheiden Sie sich dann im Timer unter dem Eintrag *Timer-Ende* ganz unten für *Wiedergabe stoppen*. Die Wiedergabe der Musik wird dann nach der von Ihnen festgelegten Timer-Zeit beendet.

Notizblätter anlegen und Sprachmemos aufnehmen

Damit Sie nie wieder eine gute Idee vergessen oder um Ihr Gedächtnis bei Spaziergängen oder sonstigen Freizeitaktivitäten durch schnelle Notizen zu entlasten: Verwenden Sie die bereits verfügbaren Apps *Notizen* (für Notizen in schriftlicher Form) sowie *Sprachmemos* (für Diktate).

Notizen

Wählen Sie in der App *Notizen* ggf. zunächst einen Ordner aus bzw. tippen Sie links unten auf das Symbol , um einen neuen Ordner anzulegen. Innerhalb eines Ordners erstellen

Mit der App Notizen bringen Sie nicht nur Texte, sondern auch Bilder und Skizzen auf das elektronische Notizblatt

Sie dann per Symbol ein Notizblatt. Tippen Sie in ein Notizblatt, um dieses mit Ihrem Text und weiteren Inhalten zu füllen. Den ersten Absatz nimmt der Titel der Notiz ein, anschließend folgen die eigentlichen Notizeninhalte.

Wenn Sie in ein Notizblatt tippen, erscheinen oberhalb der Tastatur verschiedene Symbole. Tippen Sie ein Symbol an, um die entsprechende Option auszuwählen: Tippen Sie auf das Symbol, um im Notizblatt eine Tabelle zu erstellen, das Symbol Aa dient dem Zuweisen von Textformatierungen, mit dem Symbol formatieren Sie einen Absatz als Checkliste. Unter dem Symbol fügen Sie ein Bild ein oder scannen Dokumente, und wenn Sie das Symbol wählen, können Sie eigene Zeichnungen erstellen. Per Kreuzsymbol blenden Sie die Formatieroptionen aus.

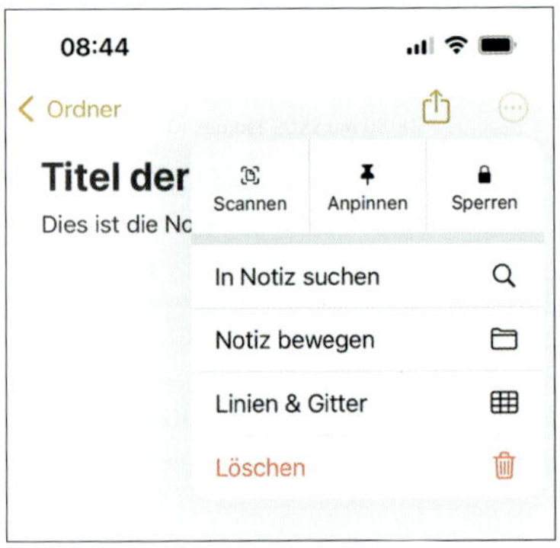

Sperren, bewegen und Co.: Für den Umgang mit den von Ihnen erstellten Notizen bieten sich zahlreiche Verwaltungsoptionen

Sie möchten Notizen durchsuchen, löschen, mit einem Hintergrundraster versehen, sperren, anpinnen usw. Unter dem Symbol oben in einem Notizblatt finden Sie die entsprechenden Verwaltungsoptionen. Sofern Sie ein Notizblatt in iCloud gespeichert haben, können Sie eine Notiz auch teilen bzw. mit anderen Personen gemeinsam bearbeiten. Diese Option erhalten Sie unter dem Symbol. Zum Löschen einer nicht mehr benötigten Notiz können Sie auch in einem Notizen-Ordner auf der Notiz von rechts nach links streichen, um die Option zum Löschen einzublenden.

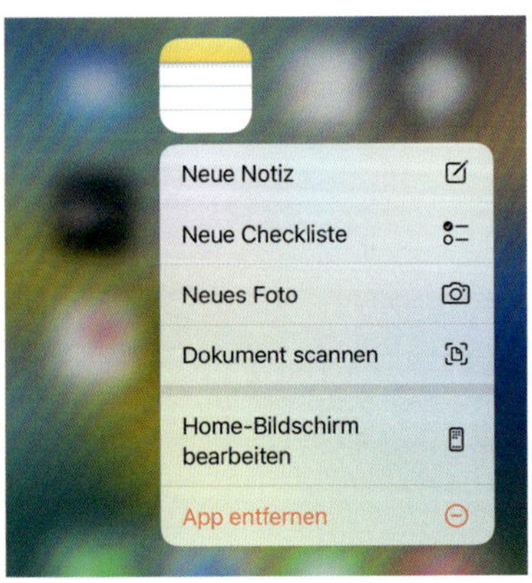

Neue Notizen lassen sich auch per Kontextmenü erstellen Ihre erledigten Erinnerungen ein

Die Notiz befindet sich anschließend im Ordner *Zuletzt gelöscht* und kann dort endgültig entfernt werden. Per Kontextmenü, das Sie auf dem iPhone durch Gedrückthalten des App-Symbols aufrufen, lässt sich auswählen, ob Sie eine neue Notiz oder Checkliste erstellen, ein Foto einfügen oder ein Dokument einscannen möchten.

Text formatieren

Um Text in einem Notizblatt unabhängig von den oben gezeigten Optionen zu formatieren, doppeltippen Sie darauf, um ihn zu markieren, und passen eventuell noch die Markierung an. Im sich öffnenden Menü wählen Sie den Eintrag *Format* und entscheiden sich für eine der Formatieroptionen *Fett*, *Kursiv*, *Unterstreichen*, *Durchstreichen* oder *Einrückung*.

Sprachmemos

Eine gute Alternative zu schriftlichen Notizen sind Diktate. Starten Sie dazu die App *Sprachmemos*, die sich standardmäßig im Ordner *Dienstprogr.* auf der zweiten Seite des Home-Bildschirms befindet, die sich durch Hinzufügen des Steuerelements unter *Einstellungen/Kontrollzentrum* auch im Kontrollzentrum aufrufen lässt, das Sie von der rechten oberen Ecke des Displays auf das Display streichen.

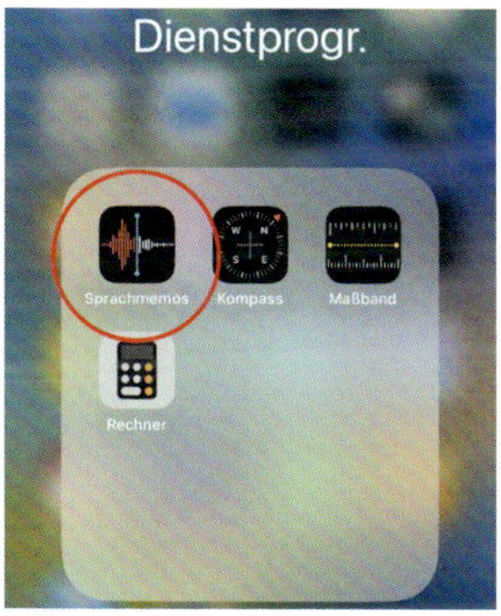

Die App Sprachmemos befindet sich standardmäßig im Ordner mit den Dienstprogrammen

Sie verwandeln Ihr iPhone damit in ein hochwertiges Diktiergerät. Zur perfekten Nutzung dieser App eine kleine Schrittanleitung:

1. Tippen Sie in der App *Sprachmemos* auf das Symbol ●, um Ihre Sprachaufzeichnung zu starten. Die grafische Anzeige gibt Auskunft über die jeweilige Aufnahmelautstärke. Theoretisch kann die Aufzeichnung aus mehreren Metern Entfernung erfolgen, doch dann ist sie recht leise. Am besten gelingt die Aufzeichnung, wenn das iPhone direkt vor Ihnen auf dem Tisch liegt bzw. wenn Sie es an Ihren Mund führen. Um die Sprachaufzeichnung zu beenden, entscheiden Sie sich für das Symbol ◉. Übrigens zeigt ein

orangefarbener Punkt im rechten Bereich der Statusleiste an, dass gerade das Mikrofon verwendet wird, während der Punkt bei Verwendung der Kamera (z. B. in der App *FaceTime*) grün ist.

2. Die Aufnahme wird mit einer automatischen Bezeichnung gespeichert. Sofern Sie der App den Zugriff auf die Ortungsdienste gestatten, erfolgt eine automatische Bezeichnung nach dem Aufnahmeort. Um die automatische Bezeichnung zu ändern, tippen Sie diese an.

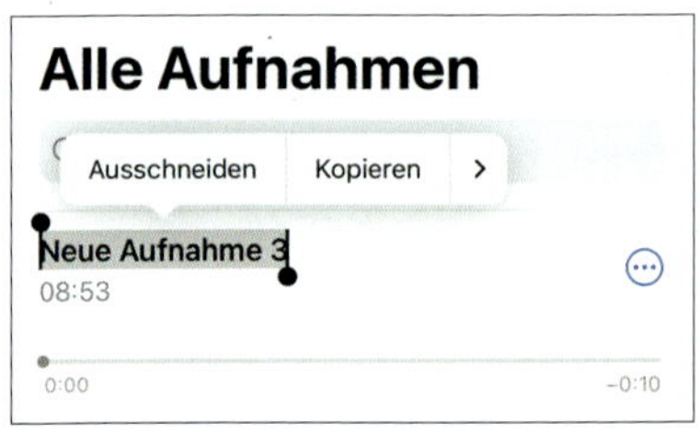

3. Geben Sie die gewünschte individuelle Bezeichnung ein und bestätigen Sie auf der iPhone-Tastatur mit der *Return*-Taste.

Für den Umgang mit Ihren Sprachmemos bieten sich noch einige weitere Optionen an. Zum Löschen eines einzelnen Sprachmemos tippen Sie beim jeweiligen Sprachmemo auf das Papierkorbsymbol. Möchten Sie hingegen mehrere Sprachmemos gleichzeitig löschen, entscheiden Sie sich für *Bearbeiten* und wählen anschließend die zu löschenden Sprachmemos in der Liste aus. Die gelöschten Sprachmemos lassen sich bis zum endgültigen Löschen aus dem Ordner *Zuletzt gelöscht* wiederherstellen.

Ihre Sprachmemos lassen sich auch kürzen, duplizieren oder mit anderen Personen teilen. Diese Optionen rufen Sie bei einem Sprachmemo unter dem Symbol ⊙ auf. Das Kürzen eines Sprachmemos erfolgt, indem Sie *Aufnahme bearbeiten* wählen und anschließend per Fingertipp auf das Symbol ⊡ die Schnittmarkierungen einblenden und in Position bringen. Bestätigen Sie den Zuschnitt mit einem Fingertipp auf *Kürzen*.

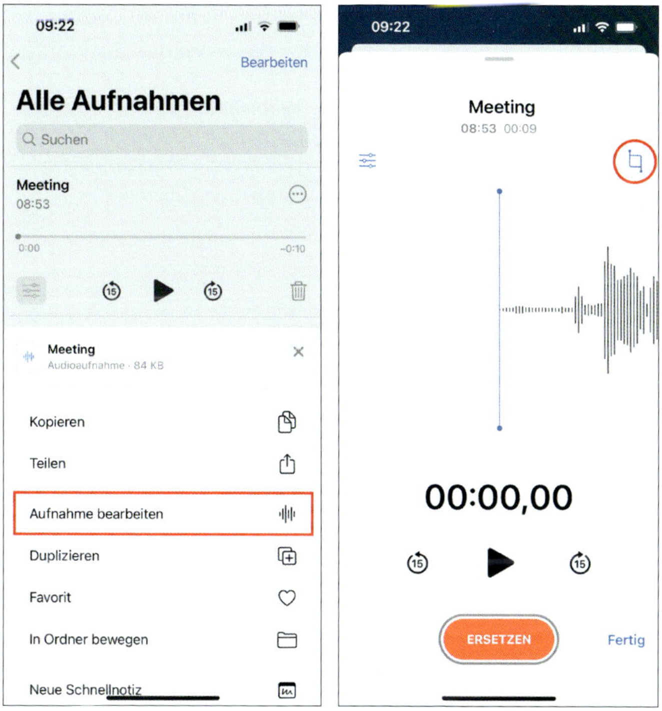

Ihre Sprachmemos können Sie direkt in der App bearbeiten

Das Wiedergabetempo Ihrer Sprachaufnahmen anpassen, Stille-Passagen überspringen sowie Aufnahmen im Hinblick auf Hintergrundgeräusche und Echoeffekte automatisch optimieren – diese Optionen rufen Sie in der App *Sprachmemos* unter dem Symbol ☰ auf.

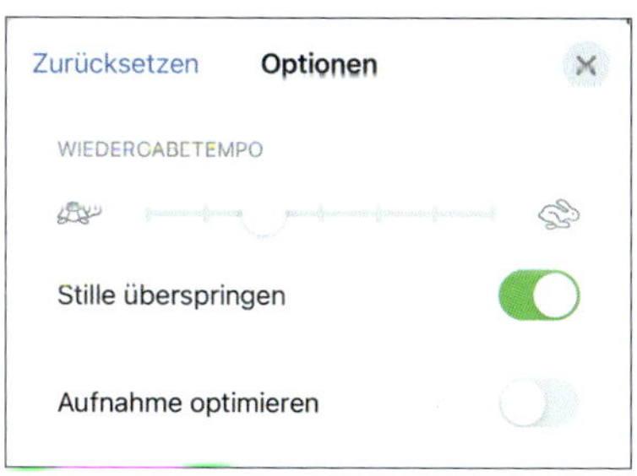

Optimieren Sie mit wenigen Fingertipps die Wiedergabe Ihrer Sprachaufnahmen

Schließlich können Sie Ihre Sprachmemos in Ordnern sortieren, um auch bei vielen Sprachmemos den Überblick zu behalten. Zum Erstellen eines neuen Ordners streichen Sie mit dem Finger vom linken Displayrand nach rechts, um zur Ordner-Übersicht zu wechseln. Dort wählen Sie rechts unten das Symbol . Geben Sie dem neuen Ordner eine sinnvolle Bezeichnung und bestätigen Sie mit *Sichern*.

Um Sprachmemos von einem Ordner in einen anderen zu verschieben, tippen Sie bei einer Sprachmemo auf das Symbol und entscheiden sich für den Eintrag *In Ordner bewegen*. Bestimmen Sie dann den gewünschten Ordner. Sie können auch in einem Ordner mit Sprachmemos *Bearbeiten* wählen und mehrere Sprachmemos für das Bewegen auswählen.

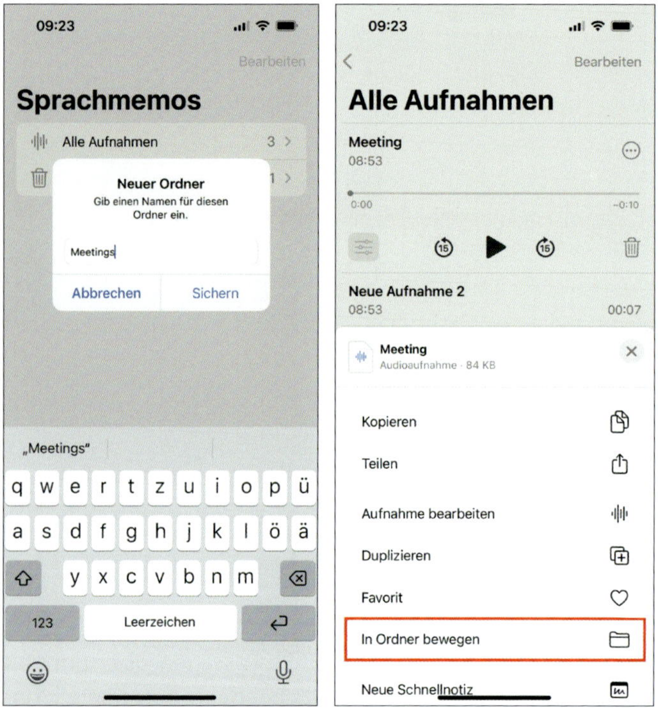

Nehmen Sie viele Sprachmemos auf, behalten Sie durch das Verwenden von Sprachmemo-Ordnern den Überblick

Kapitel 6

Mit Siri: Aktionen und Infos per Sprachbefehl

Mit an Bord Ihres iPhones ist auch eine clevere Sprachassistentin namens Siri. Dieser können Sie die verschiedensten Fragen stellen und Befehle erteilen. Ein Teil Ihrer Spracheingaben wird dazu übers Internet versandt und auf einem von Apple betriebenen Server analysiert, bestimmte Befehle kann Siri aber auch offline – also ohne Internetverbindung – ausführen. Oftmals hat die Sprachassistentin die passende Antwort bereit oder führt den von Ihnen gewünschten Befehl aus. Tauchen Sie in diesem Kapitel voll in das Thema Siri ein.

Von Sprecherstimme bis »Hey Siri«: die Sprachassistentin perfekt einrichten

Sie haben Siri bereits bei der Inbetriebnahme Ihres iPhones konfiguriert? Dann können Sie die Funktion direkt nutzen. Halten Sie dazu die Seitentaste einen Moment lang gedrückt bzw. sagen Sie »Hey, Siri!« – Siri startet daraufhin – entweder auf dem Sperrbildschirm oder auf dem Home-Bildschirm – und nimmt Ihre Wünsche entgegen. Mit einem Fingertipp auf das Siri-Symbol lässt sich jeweils eine neue Frage stellen oder ein neuer Befehl erteilen.

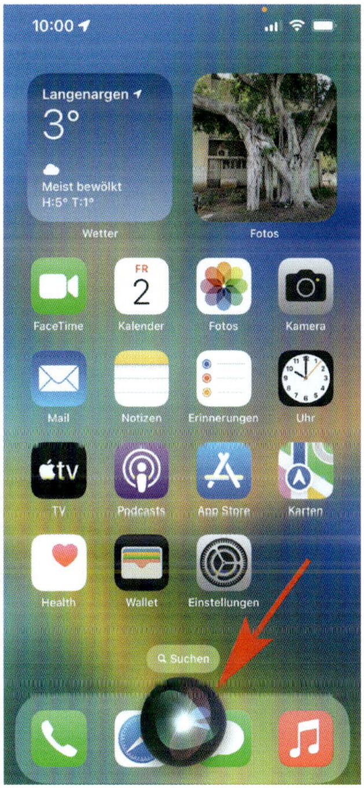

Halten Sie die Seitentaste gedrückt bzw. sagen Sie »Hey, Siri!«, um Siri empfangsbereit zu machen

Falls Sie Siri zunächst noch aktivieren müssen, tun Sie dies in den *Einstellungen*, indem Sie dort *Siri & Suchen* wählen. Aktivieren Sie die Optionen *Auf „Hey Siri" achten* sowie ggf. *Für Siri Seitentaste drücken*.

Wenn Sie die Option *Auf „Hey Siri" achten* aktivieren, leitet Sie ein Assistent durch einen kurzen Einrichtungsprozess, in dem Sie einige Sätze nachsprechen sollen.

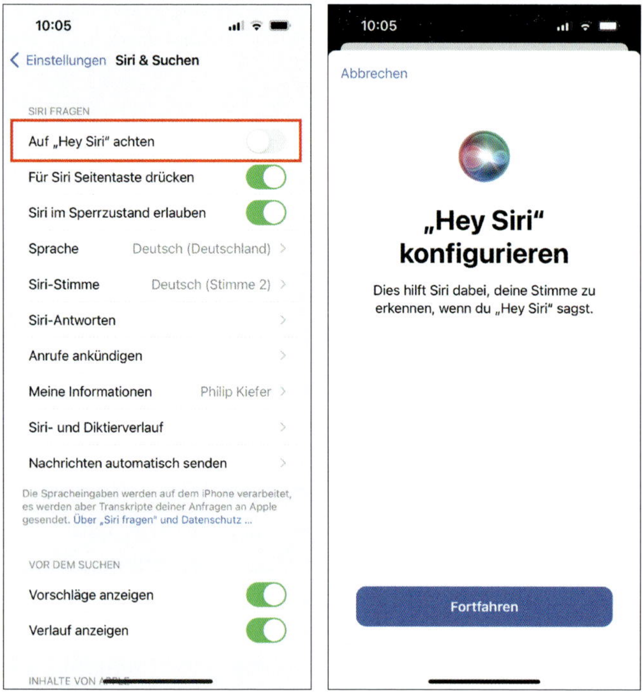

Konfigurieren Sie Siri, falls noch nicht geschehen, in den iPhone-Einstellungen

Ihnen bieten sich darüber hinaus noch weitere Optionen, um Siri für Sie perfekt einzurichten:

- *Siri im Sperrzustand erlauben:* Entscheiden Sie per Schalter, ob Siri auch im Sperrzustand Ihres iPhones zur Verfügung stehen soll. Für den Zugriff auf sensible Daten muss in jedem Fall das iPhone entsperrt werden.
- *Sprache:* Bestimmen Sie hier, in welcher Sprache Sie mit Siri kommunizieren möchten. Bei Redaktionsschluss standen Arabisch, Chinesisch, Dänisch, Deutsch, Englisch, Finnisch, Französisch, Hebräisch, Italienisch, Japanisch, Koreanisch, Malaiisch, Niederländisch, Norwegisch, Portugiesisch, Russisch, Schwedisch, Spanisch, Thailändisch sowie Türkisch zur Auswahl, wobei teilweise auch noch zwischen einzelnen Sprachvarianten unterschieden wird, also z. B. zwischen amerikanischem Englisch, britischem Englisch, australischem Englisch und kanadischem Englisch etc. Die Sprache, die Sie auswählen, gilt sowohl für die Fragen, die Sie stellen, als auch für die Antworten, die Sie erhalten.

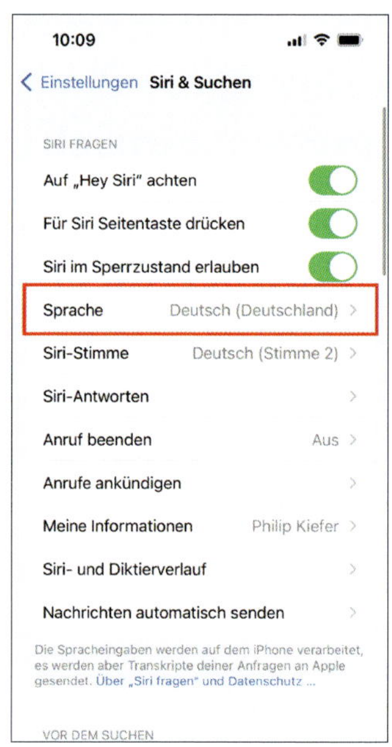

Siri ist mehrsprachig und eignet sich unter anderem auch, um Fremdsprachen zu üben

- *Siri-Stimme:* Bevorzugen Sie eine männliche oder eine weibliche Sprecherstimme? Diese bestimmen Sie per Fingertipp unter *Siri-Stimme*. *Stimme 1* ist männlich, *Stimme 2* weiblich.

Siri ist an sich geschlechtslos, es lässt sich aber per Fingertipp zwischen einer männlichen und einer weiblichen Stimme auswählen

- *Siri-Antworten:* Unter dem Eintrag *Siri-Antworten* können Sie auswählen, in welcher Form eine Sprachausgabe über den Lautsprecher erfolgen soll und ob die erkannten Befehle auf dem Display angezeigt werden sollen. Außerdem lassen sich Untertitel sowie das von Ihnen Gesprochene auf dem Display einblenden.

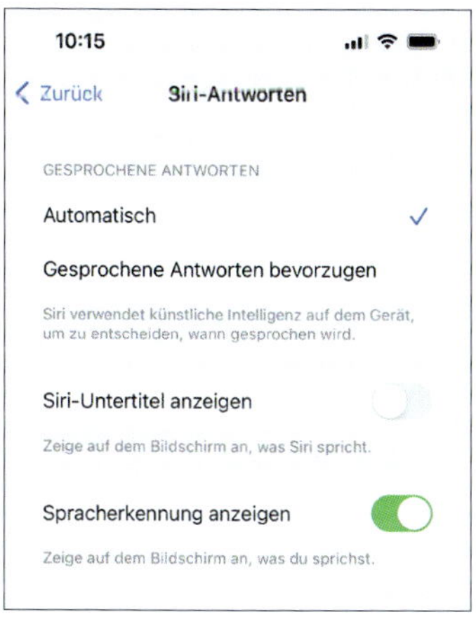

Legen Sie fest, in welcher Form Siri mit Ihnen kommunizieren soll

- *Anruf beenden:* Aktivieren Sie diese Option, können Sie Siri befehlen, ein laufendes Telefongespräch bzw. einen FaceTime-Anruf zu beenden.
- *Anrufe ankündigen:* Diese Option haben Sie bereits im Zusammenhang mit den Telefonfunktionen Ihres iPhones kennengelernt. Bestimmen Sie, ob Sie von der Siri-Stimme darüber informiert werden möchten, wer gerade anruft.
- *Meine Informationen:* Siri spricht Sie hin und wieder mit Ihrem Namen an und greift außerdem bei verschiedenen Befehlen auf Ihre eigenen Kontaktdaten zu, z. B. wenn Sie sich den Weg nach Hause zeigen lassen möchten. Unter *Meine Informationen* sollte deshalb Ihr eigener Name angezeigt werden. Falls dies nicht der Fall sein sollte, wählen Sie den entsprechenden Kontakt aus.

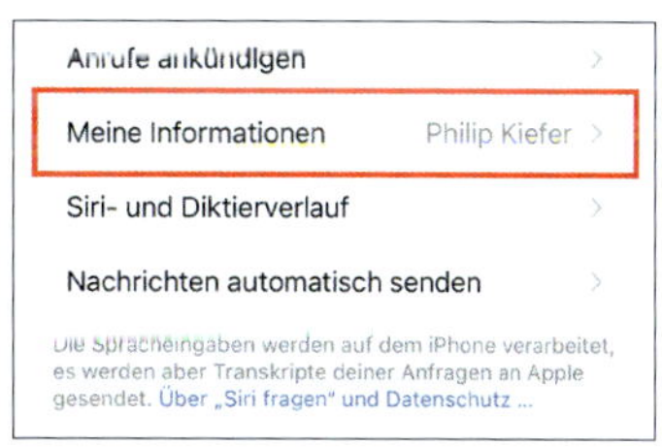

Manchmal gebraucht Siri Ihren Namen und Ihre Kontaktdaten, also Ihre »Info«

- *Siri- und Diktierverlauf:* Wenn Sie Siri nutzen bzw. wenn Sie Ihrem iPhone Texte diktieren, werden – wie bereits erwähnt – eine Menge Daten an die Apple-Server gesendet. Die Siri- und Diktierdaten können Sie aber löschen, und zwar unter diesem Eintrag. Wählen Sie dazu *Siri- und Diktierverlauf löschen.*

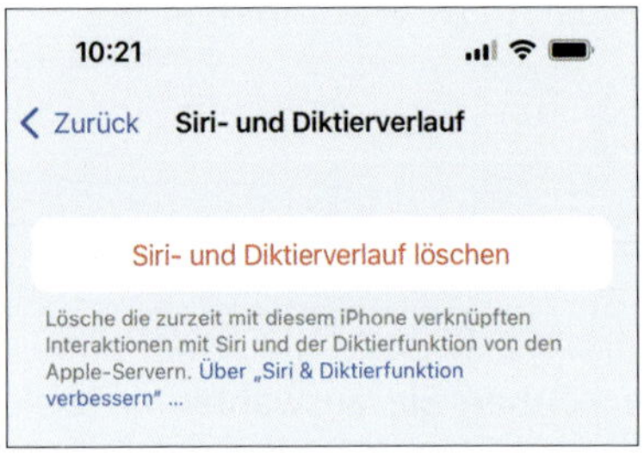

Sie entscheiden selbst, ob Ihre Siri- und Diktiereingabe auf den Apple-Servern gespeichert bleiben dürfen oder nicht

- *Nachrichten automatisch senden:* Sollen Nachrichten, die Sie Siri z. B. während einer Autofahrt diktieren, anschließend ohne erneute Bestätigung verschickt werden? Wenn Sie dies wünschen, aktivieren Sie die Option unter *Nachrichten automatisch senden.*

Sagen Sie Siri, wie Sie genannt werden möchten

Sie möchten von Siri bei einem anderen Namen genannt werden, z. B. Ihrem Spitznamen? Das ist gar kein Problem: Teilen Sie Siri den gewünschten Namen einfach mit, sagen Sie zu Siri also etwa »Nenn mich Meister« und bestätigen Sie die anschließende Rückfrage. Der Spitzname wird prompt Ihren Kontaktdaten hinzugefügt und von Siri zukünftig verwendet.

Siri – erste Annäherung

Sie haben Siri nun ganz nach Ihren Wünschen eingerichtet. Auf den nächsten Seiten zeige ich Ihnen, was Sie mit der Sprachassistentin so alles anfangen können. Bei Siri ist es fast schon so, dass man sich eher fragen muss, was die Sprachassistentin wohl nicht versteht. In diversen Internetforen kursieren zahlreiche Fragen, auf die es recht lustige Antworten gibt. Zur Einstimmung auf die Siri-Nutzung zwei Beispiele:

Stellen Sie Siri die Frage »Was ist der Sinn des Lebens?«, erhalten Sie eine meist witzige, aber auch tiefsinnige Antwort. In diesem Fall antwortete Siri mir: »Manche sagen, dass es darum geht, auch die kleinen Dinge zu schätzen zu wissen. Ich denke mal, dass bedeutet Ameisen und Erbsen und Puppenhaus-Beistelltische.«

Auch persönliche Fragen kann Siri beantworten, etwa die Frage: »Was ist deine Lieblingsfarbe?« Man merkt jedoch schnell, dass Siri in einer anderen Welt lebt, in diesem Fall lautete die Antwort: »Meine Lieblingsfarbe ist ... naja, eine Art Grün, aber mit mehr Dimensionen.«

Siri beantwortet Fragen fast aller Art, die Antworten sind häufig humorvoll

Stellen Sie Siri einfach mal ganz bewusst »blöde« Fragen ähnlicher Art, um zu sehen, was alles möglich ist!

Siri-Befehle und -Fragen: die große Übersicht

Früher konnte in Siri mit der Frage »Was kannst du?« eine Befehlsübersicht aufgerufen werden. Dies ist aktuell – zumindest war es bis zum Redaktionsschluss so – nicht mehr möglich. Erhalten Sie deshalb in den folgenden Tabellen, die auf den früher auf dem iPhone abrufbaren Befehlslisten beruhen und mit neuen Siri-Befehlen ergänzt wurden, eine Übersicht darüber, was Sie Siri alles befehlen und fragen können, wobei es diesbezüglich aber auch zukünftig immer wieder mal Änderungen geben kann. Die Befehle müssen Sie übrigens nicht auswendig lernen – Siri versteht auch viele abgewandelte Formen!

Vorab noch ein kleiner Hinweis zu den Abbildungen in den Tabellen. In den Siri-Einstellungen unter *Siri-Antworten* (siehe oben) habe ich die Option *Spracherkennung anzeigen* aktiviert, damit auch meine Spracheingaben dargestellt werden.

Telefon

Befehl	Kurzbeschreibung
Rufe Tobias an	Ruft die genannte, in Ihren Kontakten verfügbare Person an. Bei mehreren verfügbaren Rufnummern werden Ihnen diese zur Auswahl angeboten. 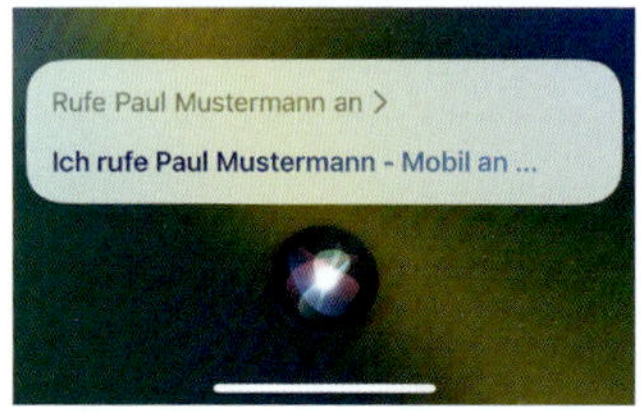
Ruf Mama an	Ruft die Person an, die in den Kontakten als Mutter definiert wurde.
Rufe Diana auf ihrer Geschäftsnummer an	Ruft die genannte, in Ihren Kontakten verfügbare Person auf dem Geschäftstelefon an.
Rufe Julia am Handy über die Freisprechanlage an	Ruft die genannte, in Ihren Kontakten verfügbare Person über die Freisprechanlage an.
01701234567 anrufen	Wählt die Rufnummer 01701234567.
Rufe zu Hause an	Wählt Ihre eigene Rufnummer.
Rufe 110 an	Wählt die Notrufnummer 110.
Rufe den Notruf an	Startet ebenfalls einen Notruf.
Habe ich verpasste Anrufe?	Zeigt die verpassten Anrufe in der Anrufliste an, ohne extra die App *Telefon* zu öffnen.
Anrufliste aufrufen	Zeigt ebenfalls die verpassten Anrufe in der Anrufliste an.
Ruf zurück	Wahlwiederholung der zuletzt gewählten Rufnummer.
Wähle die letzte Nummer nochmal	Wahlwiederholung der zuletzt gewählten Rufnummer.
Habe ich eine neue Voicemail?	Zeigt neue Voicemails an.
Spiele die Voicemail von Susanne	Voicemail wiedergeben.
Geh ans Telefon	Einen eingehenden Anruf annehmen.
Wer ruft gerade an?	Gibt vor der Annahme eines Telefonats eine Information über die anrufende Person aus.
Auflegen	Ein Telefonat beenden.

FaceTime

Befehl	Kurzbeschreibung
Starte einen FaceTime-Anruf mit Georg	Es wird versucht, ein Videotelefonat mit der genannten, in den Kontakten verfügbaren Person zu starten. 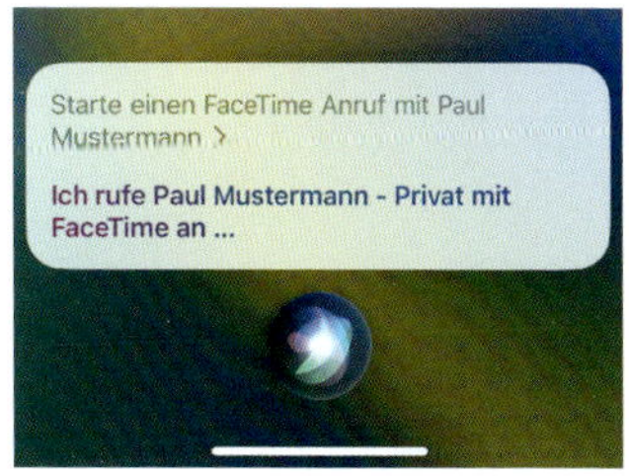
Rufe Georg mit FaceTime Audio an	Es wird versucht, ein FaceTime-Audiotelefonat mit der genannten, in den Kontakten verfügbaren Person zu starten.

Apps

Befehl	Kurzbeschreibung
Öffne Fotos	Öffnet die genannte App.
Angry Birds 2 spielen	Öffnet die genannte App.
Suche im App Store nach Pinterest	Sucht die genannte App im App Store. 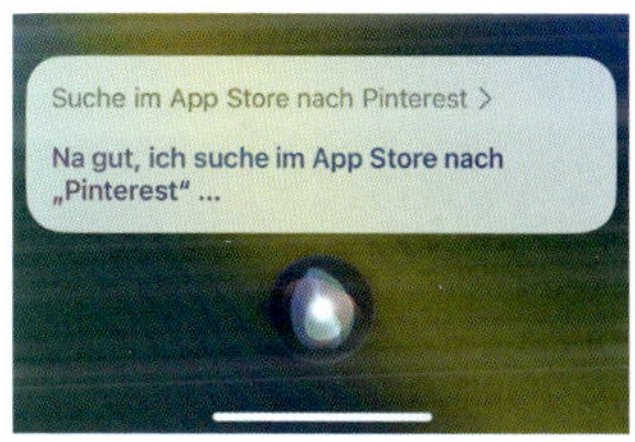
Suche Twitter im App Store	Sucht die genannte App im App Store.
Lade Facebook aus dem App Store	Sucht die genannte App im App Store.
Finde im App Store Kochbuch-Apps	Sucht im App Store nach Apps der genannten Kategorie.

Nachrichten

Befehl	Kurzbeschreibung
Sende eine Nachricht an Andreas Scholz	Erstellt eine neue Nachricht an die genannte, in den Kontakten verfügbare Person.

Befehl	Kurzbeschreibung
Sage Diana ich bin gleich da	Sendet eine Nachricht mit dem Inhalt »Ich bin gleich da« an die genannte, in den Kontakten verfügbare Person. Der Versand erfolgt erst nach einer Rückfrage, es sei denn, Sie aktivieren in den *Einstellungen* unter *Siri & Suchen* und dort unter *Nachrichten automatisch senden* die gleichlautende Option.
Sende eine Nachricht an Sabine und sage wie wär's mit morgen	Sendet eine Nachricht mit dem Inhalt »Wie wär's mit morgen« an die genannte, in den Kontakten verfügbare Person. 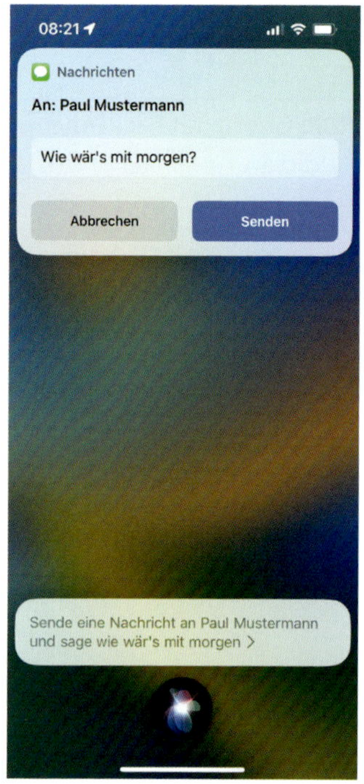
Sage Susanne die Vorstellung war klasse	Sendet eine Nachricht mit dem Inhalt »Die Vorstellung war klasse« an die genannte, in den Kontakten verfügbare Person.
Schicke eine Nachricht an Dianas Handy und sage ich komme heute später	Sendet eine Nachricht mit dem Inhalt »Ich komme heute später« an die genannte, in den Kontakten verfügbare Person.
Sende eine Nachricht an 0401270043	Erstellt eine neue Nachricht an die genannte Handynummer. Sie können anschließend die Nachricht diktieren.
SMS an Tobias und Sabine wo seid ihr?	Sendet eine Nachricht mit dem Inhalt »Wo seid ihr?« an die zwei genannten, in den Kontakten verfügbaren Personen.

Befehl	Kurzbeschreibung
Lies meine neuen Nachrichten vor	Liest Ihnen neu eingegangene Kurznachrichten vor.
Antworte das sind tolle Neuigkeiten	Antwortet auf eine Kurznachricht mit dem Inhalt »Das sind tolle Neuigkeiten«.
Sag ihm ich bin in 10 Minuten dort	Antwortet auf eine Kurznachricht mit dem Inhalt »Ich bin in 10 Minuten dort«.
Ruf sie an	Ein Anruf zum Nachrichtenversender wird getätigt.
FaceTime-Anruf mit ihr	Ein FaceTime-Anruf zum Nachrichtenversender wird aufgebaut.
Lies die letzte Nachricht von Susanne vor	Liest die zuletzt erhaltene Kurznachricht der genannten, in den Kontakten verfügbaren Person vor.

Apple Pay

Befehl	Kurzbeschreibung
Wo kann ich Apple Pay verwenden?	Verweist auf entsprechende Informationen, die auf der Apple-Website zum Zahlungsdienst Apple Pay zu finden sind.
Zeige mir Cafés, die Apple Pay unterstützen	Zeigt entsprechende Ergebnisse aus der Karten-App.
Tankstellen, die Apple Pay akzeptieren	Zeigt entsprechende Ergebnisse aus der Karten-App.

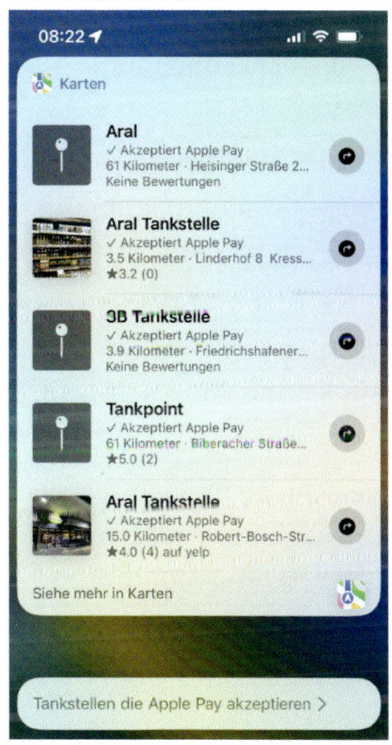

Kalender

Befehl	Kurzbeschreibung
Erstelle Termin um 14 Uhr	Erstellt im Standardkalender einen einstündigen »Termin« benannten Termin zur angegebenen Uhrzeit (je nach dem Zeitpunkt des Befehls entweder am aktuellen Tag oder am Folgetag).
Richte eine Besprechung mit Christian um 9 ein	Erstellt im Standardkalender einen einstündigen »Besprechung mit Christian« benannten Termin zur angegebenen Uhrzeit.
Treffen mit Sabine um 12 Uhr mittags	Erstellt im Standardkalender einen einstündigen »Besprechung mit Sabine« benannten Termin um 12 Uhr mittags. 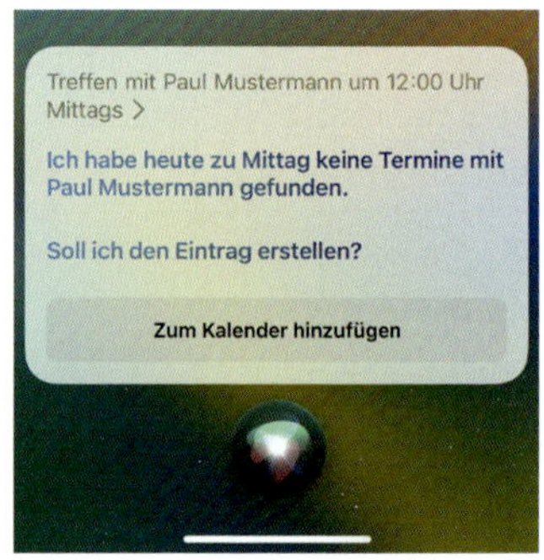
Plane eine Besprechung wegen Urlaub morgen früh um 9 Uhr	Erstellt im Standardkalender einen einstündigen »Urlaub« benannten Termin zur angegebenen Uhrzeit.
Neuer Termin mit Diana Kappel am Freitag um 15 Uhr	Erstellt im Standardkalender einen einstündigen »Termin mit Diana Kappel« benannten Termin am gewünschten Tag zur angegebenen Uhrzeit.
Erstelle eine Besprechung wegen Planung heute um 8:30 Uhr im Tagungsraum	Erstellt im Standardkalender einen einstündigen »Planung« benannten und mit der Ortsangabe »Tagungsraum« versehenen Termin zur angegebenen Uhrzeit.
Verschiebe meine Besprechung von 15 Uhr auf 16:30 Uhr	Verschiebt den zum ersten genannten Zeitpunkt stattfindenden Termin auf den zweiten genannten Zeitpunkt.
Verschiebe meinen Termin mit Dr. Grimm auf nächsten Montag um 9 Uhr morgens	Verschiebt den genannten Termin auf einen neuen Zeitpunkt.
Füge Georg zu meinem Termin heute um 9 Uhr hinzu	Fügt eine Person als Teilnehmer dem genannten Termin hinzu.

Befehl	Kurzbeschreibung
Lösche mein 14-Uhr-Meeting.	Löscht den genannten Termin aus dem Kalender.
Sage meinen Termin zum Thema Urlaub ab.	Löscht den genannten Termin aus dem Kalender.
Wie beschäftigt bin ich den Rest des Tages?	Zeigt Ihnen anstehende Termine an.
Was steht am Freitag in meinem Kalender?	Zeigt Ihnen an einem bestimmten Tag anstehende Termine an.
Wann ist mein nächster Termin?	Zeigt Ihnen den nächsten anstehenden Termin an.
Wann ist die Besprechung mit Christian?	Zeigt Ihnen den genannten Termin an.
Wo ist meine nächste Besprechung?	Zeigt Ihnen den Ort des nächsten anstehenden Termins an.

Übersetzen

Befehl	Kurzbeschreibung
Wie sagt man »Ich liebe dich« auf Französisch?	Gibt die gewünschte Übersetzung aus.
Sag »Das ist lecker« auf Mandarin	Gibt die gewünschte Übersetzung aus. 

Befehl	Kurzbeschreibung
Übersetze »Wo ist der nächste Bahnhof« ins Spanische	Gibt die gewünschte Übersetzung aus.
Welche Sprachen kannst du übersetzen	Zeigt die Sprachen an, in die Siri Ihre Eingaben übersetzen kann.

Sport

<table>
<tr><th>Befehl</th><th>Kurzbeschreibung</th></tr>
<tr><td>Hat Bayern gewonnen?</td><td>Siri verfolgt für Sie die deutsche Bundesliga und weitere Sportligen! Mit der Frage, ob Ihr Lieblingsverein gewonnen hat, werden Sie über das letzte Spielergebnis informiert. Fragen Sie also z. B. »Hat Bayern gewonnen?« oder »Haben die Dallas Mavericks gewonnen?«</td></tr>
<tr><td>Wie hat Hamburg gestern Abend gespielt?</td><td>Auch diese Frage stellen Sie mit Ihrem Lieblingsverein, um das entsprechende Spielergebnis geliefert zu bekommen.</td></tr>
<tr><td>Wie hat Dortmund das letzte Mal gespielt?</td><td>Eine weitere Frage, die Ihnen Infos zu Ihrem Lieblingsverein liefert.

</td></tr>
</table>

Befehl	Kurzbeschreibung
Zeige mir die Ergebnisse der deutschen Bundesliga von gestern Abend	Zeigt Ihnen die Bundesligaergebnisse des gestrigen Spieltags an.
Zeige mir aktuelle Cricket-Ergebnisse	Zeigt Ihnen einen internationalen Cricket-Spielplan für die nächsten Tage an.
Golftabelle	Zeigt Ihnen die Tabelle eines aktuellen internationalen Golfturniers an.
Wer wird das Dortmund Spiel gewinnen?	Zeigt Ihnen den Spielstand eines aktuell laufenden Spiels bzw. den Spielplan einer Mannschaft an.
Wann spielt Hannover wieder?	Wiederum stellen Sie die Frage mit Ihrem Lieblingsverein, um über das nächste Spiel in der Bundesliga informiert zu werden.
Welche Basketballspiele laufen heute?	Zeigt aktuelle Informationen aus der NBA an.
Auf welchem Fernsehsender läuft das Leverkusen-Match	Greift auf Informationen aus der TV-App zu.
Zeige mir den aktuellen Spielplan der deutschen Bundesliga	Zeigt die kommenden Spiele der deutschen Bundesliga an.

Befehl	Kurzbeschreibung
Wann ist das nächste Cricket-Spiel mit Australien?	Zeigt Ihnen die gewünschte Information zum Cricket-Sport an.
Wann spielt Deutschland das nächste Mal?	Gibt die entsprechende Information zur deutschen Fußball-Nationalmannschaft der Herren aus.
Welche ist die beste Fußballmannschaft?	Gibt die entsprechende Information zu einem Fußballturnier aus.
Wie haben die Bayern in der letzten Saison gespielt?	Zeigt das Endergebnis für die genannte Mannschaft in der deutschen Bundesliga an.
Wer hat in der NBA gewonnen?	Zeigt den aktuell Führenden bzw. das Ergebnis des Finalspiels in der NBA.
Wie sieht es in der italienischen Serie A aus?	Zeigt die Tabelle der Serie A in der aktuellen Saison.
Zeig mir die aktuelle deutsche Bundesligatabelle	Zeigt die Tabelle der deutschen Bundesliga in der aktuellen Saison.
Formel 1 Tabelle	Zeigt die Tabelle der Formel 1 in der aktuellen Saison.
Wie sieht es in der Champions League Tabelle aus?	Zeigt die Tabelle der UEFA Champions League in der aktuellen Saison.
Welcher Spieler hat die meisten Tore in der deutschen Bundesliga geschossen?	Gibt die entsprechende Information aus.
Wer hat in der Premier League die meisten Tore erzielt?	Gibt die entsprechende Information aus.
Welcher Spieler hat die meisten Körbe im Basketball?	Gibt die entsprechende Information aus.
Wer lieferte die meisten Vorlagen in der deutschen Fußballbundesliga?	Gibt die entsprechende Information aus.
Auf welcher Position spielt Thomas Müller?	Gibt die entsprechende Information aus.
Wer hat das letzte Golfturnier gewonnen?	Gibt die Tabelle eines aktuellen internationalen Golfturniers aus.

Befehl	Kurzbeschreibung
Wer spielt als Verteidiger für Köln?	Zeigt die Verteidiger des abgefragten Bundesliga-Teams an. 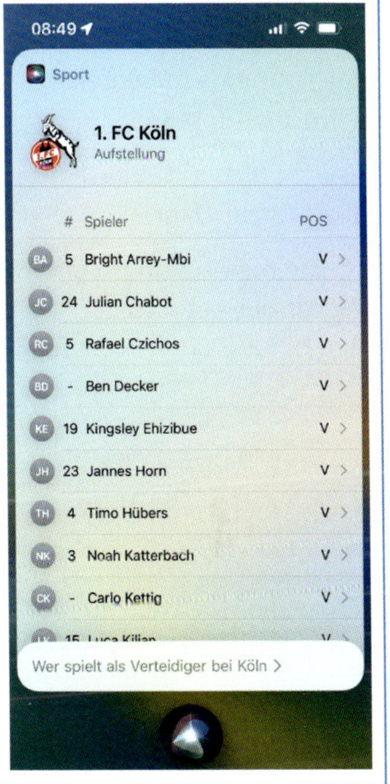
Wie sieht die Mannschaftsaufstellung von Schalke 04 aus?	Zeigt den Kader des abgefragten Bundesliga-Teams an.
Zeig mir die Mannschaftsaufstellung für Bayern	Zeigt den Kader des abgefragten Bundesliga-Teams an.
Wer ist diese Saison Stürmer bei Stuttgart?	Gibt die entsprechende Information aus.
Wer spielt als Pitcher für die San Francisco Giants?	Zeigt die Pitcher des abgefragten Baseball-Teams an.
Ist bei den Hamburgern ein Spieler verletzt?	Zeigt die gewünschte Information für das abgefragte Bundesliga-Team an.
Welche Mannschaft führt in der NHL?	Gibt das Ergebnis des letzten Finalspiels aus.
Zeig mir die Mannschaftsaufstellung für Dortmund	Gibt Informationen zum aktuellen Kader des entsprechenden Bundesligavereins aus.
Welches Team hatte die wenigsten roten Karten in der deutschen Bundesliga?	Gibt die entsprechende Information aus.

Fotos

Befehl	Kurzbeschreibung
Suche meine Italienreise vom letzten Monat	Zeigt die entsprechenden Aufnahmen in der App *Fotos* an.
Zeige Fotos mit Julia in Paris letztes Jahr	Zeigt die entsprechenden Aufnahmen in der App *Fotos* an.
Suche meine Selfies vom Bodensee	Zeigt die entsprechenden Aufnahmen in der App *Fotos* an. 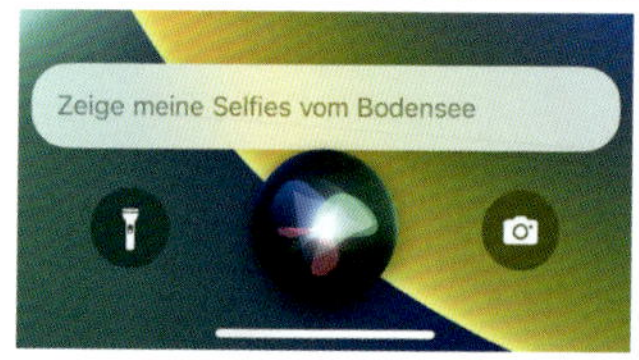
Suche Fotos vom Skifahren mit Alex	Zeigt die entsprechenden Aufnahmen in der App *Fotos* an.
Zeige die Hochzeit, auf der ich in Prag war	Zeigt die entsprechenden Aufnahmen in der App *Fotos* an.
Erinnerungen an den Besuch im Aquarium von Lissabon	Zeigt die entsprechenden Aufnahmen in der App *Fotos* an.

Kamera

Befehl	Kurzbeschreibung
QR-Code scannen	Scannt QR-Codes über die iPhone-Kamera ein.
Öffne die Kamera	Öffnet die App *Kamera*.
Mach ein Selfie	Öffnet die App *Kamera* und schaltet auf die TrueDepth-Kamera um. 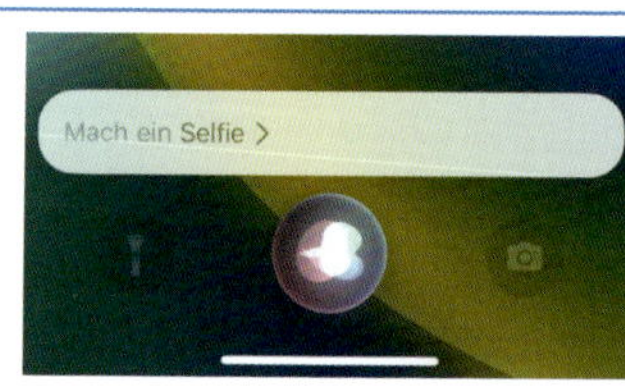
Schieß ein Foto	Öffnet die App *Kamera* bei aktivierter Option *Foto*.

Karten

Befehl	Kurzbeschreibung
Wie komme ich nach Hause?	Sucht nach einer Wegbeschreibung zu Ihnen nach Hause (entsprechend Ihren Angaben in den Siri-Einstellungen unter *Meine Informationen*) und zeigt diese auf einer Karte an. Das iPhone kann Sie dann auch gleich – wie ich es in Kapitel 11 beschreiben werde – dorthin navigieren.
Wo liegt das Schloss Neuschwanstein	Zeigt bekannte Örtlichkeiten an.
Zeig mir den schnellsten Weg zu meiner Mama	Sofern Sie die Adresse Ihrer Mutter in den Kontakten gespeichert und Siri mitgeteilt haben, wer Ihre Mutter ist (Sie werden beim ersten Mal danach gefragt), wird prompt eine Route geplant und die Navigation gestartet. Natürlich können Sie statt »Mama« auch einen anderen Kontakt nennen.
Ruf mir die Route von Augsburg nach Köln auf	Berechnet eine Route von Augsburg nach Köln. 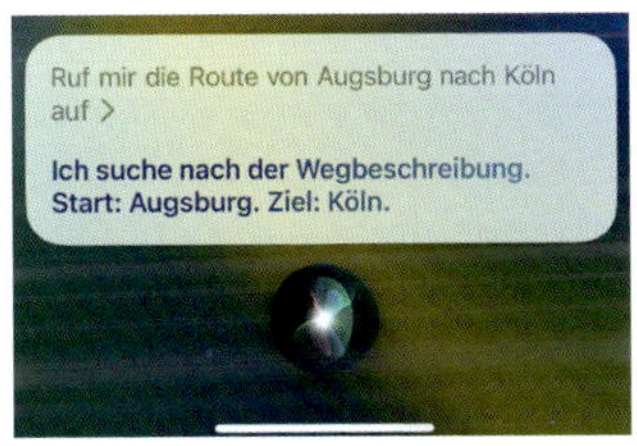
Zeige mir den Fußweg zu Susannes Wohnung	Auch Fußgängerrouten lassen sich via Siri berechnen.
Wann muss ich als Nächstes abbiegen?	Zeigt während einer Navigation an, wann das nächste Abbiegen erfolgt.
Wann sind wir da?	Zeigt während einer Navigation an, wie lange die Fahrt ungefähr noch dauern wird.
Was ist die geschätzte Ankunftszeit?	Zeigt während einer Navigation an, wie lange die Fahrt ungefähr noch dauern wird.
Wo ist die nächste Tankstelle?	Zeigt Tankstellen in der Nähe an. Auf gleiche Weise kann auch nach weiteren Geschäften gesucht werden.
Zeig mir den Kölner Dom	Zeigt eine bestimmte Örtlichkeit auf einer Karte an.
Zeige mir die Karte von Landstuhl	Zeigt einen Stadtplan der genannten Stadt an.
Suche ein Café in der Nähe	Zeigt Cafés in der Nähe an. Auf gleiche Weise kann auch nach weiteren Geschäften gesucht werden.

Befehl	Kurzbeschreibung
Finde das beste Nagelstudio	Zeigt Nagelstudios in der Nähe an. Auf gleiche Weise kann auch nach weiteren Geschäften gesucht werden.
Wo ist der nächste Apple Store?	Zeigt die nächstgelegenen Apple Stores an.
Gute mexikanische Restaurants in der Nähe	Zeigt entsprechende Restaurants in der Nähe an.
Verkehr zur Arbeit	Zeigt Verkehrsinformationen auf dem Weg zum Arbeitsplatz an.
Wie ist der Verkehr zwischen München und Ingolstadt.	Zeigt Verkehrsinformationen für die genannte Strecke an.
Wie ist der Verkehr um den Alexanderplatz.	Zeigt Verkehrsinformationen für den genannten Standort an.

Filme & TV-Sendungen

Befehl	Kurzbeschreibung
Ich möchte den neuen Disney Film sehen	Zeigt passende Filme an.
Was läuft morgen im Kino?	Bietet eine Übersicht aktueller Kinofilme zur Auswahl an. 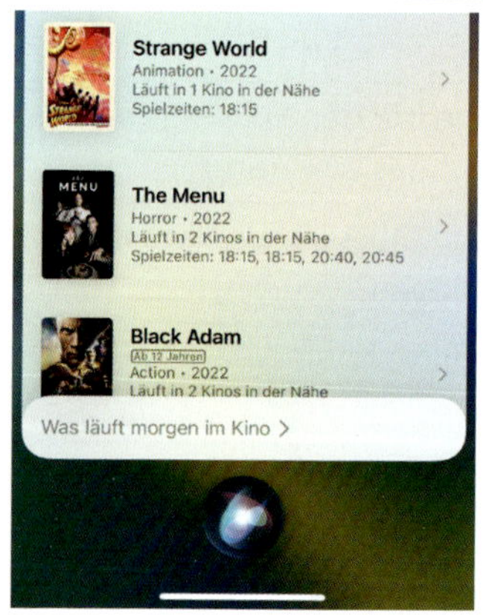

Musik

Befehl	Kurzbeschreibung
Spiele Cartwheel von Lucy Dacus	Spielt einen bestimmten Titel des genannten Interpreten.

Befehl	Kurzbeschreibung
Spiele Billy Joel	Startet die Wiedergabe aller Titel des genannten Interpreten. 
Spiele Party-Hits	Spielt alle Titel in der genannten Wiedergabeliste.
Spiele meine Reise-Playlist im Zufallsmodus	Gibt die genannte Wiedergabeliste in einer zufälligen Titelfolge wieder.
Spiele die heißesten Titel von Twenty One Pilots	Startet die Wiedergabe neuerer Titel des genannten Interpreten.
Spiele die Top Hits aus dem Genre Hip-Hop	Startet die Wiedergabe der Top-Hits aus dem genannten Genre.
Spiele Laune der Natur im Zufallsmodus	Gibt die genannte Wiedergabeliste in einer zufälligen Titelfolge wieder.
Füge Ein Kompliment von Sportfreunde Stiller zur Sammlung hinzu	Führt, sofern verfügbar, die gewünschte Aktion für den genannten Musiktitel durch.
Spiele mehr Musik wie diese	Fügt ähnliche Titel der aktuellen Wiedergabe hinzu.
Spiele alternative Musik aus den 90ern	Gibt Musik aus dem genannten Genre wieder.

Befehl	Kurzbeschreibung
Spiele meinen Sender	Startet, sofern verfügbar, die entsprechende Wiedergabe.
Spiele Reggae	Gibt Musik aus dem genannten Genre wieder.
Spiele Musik zum Trainieren	Startet, sofern verfügbar, die entsprechende Wiedergabe.
Spiele meinen Norah Jones-Sender	Startet, sofern verfügbar, die entsprechende Wiedergabe.
Spiele Musik zum Chillen	Startet, sofern verfügbar, die entsprechende Wiedergabe.
Spiele die Top-Titel von Kacey Musgraves	Gibt Musik des genannten Interpreten wieder.
Spiele die Hits von heute	Startet, sofern verfügbar, die entsprechende Wiedergabe.
Spiele etwas anderes	Spielt einen anderen Titel aus dem aktuellen Album bzw. der aktuellen Wiedergabeliste.
Spiele etwas ganz anderes	Gibt die gesamte Mediathek zufällig wieder.
Shazam diesen Song	Hört einen Song an, den Sie z. B. im Radio hören, und gibt Interpret und Titel aus. Die Musikerkennung basiert auf dem beliebten Dienst Shazam, für den es auch eine eigene App gibt.
Was für ein Lied ist das?	Hört einen Song an, den Sie z. B. im Radio hören, und gibt Interpret und Titel aus.
Wer singt das?	Hört einen Song an, den Sie z. B. im Radio hören, und gibt Interpret und Titel aus.
Wie heißt dieser Titel?	Hört einen Song an, den Sie z. B. im Radio hören, und gibt Interpret und Titel aus.
Wann wurde das veröffentlicht?	Gibt die entsprechende Information über den aktuell wiedergegebenen Titel aus.
Wie hieß der vorherige Song?	Gibt die entsprechende Information über den zuvor wiedergegebenen Titel aus.
Spiele überall Musik	Sie können per Siri auch die Musikwiedergabe auf anderen Geräten wie Apples HomePod steuern.
Schalte die Musik im Wohnzimmer und im Flur an	Sie können per Siri auch die Musikwiedergabe auf anderen Geräten wie Apples HomePod steuern.

Befehl	Kurzbeschreibung
Füge die Küche hinzu	Sie können per Siri auch die Musikwiedergabe auf anderen Geräten wie Apples HomePod steuern.
Spiele diesen Song auch in der Küche	Sie können per Siri auch die Musikwiedergabe auf anderen Geräten wie Apples HomePod steuern.
Halte die Musik im Arbeitszimmer an	Sie können per Siri auch die Musikwiedergabe auf anderen Geräten wie Apples HomePod steuern.
Spiele das neueste Album von Cardi B im Partykeller	Sie können per Siri auch die Musikwiedergabe auf anderen Geräten wie Apples HomePod steuern.
Stoppe den Podcast auf meinem HomePod	Sie können per Siri auch die Musikwiedergabe auf anderen Geräten wie Apples HomePod steuern.
Welche Musik läuft gerade im Wohnzimmer?	Sie können per Siri auch die Musikwiedergabe auf anderen Geräten wie Apples HomePod steuern.
Verschiebe die Musikwiedergabe ins Untergeschoss	Sie können per Siri auch die Musikwiedergabe auf anderen Geräten wie Apples HomePod steuern.
Spiele überall Musik, außer im Arbeitszimmer	Sie können per Siri auch die Musikwiedergabe auf anderen Geräten wie Apples HomePod steuern.
Abspielen	Startet allgemein die Wiedergabe.
Pause	Pausiert die Wiedergabe.
Überspringen	Überspringt einen Titel in einem Album, einer Wiedergabeliste etc.
Diese Art von Musik gefällt mir nicht	Teilen Sie Siri Ihre Musikvorlieben mit, damit mehr Titel gespielt werden, die Ihnen gefallen.

Erinnerungen

Befehl	Kurzbeschreibung
Erstelle eine markierte Erinnerung Milch kaufen	Fügt der genannten Liste eine Erinnerung mit dem Inhalt »Milch« hinzu.
Zeige meine markierten Erinnerungen	Zeigt nach dem Entsperren des iPhones die markierten Erinnerungen an.
Füge Fallschirmspringen zu meiner To-do-Liste hinzu	Fügt der genannten Liste eine Erinnerung mit dem Inhalt »Fallschirmspringen« hinzu.
Erinnere mich daran einen Regenschirm mitzunehmen	Erstellt eine Erinnerung mit dem Inhalt »einen Regenschirm mitnehmen«.

Befehl	Kurzbeschreibung
Erinnere mich daran, wenn ich Paul eine Nachricht schicke, nach Reiseplänen zu fragen	Erstellt eine entsprechende Erinnerung mit dem Inhalt »Nach Reiseplänen fragen«. 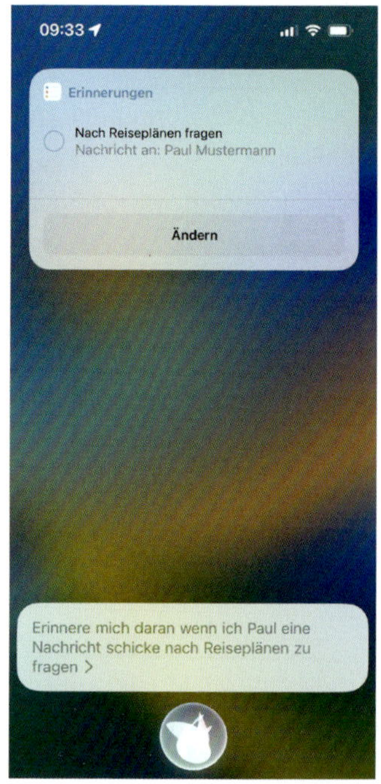
Erinnere mich morgen früh um 6 an Medizin nehmen	Erstellt für den Folgetag um 6 Uhr morgens eine Erinnerung mit dem Inhalt »Medizin nehmen«.
Lies meine Liste „Aufgaben“	Zeigt die Einträge in der genannten Liste an.
Markiere die Erinnerung als erledigt	Markiert eine aufgerufene Erinnerung als erledigt.
Erstelle eine neue Liste Lebensmittel	Erstellt eine Liste mit der entsprechenden Bezeichnung in der App *Erinnerungen*.
Merk dir diese Website	Erstellt eine Erinnerung mit der Webadresse der gerade aufgerufenen Webseite.

E-Mail

Befehl	Kurzbeschreibung
Sende eine E-Mail an Georg wegen der Reise	Erstellt (sofern Sie ein E-Mail-Konto eingerichtet haben, vgl. Kapitel 8) eine E-Mail an den genannten, in den Kontakten verfügbaren Empfänger mit dem Betreff »Reise«. Anschließend können Sie Siri auch gleich noch den E-Mail-Text diktieren.

Befehl	Kurzbeschreibung
Sende eine E-Mail an Susanne wegen Planänderung	Erstellt eine E-Mail an den genannten, in den Kontakten verfügbaren Empfänger mit dem Betreff »Planänderung«.
Neue E-Mail an Diana Kappel	Erstellt eine E-Mail an den genannten, in den Kontakten verfügbaren Empfänger. Anschließend diktieren Sie sowohl Betreff als auch Text der neuen E-Mail. 
Sende eine E-Mail an Vater wegen der Überweisung	Erstellt eine E-Mail an den genannten, in den Kontakten verfügbaren Empfänger mit dem Betreff »Überweisung«.
Sende eine E-Mail an Dr. Grimm mit dem Inhalt danke ich habe die Formulare erhalten	Erstellt eine E-Mail an den genannten, in den Kontakten verfügbaren Empfänger mit dem Text »Danke ich habe die Formulare erhalten«. Sie werden dann noch nach dem Betreff gefragt.
Eine E-Mail an Sabine und Tobias senden mit Betreff ich hatte heute viel Spaß	Erstellt eine E-Mail an die beiden genannten, in den Kontakten verfügbaren Empfänger mit dem Betreff »Ich hatte heute viel Spaß«.
Rufe E-Mails ab	Ruft neue E-Mails vom Posteingangsserver ab.
Gibt es heute neue E-Mails von Christian?	Zeigt neue E-Mails eines bestimmten Absenders an.
Zeige neue E-Mails zum Mietvertrag	Zeigt neue E-Mails mit einem bestimmten Betreff an.

Befehl	Kurzbeschreibung
Zeige die E-Mail von Sabine von gestern	Zeigt die gestrigen E-Mails eines Absenders an.
Antworte Diana bitte entschuldige die späte Zahlung	Antwortet auf eine E-Mail mit dem Inhalt »Bitte entschuldige die späte Zahlung«.
Rufe ihn im Geschäft an	Startet einen Anruf mit einem E-Mail-Absender.
FaceTime mit ihm auf der Arbeit	Startet einen FaceTime-Anruf mit einem E-Mail-Absender.

Wetter

Befehl	Kurzbeschreibung
Wie wird das Wetter heute?	Zeigt das heutige Wetter am aktuellen Standort an; tippen Sie die angezeigte Prognose an, um die App *Wetter* zu öffnen. (Zum Einrichten der App *Wetter* alles in Kapitel 11.)
Wie wird das Wetter morgen?	Zeigt das morgige Wetter am aktuellen Standort an.
Wie ist die Vorhersage für den Abend?	Zeigt das aktuelle Wetter am genannten Standort an. Für zwölf Stunden im Voraus bietet Siri eine stündliche Vorhersage. 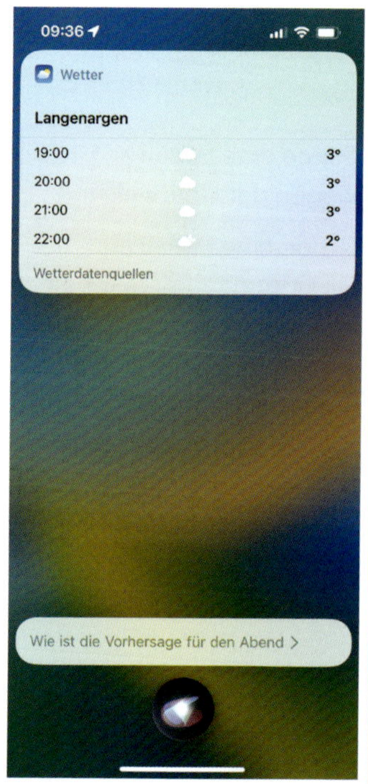

Befehl	Kurzbeschreibung
Was wird die Höchsttemperatur am Donnerstag in Heidelberg sein?	Zeigt die Höchsttemperatur zum gewünschten Zeitpunkt am genannten Standort an.
Wie ist das Wetter gerade in Köln?	Zeigt das heutige Wetter am genannten Ort an.
Wie ist die Außentemperatur?	Zeigt die momentane Temperatur am aktuellen Standort an.
Ist es windig heute?	Informiert über die heutigen Windverhältnisse am aktuellen Standort.
Wann geht in Paris die Sonne auf?	Informiert über die heutige Sonnenaufgangszeit am genannten Standort.
Brauche ich heute einen Schirm?	Zeigt an, ob in der Wetterprognose für den aktuellen Standort Regen zu sehen ist.

Aktien

Befehl	Kurzbeschreibung
Aktienkurs von Apple	Gibt den aktuellen Kurs des genannten Wertpapiers aus. 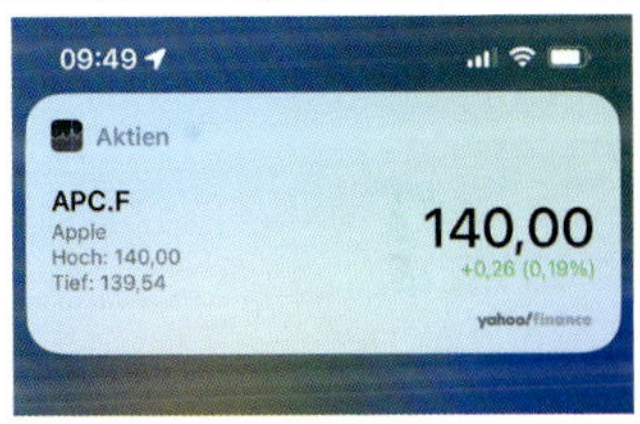
Wie ist der Schlusskurs von Siemens heute?	Gibt den aktuellen Schlusskurs des genannten Wertpapiers aus.
Wie steht der NASDAQ heute?	Gibt den aktuellen Stand des genannten Aktienindex aus.
Wie steht der DAX?	Gibt den aktuellen Stand des DAX aus.

Uhr

Befehl	Kurzbeschreibung
Wecke mich um 7 Uhr	Erstellt einen Wecker mit der genannten Weckzeit, dem zuletzt verwendeten Weckton und ohne Wiederholung.

Befehl	Kurzbeschreibung
Stelle einen Wecker für 6:30 Uhr morgens	Erstellt einen Wecker mit der genannten Weckzeit, dem zuletzt verwendeten Weckton und ohne Wiederholung.
Wecke mich in 8 Stunden	Erstellt einen Wecker zum gewählten Zeitpunkt, mit dem zuletzt verwendeten Weckton und ohne Wiederholung.
Ändere meinen Wecker von 6:30 Uhr auf 6:45 Uhr	Stellt einen Wecker neu.
Schalte meinen Wecker für 6:30 Uhr aus	Deaktiviert den genannten Wecker.
Lösche meinen Wecker für 7:30 Uhr	Entfernt den genannten Wecker aus der App *Uhr*.
Schalte alle meine Wecker aus	Deaktiviert alle in der App *Uhr* angelegten Wecker.
Wie viel Uhr ist es in Cupertino?	Nennt die aktuelle Zeit am genannten Standort. 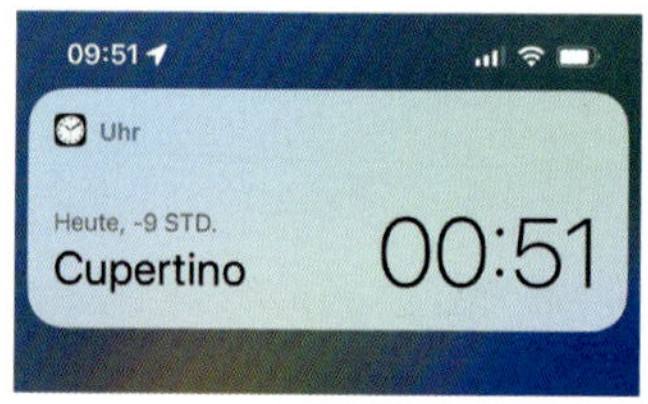
Welches Datum ist heute?	Nennt das aktuelle Datum.
Welches Datum ist diesen Samstag?	Nennt das Datum am genannten Tag.
Stelle den Timer auf 10 Minuten	Stellt den Timer auf 10 Minuten und startet ihn.
Zeige den Timer	Zeigt den Timer an.
Halte den Timer an	Pausiert den Timer.
Stelle den Timer wieder an	Setzt den Timer fort.
Setze den Timer zurück	Stellt den Timer auf die Anfangszeit zurück und stoppt ihn.
Stopp	Hält den laufenden Timer an. Am besten geben Sie hier den eindeutigen Befehl »Stoppe den Timer«.

Kontakte

Befehl	Kurzbeschreibung
Wie ist Sabines Adresse?	Zeigt die Adresse des genannten Kontaktes an. Tipp: Um Missverständnisse mit Siri von vornherein zu vermeiden, kann es sich anbieten, bei der Namensnennung auf das Genitiv-s zu verzichten.
Wie ist die Telefonnummer von Diana Kappel?	Zeigt die Rufnummer(n) des genannten Kontaktes an. 
Wann ist der Geburtstag meiner Frau?	Zeigt, sofern in den Kontakten eingegeben, den Geburtstag des genannten Kontaktes an.
Zeige die private E-Mail-Adresse von Susanne	Zeigt die mit »Privat« etikettierte E-Mail-Adresse des genannten Kontaktes an.
Wie ist die Geschäftsadresse von meinem Bruder?	Zeigt die Geschäftsadresse des genannten Kontaktes an. Siri fragt Sie in diesem Fall, falls noch nicht angegeben, wer Ihr Bruder ist.
Zeige Tobias Böhm	Zeigt die verfügbaren Daten zum genannten Kontakt.
Suche Personen mit dem Namen Kappel	Durchsucht die Kontakte nach dem genannten Namen.

Befehl	Kurzbeschreibung
Mutter ist Diana Kappel	Definiert den genannten Kontakt als Mutter. Alternativ erstellen Sie einen Eintrag mit dem entsprechenden Etikett in der App *Kontakte*.
Christian Winter ist mein Bruder	Definiert den genannten Kontakt als Bruder.
Rufe meinen Bruder im Geschäft an	Ruft den als Bruder definierten Kontakt auf dem Geschäftstelefon an.
FaceTime-Anruf mit meinem Bruder im Geschäft	Ruft den als Bruder definierten Kontakt auf dem Geschäftstelefon mit FaceTime an.
Lerne meinen Namen richtig auszusprechen	Damit Siri Ihren Namen richtig ausspricht, sprechen Sie diesen ein und wählen anschließend die passende Option aus.
Lerne, wie der Name von meiner Mutter richtig ausgesprochen wird	Bringen Sie Siri bei, wie der Name Ihrer Mutter richtig ausgesprochen wird.
Lerne, wie der Name von Cengiz Bozkurt ausgesprochen wird	Bringen Sie Siri bei, wie der Name einer beliebigen Person richtig ausgesprochen wird.

Wo ist?

Befehl	Kurzbeschreibung
Wo ist mein iPhone?	Sucht mithilfe der App *Wo ist?* nach dem eigenen iPhone.
Pinge mein iPad an	Sucht mithilfe der App *Wo ist?* nach dem eigenen iPad.
Suche die Apple Watch von Lisa	Sucht mithilfe der App *Wo ist?* nach der Apple Watch der hinzugefügten Person (Standortfreigabe der Person erforderlich).
Wo ist Michael?	Sucht mithilfe der App *Wo ist?* nach dem hinzugefügten Freund (Standortfreigabe der Person erforderlich). 
Wo ist meine Schwester?	Sucht mithilfe der App *Wo ist?* nach der hinzugefügten Schwester (Standortfreigabe der Person erforderlich).

Befehl	Kurzbeschreibung
Ist meine Tochter zu Hause?	Prüft mithilfe der App *Wo ist?* den Standort der hinzugefügten Tochter (Standortfreigabe der Person erforderlich).
Wo sind meine Freunde?	Sucht mithilfe der App *Wo ist?* nach allen hinzugefügten Freunden (Standortfreigabe der Personen erforderlich).
Wer ist hier?	Zeigt in der App *Wo ist?* hinzugefügte Personen in der Nähe an (Standortfreigabe der Personen erforderlich).
Wer ist in der Nähe?	Zeigt in der App *Wo ist?* hinzugefügte Personen in der Nähe an (Standortfreigabe der Personen erforderlich).
Benachrichtige mich wenn mein Sohn zu Hause ankommt	Gibt eine Benachrichtigung aus, wenn die in der App *Wo ist?* hinzugefügte Person zu Hause ankommt (Standortfreigabe der Person erforderlich).
Benachrichtige meinen Mann sobald ich von der Arbeit losfahre	Gibt eine Benachrichtigung an die in der App *Wo ist?* hinzugefügte Person aus, sobald Sie Ihr Geschäft verlassen.

Notizen

Befehl	Kurzbeschreibung
Notiz an mich: Hör dir das neue Album von Norah Jones an	Erstellt in der App *Notizen* eine Notiz mit dem Inhalt »Hör dir das neue Album von Norah Jones an«.
Suche meine Notiz Projekte	Durchsucht die App *Notizen* nach dem Begriff »Projekte«.
Bearbeite die Notiz Rezept für Apfelstrudel	Ermöglicht es, der genannten Notiz durch Diktieren weitere Inhalte hinzuzufügen.
Zeig mir meine Notizen vom 25. Juni	Zeigt die am genannten Tag hinzugefügten Notizen.
Lies mir meine Notiz zu Geschenkideen vor	Liest die entsprechende Notiz vor.
Füge Artischocken zu meinem Einkaufszettel hinzu	Fügt die entsprechende Notiz einem bestehenden Einkaufszettel in der App *Notizen* hinzu.

Befehl	Kurzbeschreibung
Erstelle eine Notiz 14 € für Pizza	Erstellt in der App *Notizen* eine Notiz mit dem Inhalt »14 Euro für Pizza«. 

Einstellungen

Befehl	Kurzbeschreibung
Schalte den Flugmodus ein	Aktiviert, nach Rückversicherung durch Siri, den Flugmodus.
Ist Bluetooth aktiviert?	Prüft, ob Bluetooth aktiviert ist. 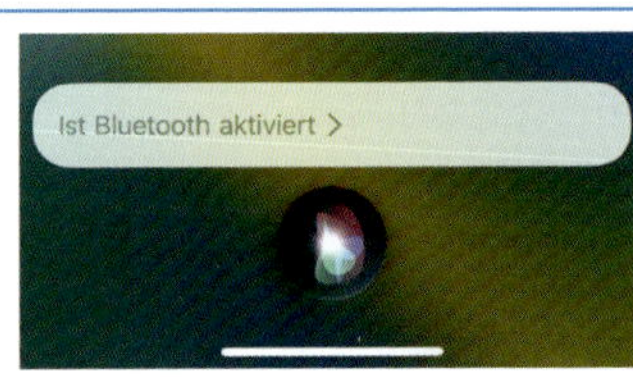
Mach den Bildschirm heller	Erhöht die Displayhelligkeit.
Schalte Bluetooth ein	Aktiviert Bluetooth. Mit »Ausschalten« lässt sich eine Funktion entsprechend deaktivieren.
Zeig mir meine Datenschutzeinstellungen	Öffnet die Einstellungen und dort die Einstellungen zum Datenschutz.

Befehl	Kurzbeschreibung
Aktiviere WLAN	Aktiviert WLAN. Mit »Deaktivieren« lässt sich eine Funktion entsprechend deaktivieren.
Nicht stören aktivieren	Aktiviert die Fokus-Option *Nicht stören*.
Schalte die Taschenlampe ein	Schaltet den LED-Blitz ein, sodass das iPhone als Taschenlampe verwendet werden kann.

Websuche

Befehl	Kurzbeschreibung
Mache eine Websuche zu Eisbären	Startet eine Websuche nach dem Begriff »Eisbären«; tippen Sie ein Suchergebnis an, um die Webseite in der App *Safari* zu öffnen.
Suche im Internet nach Flugpreisen	Startet eine Websuche nach »Flugpreise«.
Google nach wie baue ich ein Schaukelpferd	Startet eine Websuche nach dem genannten Begriff. 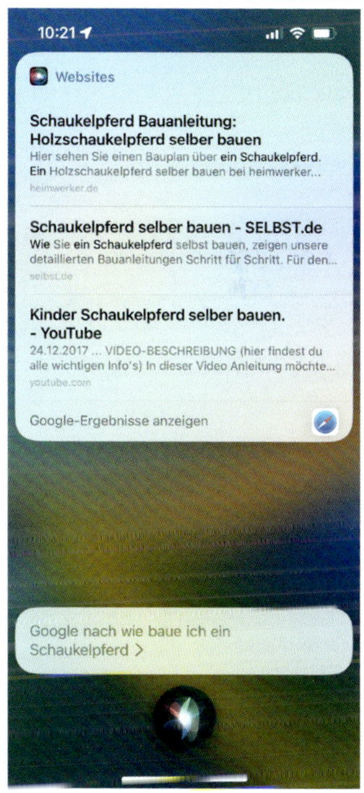
Bing-Suche nach Norah Jones	Startet eine Websuche nach dem genannten Begriff.

Befehl	Kurzbeschreibung
Zeige mir Videos von Killerwalen	Startet eine Websuche speziell nach Videos zum genannten Suchbegriff.
Zeige mir Videos von den Nordlichtern	Startet eine Websuche speziell nach Videos zum genannten Suchbegriff.

Fragen & Antworten

Befehl	Kurzbeschreibung
Wie hoch ist die Zugspitze?	Gibt die Höhe der Zugspitze an und zeigt weitere Informationen dazu an.
Wann beginnt der Karneval?	Gibt den entsprechenden Termin aus.
Wie viele Unzen sind in einem Liter?	Führt die Einheitenumrechnung durch und gibt das Ergebnis aus. 
Wie viel ist 16 mal 42?	Führt die Berechnung durch und gibt das Ergebnis aus.
Konvertiere zwei Tassen in Milliliter	Führt die genannte Konvertierung durch.
Wie definiert man praktisch?	Gibt die entsprechende Definition aus dem Wörterbuch aus.

Befehl	Kurzbeschreibung
Wie schreibt man Einhorn?	Buchstabiert das entsprechende Wort aus dem Wörterbuch.
Wie viel sind 10 % Trinkgeld bei 86,74 € für vier Personen?	Berechnet das Trinkgeld pro Person und gibt das Ergebnis aus.
Was ist eine Dampfmaschine?	Zeigt einen Wikipedia-Artikel zum genannten Begriff an.
Wie viele Einwohner hat Spanien?	Nennt die Bevölkerungszahl und zeigt einen Wikipedia-Artikel zum genannten Land an.
Wie breit ist die Straße von Gibraltar?	Gibt die entsprechende Information aus und zeigt einen Wikipedia-Artikel dazu.
Zeige mir Informationen zur Sonne	Zeigt einen Wikipedia-Artikel zum genannten Begriff an.
Wie viele Dollar sind 45 €?	Führt die Währungsumrechnung durch und gibt das Ergebnis aus.
Wie viele Tage sind es bis Weihnachten?	Gibt die noch verbleibende Anzahl an Tagen bis Weihnachten an.
Wie viele Einwohner hat Berlin?	Nennt die Bevölkerungszahl und zeigt einen Wikipedia-Artikel zur genannten Stadt an.
Wie lang ist der Bodensee?	Nennt die Länge des Bodensees und zeigt einen Wikipedia-Artikel dazu an.
Wann wurde Albert Einstein geboren?	Gibt das Geburtsdatum Albert Einsteins sowie weitere Informationen aus.
Erzähl mir was zu Pixar	Zeigt einen Wikipedia-Artikel zum genannten Begriff an.

Podcasts

Befehl	Kurzbeschreibung
Spiele Podcast	Gibt alle in der App *Podcasts* verfügbaren Podcasts wieder (zum Thema Podcasts mehr in Kapitel 9).
Doppeltes Tempo	Gibt einen Podcast im doppelten Tempo wieder.
Springe 30 Sekunden zurück	Springt bei der Wiedergabe 30 Sekunden zurück.
Springe 10 Sekunden vor	Springt bei der Wiedergabe 10 Sekunden vor.

Befehl	Kurzbeschreibung
Wiedergabe	Startet allgemein die Wiedergabe.
Pause	Pausiert die Wiedergabe.
Spiele den ersten ARD Radio Tatort Podcast	Spielt die erste verfügbare Folge des genannten Podcasts. 
Spiele den ZDF Podcast	Gibt den genannten Podcast wieder.
Hörspiele-Podcast anhören	Gibt den genannten Podcast wieder.
Suche nach dem Podcast Glück in Worten	Sucht nach dem genannten Podcast im Podcasts Store.
Suche den Podcast ARD Radio Tatort	Sucht nach dem genannten Podcast im Podcasts Store.
Suche den neuen Podcast Bits und so	Sucht nach dem genannten Podcast im Podcasts Store.
Lade den neuen ARD-Podcast herunter	Sucht nach dem genannten Podcast im Podcasts Store.

Passwörter

Befehl	Kurzbeschreibung
Zeige meine Passwörter	Zeigt nach dem Entsperren per Face ID die Liste der gespeicherten Passwörter an. 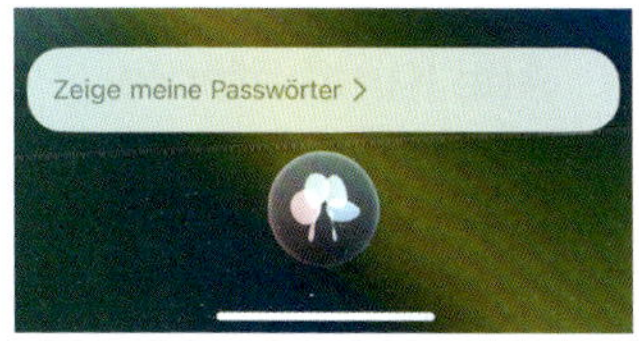
Was ist mein Netflix-Passwort?	Zeigt bei entsperrtem iPhone das gewünschte Passwort an.

Diese Tabellen sind keineswegs vollständig, z. B. können Sie im Zusammenhang mit dem Wetter auch nach der Luftfeuchtigkeit fragen und noch vieles mehr. Fragen Sie Siri alles Mögliche – wenn die Sprachassistentin etwas nicht versteht, teilt sie Ihnen dies mit oder sie sucht im Internet nach der passenden Information. Sie können sich sicher sein, dass Apple den Dienst Siri aufgrund seiner Beliebtheit zukünftig noch erweitern wird.

Siri: landesspezifische Unterschiede

Nicht alle Siri-Funktionen stehen in allen Ländern und Sprachen zur Verfügung. Eine Übersicht, welche Features wo verfügbar sind (nicht nur Siri betreffend), erhalten Sie unter der Webadresse *www.apple.com/de/ios/feature-availability*.

Eigene Siri-Kurzbefehle hinzufügen

Wenn Sie neue Apps installieren, lassen sich auch diese ggf. mit Siri steuern. Dank der Siri-Kurzbefehle kann Siri auch ganz individuelle, von Ihnen definierte Befehle ausführen. Um eigene Siri-Kurzbefehle zu erstellen, steht Ihnen auf der zweiten Seite des Home-Bildschirms die App *Kurzbefehle* zur Verfügung. Lassen Sie mich Ihnen hier vorführen, wie Sie z. B. mit einem einzigen Wort Ihre Lieblingswebseite aufrufen können:

1. Öffnen Sie auf der zweiten Seite des Home-Bildschirms die App *Kurzbefehle*.

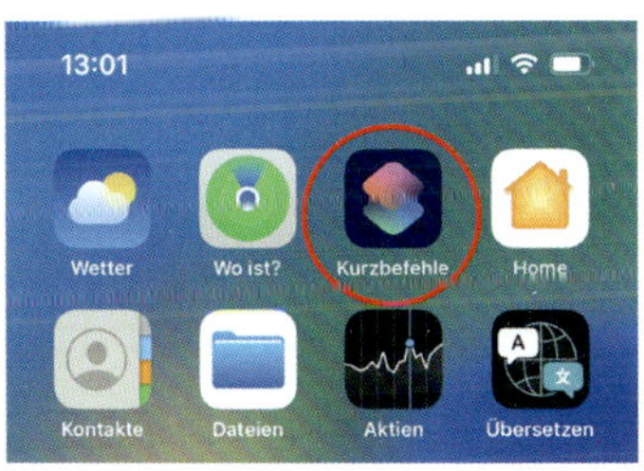

2. Tippen Sie nun rechts oben in der App *Kurzbefehle* auf das Plussymbol +.

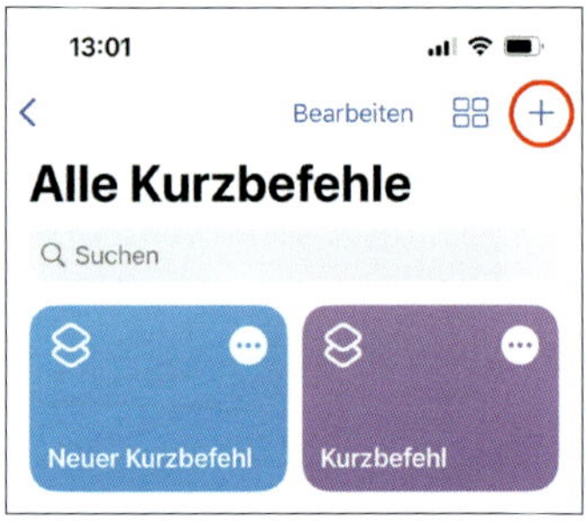

3. Wählen Sie jetzt *Aktion hinzufügen*.
4. In diesem Fall soll eine Webseite aufgerufen werden, deshalb entscheiden Sie sich für die Kategorie *Web*.
5. Tippen Sie im Abschnitt *Safari* auf den Eintrag *URLs öffnen*.

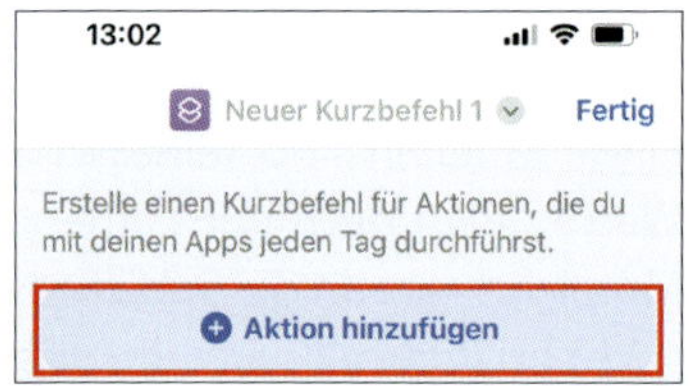

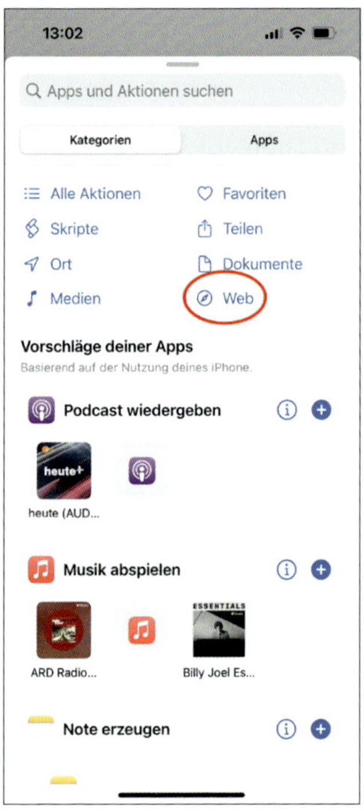

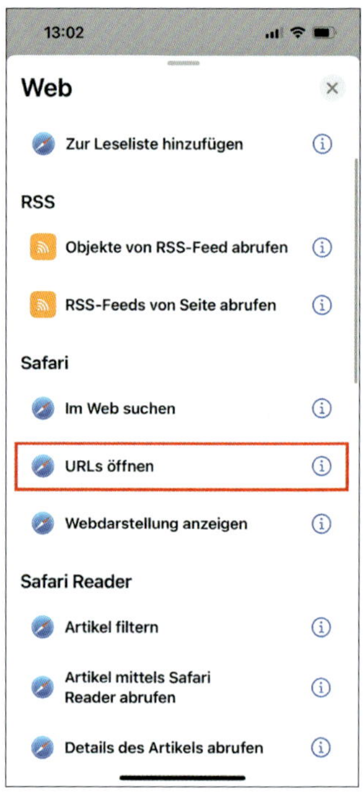

6. Geben Sie die gewünschte Webadresse ein, z. B. *www.mut.de*.

7. Zu guter Letzt geben Sie oben auf dem Bildschirm den Befehl ein, den Sie zum Öffnen der Webadresse verwenden möchten. In diesem Fall gebe ich *Verlag* ein. Bestätigen Sie mit *Fertig*.

Wenn Sie Siri den entsprechenden Befehl geben, wird die Webseite aufgerufen. Der Kurzbefehl zum Aufrufen von Webseiten wird natürlich desto nützlicher, je länger die Webadresse ist, die Sie Siri sonst nennen müssten. Wie Sie in der App sehen werden, lässt sich eine Menge weiterer Arten individueller Kurzbefehle definieren. Neben der Kategorie *Web* finden Sie dazu die Kategorien *Skripte*, *Medien*, *Ort*, *Dokumente* sowie *Teilen*. Erstellen Sie individuelle Kürzel für Siri-Befehle, die Sie häufig ausführen!

Automation erstellen

Siri-Befehle lassen sich nicht nur per Sprache ausführen, sondern sie lassen sich auch mit einer von Ihnen bestimmten Funktion verknüpfen. Mit den folgenden Schritten lege ich fest, dass beim Öffnen der App *Safari* sofort eine bestimmte Webadresse geladen werden soll:

1. Entscheiden Sie sich unten in der App *Kurzbefehle* für die Rubrik *Automation*.
2. Wählen Sie *Persönliche Automation erstellen*.
3. Klicken Sie in der Liste mit Automationsoptionen auf den Eintrag *App*.

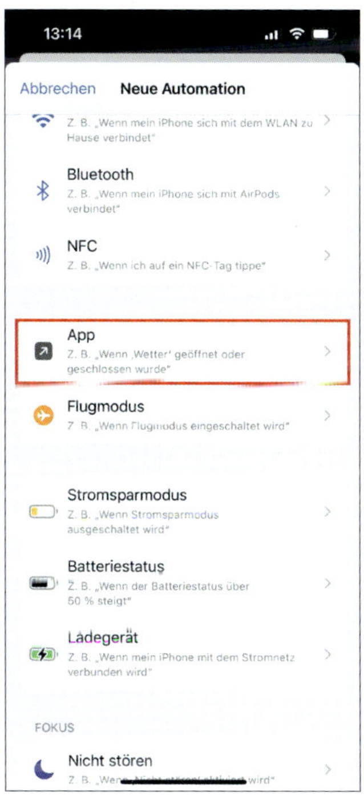

4. Wählen Sie in diesem Fall die App *Safari*.

5. Bestätigen Sie die App-Auswahl mit *Weiter*.
6. Die nächsten Schritte entsprechen dem oben gezeigten Hinzufügen eines Siri-Kurzbefehls, d. h., Sie wählen *Aktion hinzufügen*, entscheiden sich für die Kategorie *Web* etc.

Dank Diktierfunktion eine Menge Tipparbeit sparen

Die Spracherkennung des iPhones nutzen Sie nicht nur dazu, um Befehle zu erteilen oder Fragen zu stellen, sondern auch zum Diktieren Ihrer Texte. Das Diktieren von Texten kann gegenüber dem Eintippen eine Menge Zeit sparen, selbst wenn nachträglich noch die eine oder andere Korrektur erforderlich werden sollte. Geben Sie doch einmal einen identischen Text in Ihr iPhone ein – wie gelingt dies schneller: durch Eintippen oder durch Diktieren?

Die folgende kleine Schrittanleitung zeigt Ihnen, wie einfach Sie die Diktierfunktion verwenden. Voraussetzung für die Nutzung ist, dass die Diktierfunktion in den *Einstellungen* unter *Allgemein* und dort unter *Tastatur* aktiviert ist. So bitten Sie Ihr iPhone zum Diktat:

1. Tippen Sie in ein Dokument oder in ein Formular, sodass die iPhone-Tastatur eingeblendet wird. Entscheiden Sie sich rechts unterhalb der iPhone-Tastatur für das Mikrofonsymbol.
2. Sprechen Sie Ihren Text ein. Bei längeren Texten gehen Sie satzweise vor und sprechen ggf. auch die Satzzeichen mit (dazu gleich noch mehr). Sie können jeder-

zeit zwischen Diktieren und Tastatureingabe wechseln. Um die Diktierfunktion auszuschalten, tippen Sie das Mikrofonsymbol erneut an.

3. Der diktierte Text wird automatisch analysiert. Dieser Vorgang dauert in der Regel nur Sekundenbruchteile. Anschließend wird der Text ins Dokument oder Formular – hier in ein Notizblatt – eingefügt.

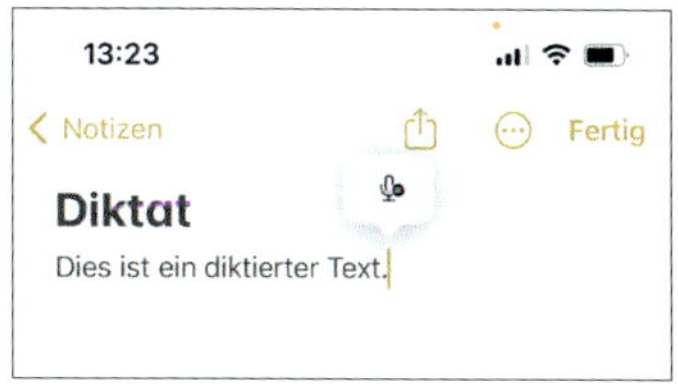

4. Prüfen Sie, ob die Spracherkennung Sie richtig verstanden hat! Falls nicht, führen Sie die notwendigen Korrekturen von Hand durch.

Noch etwas zum Thema Satzzeichen. Sie entscheiden selbst, ob die Diktierfunktion Satzzeichen automatisch setzen soll oder ob Sie diese mitdiktieren möchten. Im letzteren Fall haben Sie selbst die Kontrolle darüber, wo welche Satzzeichen gesetzt werden. Die Entscheidung treffen Sie in den *Einstellungen* unter *Allgemein* und dort unter *Tastatur* im Abschnitt *Diktieren*, indem Sie den Schalter *Automatische Interpunktion* aktivieren bzw. deaktivieren.

In diesem Fall wird auf die automatische Interpunktion verzichtet

Wichtige Sprachbefehle für die Diktierfunktion im Überblick

Auch zur Diktierfunktion habe ich eine Tabelle für Sie zusammengestellt, damit Ihnen auch Diktate längerer Texte perfekt gelingen. Wenn Sie auch Satzzeichen diktieren, sprechen Sie die Befehle jeweils mit dem normalen Text, sagen also beispielsweise: »Nächsten Montag komme ich etwas später Punkt Neue Zeile«. Das erfordert anfangs etwas Übung, aber Sie werden es schnell intus haben.

Befehl	Ergebnis
Neue Zeile	Erstellt eine neue Zeile.
Neuer Absatz	Erstellt einen neuen Absatz.
Punkt	.
Fragezeichen	?
Ausrufezeichen	!
Komma	,
Semikolon	;
Doppelpunkt	:
Bindestrich (diktieren Sie diesen bei zusammengesetzten Wörtern jeweils mit)	-

Befehl	Ergebnis
Gedankenstrich	–
Klammer auf	(
Klammer zu	)
Eckige Klammer auf	[
Eckige Klammer zu	]
Geschweifte Klammer auf	{
Geschweifte Klammer zu	}
Apostroph	′
Anführungszeichen unten	„
Anführungszeichen oben	"
Zitatanfang	»
Zitatende	«
Auslassungszeichen	…
Eurosymbol, Sternchen, Paragrafzeichen, Pluszeichen, Klammeraffe etc. (nennen Sie jeweils das gewünschte Sonderzeichen)	€, *, §, +, @ etc.
Eintausendzweihundertneunundfünfzig	1259
Römisch Eintausendzweihundertneunundfünfzig	MCCLIX
Neunter Mai Zweitausenddreiundzwanzig	9. Mai 2023
Zehn Uhr Fünfzehn (oder auch Viertel nach Zehn)	10:15 Uhr
Elf Euro Achtunddreißig	11,38 €
Fünfzig Zentimeter	50 cm
Smiley Gesicht	:-)
Zwinkerndes Gesicht	;-)
Trauriges Gesicht	:-(
Lachendes Gesicht	:-D

Diktat in Großbuchstaben

Sie möchten ein Wort komplett in Großbuchstaben diktieren? Dann sagen Sie, bevor Sie das Wort diktieren, »Großschaltung anfangen« und nach dem Diktieren des Wortes »Großschaltung beenden«.

Kapitel 7

Surfen Sie mit Ihrem iPhone 14 im Internet

Informationen finden, News lesen, nachschlagen, online einkaufen – das iPhone eignet sich ausgezeichnet dazu, auch unterwegs ins Internet zu gehen, also Webseiten aufzurufen und durch Antippen von Links im Internet zu surfen. Das verhältnismäßig kleine Display des iPhones im Vergleich zu einem Desktop-Computer oder Notebook behindert Sie dabei kaum, denn die meisten größeren Webseiten werden inzwischen automatisch in einer für das iPhone optimierten Version angezeigt. In diesem Kapitel finden Sie alle Tipps zum mobilen, schnellen und sicheren Surfen im World Wide Web!

Webadressen öffnen und das Internet durchsuchen

Zum Aufrufen von Webseiten steht auf Ihrem iPhone die App *Safari* zur Verfügung, die Sie standardmäßig im Dock finden. Zunächst möchte ich Ihnen gern zeigen, wie Sie damit eine Webadresse öffnen, die Ihnen z. B. ein Freund mitgeteilt hat, und wie Sie das Internet nach Webseiten zu bestimmten Themen durchsuchen.

Die App Safari ist eine der vier Standard-Apps im Dock

So einfach öffnen Sie eine Webadresse

Wenn Sie eine Webadresse bereits kennen, gehen Sie zum Aufrufen einer Webseite folgendermaßen vor:

1. Tippen Sie in der App *Safari* in das Eingabefeld. Dieses befindet sich standardmäßig in der unteren Hälfte der App.

2. Geben Sie die Webadresse ein, also etwa *de.wikipedia.org*.
3. Tippen Sie entweder einen der Vorschläge an oder bestätigen Sie auf der Tastatur mit *Öffnen*, um die eingegebene Webadresse zu öffnen.

Sie können die geöffnete Webseite entweder im Hochformat oder im Querformat anzeigen. Was gerade geeigneter ist, richtet sich nach der jeweils aufgerufenen Seite. Im Querformat werden das Eingabefeld und die Navigationselemente ausgeblendet. Um sie wieder einzublenden, streichen Sie auf dem Display mit dem Finger von oben nach unten.

Dieselbe Webseite – einmal im Hoch-, einmal im Querformat; beim Drehen ins Querformat werden die Statusleiste des iPhones sowie die Safari-Symbolleiste mit dem Adressfeld automatisch ausgeblendet

Zoomen auf einer Webseite

Praktisch bei Kleingedrucktem: Bewegen Sie Daumen und Zeigefinger auf dem Display auseinander, um die dargestellten Inhalte zu vergrößern. Um die Inhalte wieder zu verkleinern, bewegen Sie Daumen und Zeigefinger auf dem Display zueinander (Kneifgeste).

Nach Webseiten zu Ihren Wunschthemen suchen

Das gleiche Eingabefeld, das Sie zum Öffnen einer Webadresse verwendet haben, nutzen Sie auch für die Websuche – das Feld wird deshalb auch »intelligentes Suchfeld« genannt. Um eine Websuche durchzuführen, gehen Sie fast genauso vor wie zum Öffnen einer Webadresse:

1. Tippen Sie in der App *Safari* in das Eingabefeld. Die ggf. darin vorhandene Webadresse wird blau unterlegt.
2. Geben Sie den gewünschten Suchbegriff ein, z. B. *peru*. Sie können auch mehrere Wörter eingeben, die dann durch ein unsichtbares UND verknüpft werden. Soll die Reihenfolge der Wörter berücksichtigt werden, setzen Sie diese in Anführungszeichen. Verwenden Sie noch weitere gängige Suchoperatoren – genau wie bei der Websuche auf dem PC. Statt die Begriffe einzutippen, können Sie auch eine Sprachsuche starten, indem Sie innerhalb des Eingabefelds auf das Mikrofonsymbol tippen.
3. Tippen Sie entweder einen der Vorschläge an oder bestätigen Sie auf der Tastatur mit *Öffnen*, um die Websuche mit Ihrem Standardsuchanbieter (in diesem Fall Google) durchzuführen.

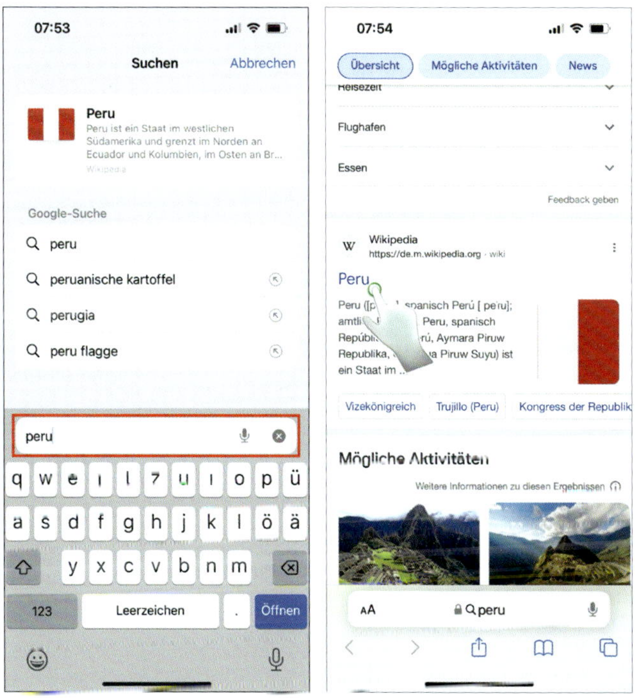

Führen Sie eine Websuche durch und tippen Sie einen gefundenen Treffer an, um die entsprechende Webseite zu laden

Beachten Sie: Suchmaschinenvorschläge sind jeweils damit verbunden, dass Daten zu Ihrer Suche übers Internet verschickt werden. Wenn Sie die Vorschläge deshalb lieber nicht wünschen, deaktivieren Sie diese in den *Einstellungen* unter *Safari*.

Standardsuchanbieter wechseln

Sie möchten statt mit Google lieber mit Bing, Yahoo!, DuckDuckGo oder Ecosia im Internet suchen? Entscheiden Sie sich dazu in den iPhone-Einstellungen für den Eintrag *Safari*, wählen Sie *Suchmaschine* und tippen Sie den gewünschten Suchanbieter an. DuckDuckGo ist übrigens eine Suchmaschine, die den Datenschutz in den Vordergrund stellt, die Suchergebnisse sind im Vergleich mit Google-Suchergebnissen allerdings eher so lala (*duckduckgo.com*). Die Suchergebnisse von Ecosia (*ecosia.org*) beruhen auf der Bing-Websuche, die Suche mit diesem Anbieter bietet aber den zusätzlichen Vorteil, dass Sie bei der Websuche ganz nebenher Bäume pflanzen.

Sie können mit dem intelligenten Suchfeld übrigens nicht nur das Internet durchsuchen, sondern auch eine gerade aufgerufene Webseite. Tippen Sie dazu wiederum den gewünschten Suchbegriff ein. Ganz unten bei den Vorschlägen finden Sie den Abschnitt *Auf dieser Seite*. Tippen Sie dort den Suchbegriff ein, um ihn auf der geöffneten Webseite zu suchen.

Auch um innerhalb einer geöffneten Webseite nach einem bestimmten Begriff zu suchen, tippen Sie diesen ins intelligente Suchfeld ein

Ihr iPhone bietet außerdem eine schnelle Website-Suche an. Wenn Sie auf einer Seite bereits eine Suche durchgeführt haben, etwa in der Wikipedia, können Sie zukünftig in das intelligente Suchfeld *wiki suchbegriff* eintippen, um die Suche direkt auf dieser Seite angeboten zu bekommen. Welche Websites für die schnelle Website-Suche zur Verfügung stehen, sehen Sie in den *Einstellungen* unter *Safari* und dort unter *Schnelle Website-Suche*.

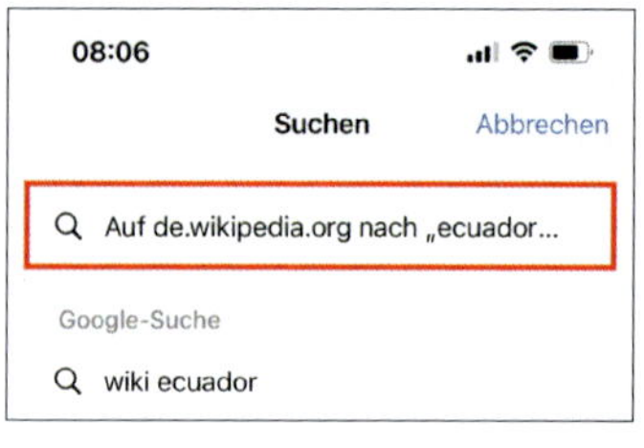

Mit der schnellen Website-Suche lassen sich per Kurzbefehl Suchen auf bestimmten Websites, hier beispielsweise in der Wikipedia, ausführen

Auf einer Webseite navigieren

Die Navigation auf einer Webseite ist keine große Wissenschaft. Tippen Sie auf einer Webseite einen Link an, um diesen aufzurufen. Um zwischen den bereits geöffneten Webseiten hin- und herzuwechseln, streichen Sie mit dem Finger von links nach rechts bzw. von rechts nach links. Um nicht sichtbare Bereiche auf einer Webseite einzublenden, streichen Sie mit dem Finger von unten nach oben bzw. von oben nach unten.

Optionen für die aufgerufenen Webseiten

Um Optionen zur gerade aufgerufenen Webseite, aber auch zum Erscheinungsbild von Safari einzublenden, tippen Sie links im intelligenten Suchfeld auf das Symbol AA. Lassen Sie mich die unter diesem Symbol verfügbaren Webseitenoptionen in einem Überblick vorstellen:

- *Adressleiste oben anzeigen:* verschiebt das Eingabefeld zum Aufrufen von Webseiten und für die Websuche nach ganz oben in der App *Safari*. Um wieder die Standardansicht zu erhalten, wählen Sie unter dem Symbol AA den Eintrag *Tableiste unten anzeigen*.

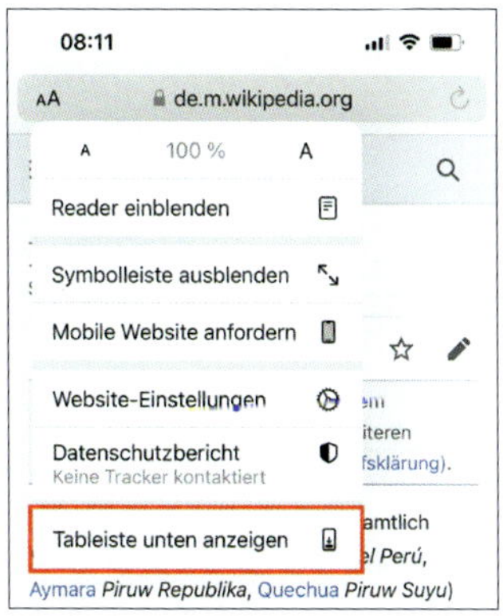

- *Datenschutzbericht:* Dieser Eintrag gibt Auskunft darüber, inwieweit Ihre Aktivitäten im Internet über verschiedene Websites nachverfolgt werden.

- *Website-Einstellungen:* Mit dieser Option können Sie verschiedene Einstellungen für einzelne Websites bestimmen. Legen Sie etwa fest, dass beim Öffnen der Website automatisch der Reader verwendet werden soll, und bestimmen Sie, welche Freigaben Sie für diese Website erlauben möchten. Die Einstellungen, die Sie hier vornehmen, lassen sich später auch in den *Einstellungen* unter *Safari* im Abschnitt *Einstellungen für Websites* verwalten.

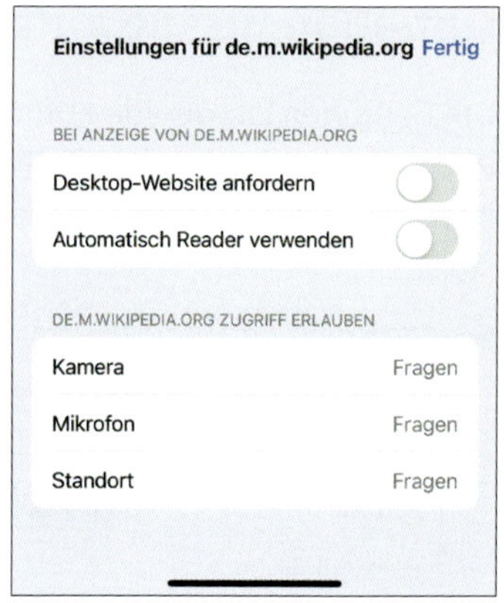

- *Desktop-Website anfordern:* Sie möchten lieber die Desktop-Version einer gerade geöffneten mobilen Website betrachten? Hierfür wählen Sie diese Option. Beachten Sie aber, dass das nicht bei jeder Website klappt! Haben Sie die Desktop-Website aufgerufen und möchten zurück zur mobilen Website wechseln, entscheiden Sie sich entsprechend für den Eintrag *Mobile Website anfordern*.
- *Symbolleiste ausblenden:* Blenden Sie per Fingertipp auf diese Option die Symbolleiste mit dem Adressfeld aus. Ein Fingertipp auf die Leiste unten bzw. oben blendet sie wieder ein.
- *Reader einblenden:* Sofern verfügbar, können Sie mit dieser Option die Reader-Ansicht einblenden. Sie sorgt für eine lesefreundliche Darstellung der Webseite und gleichzeitig dafür, dass störende Werbeeinblendungen verschwinden. Sie können zusätzlich weitere Anzeigeoptionen für die Webseite wählen.

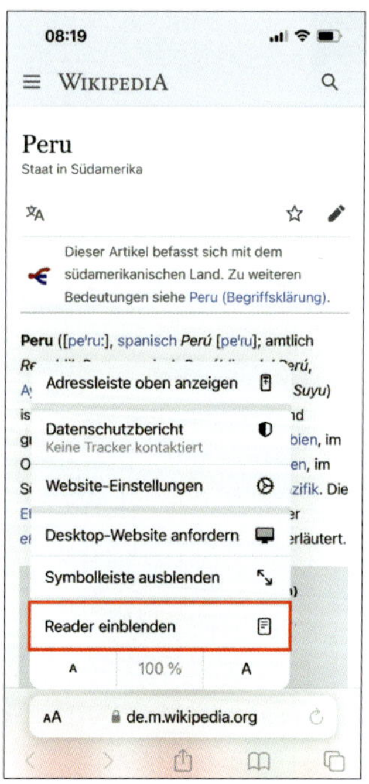

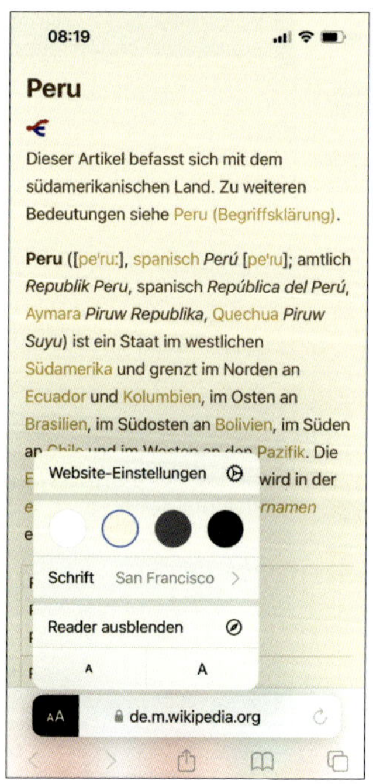

- *Zoom:* Sie erhalten eine Zoomoption, die Ihnen dabei hilft, auch Kleingedrucktes auf einer Webseite lesen zu können. Mit dem großen *A* vergrößern Sie die Anzeige; mit dem kleinen *A* verkleinern Sie die Anzeige.
- *Übersetzen:* Rufen Sie eine fremdsprachige Webseite auf, wird Ihnen – bei unterstützter Sprache – die Übersetzung dieser Webseite ins Deutsche angeboten. Tippen Sie einfach den Eintrag *Übersetzen auf Deutsch* an, um die Übersetzungsfunktion zu aktivieren und die automatische Übersetzung zu lesen.

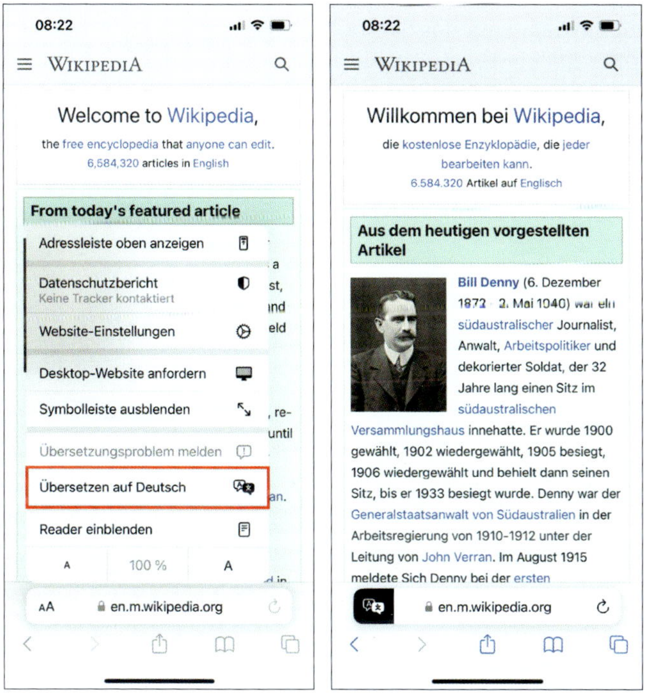

> **Begriffe mal kurz nachschlagen**
>
> Stoßen Sie beim Surfen im Internet auf einen unbekannten Begriff, können Sie diesen direkt nachschlagen. Halten Sie dazu einfach das Wort gedrückt. Im sich öffnenden Menü wählen Sie *Nachschlagen*, um das Wörterbuch zu öffnen.

Mehrere Webseiten gleichzeitig öffnen bzw. Webseiten schließen

Webseiten lassen sich in neuen Tabs (Registerkarten) öffnen, sodass Sie mehrere Webseiten gleichzeitig aufrufen können. Um einen Link in einem neuen Tab aufzurufen, halten Sie den Link gedrückt und wählen im sich öffnenden Menü den Eintrag *In neuem Tab öffnen*. Die ursprüngliche Webseite bleibt geöffnet, die neue Webseite öffnet sich zusätzlich.

Wenn Sie den Link gedrückt halten, wird Ihnen eine Vorschau der Webseite angezeigt. Das Wechseln zwischen mehreren geöffneten Tabs erfolgt in der Tableiste durch seitliches Streichen. Sie haben außerdem die Möglichkeit, Tabs in verschiedenen Tabgruppen zu öffnen. Dadurch lassen sich die Tabs z. B. bei Ihren Webrecherchen thematisch ordnen oder Sie können zwischen privaten und beruflichen Tabs unterscheiden. Um Ihre Tabs und Tabgruppen zu verwalten, tippen Sie rechts unten in Safari auf das Symbol. Sie erhalten eine Übersicht über die geöffneten Webseiten sowie – unten im Fenster – eine Tabgruppenauswahl. Tippen Sie eine Seite an, um sie in Safari anzuzeigen.

Halten Sie einen Link gedrückt, um ihn in einem neuen Tab aufrufen zu können

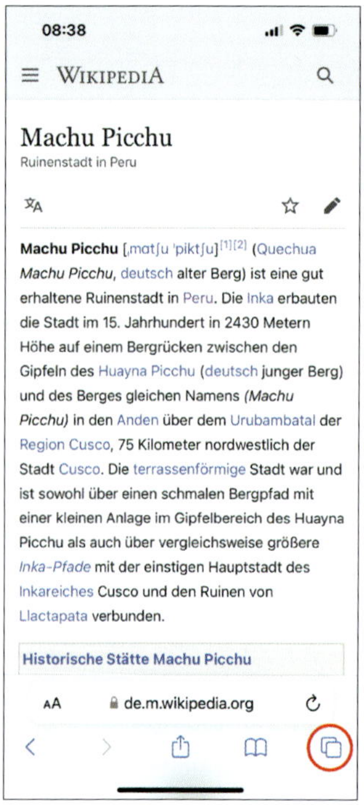

Nehmen Sie viele Sprachmemos auf, behalten Sie durch das Verwenden von Sprachmemo-Ordnern den Überblick So wechseln Sie zwischen Ihren Tabs und Tabgruppen

iCloud-Tabs nutzen

Eine besondere Form der Tabs sind die iCloud-Tabs. Das sind Tabs, die Sie auf einem anderen Apple-Gerät aufgerufen haben, auf dem Sie mit derselben Apple-ID angemeldet sind. Voraussetzung ist, dass Sie jeweils die iCloud-Option *Safari* aktiviert haben. Die iCloud-Tabs werden dann automatisch synchronisiert und in der App *Safari* ebenfalls unter dem Symbol angezeigt. Das Synchronisieren kann allerdings jeweils eine Weile dauern. Alles zum Thema iCloud dann in Kapitel 14.

Safari merkt sich die von Ihnen zuletzt geöffneten Webseiten und zeigt sie Ihnen beim nächsten App-Start erneut an.

Um eine Webseite zu schließen, tippen Sie rechts unten in der App *Safari* auf das Symbol und betätigen bei einem Tab das Kreuzsymbol.

In den *Einstellungen* unter *Safari* und dort unter *Tabs schließen* können Sie auch festlegen, dass die Tabs nach einer von Ihnen bestimmten Zeit automatisch geschlossen werden.

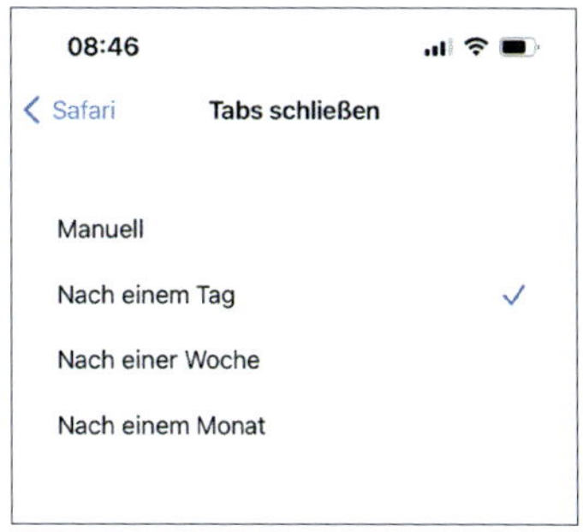

Sie können in den Safari-Einstellungen festlegen, dass die geöffneten Tabs nach einer festgelegten Zeit automatisch geschlossen werden

Damit keine Website-Daten auf Ihrem iPhone gespeichert werden

Standardmäßig werden zu allen Webseiten, die Sie auf dem iPhone aufrufen, Daten gespeichert. Das können Sie problemlos unterbinden, indem Sie sich für den privaten Modus entscheiden. Dazu öffnen Sie über das Symbol die Tab-Ansicht. Entscheiden Sie sich anschließend für die Tabgruppe *Privat*. Oder Sie halten das Symbol der App *Safari* gedrückt und wählen im Kontextmenü den Eintrag *Neuer privater Tab*. Der private Modus ist dann so lange aktiviert, bis Sie wieder eine andere Tabgruppe auswählen. Sie erkennen den privaten Modus an der nun dunkleren Bedienoberfläche der App *Safari*. Der private Modus

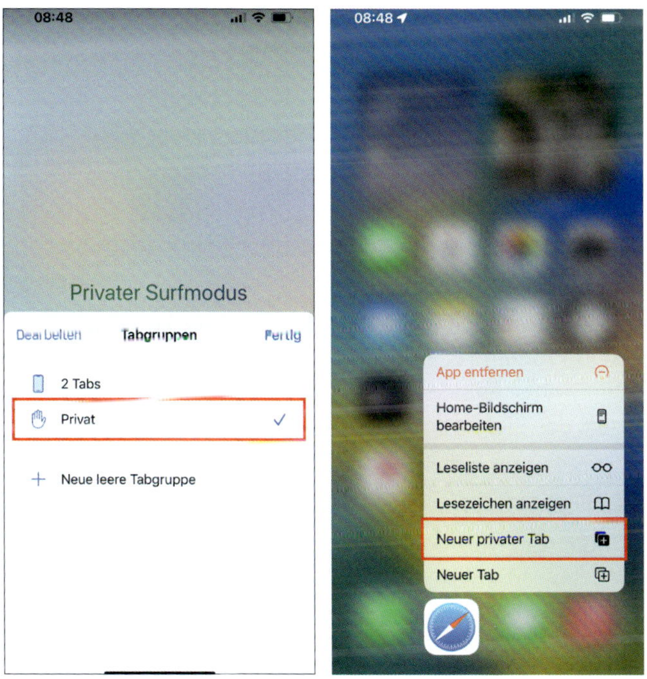

Der private Modus, der für etwas Anonymität allerdings nur auf dem iPhone sorgt, lässt sich in der Tab-Ansicht oder per Kontextmenü aktivieren

bezieht sich allerdings nur auf die Daten, die auf Ihrem iPhone gespeichert werden – im Internet sind Sie deshalb noch lange nicht anonym!

Möchten Sie auch die Daten bereits besuchter Webseiten löschen? Dazu öffnen Sie die iPhone-Einstellungen und wählen den Eintrag *Safari*. Tippen Sie auf *Verlauf und Websitedaten löschen* und bestätigen Sie anschließend noch einmal mit *Verlauf und Daten löschen*.

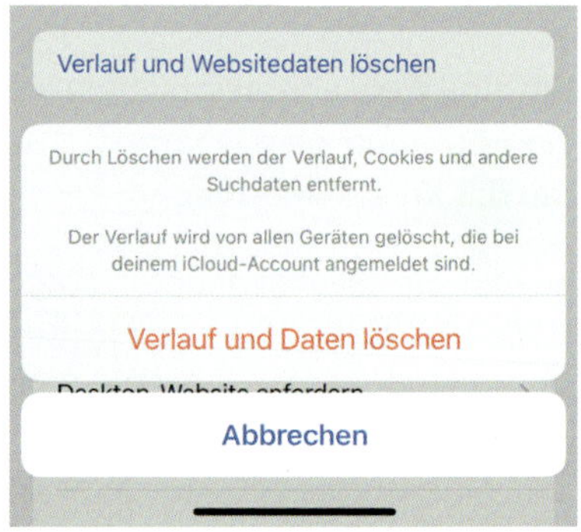

Bereits gespeicherte Website-Daten lassen sich in den iPhone-Einstellungen löschen

Der private Modus und das Löschen von Website-Daten bezieht sich lediglich auf diejenigen Daten, die auf dem iPhone selbst gespeichert werden – oder in diesem Fall eben nicht. Wünschen Sie sich ein Stück weit Anonymität gegenüber den aufgerufenen Websites sowie den Netzwerkanbietern? Dafür hat Apple den Dienst iCloud+ eingeführt, der unter anderem die Funktion *Privat-Relay* enthält, bei der Ihre IP-Adresse beim Surfen im Internet maskiert wird. Allerdings steht iCloud+ und damit das Privat-Relay nur in einem kostenpflichtigen iCloud-Abo zur Verfügung. Das Aktivieren erfolgt in den iCloud-Einstellungen (vgl. Kapitel 14) unter dem Eintrag *Privat-Relay*.

Dank Favoriten, Leseliste und Verlauf: Webseiten später aufrufen

Damit Sie die Webadressen Ihrer Lieblingswebseiten nicht jedes Mal neu eintippen müssen, richten Sie diese als Lesezeichen ein (häufig besuchte Webseiten zeigt Ihnen die App *Safari* standardmäßig aber auch automatisch an), speichern sie in einer Leseliste oder legen eine Verknüpfung zur Webseite auf den Home-Bildschirm. Diese Optionen werden nachfolgend erläutert.

Bilder von einer Webseite speichern

Sie sehen auf einer Webseite ein schönes Bild und möchten dieses auf Ihrem iPhone (in der App *Fotos*) speichern? Gar kein Problem: Halten Sie das Bild hierzu einfach leicht gedrückt. Im sich öffnenden Menü entscheiden Sie sich dann für *In „Fotos" sichern*. Alternativ wählen Sie *Kopieren*, um das Bild andernorts, etwa in eine E-Mail, einfügen zu können.

Und noch eine Möglichkeit: Halten Sie ein Bild auf einer Webseite gedrückt und ziehen Sie es in eine andere App, z. B. in die App *Notizen*. Beachten Sie, falls Sie fremdes Bildmaterial herunterladen, allerdings den Urheberschutz!

Lesezeichen hinzufügen

Speichern Sie wichtige Webadressen als Lesezeichen ab. Lesezeichen sind gewissermaßen Links, auf die Sie direkt in der App *Safari* zugreifen. So einfach funktioniert das Ganze:

1. Öffnen Sie eine Webadresse, die Sie Ihren Lesezeichen hinzufügen möchten, in der App *Safari*.
2. Tippen Sie unten in *Safari* auf das Symbol ⎙.
3. Entscheiden Sie sich im sich öffnenden Menü für die Option *Als Favoriten sichern*. Um ein Lesezeichen in einem bestimmten Ordner zu sichern, wählen Sie hingegen die Option *Lesezeichen hinzufügen*.

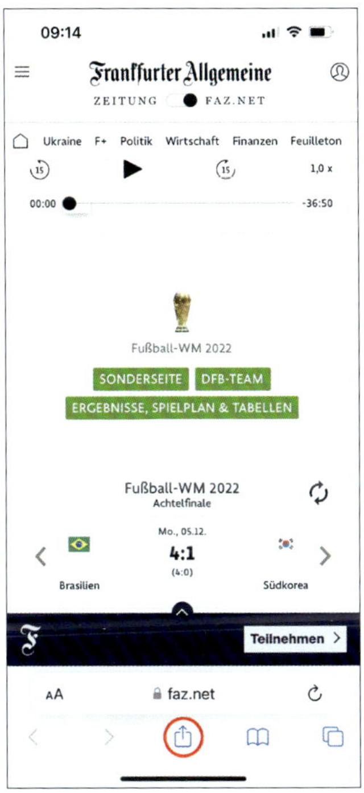

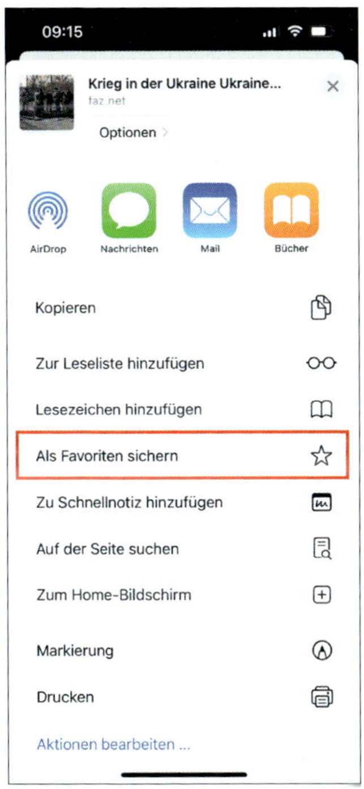

4. Bearbeiten Sie ggf. noch den Namen des Lesezeichens. Bestätigen Sie mit *Sichern*, um den Favoriten zu erstellen.

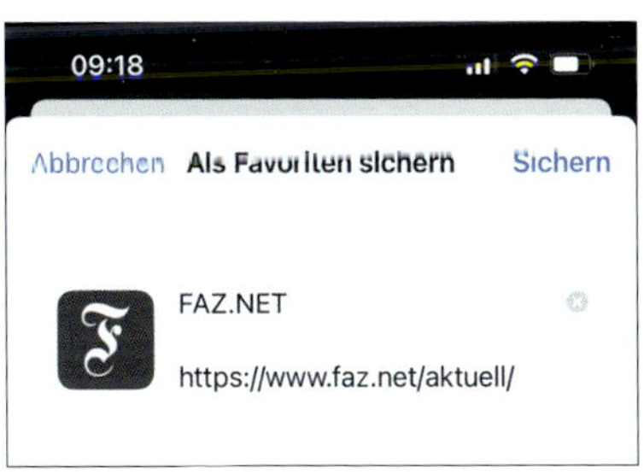

5. Um das Lesezeichen jederzeit aufzurufen, tippen Sie in der App *Safari* unten auf das Symbol 📖 und wählen dort den Speicherort des Lesezeichens aus. Am Speicherort *Favoriten* abgelegte Lesezeichen werden Ihnen außerdem jeweils in einem leeren Tab angezeigt.

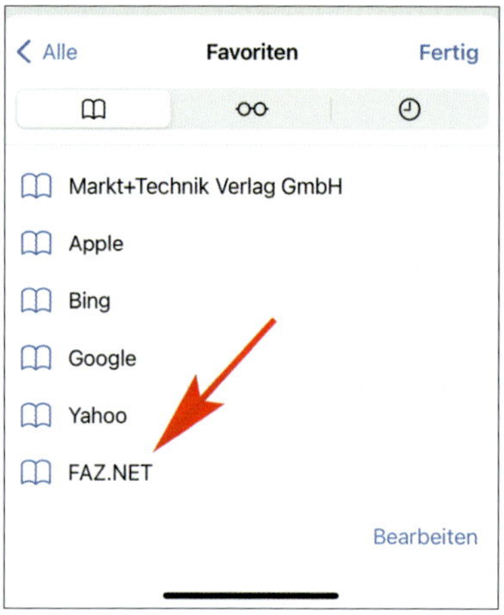

Auf Ihre gespeicherten Lesezeichen können Sie jederzeit zugreifen, um eine Webseite erneut aufzurufen

Aus Webseite PDF-Datei erstellen

Aus einer Webseite lässt sich auch mit wenigen Handgriffen eine PDF-Datei erstellen. Dazu wählen Sie unter dem Symbol die Option *Bücher*. Die als PDF-Datei gespeicherte Webseite lässt sich anschließend in der App *Bücher* aufrufen und von dort aus auch versenden.

Neue Ordner für Lesezeichen erstellen

Falls Sie in der App *Safari* sehr viele Lesezeichen speichern, erstellen Sie für diese Ordner, um die Lesezeichen thematisch sortieren zu können. Tippen Sie hierzu unten in der App *Safari* auf das Symbol 📖. Tippen Sie zuerst rechts unten auf *Bearbeiten* und dann links unten auf *Neuer Ordner*.

Geben Sie dem neuen Lesezeichenordner eine sinnvolle Bezeichnung und entscheiden Sie sich ggf. für einen anderen Speicherort, bevor Sie auf der Tastatur auf *Fertig* tippen, um den neuen Ordner zu erstellen.

Um ein bestehendes Lesezeichen in den neuen Ordner zu verschieben, tippen Sie dieses im Bearbeitungsmodus an und wählen im Abschnitt *Ort* den Ordner aus, in den das Lesezeichen verschoben werden soll.

Die Reihenfolge der Lesezeichen innerhalb eines Ordners lässt sich, wie bereits in anderem Zusammenhang kennengelernt, durch Ziehen des zugehörigen Symbols ≡ anpassen.

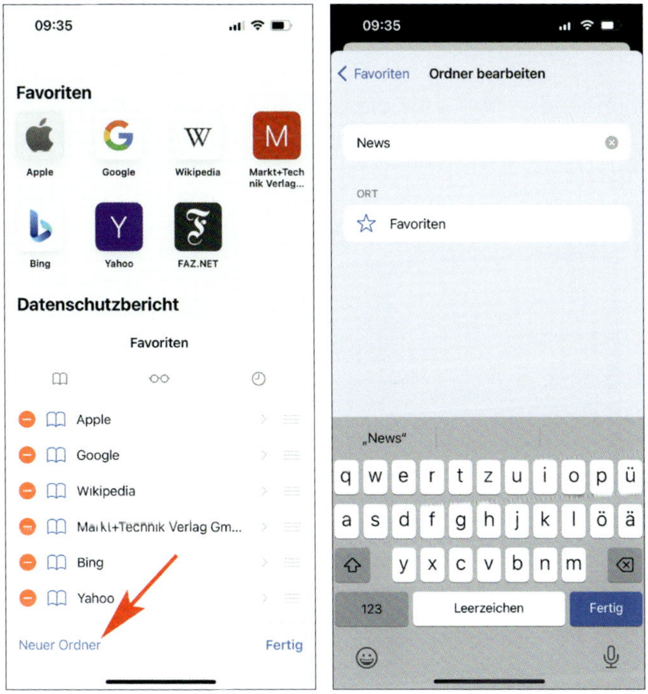

Erstellen Sie Lesezeichenordner, um Ihre Lesezeichen thematisch sortieren zu können

Verlauf aufrufen

Haben Sie es versäumt, eine aufgerufene Webadresse zu speichern, können Sie diese im Verlauf der besuchten Webseiten aufrufen. Dazu wählen Sie in der App *Safari* das Symbol 📖 und tippen anschließend auf das Symbol 🕘.

Die zuletzt aufgerufenen Webseiten werden Ihnen nun in einer chronologischen Übersicht angezeigt. Webseiten, die Sie im privaten Modus aufgerufen haben, tauchen hier allerdings nicht auf.

Leseliste verwalten

Im Gegensatz zu den Lesezeichen werden bei der Leseliste nicht nur die Webadressen gespeichert, sondern die kompletten Webseiten. Sie können diese also später auch dann betrachten, wenn mal keine Internetverbindung bestehen sollte. Voraussetzung hierfür ist lediglich, dass Sie in den iPhone-Einstellungen unter *Safari* und dort im Abschnitt *Leseliste* die Option *Automatisch offline sichern* aktiviert haben.

So gehen Sie vor, um ein Lesezeichen hinzuzufügen und zu öffnen:

1. Rufen Sie eine Webseite, die Sie Ihrer Leseliste hinzufügen möchten, in der App *Safari* auf.
2. Tippen Sie unten in *Safari* auf das Symbol .
3. Entscheiden Sie sich im sich öffnenden Menü für die Option *Zur Leseliste hinzufügen*. Alternativ halten Sie auf einer Webseite einen Link gedrückt und wählen im sich öffnenden Menü *Zur Leseliste hinzufügen*.

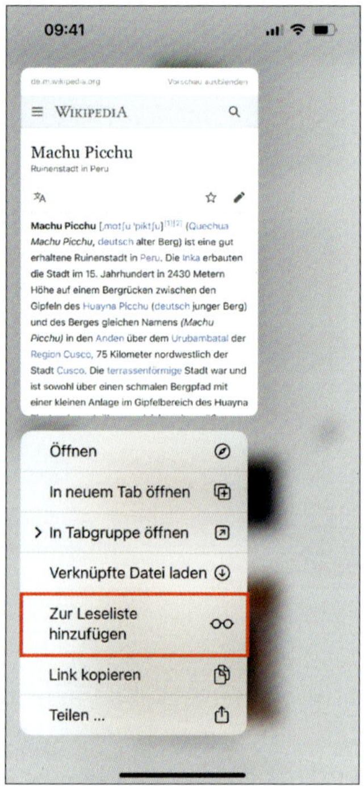

4. Um Ihre Lesezeichen aufzurufen, entscheiden Sie sich unter dem Symbol für das Brillensymbol . Tippen Sie ein Lesezeichen an, um die entsprechende Webseite zu öffnen.

Sie möchten sich nur die noch nicht geöffneten Webseiten anzeigen lassen? Tippen Sie dazu links unterhalb der Lesezeichenliste auf *Ungelesene anzeigen*.

Mit *Alle anzeigen* erhalten Sie wieder die Gesamtübersicht. Das Löschen eines Eintrags erfolgt wie gewohnt: Antippen, Finger nach links ziehen, Schaltfläche *Löschen* betätigen.

Verknüpfung auf dem Home-Bildschirm erstellen

Für häufig genutzte Webseiten können Sie ein Lesezeichen auch auf dem Home-Bildschirm erstellen. Die entsprechende Webadresse wird dann jeweils in einer neuen Registerkarte geladen – zusätzlich zu den etwaig bereits geöffneten Webseiten. Auch dazu eine kleine Schrittanleitung:

1. Öffnen Sie die Webadresse, die Sie als Lesezeichen auf dem Home-Bildschirm ablegen möchten, in der App *Safari*.
2. Entscheiden Sie sich unten in *Safari* erneut für das Symbol ⎙.
3. Wählen Sie diesmal die Option *Zum Home-Bildschirm*.

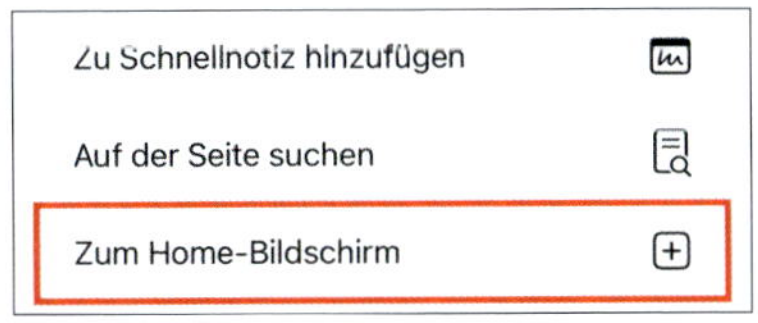

4. Bearbeiten Sie ggf. noch den Namen des Lesezeichens (zu lange Namen werden abgeschnitten) und bestätigen Sie mit *Hinzufügen*.

5. Um die Webadresse zu laden, tippen Sie nun einfach auf das auf dem Home-Bildschirm befindliche Lesezeichensymbol. Es lässt sich wie ein App-Symbol durch Gedrückthalten einer freien Fläche des Home-Bildschirms in den Bearbeitungszustand bringen und verwalten.

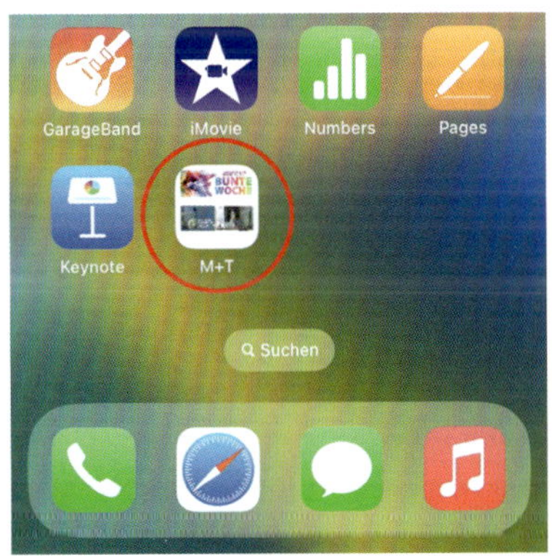

Aktionen bearbeiten

Wenn Sie in der App *Safari* auf das Symbol ⎙ tippen, werden Ihnen eine Menge Optionen angezeigt. Richten Sie das Menü am besten so ein, dass die für Sie wichtigen Optionen oben im Menü eingeblendet werden. Dazu tippen Sie unterhalb der Liste auf *Aktionen bearbeiten* und fügen dann mit dem Plussymbol Ihre Favoriten hinzu.

Die Seite »Neuer Tab« einrichten

Wenn Sie in der App *Safari* einen neuen Tab aufrufen, wird Ihnen eine Startseite mit Favoriten, einem Datenschutzbericht usw. angezeigt. Diese Seite *Neuer Tab* lässt sich individuell einrichten im Hinblick auf die enthaltenen Informationen sowie auf das Hintergrundbild.

Tippen Sie hierzu einfach ganz unten auf der Seite auf die Schaltfläche *Bearbeiten*. Das Deaktivieren bzw. Aktivieren von Optionen erfolgt per Schalter. Wählen Sie außerdem per Fingertipp ein passendes Hintergrundbild aus.

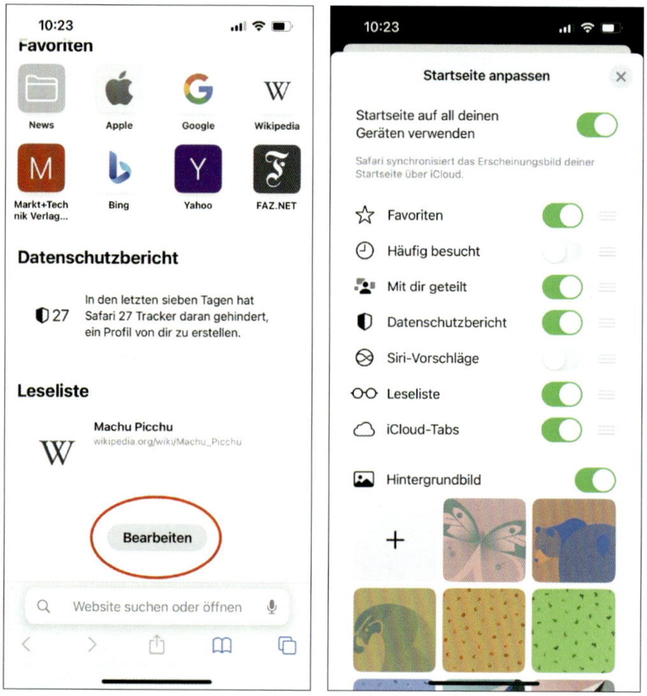

Richten Sie die Seite »Neuer Tab« in der App Safari ganz nach Ihren eigenen Vorstellungen ein

Dateien aus dem Internet herunterladen

In die Browser-App *Safari* ist ein Download-Manager eingebaut, d. h., Sie können nun ähnlich wie auf einem PC Dateien aus dem Internet herunterladen. Standardmäßig werden die heruntergeladenen Dateien in iCloud Drive gespeichert, Sie können jedoch auch einen anderen Download-Ordner wählen.

Dazu tippen Sie in den *Einstellungen* unter *Safari* auf den Eintrag *Downloads*. Bestimmen Sie anschließend den Speicherort, etwa *Auf meinem iPhone*.

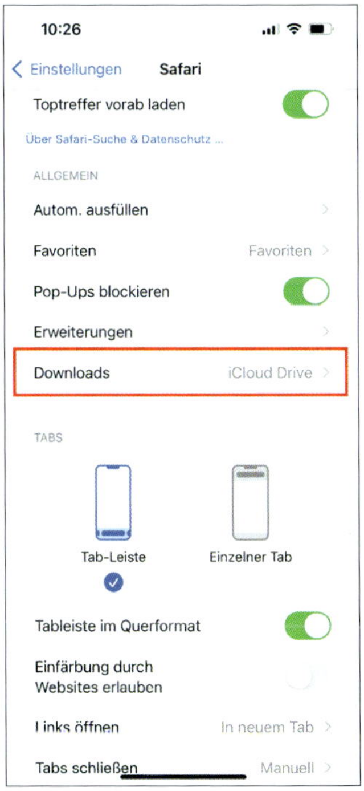

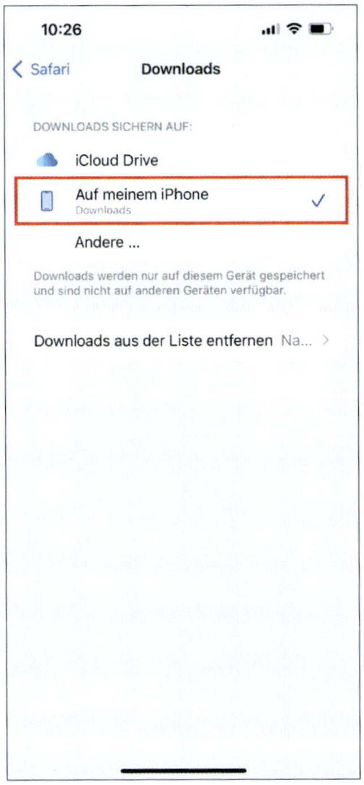

Entscheiden Sie sich in den Einstellungen für einen Speicherort für die mit Safari heruntergeladenen Dateien

Wie nun das Herunterladen einer Datei erfolgt, zeige ich Ihnen in einer kurzen Anleitung:

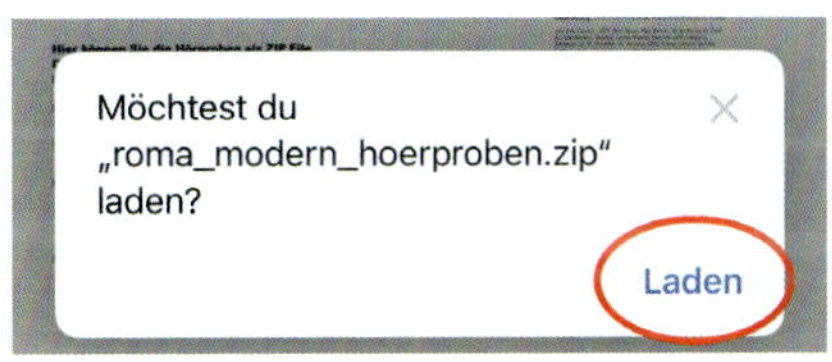

1. Tippen Sie in der App *Safari* auf einen Download-Link.
2. Ihnen wird angezeigt, welche Datei heruntergeladen werden soll. Bestätigen Sie mit *Laden*.
3. Nach dem Herunterladen steht die Datei am gewählten Speicherort zur Verfügung.

Sicherheit und Datenschutz beim mobilen Surfen

Das Aufrufen von Webseiten auf dem iPhone ist relativ sicher, da sich ja nicht bzw. nicht in gleichem Ausmaß Schadprogramme installieren lassen, wie es z. B. auf einem Windows-Computer der Fall ist. Aber aufgepasst: Hacker haben das iPhone längst ins Visier genommen!

Die oberste Sicherheitsregel beim Surfen im World Wide Web lautet, egal, ob Sie auf dem iPhone surfen oder auf dem PC: Lassen Sie stets den gesunden Menschenverstand walten! Geben Sie also keine persönlichen Daten auf unseriösen Seiten preis etc. Hier außerdem noch einige wichtige Infos zum Thema Sicherheit und Datenschutz (neben der bereits kennengelernten Option, einen »Datenschutzbericht« aufzurufen):

- *Automatisch ausfüllen:* Äußerst bequem, aber aus Gründen des Datenschutzes nicht von jedermann gewollt ist das Speichern von Formulareingaben und Kreditkartendaten, um sich später das erneute Eintippen zu ersparen. Entscheiden Sie selbst, ob in den *Einstellungen* unter *Safari* und dort unter *Autom. ausfüllen* das automatische Ausfüllen von Kontakt- und Kreditkartendaten lieber aktiviert oder deaktiviert sein soll. Übrigens: Dank iCloud-Schlüsselbund können die hier gespeicherten Daten auch auf Ihren anderen Apple-Geräten verwendet werden, sofern Sie dort mit der gleichen Apple-ID angemeldet sind und den iCloud-Schlüsselbund ebenfalls aktiviert haben.

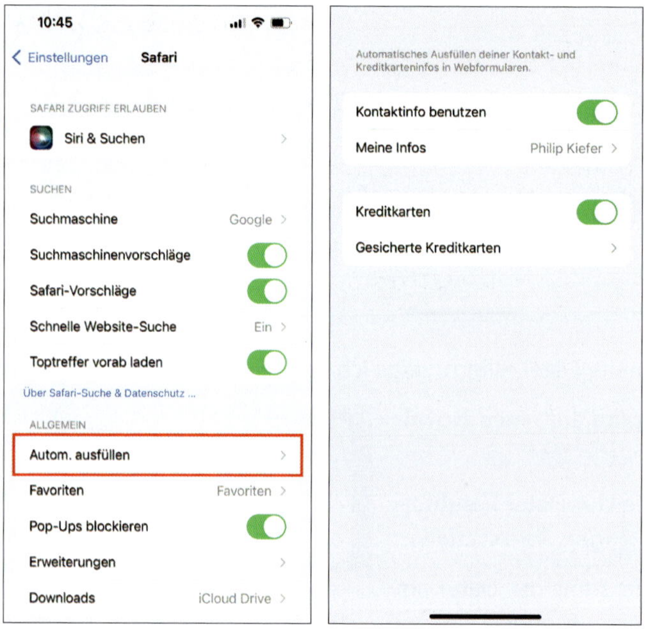

Entscheiden Sie selbst, ob Sie das automatische Ausfüllen und das damit verbundene Speichern Ihrer Daten wünschen

- *Cross-Sitetracking verhindern:* Diese Option finden Sie ebenfalls in den *Einstellungen* unter *Safari*. Aktivieren Sie diese, um Werbetreibenden zu untersagen, Ihre Surfspuren zu verfolgen, um Ihnen maßgeschneiderte Werbung anbieten zu können.
- *IP-Adresse verbergen:* Das Maskieren Ihrer IP-Adresse vor Trackern ist bereits standardmäßig aktiviert und sollte aktiviert bleiben, um den Trackern keine Daten zu Ihrem – wenn auch nur ungefähren – Standort zu übermitteln und um keine Abgleiche zu ermöglichen, welche anderen Seiten Sie noch aufgerufen haben. Haben Sie die iCloud+-Option *Privat-Relay* aktiviert,

Schnüffelfunktionen wie Tracking sollten Sie in jedem Fall deaktivieren – in diesem Fall durch Aktivieren des entsprechenden Schalters

bietet sich Ihnen zusätzlich die Möglichkeit, die IP-Adresse vor allen aufgerufenen Websites zu verbergen.

- *Alle Cookies blockieren:* Diese Option – in den *Einstellungen* unter *Safari* – sollten Sie eher deaktiviert lassen. Eine besuchte Webseite darf dann eine kleine Datei auf Ihrem iPhone speichern, um z. B. bei einer Bestellung eingegebene Adressdaten aufzubewahren. Das vollständige Deaktivieren der Cookies würde zwar ein kleines Plus an Datenschutz bedeuten, könnte jedoch auf einigen Webseiten den Surfkomfort beeinträchtigen.
- *Betrugswarnung:* Achten Sie in den *Einstellungen* unter *Safari* darauf, dass diese Option aktiviert ist. Sie soll Sie vor betrügerischen Webseiten schützen, die versuchen, an Ihre Passwörter, Bankdaten und Co. zu gelangen, um sie für unlautere Zwecke zu verwenden.
- *Datenschutzwahrende Werbungsmessung:* Ist diese Option aktiviert, sendet Apple anonymisierte »Zuordnungsberichte« an Websites und Werbetreibende. Diese Zuordnungsberichte enthalten keine persönlichen Informationen, auch die IP-Adresse wird geschützt. Entscheiden Sie selbst, ob Sie diese Option lieber deaktivieren möchten oder nicht.
- *Apple Pay prüfen:* Diese Datenschutzoption in den *Einstellungen* unter *Safari* betrifft den Zahlungsdienst *Apple Pay*. Falls Sie diesen sowieso nicht nutzen, deaktivieren Sie die Option am besten.

Daneben lassen sich noch die Website-Einstellungen für einzelne Websites verwalten, die Sie – wie bereits kennengelernt – beim Aufrufen von Webseiten mit der App *Safari* unter dem Symbol AA festlegen können.

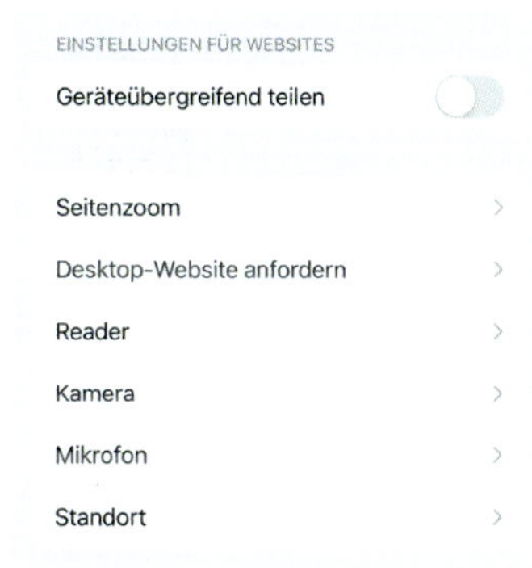

Verwalten Sie Einstellungen, die Sie für einzelne Websites vorgenommen haben, z. B. was den Zugriff auf Kamera, Mikrofon oder Standort betrifft

Die entsprechenden Einträge finden Sie in den *Einstellungen* unter *Safari* im Abschnitt *Einstellungen für Websites*. Entscheiden Sie per Schalter, ob Sie die Website-Einstellungen geräteübergreifend teilen möchten oder nicht.

Im Hinblick auf den Datenschutz sind noch einige Funktionen zu erwähnen, bei denen Daten zu den von Ihnen besuchten Webseiten an Apple gesandt werden, etwa die Option *Safari-Vorschläge* oder *Toptreffer vorab laden*.

Wägen Sie auch bei diesen Funktionen jeweils ab, ob Sie dem Datenschutz oder dem Surfkomfort den Vorzug geben möchten. Sie finden diese Optionen in den *Einstellungen* unter *Safari* im Abschnitt *Suchen*.

Einige der Safari-Optionen erhöhen den Surfkomfort, jedoch zulasten des Datenschutzes – da sollten Sie genau abwägen

Passwörter lassen sich – sowohl für Webseiten als auch für entsprechende Apps – ebenfalls auf dem iPhone speichern. Ihnen wird dann bei der Anmeldung die Verwendung des Passworts vorgeschlagen. Die gespeicherten Passwörter verwalten Sie in den *Einstellungen* unter *Passwörter*. Diese werden alphabetisch aufgelistet, nebst Hinweisen auf möglicherweise unsichere Passwörter.

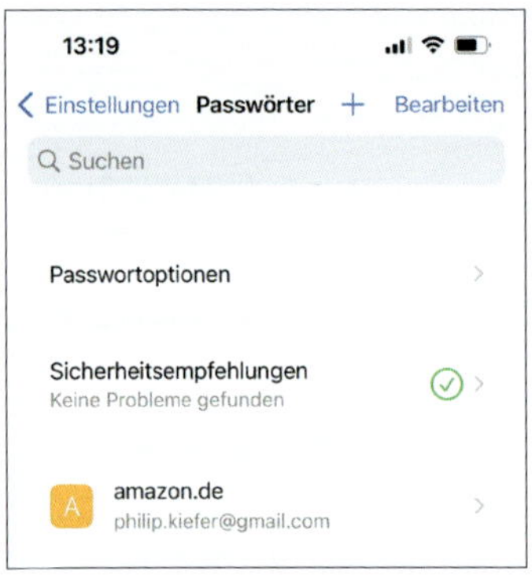

Ihre Passwörter müssen Sie sich bei der iPhone-Nutzung nicht unbedingt merken – Sie können diese auch automatisch ausfüllen lassen

Ihr iPhone schlägt Ihnen bei der Registrierung auf einer Website in vielen Fällen automatisch ein sicheres Passwort vor. Sie müssen diesen Vorschlag lediglich bestätigen. Das vom iPhone vorgeschlagene Passwort lässt sich dann ebenfalls in den *Einstellungen* unter *Passwörter* verwalten.

Statt eines vorgeschlagenen Passworts können Sie aber auch ein eigenes Passwort verwenden und auf dem iPhone speichern.

Als neue Sicherheitsfunktion hat Apple mit iOS 16 die aus einem Schlüsselpaar bestehenden *Passkeys* eingeführt.

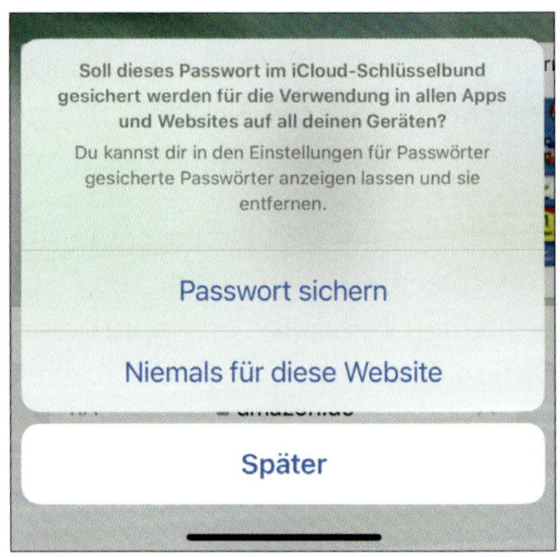

Wird ein Passwort nicht automatisch angeboten, vergeben Sie selbst ein Passwort und speichern dieses anschließend unter »Passwörter« ab

Mit Apple anmelden

Alternativ können Sie zum Anmelden auch den von Apple angebotenen Dienst *Mit Apple anmelden* nutzen. Dieser Dienst ermöglicht es, sich auf einfache Weise auf Webseiten und in Apps anzumelden, die den Dienst verwenden.

Apple versichert in diesem Zusammenhang, dass Ihre Schritte nicht nachverfolgt werden und kein Profil von Ihnen erstellt wird. Weitergeleitet werden an die Apps oder Webseiten lediglich Ihr Name und Ihre E-Mail-Adresse. Wobei Sie selbst die E-Mail-Adresse geheim halten können – Apple erstellt dann eine zusätzliche E-Mail-Adresse für die Weiterleitung. Steht die Funktion in einer App oder auf einer Webseite zur Verfügung, entscheiden Sie sich für *Mit Apple anmelden* oder eine ähnliche Schaltfläche.

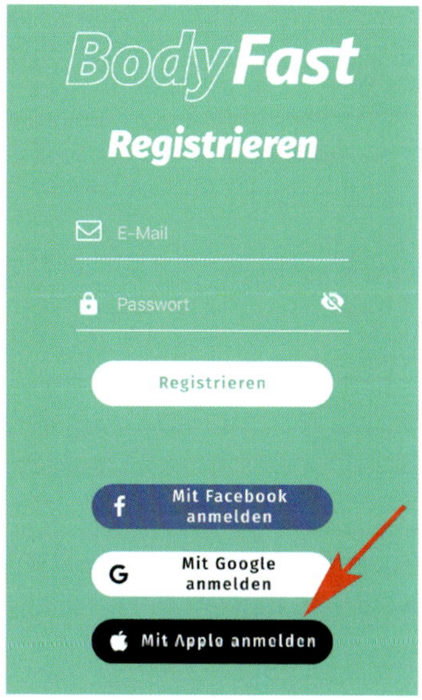

Die Funktion »Mit Apple anmelden« erscheint als gute Alternative zum schon länger bestehenden Dienst »Mit Google anmelden«

Als Nächstes machen Sie im Assistenten Ihre Angaben. Im Zusammenhang mit dem Datenschutz empfehlenswert: Machen Sie von der Option Gebrauch, Ihre E-Mail-Adresse zu verbergen. Nur die Freigabe Ihres Namens ist Pflicht. Sind Sie bereits anderweitig angemeldet und *Mit Apple anmelden* steht zur Verfügung, wird Ihnen der Wechsel zu Apples Anmeldedienst angeboten.

Safari-Erweiterungen installieren und verwalten

Wünschen Sie sich weitere Funktionen in der Browser-App *Safari*? Dann versehen Sie die App mit Erweiterungen, also z. B. einem Inhaltsblocker, einem Offline-Übersetzer, Entwickler-Tools usw. Diese Erweiterungen werden als zusätzliche Apps installiert und können als solche auch wieder entfernt werden.

Um Erweiterungen zu installieren, wählen Sie in den *Einstellungen* unter *Safari* und dort im Abschnitt *Allgemein* den Eintrag *Erweiterungen*. Dort stehen momentan noch keine Erweiterungen zur Verfügung. Tippen Sie deshalb auf *Weitere Erweiterungen*.

Stöbern Sie nach Erweiterungen, die Ihnen zusagen, und installieren Sie diese, wie bereits in Kapitel 3 kennengelernt. Wie bei den gewöhnlichen Apps gilt auch für die Erweiterungen, dass es sowohl kostenlose als auch kostenpflichtige Angebote gibt. Sie finden nach der Installation der Erweiterungen ein App-Symbol auf dem Home-Bildschirm bzw. in der App-Mediathek vor.

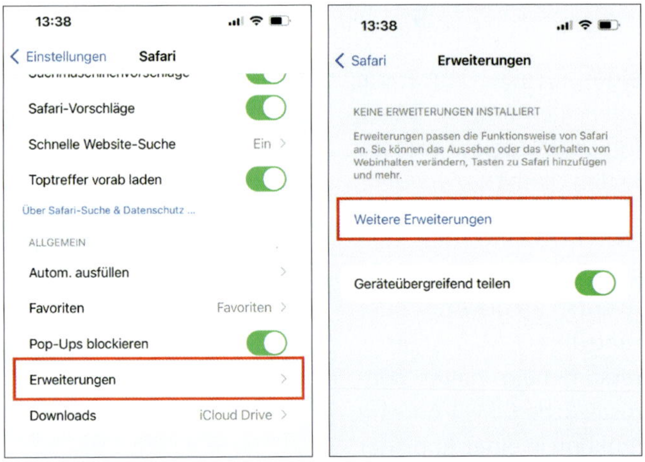

Der Funktionsumfang der Browser-App Safari lässt sich durch Erweiterungen vergrößern

Zum Aktivieren und Verwalten der Erweiterungen wählen Sie wieder den Eintrag *Erweiterungen* in den Safari-Einstellungen. Aktivieren Sie die gewünschten Funktionen der Erweiterung, um diese beim Surfen mit Safari zu verwenden.

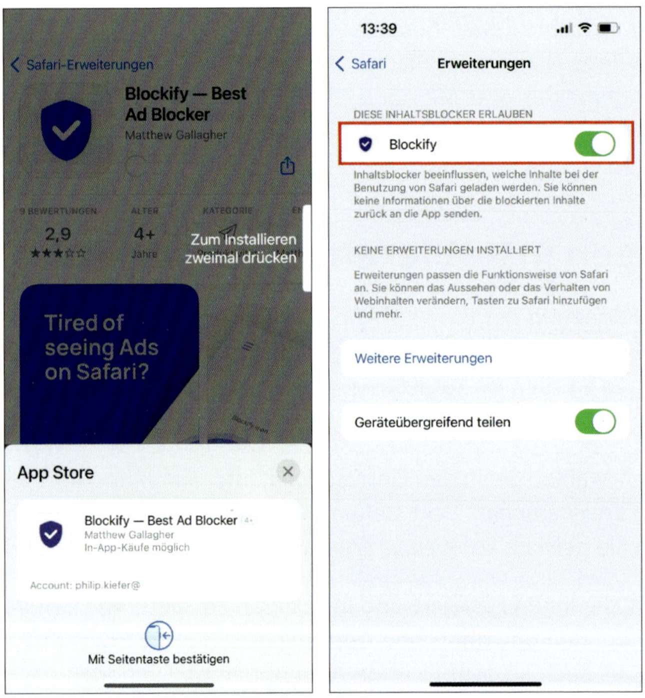

Installieren Sie die Erweiterung wie eine gewöhnliche App; das Verwalten erfolgt in den Safari-Einstellungen

Möchten Sie eine Erweiterung nicht mehr nutzen, deaktivieren Sie in den Safari-Einstellungen die entsprechende Funktion. Sie können aber auch einfach die App vom iPhone löschen.

Kapitel 8

Mit dem iPhone E-Mails senden und empfangen

Mit dem iPhone ist das Mailen so einfach, wie eine SMS zu verfassen bzw. abzurufen. Auf die E-Mail-Funktionen Ihres iPhones wollen Sie schon bald nicht mehr verzichten. So sind Sie stets per E-Mail erreichbar, auch dann, wenn Sie mal unterwegs sind. Und am Wochenende müssen Sie nicht mehr extra den Computer hochfahren, nur um den Posteingang zu prüfen. Wie Sie ein oder mehrere E-Mail-Konten auf dem iPhone einrichten, verwenden und verwalten, erfahren Sie auf den folgenden Seiten.

So legen Sie E-Mail-Konten auf dem iPhone an

Das Einrichten eines E-Mail-Kontos auf dem iPhone gelingt ganz leicht. Die schnellste Möglichkeit besteht darin, oben in den *Einstellungen* Ihr Benutzerkonto auszuwählen, dann unter *iCloud* den Eintrag *Alle anzeigen* zu wählen, die Option *iCloud-Mail* zu aktivieren und mit wenigen Schritten ein neues iCloud-E-Mail-Konto einzurichten und in Betrieb zu nehmen. Zum Thema iCloud dann alles in Kapitel 14.

Aber auch das Einrichten anderer E-Mail-Konten bereitet keinerlei Schwierigkeiten, wie ich Ihnen hier an einem Beispiel zeige – bei den vom iPhone vorgeschlagenen Anbietern läuft das Ganze sogar noch einfacher!

Ein iCloud-E-Mail-Konto ist blitzschnell eingerichtet

Gehen Sie zum Einrichten des E-Mail-Kontos so vor:

1. Öffnen Sie die App *Mail* per Fingertipp auf das entsprechende App-Symbol.

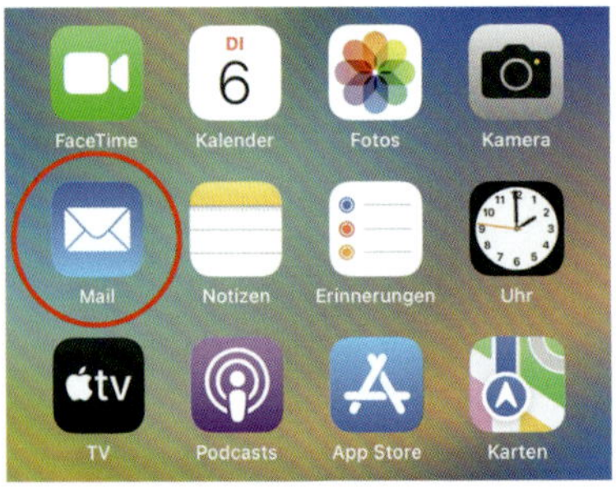

2. Entscheiden Sie sich für den gewünschten Anbieter. Falls dieser in der Liste nicht aufgeführt werden sollte, wählen Sie den Eintrag *Andere*. Übrigens: Wenn Sie bereits ein E-Mail-Konto eingerichtet haben, z. B. ein iCloud-E-Mail-Konto, erscheint die Auswahl an dieser Stelle nicht mehr – öffnen Sie diese dann in den iPhone-Einstellungen unter *Mail*, indem Sie sich dort für *Accounts* und dann für *Account hinzufügen* entscheiden; in den *Einstellungen* lassen sich nicht mehr benötigte E-Mail-Konten auch wieder entfernen.

3. Es folgt die Eingabe des Namens, der E-Mail-Adresse sowie des Zugangspassworts. Bestätigen Sie Ihre Eingaben mit *Weiter*.

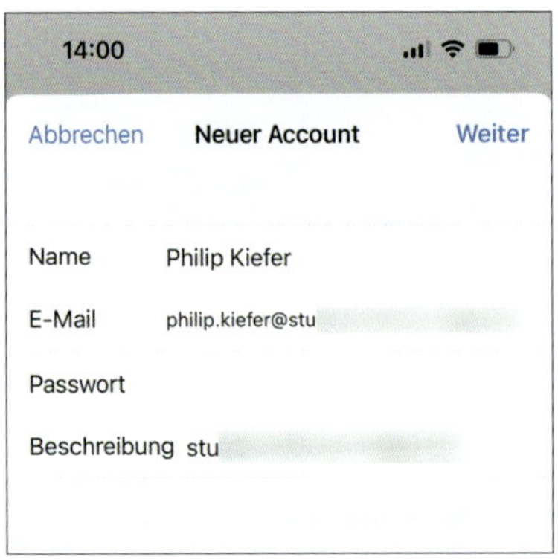

4. Bei Gmail & Co. wird das E-Mail-Konto nun automatisch eingerichtet. Nicht so in diesem Fall. Hier muss zunächst noch der Zugriffstyp ausgewählt werden (IMAP oder POP). Geben Sie dann die Adressen für Posteingangsserver und Postausgangsserver ein, die Sie bei Ihrem jeweiligen E-Mail-Anbieter erfragen bzw. in den dortigen FAQs aufspüren.

Posteingangsserver und Postausgangsserver sind im Internet jederzeit verfügbare Rechner, die den Versand bzw. das Empfangen von E-Mails übernehmen. Bestätigen Sie Ihre Einstellungen wiederum mit *Weiter*. Hinweis: Unter Umständen müssen Sie in den Einstellungen Ihres E-Mail-Anbieters den Zugriff mit einem anderen Gerät per IMAP oder POP zunächst erlauben.

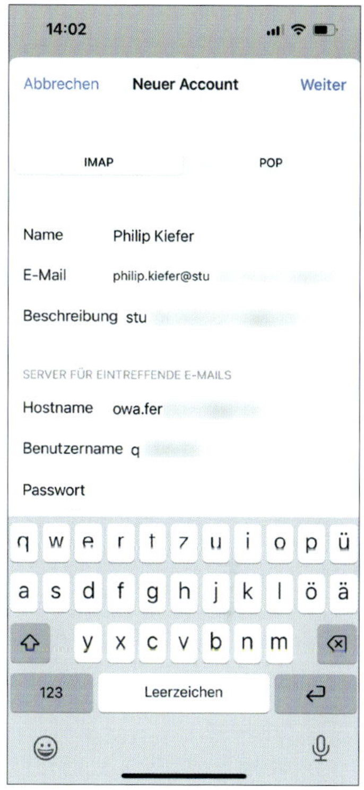

IMAP vs. POP

Sie fragen sich, was der Unterschied zwischen IMAP und POP ist? Nun, beides sind Technologien zum Senden und Empfangen von E-Mails über einen E-Mail-Server.

Während bei IMAP (**I**nternet **M**essage **A**ccess **P**rotocol) die E-Mails jedoch auf dem Server verbleiben, werden diese bei POP (**P**ost **O**ffice **P**rotocol) vom Server auf den Computer heruntergeladen.

IMAP ist insbesondere dann die bessere Variante, wenn Sie auf Ihr E-Mail-Konto von mehreren Geräten aus zugreifen.

5. Bestätigen Sie schließlich mit *Sichern*, um das E-Mail-Konto auf dem iPhone einzurichten. Wenn Ihnen außer der Synchronisierung von E-Mails auch die Synchronisierung von Kontakten, Terminen oder Notizen angeboten wird, entscheiden Sie selbst, ob Sie diese Optionen nutzen möchten.

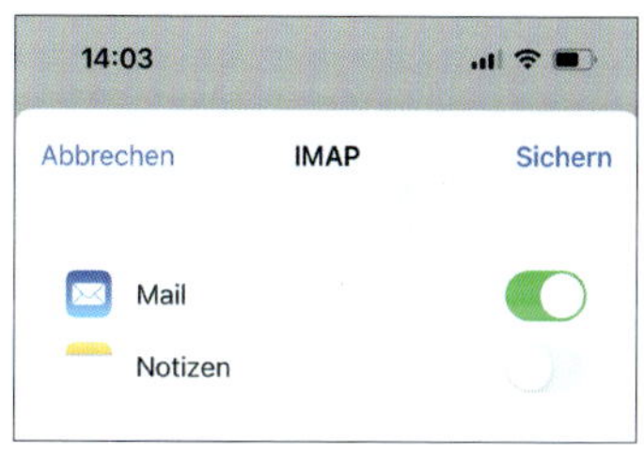

Die App *Mail* lässt sich nun zum Senden und Empfangen Ihrer E-Mails einsetzen. Wenn Sie die App öffnen, werden E-Mails automatisch abgerufen. Zum manuellen Abrufen ziehen Sie das angezeigte Postfach nach unten. Tippen Sie eine empfangene E-Mail einfach an, um sie zu lesen.

E-Mails automatisch abrufen, ohne die App Mail zu öffnen

Wenn Sie über neue E-Mails möglichst schnell informiert werden möchten, lassen Sie Ihr iPhone den Posteingang automatisch überprüfen. Gehen Sie dazu in die *Einstellungen*, wählen Sie unter *Mail* den Eintrag *Accounts* und dann *Datenabgleich*.

Sie erhalten die folgenden Optionen:

- *Push:* Push bedeutet, dass E-Mails prompt vom Posteingangsserver auf das iPhone weitergeleitet werden. Voraussetzung ist allerdings, dass der E-Mail-Anbieter die Push-Funktion unterstützt. Dies ist beispielsweise bei iCloud-Mail der Fall.

Dank der Push-Option werden neue E-Mails unmittelbar auf das iPhone weitergeleitet

- *Abrufen:* Darunter finden Sie verschiedene Intervalle für das automatische Laden von E-Mails, falls Push nicht zur Verfügung steht. Bestimmen Sie, in welchem Intervall das Prüfen des Posteingangs und Laden neuer E-Mails erfolgt, wobei Sie beachten sollten, dass dies wie die Push-Funktion zulasten sowohl der Akkuleistung als auch des mit Ihrem Mobilfunkanbieter vereinbarten Datenvolumens geht.

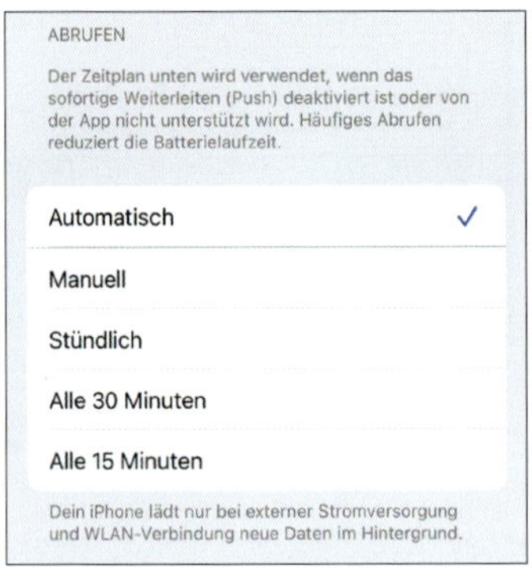

Bestimmen Sie das Intervall, in dem der Posteingang automatisch geprüft werden soll

Auf dem iPhone neue E-Mails erstellen und versenden

Mit Ihrem frisch eingerichteten E-Mail-Konto können Sie nun ganz einfach elektronische Briefe bis ans andere Ende der Welt senden. So geht es Schritt für Schritt:

1. Tippen Sie rechts unten in der App *Mail* auf das Symbol ☑. Alternativ halten Sie das Symbol der App *Mail* gedrückt und wählen im Kontextmenü *Neue Nachricht*.

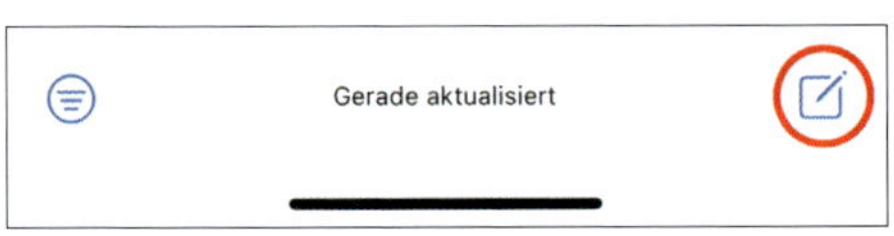

2. Geben Sie die E-Mail-Adresse des Empfängers ein bzw. wählen Sie diesen per Plussymbol ⊕ aus Ihren Kontakten aus. Sie können die E-Mail auch, wenn Sie dies wollen, an mehrere Empfänger gleichzeitig versenden.

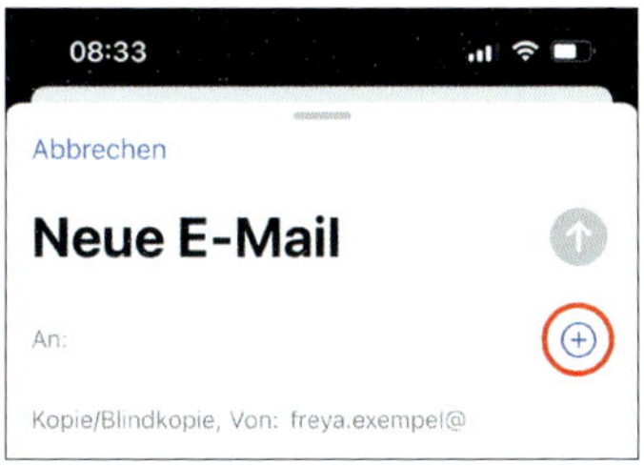

3. Nennen Sie einen sinnvollen Betreff für Ihre E-Mail, die dem Empfänger dann in seinem Posteingang angezeigt wird, damit er weiß, welche Inhalte ihn in der E-Mail erwarten.

4. Verfassen Sie nun Ihre E-Mail-Nachricht. Wenn Sie fertig sind, tippen Sie rechts oben auf das Symbol , um die E-Mail auf den Weg zu bringen.

Kopie oder Blindkopie versenden

Wenn Sie in den Kopfzeilen der E-Mail in das Feld *Kopie/Blindkopie* tippen, erhalten Sie die Möglichkeit, eine Kopie der E-Mail an eine oder mehrere Personen zu versenden. Während bei der Kopie (auch: Cc) der reguläre Empfänger sieht, dass auch noch eine Kopie versandt wurde, erfolgt der Versand der Blindkopie (auch: Bcc) anonym, d. h., der reguläre Empfänger erfährt nicht, dass auch noch eine Kopie versandt wurde.

Senden widerrufen

Die E-Mail wird standardmäßig mit Verzögerung verschickt, sodass Sie noch einige Zeit haben, das Senden der E-Mail zu widerrufen. Oft fällt einem ja genau nach dem Senden ein, dass man eine wichtige Information vergessen hat. Das »Zurückholen« einer E-Mail ist 10, 20 oder 30 Sekunden lang möglich. Dies bestimmen Sie in den *Einstellungen* unter *Mail* und dort bei *Verzögerung des Sendewiderrufs*.

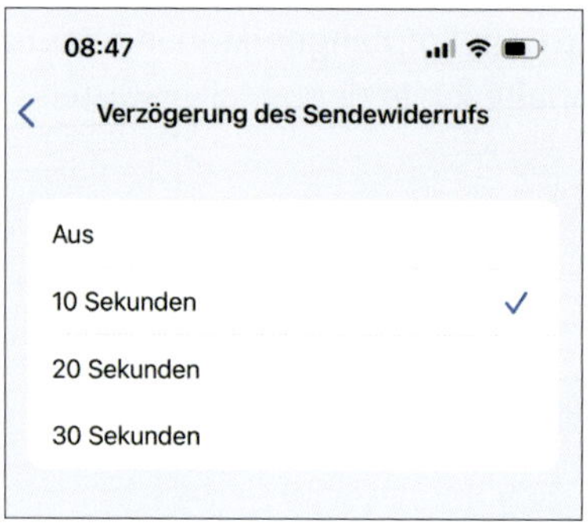

Bestimmen Sie das Intervall, in dem der Posteingang automatisch Sie können in den Mail-Einstellungen eine längere Frist für den Sendewiderruf festlegen, die Verzögerung aber auch ausschalten

Der Sendewiderruf selbst ist Sache eines Fingertipps. Nach dem Senden einer E-Mail wird unten in der App *Mail* die Option *Senden widerrufen* angezeigt – eben so lange, wie die Möglichkeit des Zurückholens besteht.

Tippen Sie diese Option an, wird Ihnen wieder der Entwurf der E-Mail angezeigt und Sie können diese vor dem endgültigen Senden noch mal bearbeiten. Der E-Mail-Empfänger bekommt von diesem Vorgang nichts mit, da das tatsächliche Senden noch gar nicht erfolgt war.

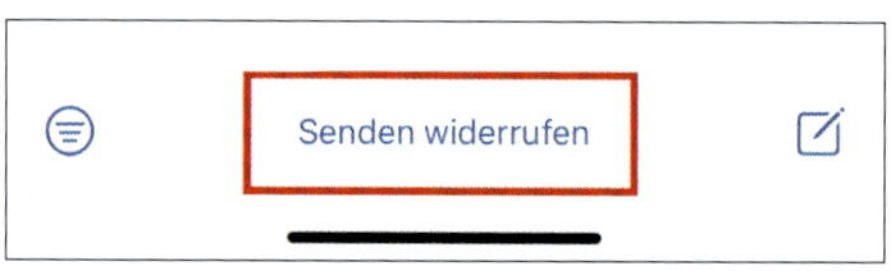

Tippen Sie die Option zum Widerrufen der E-Mail-Sendung an, um den E-Mail-Entwurf noch mal bearbeiten zu können

Den E-Mail-Text formatieren

Sie möchten bestimmte Passagen in Ihrem E-Mail-Text hervorheben? Die App *Mail* hat eine ganze Reihe von Optionen zur Formatierung zu bieten. So gehen Sie vor:

1. Erstellen Sie, wie oben kennengelernt, eine E-Mail.
2. Doppeltippen Sie in der E-Mail auf ein Wort, um dieses zu markieren. Passen Sie die Markierungen ggf. noch an, um diese auf mehr Text auszuweiten oder um die Markierung auf einzelne Buchstaben zu beschränken.

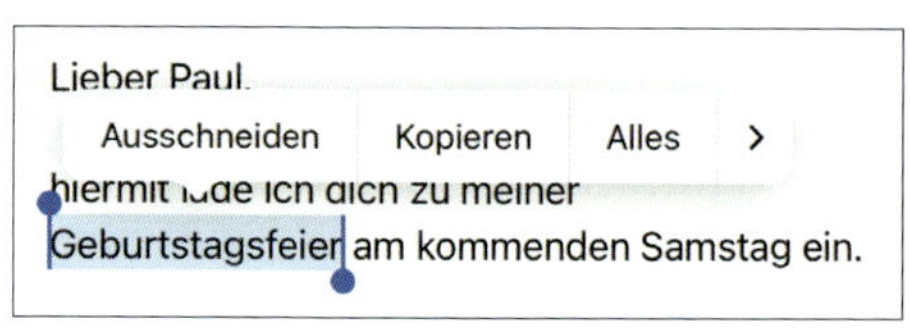

3. Nun wird oberhalb der Tastatur eine Leiste eingeblendet. Entscheiden Sie sich in dieser Leiste für das Symbol Aa.

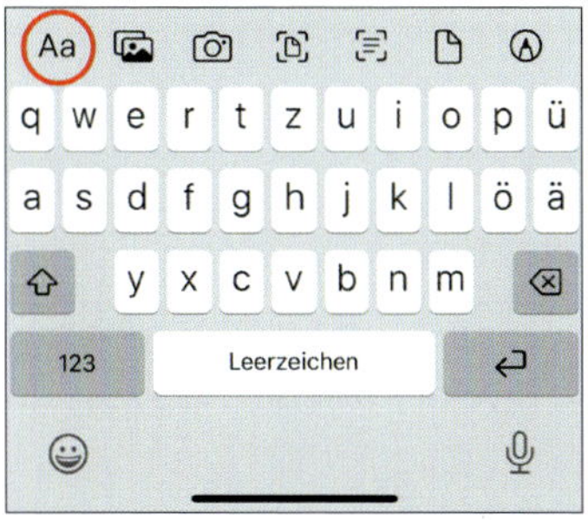

4. Wählen Sie die gewünschten Formatieroptionen aus. Sie können den Text z. B. fett gedruckt darstellen, vergrößern, die Farbe anpassen und vieles mehr. Neben den Formatieroptionen für den Text stehen Ihnen unter dem Symbol Aa auch verschiedene Formatieroptionen für den Absatz zur Verfügung, z. B. lässt sich der E-Mail-Text zentrieren oder als nummerierte Liste darstellen.

5. Um die Formatieroptionen zu schließen, klicken Sie rechts oberhalb der Optionen auf das Kreuzsymbol ×.

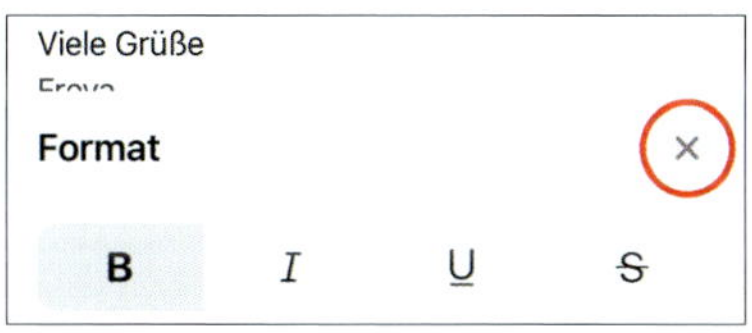

Copy-and-paste: Texte von anderswo in die E-Mail kopieren

Vielleicht möchten Sie in Ihrer E-Mail auch Text verwenden, der bereits in einem anderen Dokument zur Verfügung steht? Ebenfalls kein Problem dank Copy-and-paste – und Copy-and-paste funktioniert selbstverständlich nicht nur bei E-Mails! Zum Kopieren und Einfügen von Texten gehen Sie folgendermaßen vor:

1. Markieren Sie in einem Dokument den Text, den Sie in Ihrer E-Mail verwenden möchten. In diesem Fall markiere ich Text auf einer Webseite in der App *Safari* durch Gedrückthalten und Anpassen der Markierungen. Im sich öffnenden Menü wählen Sie *Kopieren* – manchmal erhalten Sie die zusätzliche Option *Ausschneiden*, die Sie ebenfalls auswählen können.

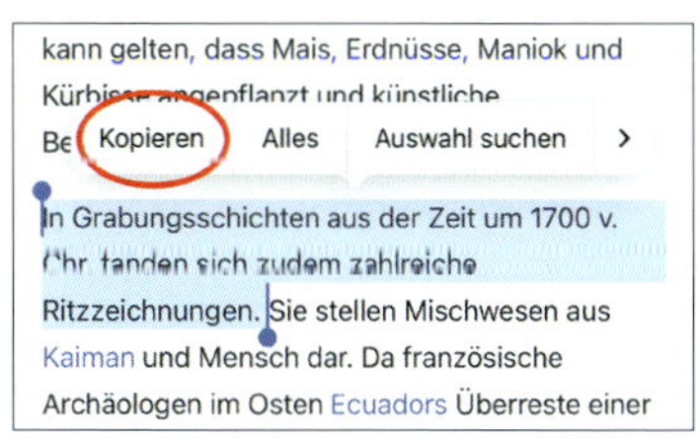

2. Öffnen Sie die E-Mail, in die Sie den Text einfügen möchten, und tippen Sie an die Stelle, an der der Text eingesetzt werden soll. Im sich öffnenden Menü wählen Sie die Option *Einsetzen*.

3. Der Text wird prompt in die E-Mail eingefügt – ggf. inklusive der von der App *Mail* unterstützten Formatierungen.

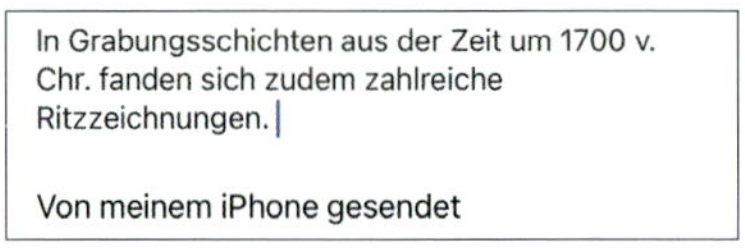

Standardtexte per Textersetzung einfügen

Um Standardtexte zukünftig schneller in neue E-Mails und weitere Dokumente einzufügen, wählen Sie in den iPhone-Einstellungen den Eintrag *Allgemein*, dann *Tastatur* und schließlich *Textersetzung*. Fügen Sie hier per Plussymbol + Ihre individuellen Kurzbefehle hinzu.

So können Sie beispielsweise statt »Sehr geehrte Damen und Herren« den Kurzbefehl »sgduh« verwenden, um sich Tipparbeit zu ersparen. Übrigens: Auch in das Textfeld für die Kurzbefehle lassen sich Texte einfügen, die Sie zuvor in die Zwischenablage kopiert haben.

Aufnahmen in eine E-Mail einfügen

Nicht nur fertige Texte lassen sich in eine E-Mail einfügen, sondern auch Aufnahmen (Fotos oder Videoclips), die Sie in der App *Fotos* gespeichert haben, sowie Aufnahmen, die Sie direkt mit der Kamera aufnehmen.

Zum Thema Fotos erfahren Sie alles in Kapitel 10. Hier gehe ich davon aus, dass Sie bereits Aufnahmen gemacht und in der App *Fotos* gespeichert haben. Um diese in eine E-Mail einzubinden, gehen Sie wie folgt vor:

1. Erstellen Sie eine E-Mail und tippen Sie an die Stelle, an der die Aufnahme eingebunden werden soll.

2. Tippen Sie auf den Pfeil <, der rechts oberhalb der Tastatur eingeblendet wird. Sie blenden damit die bereits von der Textformatierung her bekannte Leiste ein.

3. Möchten Sie eine in der App *Fotos* gespeicherte Aufnahme auswählen, tippen Sie auf das Symbol . Um direkt mit der Kamera eine Aufnahme zu machen, tippen Sie auf das Symbol . Unter dem Symbol können Sie sogar eine Zeichnung erstellen, um diese per Mail zu versenden.

4. Wählen Sie die gewünschte Aufnahme aus. Diese wird prompt in die E-Mail eingefügt.

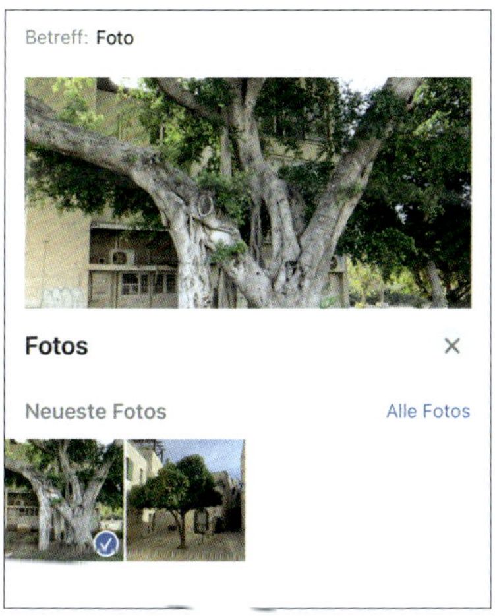

Scannen und per E-Mail versenden

Sie können auch Dokumente abfotografieren und dann als Datei versenden. Hierzu entscheiden Sie sich in der Leiste oberhalb der Tastatur für das Symbol . Nehmen Sie anschließend das Dokument auf und sichern Sie es, um die Datei in die E-Mail einzufügen. Sie können auch lediglich einen mit der Kamera erfassten Text einscannen. Diese Option erhalten Sie unter dem Symbol .

E-Mail-Anhänge per iCloud Drive versenden

Ebenfalls als Dateianhang versenden lassen sich Dateien, die Sie auf iCloud Drive gespeichert haben. Dazu entscheiden Sie sich in der Leiste oberhalb der Tastatur für das Symbol . Wählen Sie anschließend die auf iCloud Drive gespeicherte Datei aus.

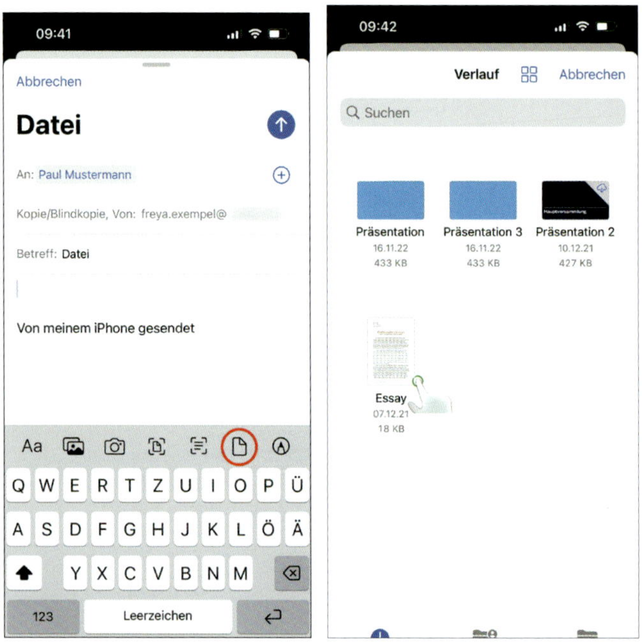

Fügen Sie einer E-Mail eine Datei hinzu, die Sie auf iCloud Drive gespeichert haben

E-Mail-Anhänge, die Sie selbst erhalten, tippen Sie jeweils an, um sie zu öffnen; für weitere Optionen halten Sie einen Dateianhang gedrückt.

Weitere Dateien per E-Mail versenden

Sie können Dateien auch aus den jeweiligen Apps heraus versenden. Bei den Standard-Apps erfolgt der Versand durch Drücken des Symbols und der anschließenden Auswahl der Option *Mail*.

Die Standardsignatur ändern

Sicherlich ist Ihnen bereits aufgefallen, dass von Ihnen erstellte E-Mails standardmäßig mit der Signatur *Von meinem iPhone gesendet* versehen sind. Dies ist nicht immer gewünscht. Um die Signatur zu ändern, öffnen Sie die *Einstellungen*, wählen *Mail* und dort im Abschnitt *Verfassen* den Eintrag *Signatur*.

Tippen Sie in das Feld, löschen Sie den vorhandenen Text und geben Sie Ihre neue Signatur ein. Falls Sie gar keine Signatur wünschen, lassen Sie das Feld leer.

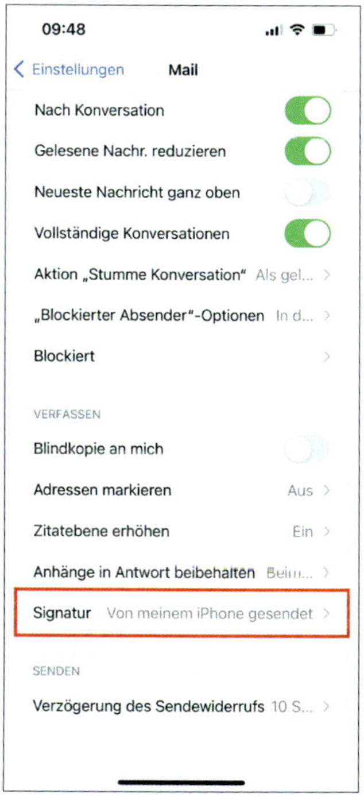

Statt der Standardsignatur verwenden Sie lieber eine individuelle Signatur oder gar keine

Erhaltene E-Mails beantworten oder weiterleiten

Statt eine E-Mail neu zu erstellen, können Sie auch erhaltene E-Mails beantworten oder an andere Personen weiterleiten. Öffnen Sie dazu eine E-Mail und tippen Sie dann unten in der App *Mail* auf das Symbol . Ihnen werden Optionen unter anderem zum Antworten (an dieselbe Person) sowie zum Weiterleiten (an eine andere Person) angezeigt. Ziehen Sie das Menü nach oben, um noch mehr Optionen zu erhalten.

Um die Optionen zu einer E-Mail zu erhalten, müssen Sie diese gar nicht unbedingt öffnen. Sie können die E-Mail auch einfach im Postfach antippen und gedrückt halten – Ihnen wird dann neben einer Vorschau der E-Mail ein Menü mit den entsprechenden Optionen angezeigt.

Welchen Umfang soll die Vorschau haben? Soll von jeder E-Mail eine Blindkopie an Sie selbst verschickt werden? Erkunden Sie diese und weitere Optionen zum Senden und Empfangen von E-Mails auf eigene Faust, und zwar in den iPhone-Einstellungen unter *Mail*.

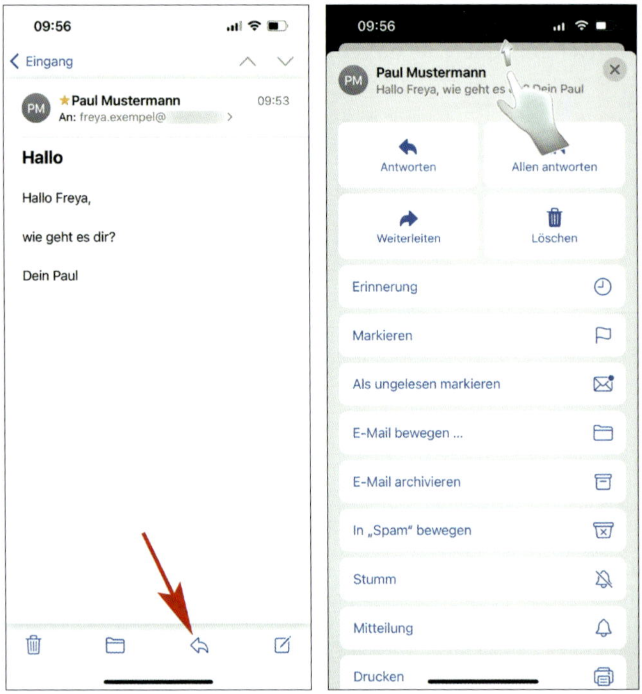

Zum Beantworten und Weiterleiten von E-Mails sowie für zahlreiche weitere Aktionen braucht es nur wenige Handgriffe

> **An das Beantworten einer E-Mail erinnern lassen**
>
> Sie möchten eine E-Mail nicht sofort beantworten, sondern zu einem späteren Zeitpunkt? Daran können Sie sich erinnern lassen. Tippen Sie dazu unter dem Symbol ↩ auf *Erinnerung* und bestimmen im sich öffnenden Menü, wann die Erinnerung erfolgen soll.

Ihre E-Mails übersichtlich verwalten

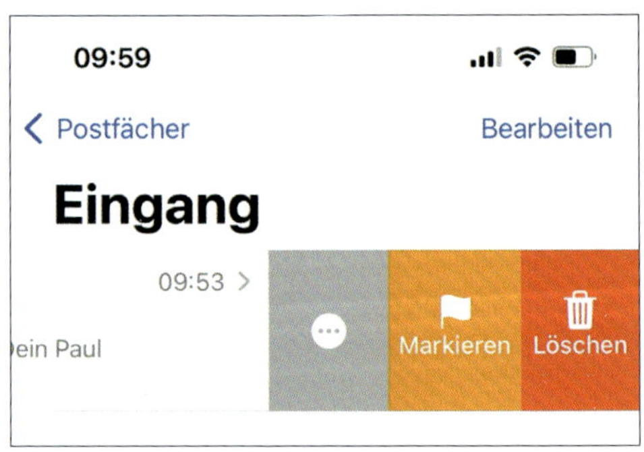

Ziehen Sie mit dem Finger auf einer E-Mail nach links, um Optionen zum Verwalten der E-Mail zu erhalten

Damit Sie auch bei zahlreichen erhaltenen E-Mails nicht den Überblick verlieren, habe ich noch einige nützliche Tipps rund um die E-Mail-Verwaltung für Sie auf Lager. Der wichtigste Tipp vorweg: Löschen bzw. archivieren Sie nicht benötigte E-Mails möglichst sofort, um keinen Ballast in Ihren E-Mail-Postfächern aufzubewahren. Wenn Sie den Finger auf einer E-Mail nach links ziehen, erscheint in der App *Mail* übrigens nicht nur die Schaltfläche *Löschen*, sondern Sie erhalten noch weitere Optionen wie *Markieren* sowie unter dem Symbol mit den drei Punkten das Antworten, das Weiterleiten einer Mail sowie das Markieren als ungelesen, das Einblenden zugehöriger E-Mails, das Einschalten der Mitteilung, das Stummschalten des Absenders oder das Bewegen der E-Mail.

E-Mails markieren

Damit Ihnen besonders wichtige E-Mails schnell ins Auge springen, versehen Sie diese mit einer Farbe. Um eine E-Mail zu markieren, tippen Sie – wie eben gezeigt – mit dem Finger auf die E-Mail und ziehen diesen dann von rechts nach links. Entscheiden Sie sich für die Option *Markieren*. Um eine geöffnete E-Mail zu markieren, tippen Sie unten auf das Symbol ↰ und wählen im sich öffnenden Menü den *Markieren*-Eintrag. Legen Sie dann, wenn Sie wollen, noch eine andere Markierungsfarbe fest.

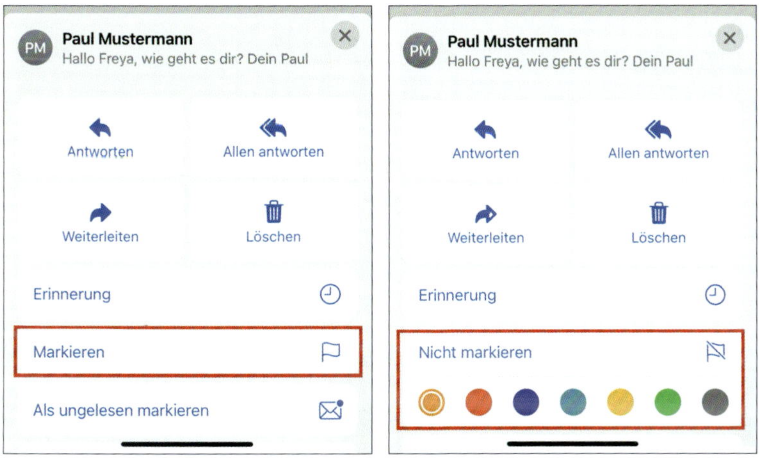

Markieren Sie E-Mails, um diese von anderen E-Mails im Postfach abzuheben

Sie erhalten in dem Menü noch drei weitere Optionen zum Markieren von Nachrichten. Hier der Überblick:

- *Als ungelesen markieren:* Damit markieren Sie eine E-Mail als ungelesen, diese wird dann im Postfach durch eine Farbmarkierung ● hervorgehoben. Bei einer als ungelesen markierten E-Mail lautet die Option entsprechend *Als gelesen markieren*.

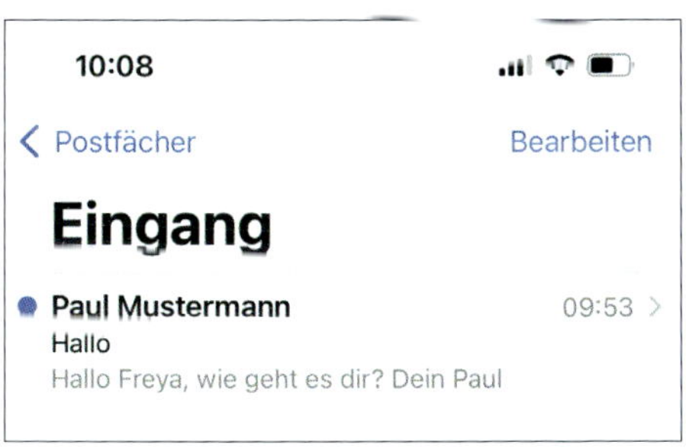

Ungelesene E-Mails werden durch eine Farbmarkierung hervorgehoben

- *In „Spam" bewegen:* Wenn Sie sich für diese Option entscheiden, wird eine E-Mail in den Ordner für unerwünschte Werbung (Junk, Spam) verschoben, eine Alternative zum Löschen.
- *Mitteilung:* Wenn Sie diese Option aktivieren, erhalten Sie eine Mitteilung bei Antworten in dieser Konversation. Sie können eine Mitteilung auch bereits beim Erstellen neuer E-Mails einrichten, indem Sie im Feld *Betreff* auf das Glockensymbol tippen. Sorgen Sie mit dieser Option dafür, dass Sie nur über wichtige E-Mails benachrichtigt werden und nicht über alle E-Mails, die Sie erhalten.

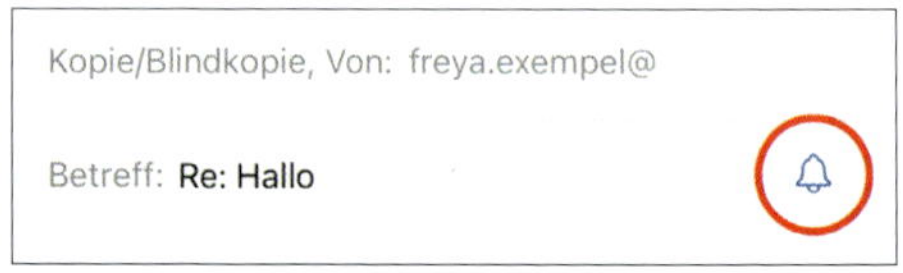

Und noch eine weitere Markierung ist möglich: Fügen Sie eine Person Ihrer VIP-Liste hinzu (dazu eine Anleitung am Ende des Kapitels), werden die E-Mails dieser Person mit einem Sternsymbol ★ versehen.

E-Mails suchen

Sie haben eine Menge E-Mails im Posteingang? Oberhalb der Liste mit den E-Mails finden Sie ein Suchfeld, mit dessen Hilfe Sie sich alle E-Mails anzeigen lassen, die Sie von einer Person erhalten haben oder die einem beliebigen Suchbegriff entsprechen. Außerdem kann die Suche auch gestartet werden, indem Sie das Symbol der App *Mail* gedrückt halten und im Kontextmenü den Eintrag *Suchen* wählen. Oder Sie verwenden Spotlight für die E-Mail-Suche.

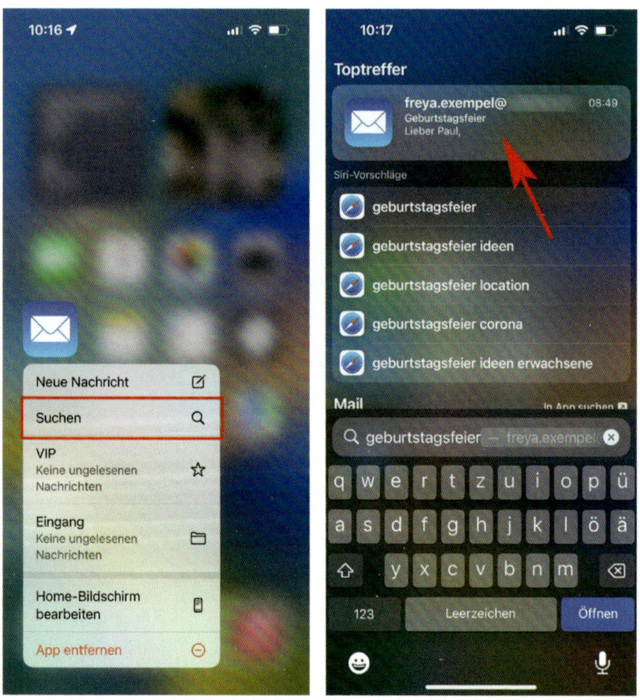

Verwenden Sie für die E-Mail-Suche unter anderem das Kontextmenü der Mail-App oder die allgemeine Suchfunktion auf dem iPhone

E-Mails filtern

Ebenfalls sehr praktisch bei vielen vorhandenen E-Mails ist die Filterfunktion, die Sie per Symbol ⊜ links unten in der App *Mail* aufrufen. Standardmäßig erfolgt die Filterung nach ungelesenen E-Mails; wenn Sie das Etikett *Ungelesen* antippen, erhalten Sie jedoch eine ganze Reihe weiterer Filteroptionen.

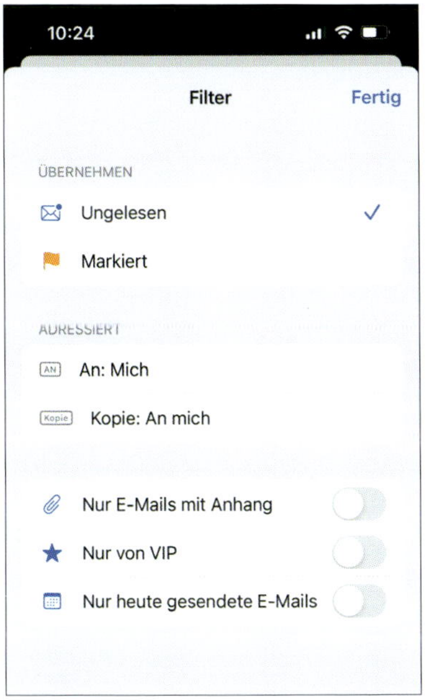

Lassen Sie sich nur diejenigen E-Mails anzeigen, die dem von Ihnen festgelegten Filter entsprechen

Neue Postfächer erstellen

Um auch bei vielen E-Mails den Überblick zu behalten, empfiehlt es sich, diese thematisch in verschiedenen E-Mail-Postfächern zu sortieren. Legen Sie also beispielsweise E-Mail-Postfächer für Ihre privaten E-Mails an, für geschäftliche Mails, für E-Mails Ihres Gartenbauvereins etc. So gelingt es Schritt für Schritt:

1. In der App *Mail* wird immer noch der Posteingang angezeigt. Tippen Sie links oben auf *Postfächer* bzw. streichen Sie auf dem Display mit dem Finger von links nach rechts.

2. Sie erhalten eine Postfachübersicht. Durch Antippen wählen Sie ein Postfach aus. Um ein neues Postfach zu erstellen, entscheiden Sie sich rechts oben für *Bearbeiten*.

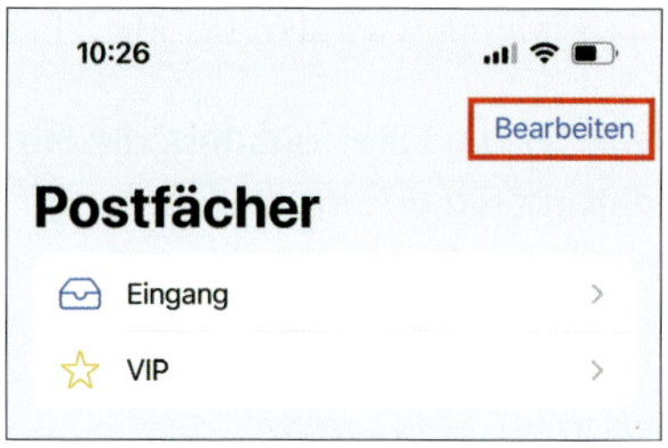

3. Im nächsten Schritt tippen Sie rechts unten auf *Neues Postfach*.

4. Geben Sie dem neuen E-Mail-Postfach eine sinnvolle Bezeichnung, wählen Sie den Speicherort für das E-Mail-Postfach aus und bestätigen Sie mit *Sichern*.

5. Um eine in der App *Mail* geöffnete E-Mail in das neue Postfach zu verschieben, tippen Sie unten in der Mail-App auf das Symbol ↩. Entscheiden Sie sich im Menü für den Eintrag *E-Mail bewegen*.

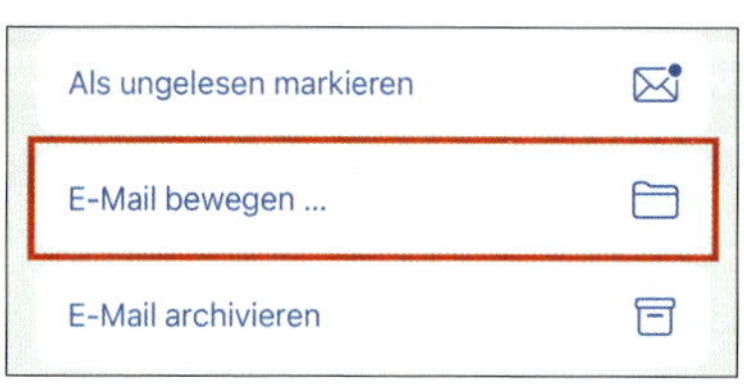

6. Wählen Sie nun einfach das gewünschte Postfach in der Liste aus, um die E-Mail dorthin zu verschieben.

Die VIP-Liste verwenden

Für Ihre besonders wichtigen Kontakte können Sie in der Mail-App eine VIP-Liste anlegen. Die E-Mails der VIPs werden dann in einem eigenen Postfach gesammelt und, wie bereits an anderer Stelle erwähnt, im Posteingang mit einem Sternsymbol ★ markiert. In den VIP-Einstellungen können Sie außerdem eigene Mitteilungsoptionen für Ihre ganz persönlichen VIPs festlegen. So zeigen Sie der App *Mail*, wer ein VIP ist:

1. Entscheiden Sie sich links oben in der Mail-App für *Postfächer* bzw. streichen Sie mit dem Finger von links nach rechts, um die Postfachliste einzublenden.

2. Tippen Sie auf den Eintrag *VIP*.

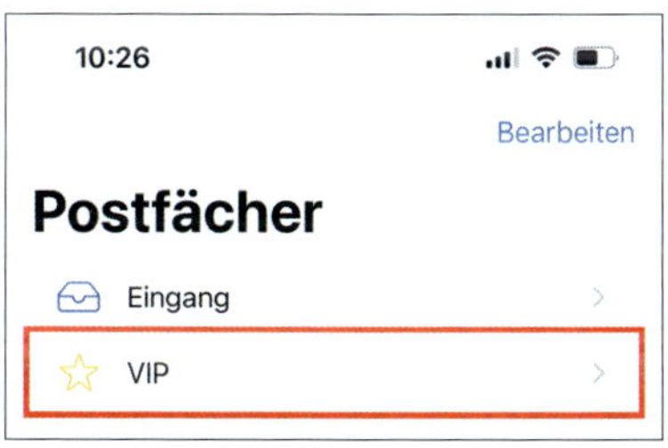

3. Tippen Sie als Nächstes auf *VIP hinzufügen*.

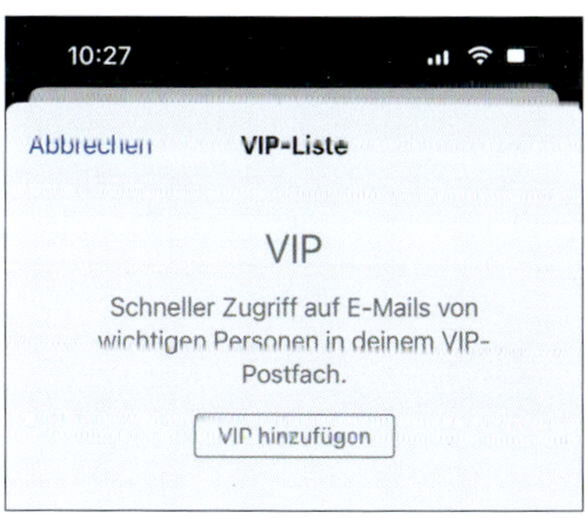

4. Wählen Sie den gewünschten Kontakt aus, um ihn in die VIP-Liste aufzunehmen. Tippen Sie erneut auf *VIP hinzufügen*, um die VIP-Liste zu ergänzen. Unter *VIP-Hinweise* passen Sie die Mitteilungseinstellungen für Ihre ganz persönlichen VIPs an.

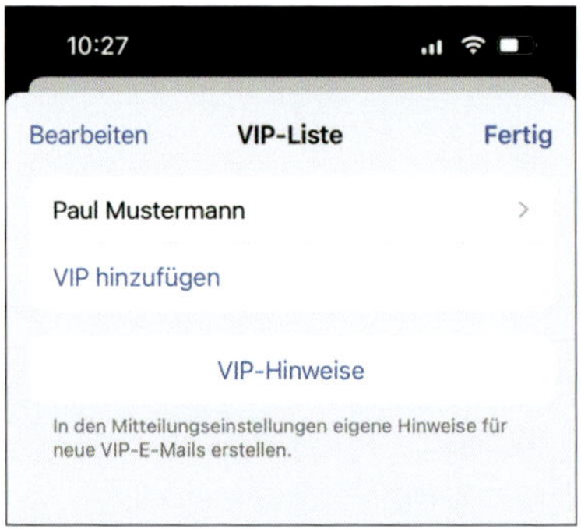

5. Wenn Sie die VIP-Liste später erneut aufrufen, werden Ihnen die E-Mails der betreffenden Kontakte angezeigt. Um wieder zur Verwaltung Ihrer VIP-Liste zu gelangen, tippen Sie beim VIP-Eintrag auf das Symbol ⓘ.

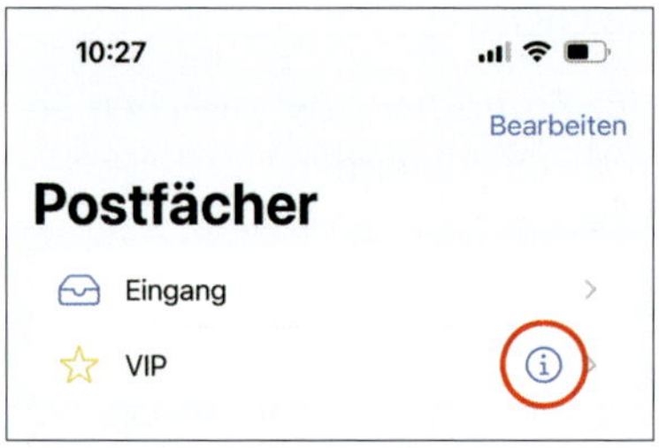

KAPITEL 9

Musik und weitere Medien aufs iPhone bringen und abspielen

Sie wollen Ihr iPhone nicht nur für »ernste« Zwecke nutzen, sondern auch zur Unterhaltung? Die neuen iPhones sind dafür prädestiniert: Musik oder Hörbücher anhören, Videos auf dem iPhone betrachten, Podcasts aufrufen, Webradio hören oder übers Internet fernsehen – die Möglichkeiten, die Sie haben, sind schier unendlich! In diesem Kapitel möchte ich Ihnen die besten Funktionen rund um das Unterhaltungsgenie iPhone vorstellen.

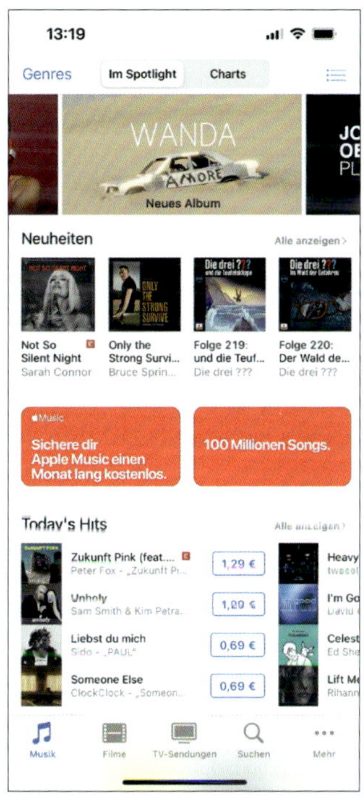

Herumstöbern oder gezielt suchen: Machen Sie im iTunes Store Inhalte ausfindig, die Sie ansprechen

Musikalben kaufen oder Spielfilme ausleihen – direkt auf dem iPhone

In Kapitel 3 habe ich Ihnen ausführlich gezeigt, wie Sie Apps aus dem App Store herunterladen. Vom Prinzip her funktioniert das Herunterladen von Musik, Hörbüchern, Filmen und weiteren Inhalten ebenso, wobei Sie Filme in vielen Fällen nicht nur kaufen, sondern auch ausleihen können.

Voraussetzung ist wiederum, dass Sie Ihre Apple ID – wie ebenfalls in Kapitel 3 beschrieben – mit Zahlungsdaten verknüpft haben. Öffnen Sie die App *iTunes Store*, die Sie standardmäßig auf der zweiten Seite des Home-Bildschirms finden, und stöbern Sie in den einzelnen Rubriken nach Inhalten, die Sie ansprechen. Unter *Suchen* finden Sie auch eine Suchfunktion, um einen ganz bestimmten Titel oder eine ganz bestimmte TV-Serie schnell aufzufinden.

So läuft das mit dem Kaufen oder Leihen

Damit Sie nicht die Katze im Sack kaufen, können Sie einen Musiktitel oder ein Hörbuch vor dem Kauf probehören, bei Filmen stehen Ihnen Filmvorschauen (Trailer) zur Verfügung.

Zum Probehören eines Audiotitels tippen Sie diesen einfach an; um einen Trailer zu betrachten, tippen Sie im Abschnitt *Trailer* auf die dort dargestellte Minivorschau – der Trailer wird daraufhin im Vollbildmodus wiedergegeben.

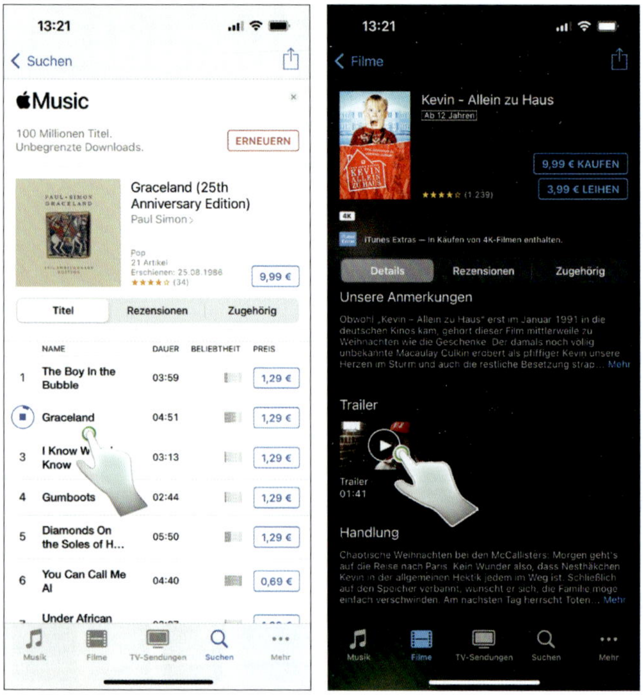

Audiotitel probehören und Filmtrailer anschauen – so kaufen Sie nur das, was Ihnen wirklich gefällt

Um einen Musiktitel bzw. ein ganzes Album oder einen Film bzw. eine TV-Staffel zu kaufen, tippen Sie jeweils auf den angezeigten Preis und bestätigen anschließend den Kauf.

Bei Filmen haben Sie häufig die Möglichkeit, diese nicht nur zu kaufen, sondern auch für 24 Stunden auszuleihen – in diesem Fall tippen Sie auf die *Leihen*-Schaltfläche. Das lohnt sich bei Filmen, die Sie sich sowieso nur einmal ansehen wollen.

Nach dem Herunterladen – Sie können den Download in der App *iTunes Store* unter *Mehr* und dort unter *Downloads* verfolgen – stehen die entsprechenden Mediendateien in der App *Musik* (Musik), in der App *TV* (Filme, TV-Sendungen, Musikvideos) oder in der App *Bücher* (Bücher, Hörbücher) zur Verfügung.

Auf bereits getätigte Käufe erneut zugreifen

Wie für die Apps gilt auch für die im iTunes Store getätigten Käufe, dass Sie diese nach einmaligem Erwerb jederzeit erneut herunterladen können. Um einen Überblick über Ihre Käufe zu erhalten, entscheiden Sie sich im iTunes Store für *Mehr* und dann für den Eintrag *Käufe*. Wählen Sie den gewünschten Medientyp aus und tippen Sie eine Datei an, um diese ggf. erneut herunterzuladen (wie bei den Apps geschieht dies per -Symbol).

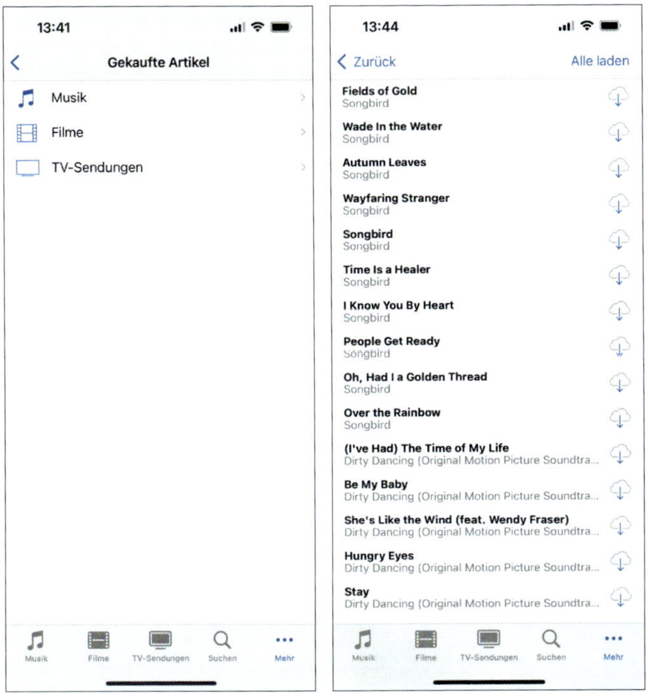

Greifen Sie auf Ihre im iTunes Store getätigten Käufe jederzeit erneut zu

Wie bereits im Zusammenhang mit den Apps kennengelernt, lässt sich auch Musik automatisch auf das iPhone laden, die Sie auf einem anderen Gerät mit derselben Apple-ID gekauft haben. Aktivieren Sie dazu in den *Einstellungen* unter *Musik* im Abschnitt *Downloads* die Option *Automatische Downloads*.

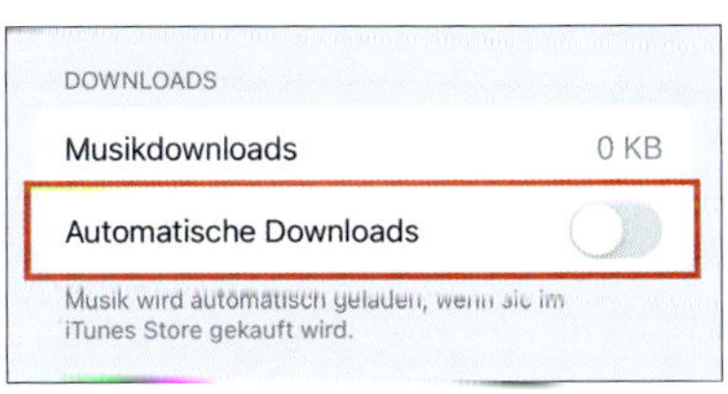

Auf anderen Geräten gekaufte Musik lässt sich automatisch herunterladen

Musik und Videos auf dem iPhone wiedergeben

Sie brauchen einen Musiktitel oder eine Videodatei in der App *Musik* bzw. in der App *TV* lediglich anzutippen, um die Wiedergabe zu starten. Die Steuerung der Wiedergabe erfolgt jeweils fast so wie bei einer Stereoanlage bzw. einem an das TV-Gerät angeschlossenen Blu-ray-Player. Doch es gibt einige Besonderheiten. Verschaffen Sie sich zunächst einen Überblick über alle wichtigen Funktionen der Musikwiedergabe.

Wählen Sie in der App *Musik* in der Rubrik *Mediathek* eine Sortierung aus – also eine Sortierung nach Interpreten, Songs, Alben etc. Tippen Sie, wie bereits geschrieben, ein Element einfach an, um es wiederzugeben. Standardmäßig wird ein Album oder eine Liste der Reihe nach wiedergegeben, und zwar ab dem Song, den Sie antippen. Um ein Album von vorne anzuhören, tippen Sie also den ersten Song an.

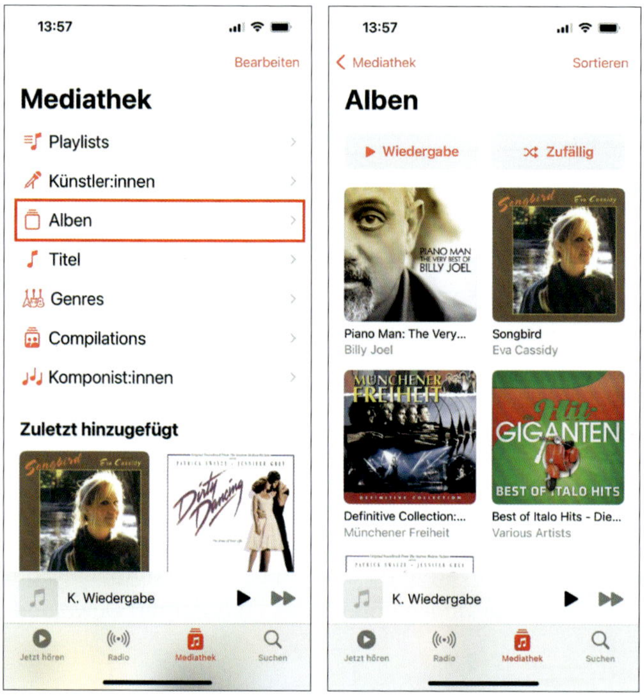

Wählen Sie in der Rubrik »Mediathek« eine Sortierung Ihrer Musiktitel aus

HINWEIS

Musiktitel, die Sie gekauft haben, müssen Sie für die Wiedergabe nicht zwingend herunterladen, sondern können diese auch übers Internet streamen. Das bedeutet zwar eine Menge Datenvolumen, ist aber praktisch, wenn der Speicherplatz auf dem iPhone knapp wird.

Die Musikwiedergabe steuern

Wenn Sie in der App *Musik* eine Musikwiedergabe starten, wird unten in der App eine Leiste mit einigen Steuerelementen eingeblendet. Tippen Sie auf diese Leiste, um noch weitere Steuerelemente einzublenden. Dies sind die wichtigsten Funktionen:

- Tippen Sie auf dieses Symbol, um die Wiedergabe zu pausieren.
- Um die pausierte Wiedergabe fortzusetzen, tippen Sie auf dieses Symbol.
- Bei kurzem Drücken dieses Symbols wechseln Sie zum vorherigen Titel, bei längerem Drücken »spulen« Sie den aktuellen Titel zurück.
- Bei kurzem Drücken dieses Symbols wechseln Sie zum nächsten Titel, bei längerem Drücken »spulen« Sie den aktuellen Titel vor.

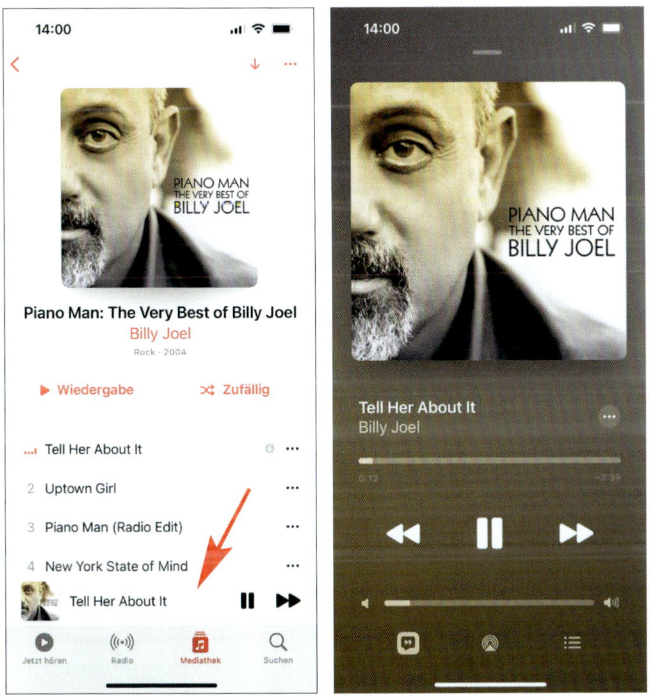

Tippen Sie auf die bei der Musikwiedergabe eingeblendete Leiste, um noch weitere Steuerelemente einzublenden

- Möchten Sie die Musikwiedergabe auf einem mit dem iPhone verbundenen Gerät durchführen, wählen Sie das Gerät – z. B. ein Apple TV oder ein MacBook – unter diesem Symbol aus.
- Sofern im Apple-Music-Katalog verfügbar, können Sie unter diesem Symbol den Liedtext des gerade laufenden Titels aufrufen.
- Unter diesem Symbol finden Sie eine Liste der Titel, die als Nächstes gespielt werden.

Wählen Sie das Symbol, dann erhalten Sie weitere Symbole für die zufällige Wiedergabe der Titel (Symbol) sowie für das automatische Wiederholen der Liste bzw. bei erneutem Antippen eines einzelnen Titels (Symbol).

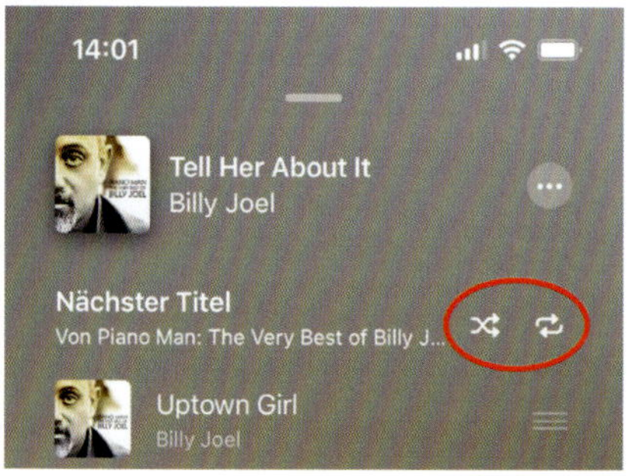

Sie können ein Album oder eine Wiedergabeliste in einer zufälligen Folge wiedergeben sowie eine automatische Wiederholung einschalten

Den Lautstärkeregler in der App *Musik* benötigen Sie eigentlich nicht, da Sie die Lautstärke mithilfe der Tasten links am iPhone bzw. auch an einem Apple-Kopfhörer oder an einem AirPod regeln können.

Die Musikwiedergabe kann grundsätzlich im Hintergrund erfolgen, und es lassen sich gleichzeitig weitere Apps verwenden – es sei denn, diese möchten ebenfalls Musik abspielen (z. B. Webradio) oder Sprache ausgeben (z. B. Navigation). Die Musikwiedergabe in der App *Musik* wird dann entweder dauerhaft pausiert oder nur vorübergehend ausgeblendet. Das Steuern der Musikwiedergabe kann auch auf dem Sperrbildschirm sowie im Kontrollzentrum erfolgen.

Apple Music

In der App *Musik* lassen sich nicht nur gekaufte bzw. mit dem iPhone synchronisierte Musikdateien abspielen, sondern Sie können auch unzählige Titel aus dem Internet streamen. Dafür steht in der Rubrik *Jetzt hören* der Dienst Apple Music zur Verfügung, der allerdings kostenpflichtig ist.

Das kostenlose Probeabo sollten Sie sich auf keinen Fall entgehen lassen! Falls Sie Apple Music sowieso nicht verwenden, lässt sich diese Rubrik in den *Einstellungen* unter *Musik* ausblenden. Analoges wie für Apple Music gilt für das Apple TV+-Abo, das Ihnen in der App *TV* angeboten wird.

Die Videowiedergabe steuern

Die Videowiedergabe erfolgt sogar noch einfacher als die Musikwiedergabe. Wählen Sie das gewünschte Video in der App *TV* durch Antippen aus. Es lassen sich ggf. auch einzelne Kapitel für die Wiedergabe eines Spielfilms auswählen.

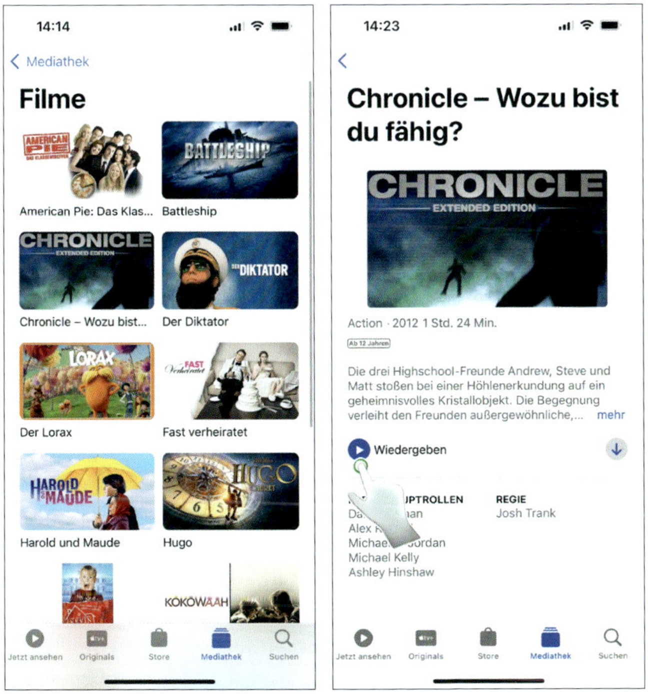

Auch im iTunes Store gekaufte Filme lassen sich streamen, um auf dem iPhone Speicherplatz zu sparen

Drehen Sie das iPhone ins Querformat, um die Filmwiedergabe im Vollbildmodus zu genießen. Im Vergleich mit den bereits von der App *Musik* her bekannten Steuerelementen gibt es neue Symbole:

- Mit diesem Symbol aktivieren Sie die Bild-in-Bild-Funktion, sodass Sie das Video auch betrachten können, während Sie mit anderen Apps arbeiten.
- Tippen Sie auf dieses Symbol, um die Filmwiedergabe auf einem AirPlay-fähigen Gerät durchzuführen, etwa einem Apple TV.
- Tippen Sie auf dieses Symbol, um für das angezeigte Video die Sprachauswahl zu ändern, die Untertitel ein- oder auszuschalten und das Wiedergabetempo anzupassen.

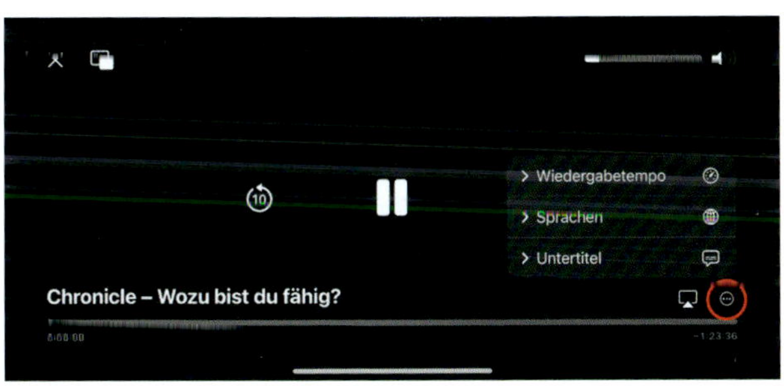

Ähnlich wie bei Film-DVDs lässt sich auch bei Filmen, die im iTunes Store gekauft wurden, häufig eine Sprachauswahl treffen

Die Steuerelemente werden während der Videowiedergabe automatisch ausgeblendet. Tippen Sie einfach in das Video, um die Steuerelemente erneut einzublenden.

Andere Optionen zum Streamen von Filmen

Man muss es schon klar sagen: Die Filme im iTunes Store sind recht teuer, egal ob zum Kaufen oder zum Ausleihen. Es gibt gute Alternativen, etwa die Videoplattform YouTube, auf der Sie ebenfalls Spielfilme finden, aber auch Anbieter wie (neben dem bereits erwähnten Apple TV+) Amazon Prime Video oder Netflix, die für eine relativ geringe Abogebühr den vollen Zugriff auf die gesamte Onlinevideothek bieten – passende Apps für die Wiedergabe sind jeweils im App Store verfügbar. So etwas gibt es natürlich auch für Musik, wie bereits im Zusammenhang mit Apple Music erwähnt, beispielsweise ist Spotify eine interessante Wahl, besonders da es auch eine kostenlose Version gibt.

Musikwiedergabelisten für jeden Anlass erstellen

Ein wichtiger Vorteil von Musik-Downloads aus dem Internet besteht darin, dass Sie nicht mehr komplette Alben kaufen müssen, sondern sich auf das Kaufen Ihrer Lieblingstitel beschränken können. Solche Einzeltitel organisieren Sie am besten in Wiedergabelisten (Playlists) für jeden Anlass, etwa Musik zum Autofahren, zum Entspannen, Partymusik, ein romantisches Abendessen und was Ihnen sonst noch einfallen mag. So einfach erstellen Sie in der App *Musik* eine neue Wiedergabeliste und fügen dieser die gewünschten Musiktitel hinzu:

1. Entscheiden Sie sich in der App *Musik* für die Rubrik *Mediathek* und wählen Sie *Playlists*, um eine Übersicht über die bereits verfügbaren Wiedergabelisten zu erhalten.
2. Wählen Sie *Neue Playlist*.

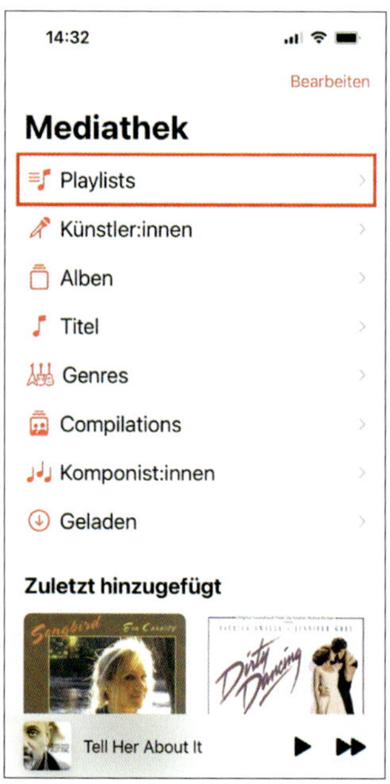

3. Geben Sie der neuen Wiedergabeliste zunächst einen sinnvollen Titel. Fügen Sie, wenn Sie möchten, auch noch eine kurze Beschreibung hinzu.

4. Wählen Sie nun *Musik hinzufügen*, um die gewünschten Titel hinzuzufügen. Tippen Sie bei einem Titel, den Sie der Wiedergabeliste hinzufügen möchten, auf das zugehörige Plussymbol ⊕. Sie können auch einfach direkt auf den Titel tippen, das zeigt den gleichen Effekt. Bestätigen Sie Ihre Auswahl mit *Fertig*.

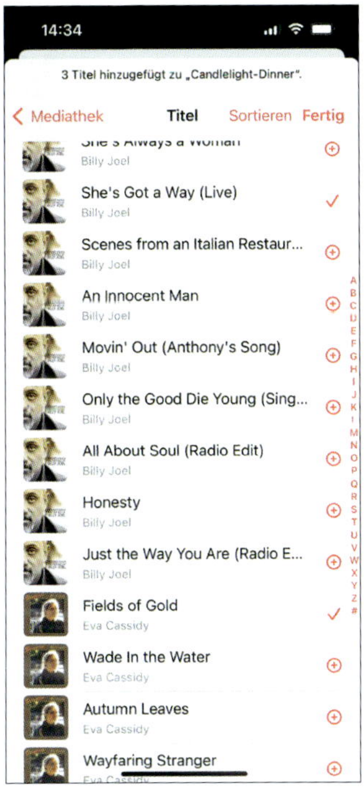

5. Bestätigen Sie das Erstellen der Wiedergabeliste ebenfalls mit *Fertig*.

Die von Ihnen erstellte Wiedergabeliste rufen Sie zukünftig in der App *Musik* unter der Rubrik *Mediathek* und dort unter *Playlists* auf. Um weitere Titel hinzuzufügen oder Titel aus der Liste zu entfernen, wählen Sie die Liste aus und entscheiden sich unter dem Symbol ··· für *Bearbeiten* – schon können Sie weitere Titel hinzufügen bzw. mit dem Symbol ⊖ Titel entfernen.

Equalizer einsetzen

Wenn Sie den Klang bei der Musikwiedergabe Ihren Wünschen anpassen möchten: In den *Einstellungen* unter *Musik* finden Sie den Eintrag *EQ*, der Zugriff auf ganz unterschiedliche Voreinstellungen bietet, aber auch Bässe oder Höhen reduzieren bzw. verstärken kann. In den *Einstellungen* unter *Musik* finden Sie noch einige weitere nützliche Optionen wie die Anpassung der Lautstärke.

Gratis-Hörbücher, Motivationskurse und mehr dank Podcasts

Eine App, die auf Ihrem iPhone ebenfalls bereits zur Verfügung steht, nennt sich *Podcasts*. Das Wort Podcast setzt sich aus i**Pod** und Broad**cast** zusammen. Gemeint sind damit kostenlose und mehr oder weniger regelmäßige Folgen von Audio-, teilweise aber auch von Videoinhalten, die Sie direkt in der App *Podcasts* aufstöbern und wiedergeben. Die App *Podcasts*, die Sie standardmäßig auf der ersten Seite des Home-Bildschirms finden, ist (kostenloser) Store und Wiedergabe-App in einem. Nachdem Sie bereits den iTunes Store und die App *Musik* kennengelernt haben, genügt es, sich mit einigen Besonderheiten der Podcasts vertraut zu machen.

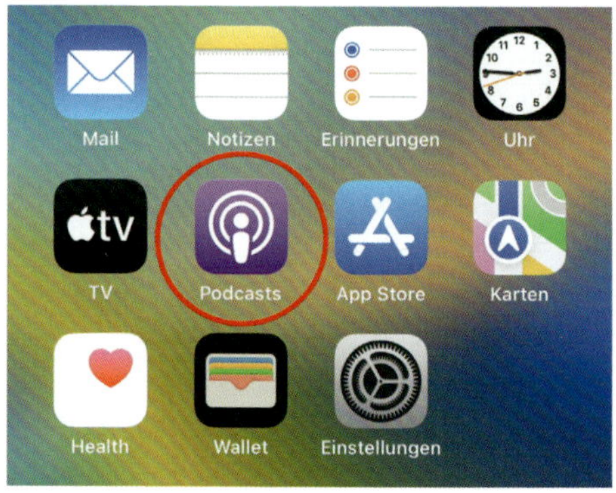

Die App Podcasts zum Laden und Wiedergeben von Podcasts steht auf Ihrem iPhone standardmäßig bereits zur Verfügung

Hier zeige ich Ihnen Schritt für Schritt, wie Sie Podcasts perfekt verwenden:

1. Zunächst mal machen Sie sich in der App *Podcasts* auf die Suche nach einem Podcast, der Ihnen zusagt. Hier lasse ich mir unter der Rubrik *Entdecken* die meistgeladenen Podcasts anzeigen. Alternativ verwenden Sie die Suchfunktion unter *Suchen*.

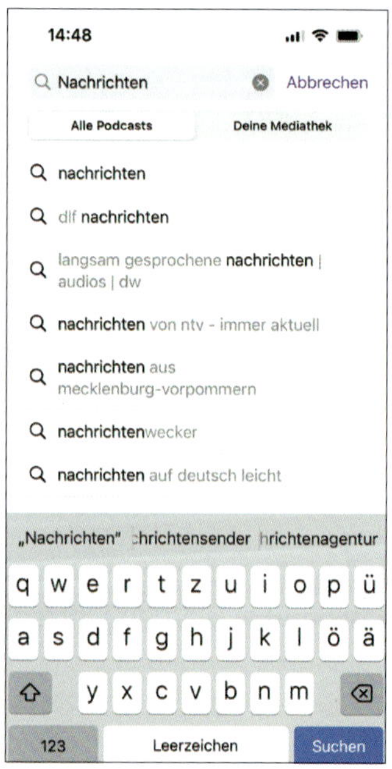

2. Sie können eine Podcast-Folge direkt wiedergeben, indem Sie diese antippen. Wollen Sie einem Podcast folgen, um zukünftig automatisch die neusten Episoden zu erhalten, tippen Sie oben auf das Plussymbol . Das Symbol verwandelt sich dann in ein Häkchen . Möchten Sie dem Podcast nicht mehr folgen, tippen Sie das Häkchen an und wählen *Sendung nicht mehr folgen*. Standardmäßig werden die neusten Podcast-Episoden automatisch aufs iPhone heruntergeladen, aber auch die automatischen Downloads lassen sich unter dem Häkchen deaktivieren.

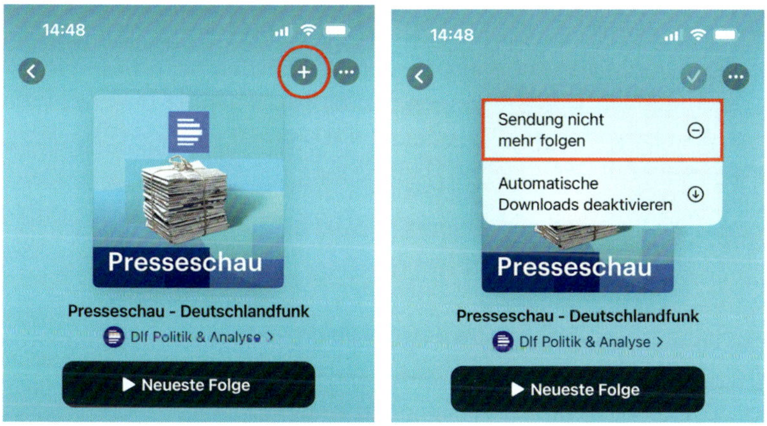

3. Um auf Ihre Podcasts zuzugreifen, wählen Sie die Rubrik *Mediathek*. Tippen Sie eine Folge an, um die Option für die Wiedergabe zu erhalten.

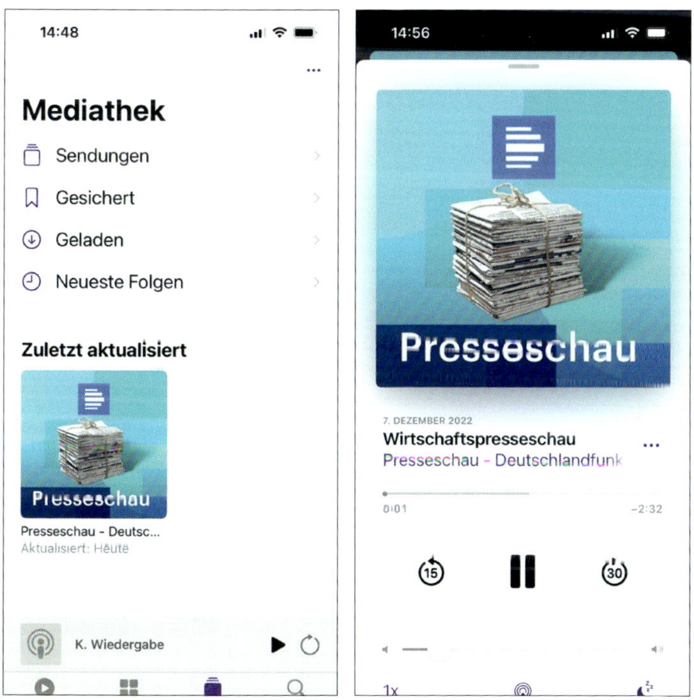

Normalerweise werden Podcast-Folgen von der neusten zur ältesten kontinuierlich wiedergegeben. Wenn Sie jeweils einen Wiedergabe-Stopp nach der aktuell gehörten Podcast-Folge wünschen, deaktivieren Sie in den *Einstellungen* unter *Podcasts* den Schalter *Kontinuierliche Wiedergabe*.

Auf dem PC gespeicherte Videodateien betrachten

Ein kleines Manko des iPhones besteht darin, dass standardmäßig nicht besonders viele Medienformate wiedergegeben werden können. Bei Musikdateien ist dies nicht weiter dramatisch, da diese sowieso meist im MP3- oder im AAC-Format vorliegen. Gravierender macht sich der Umstand aber bei Videodateien bemerkbar.

Um auch solche Videos auf Ihrem iPhone wiederzugeben, die standardmäßig nicht unterstützt werden, bieten sich Ihnen zwei Optionen:

- **Konvertierung:** Verwenden Sie eine Konvertierungssoftware, um eine Videodatei in ein unterstütztes Format zu bringen. Bei kompletten Spielfilmen ist das allerdings sehr zeitaufwendig! Empfehlenswert für die Konvertierung ist z. B. das kostenlose Programm HandBrake, das Sie unter der Webadresse *handbrake.fr* herunterladen.

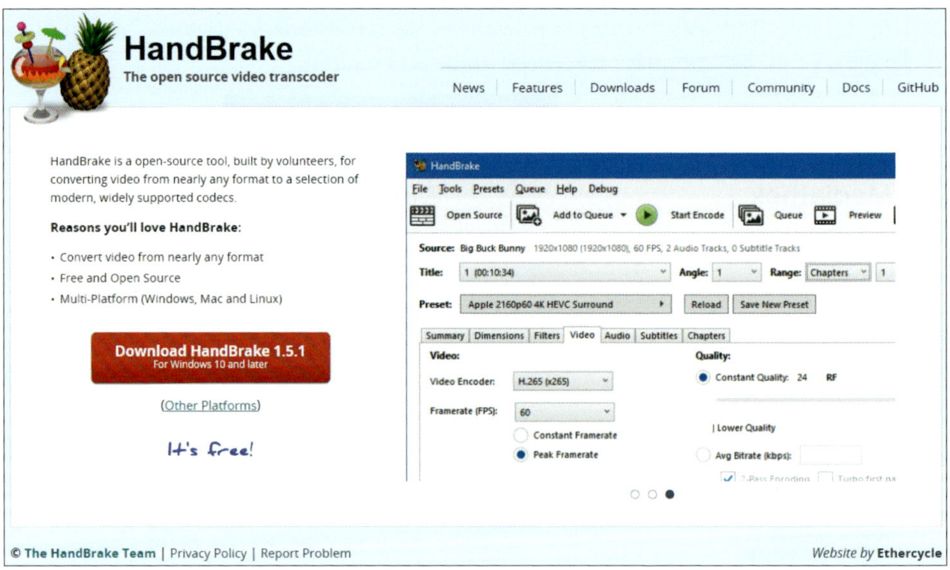

Kostenlos, aber leistungsstark: Die Konvertierungssoftware HandBrake lässt sich für Windows-Computer, Mac und Linux-Rechner herunterladen

- **Zusatz-App:** Laden Sie die Videodatei in eine Zusatz-App, die mehr Formate unterstützt. Ich kann Ihnen die kostenlose App *VLC media player* empfehlen, die jede Menge

Videoformate wiedergeben kann. Die Übertragung der Videodateien vom Computer aufs iPhone kann auf unterschiedlichen Wegen erfolgen. Zudem erlaubt die App den Zugriff auf Cloud-Dienste sowie Netzwerkstreaming.

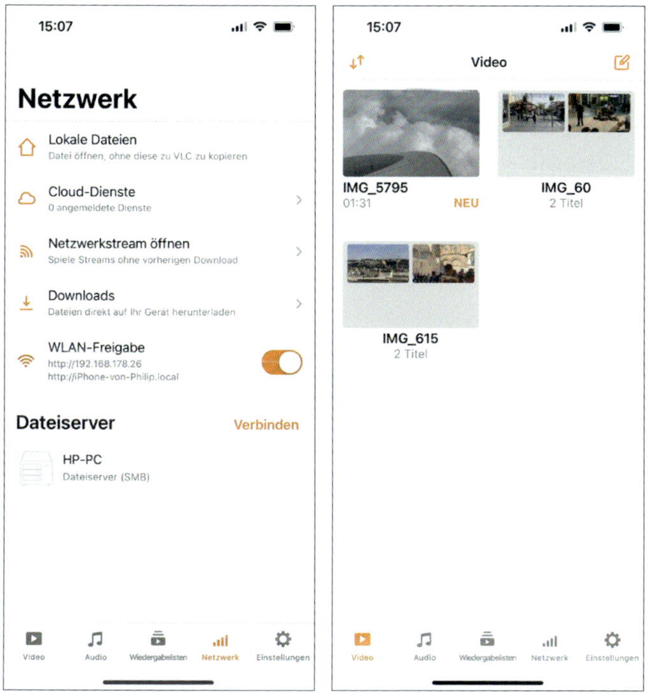

Mit der App VLC media player können Sie zahlreiche Video- sowie auch Audioformate von unterschiedlichen Speicherorten wiedergeben

Entscheiden Sie selbst, welcher Variante Sie den Vorzug geben möchten. Ich persönlich bevorzuge das Speichern und Wiedergeben der Videodateien in einer Zusatz-App.

Musik und Filme vom iPhone auf die Stereoanlage oder das TV-Gerät übertragen

Der Lautsprecher Ihres iPhones hat einen erstaunlich guten Klang, aber für eine Party reicht das nicht aus. Und einen kompletten Spielfilm auf dem iPhone-Display zu betrachten, macht auch nicht gerade Spaß, zumindest wenn Sie regelmäßig Filme gucken wollen.

Lassen Sie mich Ihnen deshalb auf den nächsten Seiten die besten Geräte und Funktionen für die Wiedergabe von Musik und Filmen auf der Stereoanlage oder dem TV-Gerät aufzeigen.

Musik auf die Stereoanlage via AirPlay oder Bluetooth

Die Übertragung von Musik, die Sie auf Ihrem iPhone wiedergeben, auf eine Stereoanlage erfolgt am einfachsten drahtlos – entweder in einem WLAN per AirPlay oder per Bluetooth.

Voraussetzung dafür, dass dies funktioniert, ist jeweils, dass die Stereoanlage mit einer entsprechenden Funktion ausgestattet ist. Für die Verwendung der AirPlay-Funktion kann ansonsten ein zusätzliches Gerät wie das Apple TV angeschlossen werden, das ich Ihnen gleich noch näher vorstellen werde – Voraussetzung in diesem Fall ist aber, dass an der Stereoanlage ein entsprechender Anschluss vorhanden ist.

Im Zusammenhang mit Bluetooth stellen Sie eine Verbindung zwischen dem iPhone und der Stereoanlage her, wie ich es in Kapitel 2 im Zusammenhang mit einer Bluetooth-Tastatur beschrieben habe. Wenn Bluetooth sowohl auf dem iPhone als auch auf der Stereoanlage aktiviert ist, wird die Musik, die auf dem iPhone läuft, auf die Stereoanlage gestreamt. Der Nachteil bei Bluetooth: Sie dürfen sich mit dem iPhone nicht zu weit von der Stereoanlage entfernen, in der Regel höchstens 10 m ohne Mauern dazwischen.

Diese Abbildung zeigt die Mini-Stereoanlage BTB8000 von Philips, die unter anderem über eine Bluetooth-Funktion verfügt (Bildquelle: Philips)

Möchten Sie selbst Musik aufnehmen?

Eventuell möchten Sie selbst Musik aufnehmen, mit verschiedenen auf dem iPhone dargestellten Instrumenten einspielen und mehrere Tonspuren zu einem ansprechenden Song zusammenmischen? Das ist kinderleicht und macht richtig Spaß mit der iPhone-App *GarageBand*. Wenn Sie diese App nicht benötigen, löschen Sie sie lieber vom iPhone, da sie recht viel Speicherplatz belegt.

Die Verwendung von AirPlay basiert auf einem WLAN. Wenn sowohl das iPhone als auch das AirPlay-fähige Gerät sich im selben WLAN befinden, wird Ihnen die *AirPlay*-Option in den entsprechenden Apps (z. B. *Musik* oder *TV*) angeboten.

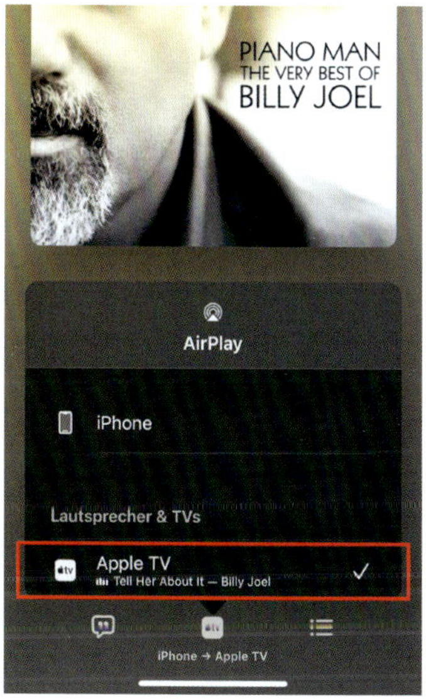

Aktivieren Sie AirPlay beispielsweise in der App Musik, um Ihre Musik auf ein AirPlay-fähiges Gerät zu streamen

Streaming vom iPhone, Zugriff auf Fotostream und noch viel mehr: Apple TV

Sie möchten Videos, Fotos, Musik oder einfach sämtliche Displayinhalte von Ihrem iPhone auf das TV-Gerät übertragen? Ich empfehle die Anschaffung eines Apple TV, das diese und noch weitere Funktionen bietet. Es handelt sich um eine kleine Box, die mit einem HDMI-Kabel an den Fernseher angeschlossen wird.

Das Apple TV ist eine kleine Box, die mit vielen nützlichen Medienfunktionen aufwartet (Bildquelle: Apple)

Bei der Inbetriebnahme eines Apple TV stellen Sie zunächst eine Verbindung mit dem WLAN her, in dem sich auch das iPhone befindet. Um auch auf die gleichen Medieninhalte wie auf dem iPhone zuzugreifen, melden Sie sich auf dem Apple TV zudem mit der gleichen Apple-ID an.

Das Apple TV wartet mit einer ganzen Reihe exzellenter Funktionen auf. Zunächst mal lassen sich via AirPlay sämtliche Inhalte vom iPhone auf den Fernsehbildschirm streamen. Öffnen Sie hierzu das Kontrollzentrum und wählen Sie das Symbol . Um die Bildschirmsynchronisierung zu starten, wählen Sie anschließend *Apple TV*.

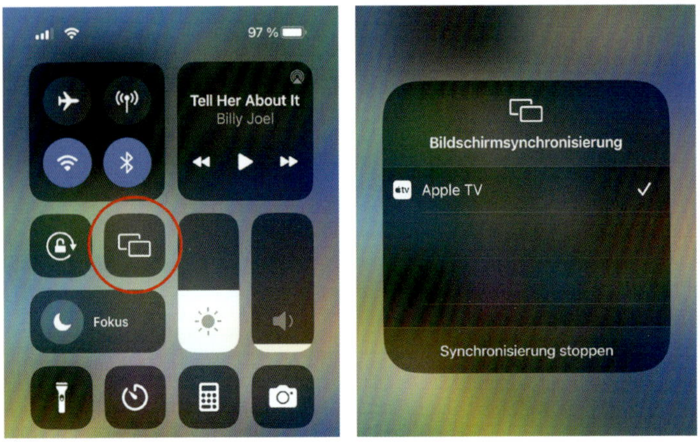

Die Bildschirmsynchronisierung erlaubt das Streamen sämtlicher auf dem iPhone angezeigter Displayinhalte auf den Fernsehbildschirm

Ein Apple TV hat noch einiges mehr zu bieten. Gestatten Sie mir, Ihnen für eine eventuelle Kaufentscheidung einen kleinen Überblick zu geben:

- **Zugriff auf Inhalte aus dem iTunes Store:** Sie können auch direkt auf dem Apple TV auf die im iTunes Store gekaufte Musik sowie auf gekaufte Filme und TV-Serien zugreifen. Videos lassen sich auch direkt auf dem Apple TV kaufen oder ausleihen. Apple bietet außerdem, wie schon erwähnt, den kostenpflichtigen Streaming-Dienst Apple TV+ an, also eine Art Internet-Leihvideothek mit Flatrate.
- **Privatfreigabe:** Die Privatfreigabe ermöglicht es, auf die Mediathek zuzugreifen, die Sie auf dem PC angelegt haben, also Inhalte vom Computer zu streamen. Falls eine Privatfreigabe besteht, lässt sich auf die freigegebenen Mediatheken auch direkt auf dem iPhone zugreifen, und zwar in den Apps *Musik* und *TV*.
- **iCloud-Fotos:** Wenn Sie Ihre Aufnahmen mit iCloud synchronisieren, können Sie mit dem Apple TV ebenfalls darauf zugreifen, um Ihre Aufnahmen direkt auf dem Fernsehbildschirm zu betrachten und zu präsentieren.
- **Externe Anbieter:** Auch auf dem Apple TV stehen eine Reihe von Apps externer Anbieter zur Verfügung. Geben Sie beispielsweise mit den Apps *Amazon Prime Video* oder *Netflix* Filme wieder oder hören Sie mithilfe einer anderen App übers Internet Radio.

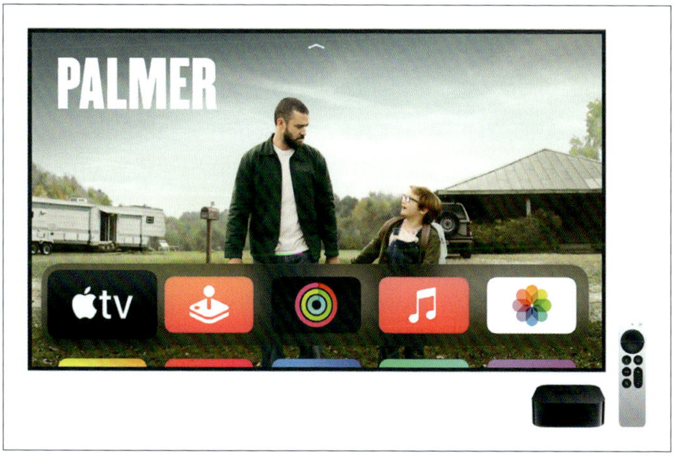

Wenn im Fernsehen mal nichts Gescheites läuft: Streamen Sie mit Ihrem Apple TV Filme übers Internet (Bildquelle: Apple)

Webradio und Web-TV auf dem iPhone nutzen

Das iPhone lässt sich auch als Radio oder TV-Gerät einsetzen – dank Internet. Gern stelle ich Ihnen meine in diesem Zusammenhang bevorzugten Apps vor:

- **Webradio:** Jede Menge Radiosender aus aller Welt kostenlos (allerdings mit nervigen Werbeeinblendungen) und in lupenreiner Qualität empfangen – verwenden Sie hierzu z. B. die App *Radio.de*. Ihre Lieblingssender lassen sich darin speichern, um jederzeit

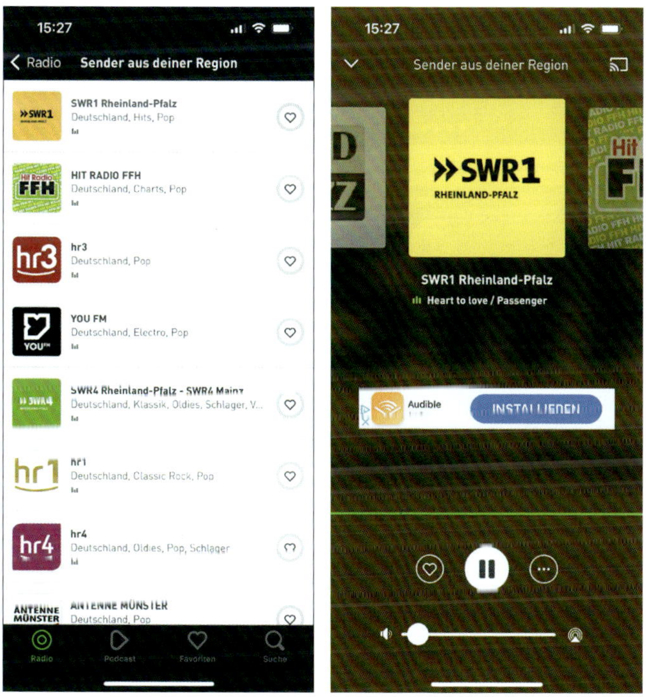

Mit der entsprechenden App, hier Radio.de, empfangen Sie übers Internet Radiosender aus der ganzen Welt

schnell darauf zuzugreifen. Auch die Einzel-Apps verschiedener Radiosender lassen sich im App Store aufspüren. Nur ein Beispiel hierfür ist die App *DLF24* des Deutschlandfunks, die außer mit einem Livestream des Senders auch mit Onlinenews aufwartet.

- **Web-TV:** Zum Empfangen von ARD, ZDF, Arte und zahlreichen weiteren Fernsehsendern empfehle ich die Gratis-App *Zattoo*. Nach der kostenlosen Registrierung müssen Sie lediglich einen Sender auswählen, um den Livestream zu starten. Drehen Sie das iPhone ins Querformat, um die Sendung im Vollbildmodus wiederzugeben. Ein etwas nerviger Haken bei der Zattoo-Nutzung: Beim Ein- und Umschalten werden jeweils Werbefilmchen eingeblendet. Auch im Zusammenhang mit Web-TV gilt, dass einige Fernsehsender auch eigene Apps mit einem Livestream anbieten, z. B. ARD und ZDF.
- **Mediatheken verwenden:** Wer mal eine Sendung verpasst, kann diese häufig nachträglich in der Mediathek des entsprechenden Fernsehsenders betrachten. Auch von diesen gibt es meist Apps, z. B. die Apps *ZDFmediathek*, *ARD Mediathek*, *ORF TVthek* oder *Play SRF*. Teils gibt es auch in diesen Apps einen Livestream.

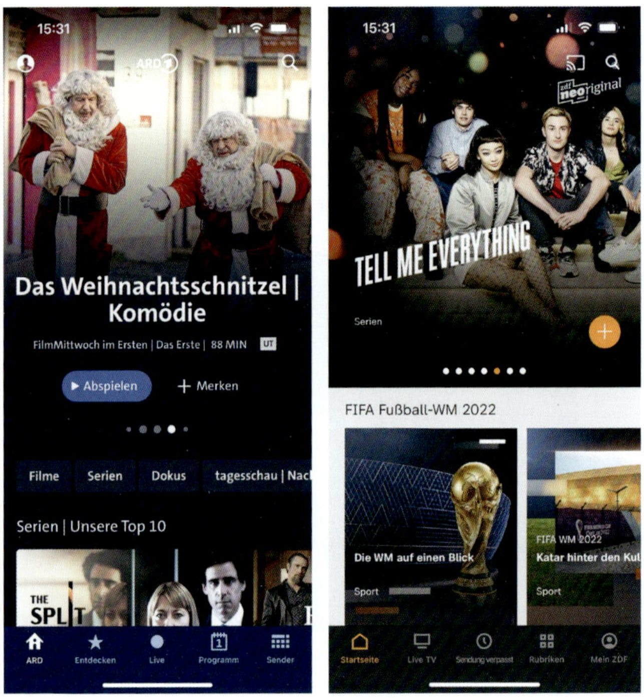

Diese Abbildungen zeigen die Mediathek-Apps von ARD und ZDF

Kapitel 10

Fotos und Videos aufnehmen, bearbeiten und verwalten

Ein iPhone 14 und besonders eine Pro-Variante des iPhones mag auf den ersten Blick teuer erscheinen – wenn Sie sich vergegenwärtigen, wie viele Funktionen es bietet, relativiert sich der Anschaffungspreis jedoch schnell. Ein Paradebeispiel hierfür ist die eingebaute Kamera. Sie bietet beim iPhone 14 und iPhone 14 Plus mit zwölf Megapixeln zwar keine Bildgrößen wie so manche andere Digitalkamera. Was die Bildqualität anbelangt, kann die iPhone-Kamera allerdings mehr als mithalten. Und das iPhone 14 Pro sowie das iPhone 14 Pro Max warten sogar mit einer 48-Megapixel-Kamera auf. Pixel nennt man die einzelnen Bildpunkte, aus denen das Bild zusammengesetzt wird.

Für das Urlaubs-, Familien- oder Porträtfoto zwischendurch benötigen Sie ganz bestimmt kein zusätzliches Gerät mehr! Das iPhone wird inzwischen sogar von professionellen Fotografen und Filmern geschätzt. In diesem Kapitel stelle ich Ihnen alle wichtigen Funktionen der iPhone-Kamera vor.

Das iPhone als vollwertige Kamera nutzen

Um mit dem iPhone fotografieren oder filmen zu können, starten Sie die App *Kamera* – entweder über das Symbol auf dem Home-Bildschirm oder aber auf dem Sperrbildschirm, indem Sie von rechts nach links streichen bzw. indem Sie dort das Symbol gedrückt halten.

Wie bei einer herkömmlichen Digitalkamera gilt: Wenn Sie das iPhone im Hochformat halten, wird ein hochformatiges Bild bzw. Video aufgenommen; halten Sie das iPhone hingegen im Querformat, wird ein querformatiges Bild bzw. Video aufgenommen. Unabhängig davon, wie Sie Ihr iPhone halten, können Sie aber auch quadratische Bilder aufnehmen.

Wenn Sie das iPhone im Querformat halten, achten Sie darauf, dass sich die Lautstärketasten rechts oben befinden – die Lautstärketasten dienen nämlich, wenn Sie nicht das dafür vorgesehene Symbol in der App nutzen möchten, als Auslöser. Als »Sucher« dient das Display, auf dem jeweils dargestellt wird, was Sie mit der Kamera erfassen.

Die iPhone-Kamera lässt sich unter anderem per Symbol auf dem Home-Bildschirm aufrufen

Während das iPhone 14 Pro sowie das iPhone 14 Pro Max neben der Hauptkamera auch über ein Ultraweitwinkel- und ein Teleobjektiv verfügen, steht auf dem iPhone 14 und dem iPhone 14 Plus neben der Hauptkamera lediglich ein Ultraweitwinkel-Objektiv zur Verfügung.

Auf allen vier Varianten des iPhone 14 steht ein Porträtmodus bereit, der jeweils sechs unterschiedliche Porträtlicht-Effekte zu bieten hat. Für Videoaufnahmen mit Schärfentiefe-Effekten gibt es einen Kinomodus. Auch ein Actionmodus kann aktiviert werden, der für weniger Wackler beim Drehen von Actionvideos sorgen soll.

Achtung, Geotag!

Beim ersten Start der App *Kamera* werden Sie gefragt, ob die Kamera auf die Ortungsdienste Ihres iPhones zugreifen darf. Dies ermöglicht es, die aufgenommenen Bilder mit einem Geotag – den Koordinaten des Aufnahmeorts – zu versehen. Andere können dadurch sehen, an welchem Strand Sie die Delfine fotografiert haben, aber auch, in welchem Haus sich die abgelichtete Schmucksammlung befindet.

Aufnahmefunktion wählen

Bestimmen Sie bei der Kamera zunächst durch Streichen im Auswahlmenü, welche Aufnahmefunktion Sie nutzen möchten. Dies sind die angebotenen Optionen:

- *Foto:* Wählen Sie diese Option, um ein Foto aufzunehmen. Dabei können Sie zwischen unterschiedlichen Formaten wählen, nämlich 4:3, 16:9 oder einer quadratischen Aufnahme. Um in der Kamera die Aufnahmeoptionen ein- oder auszublenden, tippen Sie in der Kamera-App auf das Pfeilsymbol ; alternativ können Sie dazu auch im Sucher nach oben und unten (bzw. im Querformat nach links und rechts) streichen.

Eine Fotoaufnahme lässt sich in unterschiedlichen Formaten tätigen

- *Porträt:* Speziell für Porträtaufnahmen bietet das iPhone 14 einen extra Aufnahmemodus mit sechs unterschiedlichen Belichtungseffekten.
- *Pano:* Wählen Sie diese Option aus, um ein Panoramafoto mit bis zu 63 Megapixeln Größe aufzunehmen.
- *Video:* Diese Option dient zur Aufnahme eines 4K- oder HD-Videos. Per Symbol aktivieren bzw. deaktivieren Sie den Actionmodus, um ruckelige Aufnahmen zu verhindern.

Der Actionmodus soll dafür sorgen, dass auch bei Actionaufnahmen ruckelfrei gedreht wird

- *Kino:* Hier wählen Sie den Kinomodus aus, der es ermöglicht, den Fokus auf die wichtigsten Objekte zu richten.
- *Slo-Mo:* Entscheiden Sie sich für diese Option, um das Video in Zeitlupe aufzuzeichnen, die Bildfrequenz also deutlich zu erhöhen.
- *Zeitraffer:* Wählen Sie diese Option, um das Video im Zeitraffer aufzuzeichnen, die Bildfrequenz also deutlich zu verringern.

Exzellente Fotos aufnehmen

Für Aufnahmen mit der iPhone-Kamera gelten grundsätzlich die gleichen Regeln wie für Aufnahmen mit anderen Kameras auch. Bevor Sie sich mit den eigentlichen Kamerafunktionen vertraut machen, vorab fünf goldene Regeln für wirklich gelungene Aufnahmen:

- Das Motiv entscheidet! Nehmen Sie sich Zeit für die Motivsuche sowie für die Suche nach der besten Position, aus der Sie das Motiv fotografieren.
- Wackeln Sie während des Fotografierens nicht mit Ihren Händen – ansonsten ist das Risiko hoch, dass auch die Aufnahme verwackelt wird.
- Fotografieren Sie am besten bei Tageslicht; auch wenn das iPhone 14 zahlreiche Features für Nachtaufnahmen bietet. Notfalls setzen Sie den LED-Blitz Ihres iPhones ein.
- Fotografieren Sie niemals gegen das Licht, denn dann wird die Aufnahme nicht gelingen.
- Machen Sie von einem Motiv zahlreiche Aufnahmen. Sie können dann später die beste auswählen und nicht gelungene Bilder löschen. Das iPhone bietet für diese Methode genügend Speicherplatz!

Nun aber zu den eigentlichen Kamerafunktionen, die die iPhone-Kamera zu bieten hat. Einige Funktionen sind direkt eingeblendet, weitere Funktionen blenden Sie, wie bereits gelernt, per Pfeilsymbol oder durch Streichen auf dem Sucher ein.

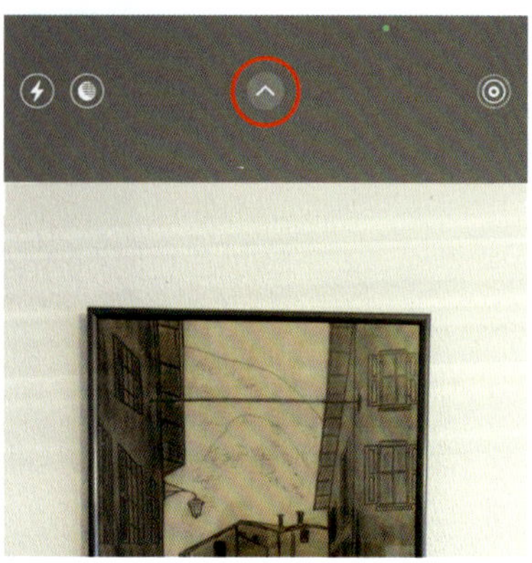

Verschiedene Kamerafunktionen wie Auswahl des Bildformats, des Timers oder eines fotografischen Stils lassen sich per Symbol ein- und wieder ausblenden

Lassen Sie mich Ihnen die Kamerafunktionen im Einzelnen vorstellen:

- **Kamera wechseln:** Um ein Selfie zu schießen, können Sie auch einfach von der iPhone-Kamera auf die vordere Kamera umschalten. Um dies zu bewerkstelligen, tippen Sie in der App *Kamera* auf das Symbol .
- **Fokus und Belichtung:** Der Fokus ist standardmäßig (auch bei Videos) in der Mitte des Bildes angesiedelt. Um den Fokus in eine andere Position zu versetzen, tippen Sie einfach auf eine andere Position. Gleichzeitig wird ein Schieberegler eingeblendet, um die Belichtung zu erhöhen oder zu verringern.

  Um Fokus und Belichtung auch beim Motivwechsel beizubehalten, halten Sie die Position einen Moment lang gedrückt, dadurch wird die AE/AF-Sperre aktiviert (AE steht für **A**uto-**E**xposure, AF für **A**uto-**F**okus). Durch erneutes Antippen lösen Sie die Sperre wieder.
- **Zoom/Brennweite:** Um sich – sowohl bei Foto- als auch bei Videoaufnahmen – an ein Motiv heranzuzoomen, bewegen Sie Daumen und Zeigefinger auf dem Display auseinander. Sie können alternativ auch im Sucher die eingeblendete Zoomstufe gedrückt halten, der daraufhin eingeblendete Schieberegler hilft Ihnen beim Feintuning. Neben dem optischen Zoom auf Basis der verschiedenen Objektbrennweiten steht Ihnen auf dem iPhone auch ein optischer Zoom zur Verfügung.

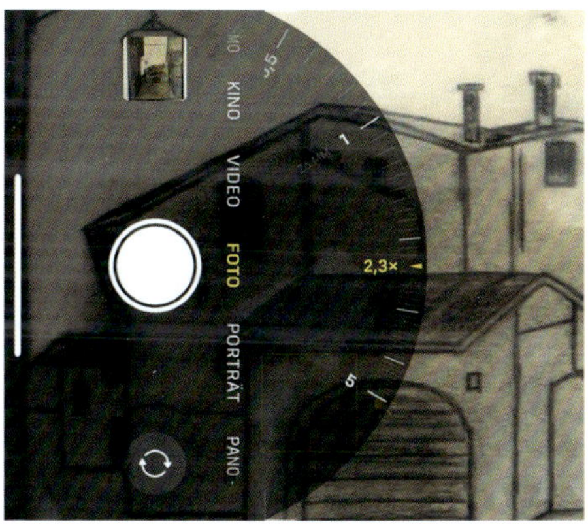

Durch Gedrückthalten und Streichen einer Zoomstufe lässt sich der Zoom stufenlos einstellen

- **Blitz:** Der ins iPhone eingebaute LED-Blitz wird standardmäßig bei Bedarf aktiviert. Zum Ein- und Ausschalten des Blitzes dient in der App *Kamera* das Symbol .
- **Live Photos:** Mit dem iPhone 14 lassen sich auch Live Photos – animierte Bilder – aufnehmen. Dem Deaktivieren bzw. Aktivieren der Live Photos dient in der App *Kamera* das Symbol .

  Um ein Live Photo zu betrachten, halten Sie es in der App *Fotos* gedrückt. Live Photos können auch auf anderen Apple-Geräten angezeigt werden – schauen Sie sich immer das komplette Live Photo an, bevor Sie es versenden.

In diesem Fall wird ein Live Photo aufgenommen, erkennbar an der Einblendung »Live«

- **Timer:** Wenn Sie auch selbst mit aufs Bild wollen, verwenden Sie den Timer. Tippen Sie auf der Symbolebene der App *Kamera* auf das Symbol und wählen Sie die gewünschte Aufnahmeverzögerung aus. Hinweis: Ausgeblendete Symbole machen Sie durch seitliches Streichen sichtbar.
- **Filter:** Für pfiffige Aufnahmen steht Ihnen auf der Symbolebene unter dem Symbol eine Reihe von Filtern zur Verfügung, mit denen sich ein Foto beispielsweise auf alt trimmen lässt. Tippen Sie einen Filter an, um ihn auszuwählen.
- **Fotografische Stile:** Zwischen den verschiedenen fotografischen Stilen wählen Sie unter dem Symbol . Im Gegensatz zu den Filtern werden die fotografischen Stile auf einzelne Bildbereiche angewendet, während die Filter jeweils für die gesamte Aufnahme genutzt werden. Neben der Standardeinstellung stehen die fotografischen Stile *Kontrastreich*, *Leuchtend*, *Warm* und *Kalt* zur Auswahl bereit.

Die fotografischen Stile werden selektiv auf Bildbereiche angewendet, also nicht wie bei den Filtern auf das gesamte Bild

- **Formatauswahl:** Tippen Sie auf der Symbolebene auf das aktuelle Bildformat, z. B. 4:3, und wählen Sie bei Bedarf ein anderes Bildformat aus.
- **Belichtung:** Unter dem Symbol können Sie auf dem iPhone 14 Belichtungseinstellungen vornehmen, die dann bis zum nächsten Aufrufen der App *Kamera* festgelegt sind.
- **Schärfentiefe:** Im Porträtmodus können Sie unter dem Symbol zusätzlich die Schärfentiefe anpassen.

Das iPhone 14 verfügt außerdem über einen Nachtmodus, der für bessere Aufnahmen bei geringem Umgebungslicht sorgt. Der Nachtmodus wird vom iPhone automatisch aktiviert, wenn es für die Aufnahmen nicht hell genug ist.

Ihre Aufnahmen werden in der App *Fotos* gespeichert. Auch in der App *Kamera* haben Sie Zugriff darauf, indem Sie nach einem aufgenommenen Foto auf die Minivorschau tippen.

In den *Einstellungen* unter *Kamera* finden Sie noch zahlreiche weitere Einstellungsmöglichkeiten, etwa zum Aufnehmen oder zum Spiegeln der Frontkamera bei Selfie-Aufnahmen oder zum Einblenden eines Rasters. Ein Raster aus waagerechten und senkrechten Linien hilft Ihnen bei der optimalen Positionierung des Motivs; auf Ihren Aufnahmen sind die Linien selbstverständlich nicht zu sehen.

Gelungene Porträtaufnahmen

Das iPhone 14 bietet einen Porträtmodus, der unter anderem Aufnahmen mit einem sogenannten Bokeh-Effekt ermöglicht, bei dem der Hintergrund unscharf dargestellt wird.

Um eine Porträtaufnahme zu machen, entscheiden Sie sich in der App *Kamera* für die Option *Porträt* und wählen anschließend einen der sechs Porträtlicht-Effekte aus.

Für die Porträtaufnahme kann die Kamera auf der Rückseite, aber auch die TrueDepth-Kamera auf der Vorderseite zum Einsatz kommen. Das iPhone 14 Pro und das iPhone 14 Pro Max erlauben Porträtaufnahmen auch bei ungünstigen Lichtverhältnissen im Nachtmodus.

Im Porträtmodus steht das Objekt im Vordergrund, der Hintergrund wird mit Unschärfe versehen

So nehmen Sie ein Panoramafoto auf

Ein Sonderfall ist die Aufnahme von Panoramafotos. Bei diesen stehen Ihnen die meisten der genannten Aufnahmefunktionen nicht zur Verfügung. Wählen Sie in der App *Kamera* die Option *Pano* und zeichnen Sie beeindruckende Landschaftspanoramen oder Ihr eigenes Grundstück auf.

Das Aufzeichnen von Panoramafotos erfordert eine ruhige Hand, ist aber ansonsten ein Kinderspiel

Zum Aufzeichnen eines Panoramafotos drücken Sie den Auslöser. Bewegen Sie die iPhone-Kamera dann langsam von links nach rechts – Sie erhalten vom iPhone jeweils entsprechende Anweisungen und auch Hinweise, falls Korrekturen bei der Panoramaaufnahme notwendig sein sollten. Auch diese Aufnahme finden Sie anschließend in der App *Fotos*.

Displayfoto aufnehmen

Sie möchten die gerade auf dem iPhone-Display dargestellten Inhalte abfotografieren? Um ein Displayfoto aufzunehmen, drücken Sie gleichzeitig die Seitentaste sowie die obere Lautstärketaste. Es ertönt ein Auslöserton. Das Displayfoto wird wie Ihre anderen Aufnahmen auch in der App *Fotos* gespeichert. Zuvor wird es links unten auf dem Display angezeigt – wenn Sie die Minivorschau antippen, erhalten Sie Optionen zum Bearbeiten.

Mit dem iPhone HD- und 4K-Videos aufzeichnen

Die Aufzeichnung eines Videos funktioniert fast genauso wie die Aufnahme eines Fotos, nur dass Sie länger auf das Motiv draufhalten bzw. sogar dessen Bewegungen folgen müssen. Tippen Sie einfach auf den Auslöser, um die Aufnahme zu starten, und betätigen Sie den Auslöser erneut, um die Aufnahme zu beenden. Mithilfe der Funktion *QuickTake* können Sie auch bei ausgewählter Foto-Option den Auslöser gedrückt halten, um eine Videoaufnahme zu starten. Wenn Sie den gedrückten Auslöser nach rechts ziehen, erfolgt die Aufnahme dauerhaft.

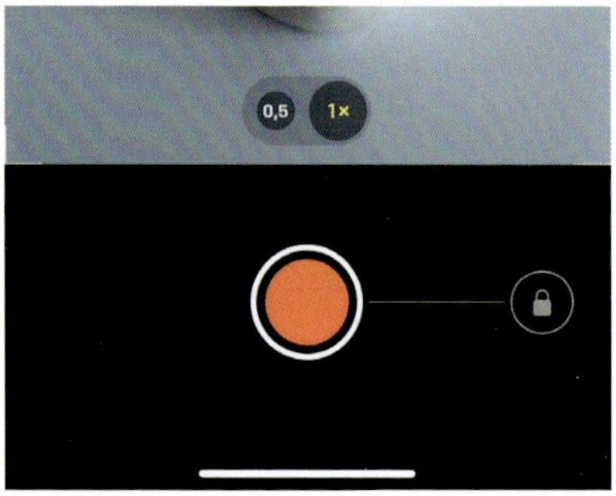

Halten Sie den Aufnahme-Button gedrückt, nehmen Sie ein QuickTake-Video auf

Entscheiden Sie sich für eine Videoaufnahme im Kinomodus, können Sie, wie bereits erklärt, zusätzlich den Fokus bestimmen, auf den Ihre Videoaufnahme gerichtet werden soll. Der Hintergrund wird, ähnlich wie bei einer Porträtaufnahme, mit Unschärfe versehen.

Wenn Sie Videos aufnehmen, bestimmen insbesondere zwei Einstellungen deren Qualität, nämlich die Auswahl zwischen HD-Videos und 4K-Videos (wobei 4K-Videos die höhere Auf-

Die Einstellungen zu Auflösung und Bildrate Ihrer Videos lassen sich direkt in der Kamera-App ändern

lösung bieten) und die Auswahl der **f**rames **p**er **s**econd (fps – gibt an, aus wie vielen Einzelbildern sich eine Sekunde Video zusammensetzt). Diese Einstellungen nehmen Sie vor, indem Sie – nach der Auswahl der Videoaufnahme – links oben in der App *Kamera* die entsprechende Option antippen.

1080p-HD-Videos mit 30 fps bieten bereits eine gute Qualität, die beste Qualität liefern beim iPhone 14 4K-Videos mit 60 fps, aber natürlich sind diese auch am speicherintensivsten. Zeitlupenvideos (*Slo-Mo*) nehmen Sie standardmäßig mit 240 fps auf, stattdessen können Sie aber auch Aufnahmen mit 120 fps machen.

Im App Store finden Sie übrigens unzählige Kamera-Apps für Foto- und Videoaufnahmen, die noch weitere Funktionen bieten. Stöbern Sie im App Store nach den Begriffen *foto* bzw. *video*, um diese Apps aufzuspüren.

Ihre Aufnahmen direkt auf dem iPhone bearbeiten

Mit Ihrem iPhone können Sie nicht nur erstklassige Fotos schießen – Sie können diese auch direkt auf dem iPhone bearbeiten. Öffnen Sie dazu auf dem Home-Bildschirm die App *Fotos*, in der Ihre Aufnahmen gespeichert sind.

Ihre selbst getätigten Foto- und Videoaufnahmen werden automatisch in der App Fotos gespeichert

Wählen Sie ein Foto, das Sie bearbeiten möchten, durch Antippen aus und entscheiden Sie sich für *Bearbeiten*.

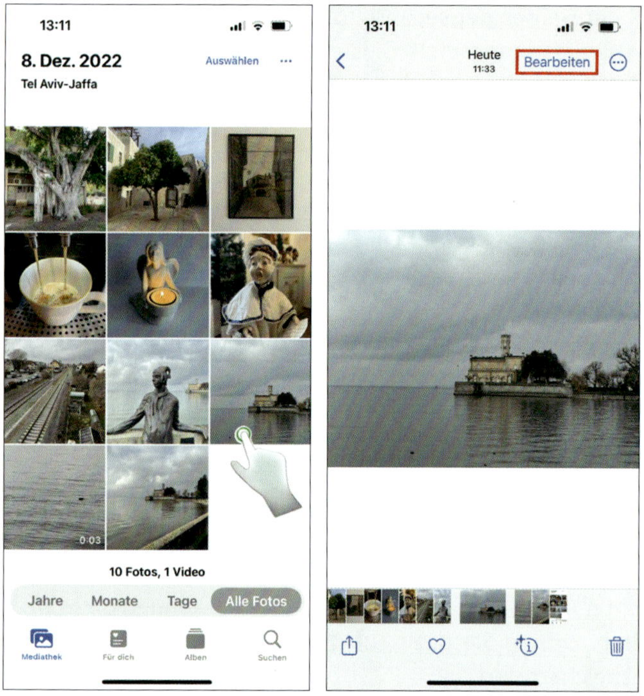

Hier wird ein Foto für die Bearbeitung ausgewählt

Ihnen werden nun die verschiedenen Bearbeitungsoptionen in Form von Symbolen angeboten. Tippen Sie jeweils ein Symbol an, um die Bearbeitungsoption zu verwenden. Um einen Bearbeitungsschritt zu speichern, tippen Sie auf das Symbol ✓. Um einen Bearbeitungsschritt rückgängig zu machen bzw. zu wiederholen, tippen Sie auf die entsprechenden Pfeilsymbole und. Möchten Sie die Bearbeitung insgesamt abbrechen, wählen Sie das Symbol ☒.

Wählen Sie per Fingertipp eine Bearbeitungsoption aus

Dies sind die Bearbeitungsoptionen, die Ihnen in der App *Fotos* angeboten werden:

- *Zuschneiden:* Wenn Sie ein Foto zuschneiden möchten, tippen Sie auf das Symbol und ziehen den Zuschnittrahmen mit dem Finger in die gewünschte Position und Größe. Alternativ können Sie mit dem Symbol ein bestimmtes Zuschnittformat festlegen.

Schneiden Sie ein Foto auf eine bestimmte Größe zu oder entfernen Sie durch Zuschneiden störende Elemente aus einem Bild

- *Drehen:* Ebenfalls unter dem Symbol finden Sie das Symbol . Tippen Sie es an, um das Foto um jeweils 90 Grad gegen den Uhrzeigersinn zu drehen.
- *Spiegeln:* Zum horizontalen Spiegeln eines Fotos klicken Sie unter dem Symbol auf das Symbol . Auch Optionen zum horizontalen oder vertikalen Kippen sowie zum Begradigen von Aufnahmen werden angeboten.

Sie können ein Foto vertikal und horizontal kippen sowie eine schiefe Aufnahme begradigen

- *Filter:* Ein Filter lässt sich nicht nur beim Fotografieren einsetzen, sondern auch nachträglich auf ein Foto anwenden. Hierzu tippen Sie auf das Symbol und wählen einen der angebotenen Filter aus.

Setzen Sie verschiedene Filter ein, um eine Aufnahme optisch aufzupeppen

- *Anpassen:* Ist ein Foto zu dunkel geraten oder möchten Sie die Farben optimieren? Unter dem Drehreglersymbol finden Sie eine ganze Reihe von Anpassungsoptionen, die ich Ihnen in einer Tabelle im Überblick vorstellen möchte. Die Anpassung erfolgt jeweils mithilfe eines Schiebereglers.

Symbol	Bildbearbeitungsfunktion
	Auto (automatisches Anpassen, häufig mit recht gutem Ergebnis)
	Belichtung
	Brillanz
	Glanzlichter
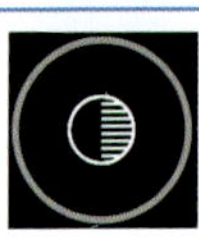	Schatten

Symbol	Bildbearbeitungsfunktion
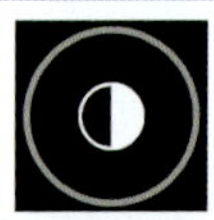	Kontrast
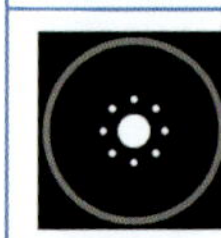	Helligkeit
	Schwarzpunkt
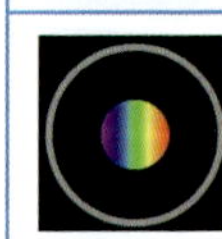	Sättigung
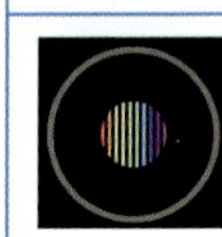	Lebendigkeit

Symbol	Bildbearbeitungsfunktion
	Wärme
	Farbton
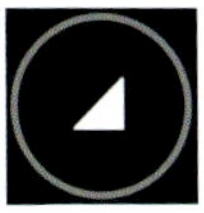	Schärfe

Symbol	Bildbearbeitungsfunktion
	Auflösung
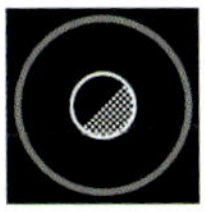	Störungen reduzieren
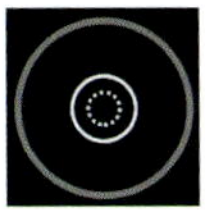	Vignette

Die Bearbeitungsschritte, die Sie in der App *Fotos* vorgenommen haben, sind übrigens nicht in Stein gemeißelt.

Wenn Sie die Bearbeitungsoptionen für ein Foto erneut aufrufen, erscheint das Symbol , mit dessen Hilfe Sie ein Foto wieder in den Originalzustand versetzen können.

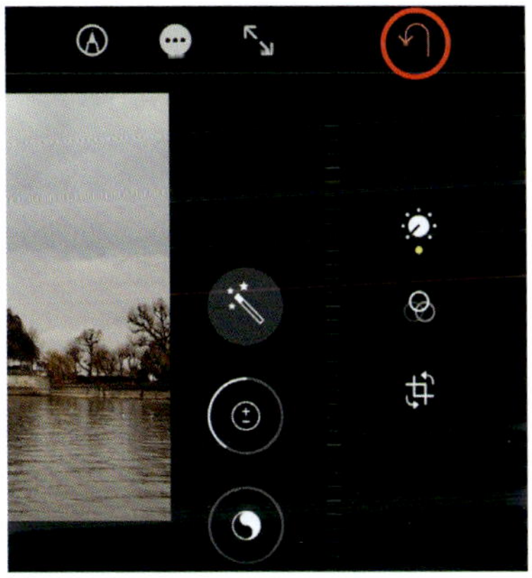

Sie können ein bearbeitetes Foto jederzeit in den Originalzustand zurückversetzen

Möchten Sie ein Foto mit einer Skizze, Formen oder Text versehen?

Unter dem Symbol rufen Sie entsprechende Werkzeuge zum *Markieren* auf. Gestalten Sie damit etwa eine ganz persönliche Ansichtskarte.

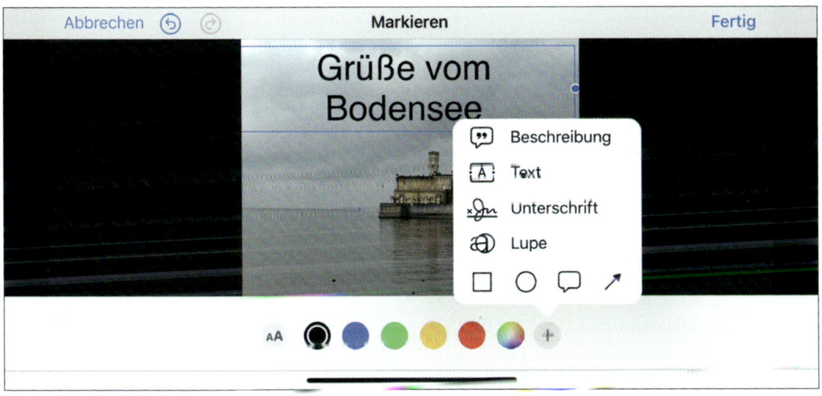

Versehen Sie ein Foto mit individuellen Markierungen, z. B. mit einem Textfeld

Bearbeitungsschritte auf andere Aufnahmen übertragen

Die von Ihnen durchgeführten Bearbeitungsschritte lassen sich auch für andere Aufnahmen übernehmen, die Sie in der App *Fotos* gespeichert haben. Tippen Sie dazu im Bearbeitungsfenster auf das Symbol und wählen Sie die Option *Änderungen kopieren*. Wählen Sie dann in der App *Fotos* die Aufnahmen aus, auf die Sie die Bearbeitungen anwenden möchten, und entscheiden Sie sich – ebenfalls unter dem Symbol mit den drei Punkten – für *Änderungen einsetzen*.

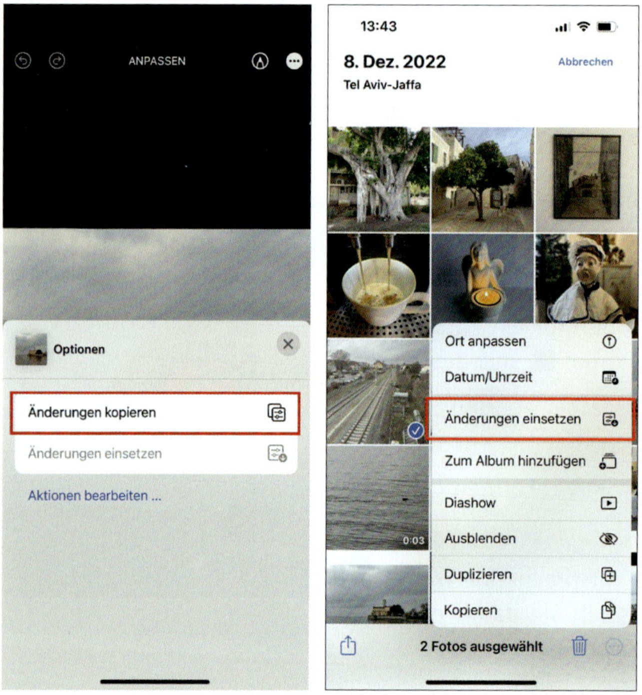

Wenden Sie mit wenigen Fingertipps die Bearbeitungsschritte auf weitere Aufnahmen an

Bearbeitung von Live Photos

Für Live Photos stehen Ihnen unter dem Symbol zusätzliche Bearbeitungsfunktionen zur Verfügung, die ich Ihnen ebenfalls nicht vorenthalten möchte:

- **Schlüsselfoto festlegen:** Wählen Sie in der Aufnahmesequenz dasjenige Bild aus, das als »normales« Foto angezeigt werden soll, wenn die Live-Photos-Funktion von einem Betrachter nicht genutzt wird.
- **Ton abschalten:** Möchten Sie im Live Photo den Ton der Aufnahme deaktivieren? Dazu tippen Sie links oben auf das Lautsprechersymbol, sodass es nicht mehr orange dargestellt wird.

- **Live Photo in normales Foto umwandeln:** Um statt des Live Photos nur noch das Schlüsselfoto zu verwenden, tippen Sie auf die Schaltfläche *Live*, sodass diese nicht mehr orange dargestellt wird.

Live Photos lassen sich direkt auf dem iPhone bearbeiten

Zusätzlich bietet sich Ihnen für Live Photos eine Effektauswahl, die Sie erhalten, wenn Sie ein Live Photo in der App *Fotos* (nicht im Bearbeitungsmodus!) aufrufen. Treffen Sie im links oben eingeblendeten Effektmenü Ihre Auswahl.

Wechseln Sie per Menü den Effekt für das aufgerufene Live Photo

Auch Videos lassen sich mit Bordmitteln bearbeiten

Die kennengelernten Bildbearbeitungsfunktionen können auch auf Videos angewandt werden. Sie gehen also bei der Bearbeitung von Videos genauso vor wie bei der Bearbeitung von Fotos.

Genauso wie Fotos lassen sich auch Videos zuschneiden, mit Filtern versehen oder im Hinblick auf Helligkeit, Farben etc. anpassen

Neben den Ihnen bereits bekannten Symbolen finden Sie bei der Videobearbeitung zusätzlich das Symbol für videospezifische Optionen.

Möchten Sie ein Video z. B. kürzen? Dazu brauchen Sie lediglich den gelben Zuschnittrahmen in Position zu ziehen. Haben Sie ein Video im Kinomodus aufgenommen, können Sie außerdem – wie bei der Aufnahme durch Antippen – den Fokus anpassen.

Unter anderem lässt ein Video nachträglich zuschneiden

Um Ihre Aufnahmen zu einem richtigen kleinen Film zusammenzuschneiden, etwa zur Erinnerung an einen schönen Urlaub, verwenden Sie z. B. die App *iMovie*. Eine Alternative bietet die ebenfalls von Apple kostenlos zur Verfügung gestellte Videobearbeitungs-App *Clip*, die allerdings etwas einfacher gestrickt ist als *iMovie*.

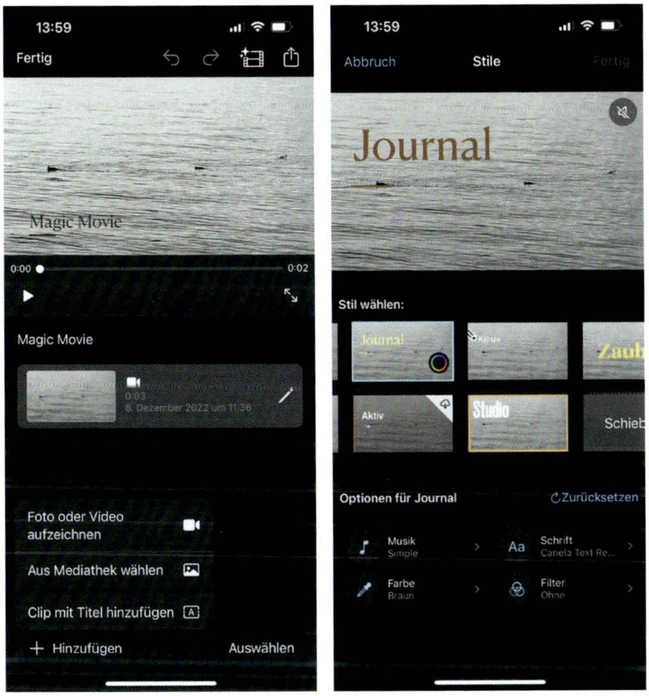

Für den Filmschnitt verwenden Sie z. B. die Apple-App iMovie

Ihre Aufnahmen in der Fotos-App verwalten

Ihre eigenen Aufnahmen sowie auch Bilder, die Sie von einer Webseite herunterladen oder anderweitig auf dem iPhone speichern, sind in der App *Fotos* zugänglich. Lassen Sie mich Ihnen an dieser Stelle einige wichtige Verwaltungsfunktionen vorstellen.

Wussten Sie beispielsweise, dass Sie sich Ihre Aufnahmen auch nach dem Aufnahmeort sortiert anzeigen lassen können oder dass Bilder, die Sie löschen, auf dem iPhone weiterhin einen Monat lang abgerufen werden können?

Wenn Sie die App *Fotos* öffnen, ist standardmäßig die Rubrik *Mediathek* geöffnet. Hier haben Sie Zugriff auf sämtliche gespeicherten Aufnahmen, und zwar in chronologischer Sortierung.

Entscheiden Sie sich für die Rubrik *Suchen*, können Sie auch die mit künstlicher Intelligenz ausgestattete Suchfunktion verwenden, um bestimmte Aufnahmen rasch aufzufinden. Die Suche ist z. B. nach Aufnahmeorten, aber unter anderem auch nach Motiven möglich. Das iPhone muss allerdings über Nacht mit dem Stromnetz verbunden sein, damit eine entsprechende Indizierung durchgeführt wird.

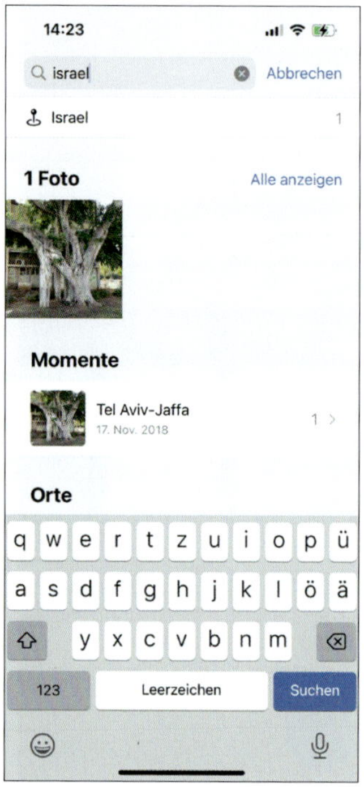

In der Rubrik »Fotos« lassen Sie sich Ihre Aufnahmen chronologisch anzeigen; in der Rubrik »Suchen« wird mit künstlicher Intelligenz gearbeitet

Mit der Live-Text-Funktion Texte direkt einlesen

Dank der Funktion *Live Text* kann das iPhone auch Texte erkennen, auf die Sie mit der Kamera weisen oder die in Fotos sowie angehaltenen Videos enthalten sind. Wird ein Text erkannt, tippen Sie auf das Symbol ▣, um diesen zu markieren und spezifische Optionen zum erkannten Text aufzurufen, etwa das Kopieren oder Übersetzen. Aber nicht nur das: Der Text wird auch in die Spotlight-Suche aufgenommen, d. h., Sie können mit Spotlight auch nach Texten in Fotos suchen.

Sofern Sie der App *Kamera* den Zugriff auf die Ortungsdienste gestatten, werden die Aufnahmen mit den Koordinaten des Aufnahmeorts versehen – und Sie können auf einer Karte den Aufnahmeort des Fotos betrachten.

Wählen Sie dazu ein Foto oder Video aus und streichen Sie es nach oben, um die Karte zu erhalten. Tippen Sie die Karte an, um sie auf das gesamte Display auszudehnen und ggf. Aufnahmen in der Nähe einzublenden (Option *Fotos in der Nähe einblenden*).

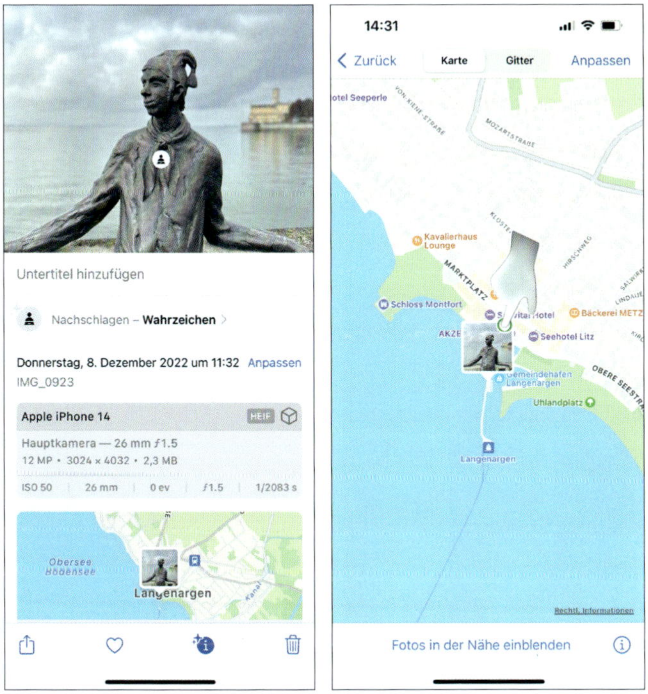

Lassen Sie sich die mit einem Geotag versehenen Aufnahmen auf einer Karte darstellen

Alben verwalten und neue Alben erstellen

Um Ihre Bilder zu sortieren, lassen sich sowohl lokale Alben als auch – sofern Sie (in den *Einstellungen* unter *Fotos*) die iCloud-Option *Geteilte Alben* aktiviert haben – geteilte Alben erstellen, die Sie für andere Personen freigeben können. Selbst eine komplette freigegebene iCloud-Fotomediathek ist möglich. Dazu kommen wir noch.

Befassen Sie sich zunächst mit den lokalen Alben. In der Rubrik *Alben* werden Ihnen, sofern mit Aufnahmen gefüllt, verschiedene Standardalben oder Kategorien angezeigt: für die zuletzt hinzugefügten Fotos, für Ihre Favoriten, für Panoramaaufnahmen, für Videos etc.

Wichtig zu wissen: Sie finden – im Abschnitt *Sonstige* – auch das Standardalbum *Zuletzt gelöscht*. Darin befinden sich Aufnahmen, die Sie in der App *Fotos* eigentlich gelöscht haben – im Album *Zuletzt gelöscht* lassen sie sich jedoch weiterhin einen Monat lang abrufen, bevor sie endgültig gelöscht werden. Es wird bei jeder Aufnahme angezeigt, wie lange das endgültige Löschen noch dauert.

Wenn Sie ein Foto in dem Album auswählen, erhalten Sie eine Option sowohl zum endgültigen Löschen der Aufnahme als auch zum Wiederherstellen. Das Standardalbum *Zuletzt gelöscht* muss zuerst per Face ID und Co. entsperrt werden, ist also gegen fremde Zugriffe gesichert. Das Gleiche gilt übrigens für den Zugriff auf Aufnahmen, die Sie ausgeblendet haben.

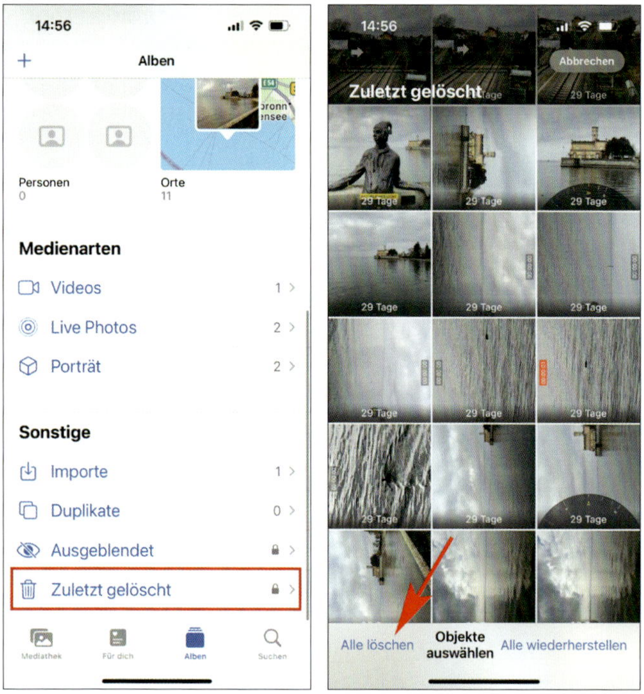

Greifen Sie in der Rubrik »Alben« auf Standardalben zu, unter anderem ein Album mit den zuletzt gelöschten Aufnahmen

Es lassen sich selbstverständlich auch eigene Alben anlegen, um Ihre Bilder thematisch zu sortieren (Ausflug, Betriebsfeier etc.). So gehen Sie zum Erstellen eines neuen Albums vor:

1. Entscheiden Sie sich in der App *Fotos* für die Rubrik *Alben* und tippen Sie links oben auf das Plussymbol.
2. Wählen Sie im Menü, das nun angezeigt wird, den Eintrag *Neues Album*.

3. Geben Sie dem neuen Album eine sinnvolle Bezeichnung und bestätigen Sie mit *Sichern*.

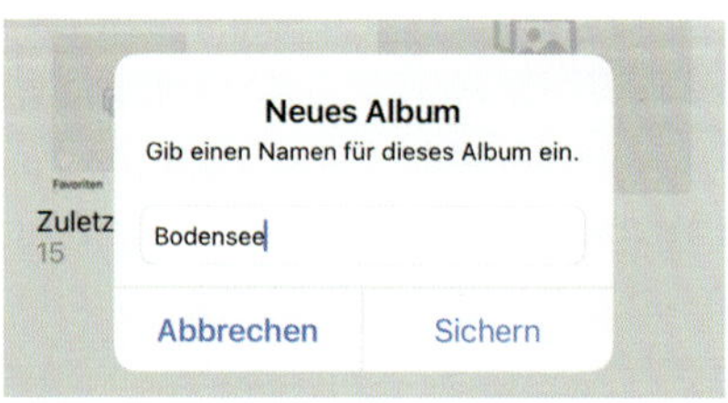

4. Wählen Sie nun durch Antippen die Bilder aus, die Sie in das Album aufnehmen möchten. Bestätigen Sie Ihre Auswahl mit *Hinzufügen*.

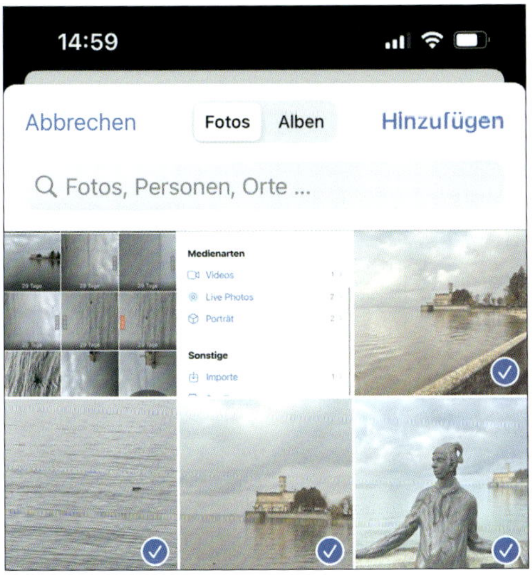

Das Album lässt sich nun in der Rubrik *Alben* aufrufen. Sie können einem Album jederzeit auch nachträglich Aufnahmen hinzufügen. Wählen Sie das Album dazu in der Rubrik *Alben* aus, tippen Sie auf das Symbol ··· und entscheiden Sie sich im Menü für *Fotos hinzufügen*, um zur Auswahl wie in Schritt 3 zu gelangen. Alternativ lassen sich Aufnahmen auch in der Rubrik *Fotos* auswählen und einem Album hinzufügen. Im Menü, das Sie unter dem Symbol mit den drei Punkten aufrufen, erhalten Sie noch weitere spannende Verwaltungs- und Anzeigeoptionen.

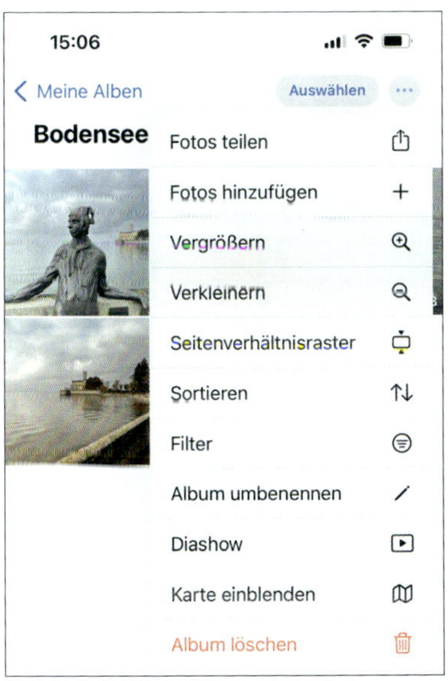

Das erstellte Album lässt sich aufrufen, beliebig ergänzen und individuell verwalten

Wichtige Verwaltungsoperationen rund um Ihre Fotos

Sie möchten eine Aufnahme löschen, Ihren Favoriten hinzufügen oder als Hintergrund festlegen? Hier erhalten Sie eine Übersicht über weitere wichtige Verwaltungsoperationen rund um Ihre Aufnahmen auf einen Blick:

- **Aufnahmen löschen:** Wenn Sie eine einzelne Aufnahme löschen möchten, rufen Sie diese in der App *Fotos* auf und tippen auf das Papierkorbsymbol. Um mehrere Fotos gleichzeitig zu löschen, gehen Sie in der Rubrik *Fotos* oder in einem geöffneten Album auf *Auswählen*, tippen die zu löschenden Aufnahmen an und bestätigen wiederum mit dem Papierkorbsymbol. Wie bereits erwähnt, lassen sich die gelöschten Aufnahmen noch einen Monat lang im Standardalbum *Zuletzt gelöscht* finden.

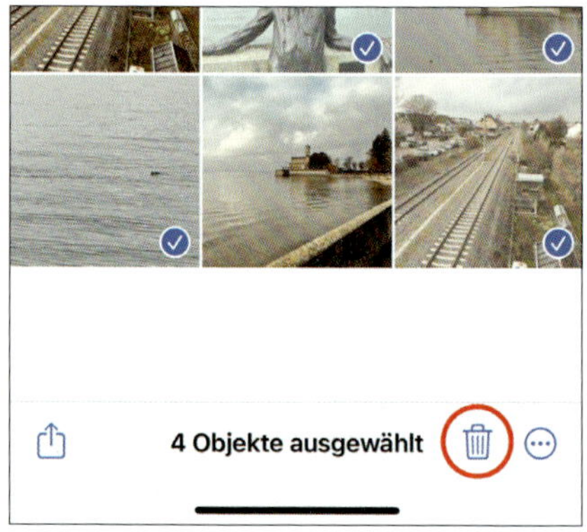

Sie können Aufnahmen in der App Fotos einzeln löschen, aber auch mehrere Aufnahmen zum gleichzeitigen Löschen auswählen

- **Zu den Favoriten hinzufügen:** Um eine Aufnahme Ihren Favoriten hinzufügen, also sie in das Standardalbum *Favoriten* aufzunehmen, öffnen Sie die Aufnahme und tippen auf das Herzsymbol. Um die Aufnahme wieder aus den Favoriten zu entfernen, tippen Sie das – dann gefüllte – Herzsymbol erneut an.
- **Aufnahme in einer Nachricht versenden oder anderweitig einsetzen:** Sie können Aufnahmen auch aus der App *Fotos* heraus versenden. Suchen Sie dazu eine oder mehrere Aufnahmen aus und tippen Sie links unten in der App *Fotos* auf das Symbol. Entscheiden Sie sich anschließend z. B. für die Option *Nachrichten*. Auch weitere Optionen zum Teilen finden Sie hier.
- **Foto in die Zwischenablage kopieren:** Entscheiden Sie sich unter dem Symbol für die Option *Foto kopieren*, um ein Foto in die Zwischenablage zu kopieren und andernorts beispielsweise in ein Dokument einzufügen.
- **Foto einem Kontakt zuweisen:** Tippen Sie unter dem Symbol auf die Option *Kontakt zuweisen*, um das ausgewählte Foto einem auf Ihrem iPhone gespeicherten Kontakt zuzuweisen.
- **Foto als Hintergrundbild verwenden:** Tippen Sie unter dem Symbol auf die Option *Als Hintergrund*, um das

Versenden Sie eine Aufnahme direkt aus der App Fotos heraus

ausgewählte Foto als Hintergrundbild auf dem Home- und/oder Sperrbildschirm einzusetzen (Sie erhalten die gleiche Auswahl wie beim Einrichten des Hintergrundbildes in den iPhone-Einstellungen).

- **Zifferblatt erstellen:** Falls Sie eine Apple Watch Ihr Eigen nennen, können Sie ein Foto auch als Hintergrund für das Zifferblatt einsetzen. Wählen Sie dazu unter dem Symbol die Option *Zifferblatt erstellen*.
- **Foto ausdrucken:** Tippen Sie unter dem Symbol auf die Option *Drucken*, um das ausgewählte Foto zu (Foto-)Papier zu bringen, wobei Sie dazu den Hinweis in der Infobox beachten.
- **PDF-Datei erstellen:** Aus den von Ihnen ausgewählten Fotos lässt sich auch eine PDF-Datei erstellen, indem Sie unter dem Symbol die Option *Bücher* antippen. Die PDF-Datei finden Sie anschließend zur weiteren Verwendung in der App *Bücher*.
- **Foto ausblenden:** Um eine oder mehrere ausgewählte Aufnahmen in der App *Fotos* unsichtbar zu machen, wählen Sie unter dem Symbol die Option *Ausblenden*. In der Rubrik *Alben* und dort unter *Ausgeblendet* können Sie weiterhin auf diese Aufnahmen zugreifen und sie bei Bedarf auch wieder einblenden.

Hier werden mehrere Aufnahmen in der App Fotos ausgeblendet

> **So klappt der Ausdruck**
>
> Um Ihre Fotos – sowie auch Dokumente – direkt vom iPhone aus drucken zu können, benötigen Sie einen AirPrint-fähigen Drucker, der sich im gleichen WLAN befindet. Apple bietet unter der Webadresse *support.apple.com/kb/HT4356* eine Übersicht über AirPrint-Drucker.

Ihre Aufnahmen gekonnt in einer Diashow wiedergeben

Auf Ihrem iPhone können Sie durch Streichen nach links bzw. rechts durch Ihre Fotos bzw. ein Album blättern, um Ihre Aufnahmen komfortabel zu betrachten. Sie können jedoch auch eine automatische Diashow für alle Fotos bzw. alle in einem Album enthaltenen Fotos ablaufen lassen. Um die Diashow zu starten, tippen Sie einfach das Foto, mit dem die Diashow beginnen soll, in der Rubrik *Fotos* bzw. in einem Album an. Entscheiden Sie sich anschließend unter dem Symbol ⊙ für die Option *Diashow*. Möchten Sie die Standardeinstellungen für die Diashow ändern, tippen Sie während der Wiedergabe auf das Display und tippen dann rechts unten auf *Optionen*. Unter dem Eintrag *Thema* lassen sich die Übergänge für die Diashow bestimmen. Die Diashow lässt sich auch mit einer Musikuntermalung versehen.

Rufen Sie die Optionen für die Diashow auf

Tippen Sie dazu auf den Eintrag *Musik*, um – wiederum durch Antippen – einen Titel auszuwählen. Auch auf Titel, die Sie in der App *Musik* gespeichert haben, können Sie hier zugreifen. Bestätigen Sie zum Schluss mit *Fertig*, um wieder zur Diashow zurückzukehren.

Automatische Vorschläge betrachten

In der Rubrik *Für dich* der App *Fotos* lassen sich automatische Zusammenstellungen und Effektvorschläge aufrufen. Voraussetzung dafür ist allerdings, dass die Aufnahmen zunächst eingescannt werden. Hierzu soll das iPhone über Nacht mit dem Stromnetz verbunden werden.

Ihre Aufnahmen auf den PC übertragen

Sie möchten Ihre Aufnahmen auf Ihren Computer kopieren oder verschieben? Das funktioniert ganz genauso wie bei einer herkömmlichen Digitalkamera oder bei Dateien, die Sie auf einem USB-Stick gespeichert haben. Hier beschreibe ich den Vorgang anhand von Windows 11:

1. Nutzen Sie das dem iPhone beigelegte Kabel, um eine Verbindung mit dem Computer herzustellen. Sofern Ihr Computer nicht über einen USB-C-Anschluss verfügen sollte, benötigen Sie zusätzlich einen entsprechenden Adapter. Gegebenenfalls wird nach dem Verbinden Ihres iPhones zunächst die benötigte Treibersoftware installiert, was einen Moment dauern kann.

   Achten Sie darauf, dass das iPhone entsperrt ist und Sie dem verbundenen Computer den Zugriff auf die Fotos erlauben – es erscheint ein entsprechender Hinweis auf dem iPhone Display.

2. Öffnen Sie den Windows-Explorer, z. B. per Mausklick auf das entsprechende Symbol in der Taskleiste.

   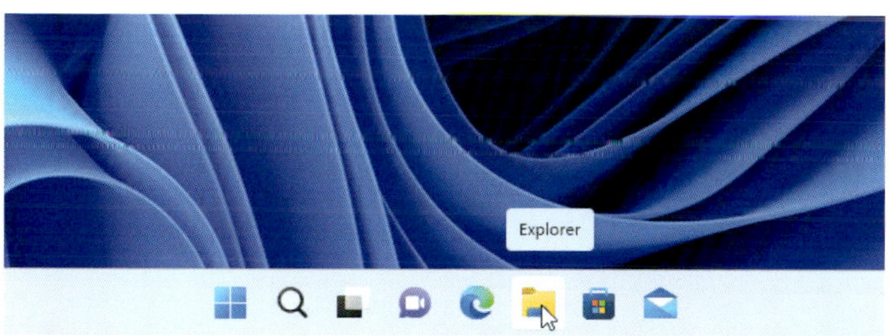

3. Entscheiden Sie sich im Navigationsbereich des Explorers für Ihr iPhone.

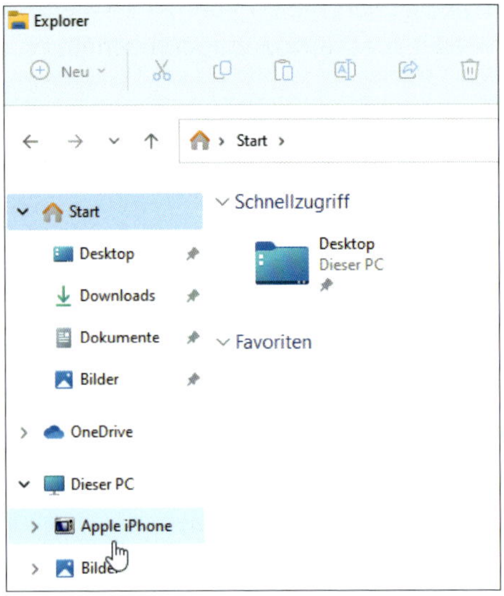

4. Öffnen Sie per Doppelklick den Ordner mit der Bezeichnung *Internal Storage*. Öffnen Sie auch die folgenden Ordner, bis Sie die auf dem iPhone gespeicherten Aufnahmen angezeigt bekommen.

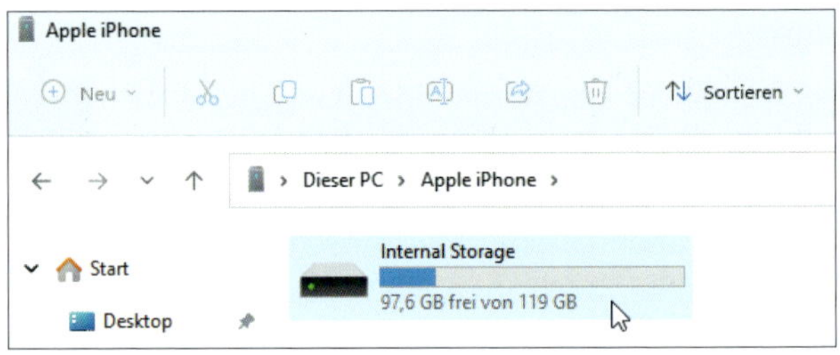

5. Markieren Sie die Dateien, die Sie auf den PC kopieren möchten. Klicken Sie die markierten Dateien mit der rechten Maustaste an und wählen Sie im sich öffnenden Kontextmenü den Eintrag *Kopieren*.

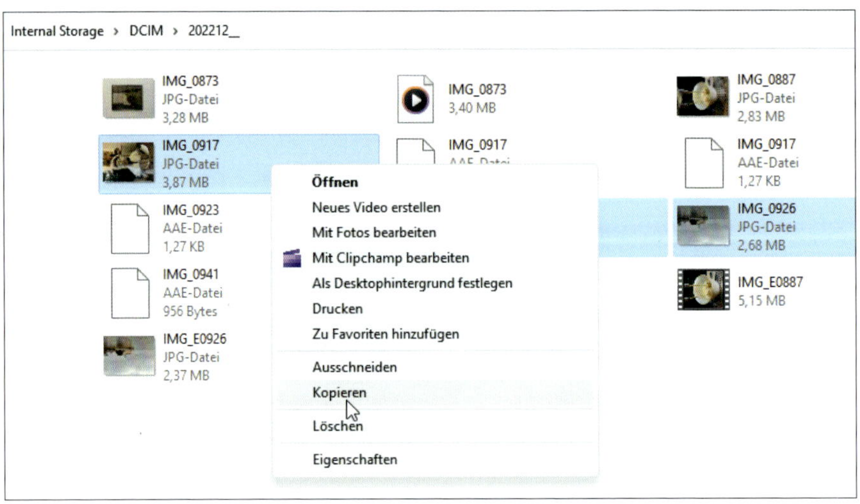

6. Öffnen Sie nun den gewünschten Speicherort für die Aufnahmen, klicken Sie mit der rechten Maustaste auf eine freie Fläche des Ordners und entscheiden Sie sich im sich öffnenden Kontextmenü für die Einfügeoption – Kopien der Aufnahmen werden prompt am neuen Speicherort erstellt.

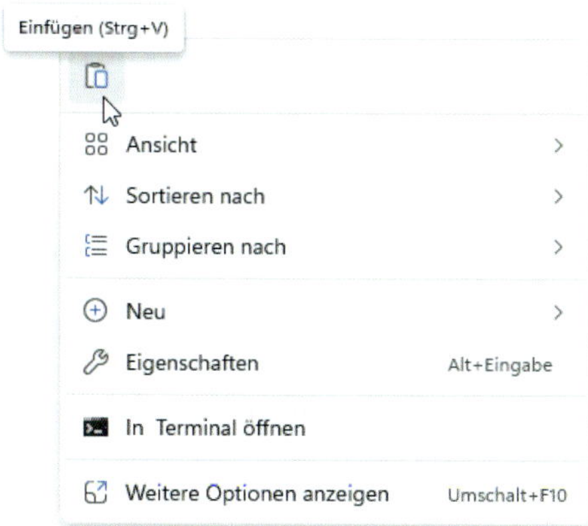

Die Originalaufnahmen sollen nach der Übertragung vom iPhone gelöscht werden? Dann wählen Sie in Schritt 5 den Eintrag *Ausschneiden*. Ansonsten bleibt die Vorgehensweise die gleiche.

Einfachere Übertragung im WLAN

Die Übertragung Ihrer Aufnahmen vom iPhone auf den PC ist auch ohne eine Kabelverbindung in einem WLAN möglich. Ich selbst verwende zu diesem Zweck die kostenlose App *WiFi Photo Transfer*.

Sie müssen dieser App beim ersten Start zunächst den Zugriff auf Ihre Aufnahmen erlauben. Öffnen Sie dann auf dem PC den Browser und geben Sie die in der App angezeigte URL ein – schon können Sie auf Ihre Bilder und Videoclips zugreifen und diese am PC betrachten bzw. auf den PC herunterladen.

Ihre Aufnahmen im Internet freigeben

Gelungene Aufnahmen möchten Sie ganz sicher mit anderen Menschen teilen. Das lässt sich direkt aus der App *Fotos* bewerkstelligen – iCloud macht es möglich.

Ein neues geteiltes Album erstellen

Wenn Sie iCloud verwenden (alles dazu dann in Kapitel 14), können Sie damit auch Ihre Aufnahmen ins Internet hochladen. Die Option *iCloud-Fotos* ist dabei für den eigenen Zugriff auf die Aufnahmen gedacht, etwa mit einem Apple TV, um die Fotos auf den Fernsehbildschirm zu holen oder um die Aufnahmen auch auf Ihrem iPad verfügbar zu haben.

Wie Sie noch sehen werden, können Sie aber auch eine geteilte iCloud-Fotomediathek erstellen und diese mit bis zu fünf weiteren Personen teilen. Achtung: Die Option zum Hochladen Ihrer Aufnahmen kann sehr viel iCloud-Speicherplatz beanspruchen!

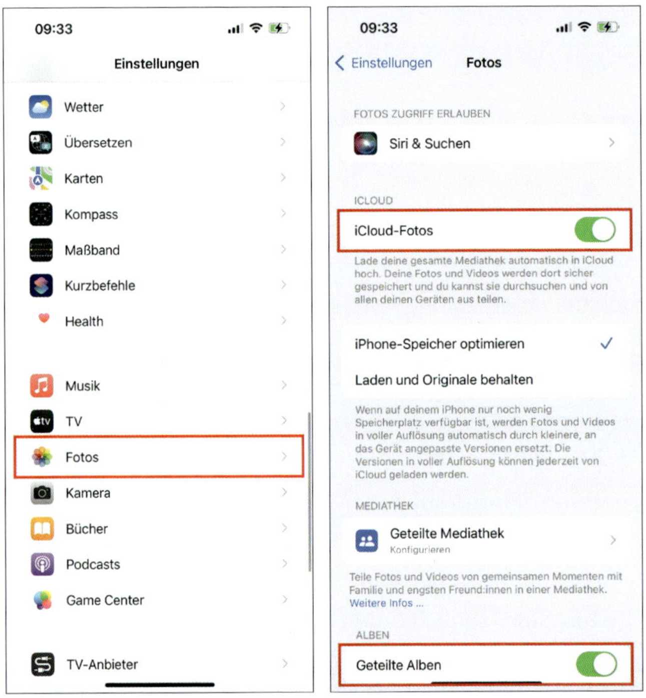

Die Optionen zu iCloud-Fotos und geteilten Alben werden in den iPhone-Einstellungen aktiviert

Die Option *Geteilte Alben* dient dazu, einzelne Alben und die darin enthaltenen Aufnahmen mit anderen Personen zu teilen. Beide Optionen aktivieren Sie, je nach Bedarf, in den iPhone-Einstellungen unter *Fotos*. Ich habe Ihnen vorhin gezeigt, wie Sie auf Ihrem iPhone Alben erstellen und diese mit Aufnahmen füllen. Nachdem Sie die Option *Geteilte Alben* aktiviert haben, können Sie nun auch freigegebene Alben erstellen und bestimmen, wer darauf zugreifen darf. Gehen Sie dazu folgendermaßen vor:

1. Wie beim Erstellen eines lokalen Albums: Entscheiden Sie sich in der App *Fotos* für die Rubrik *Alben*.
2. Tippen Sie links oben auf das Plussymbol +.

3. Entscheiden Sie sich im angezeigten Menü für den Eintrag *Neues geteiltes Album*.

4. Geben Sie dem Album eine sinnvolle Bezeichnung und bestätigen Sie mit *Weiter*.

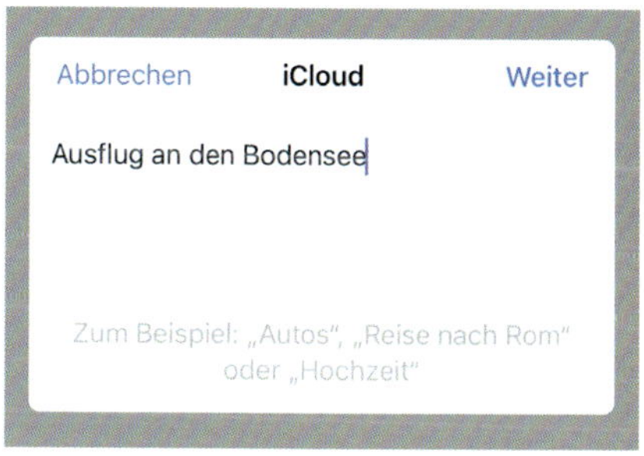

5. Im nächsten Schritt könnten Sie bereits Personen für die Freigabe einladen, doch es gibt auch noch andere Optionen, die Sie gleich kennenlernen werden. Bestätigen Sie einfach mit *Erstellen*.

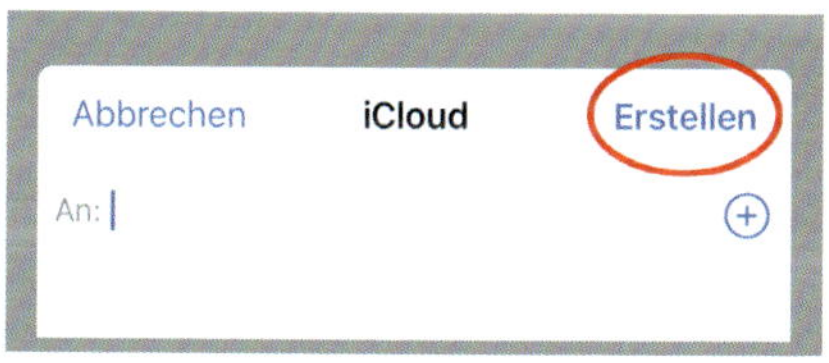

6. Das geteilte Album wird nun in der Liste aufgeführt. Tippen Sie es an, um es zu öffnen.

7. Tippen Sie auf die Plus-Schaltfläche, wählen Sie die Fotos, die Sie in das geteilte Album aufnehmen möchten, durch Antippen aus und bestätigen Sie mit *Hinzufügen*.

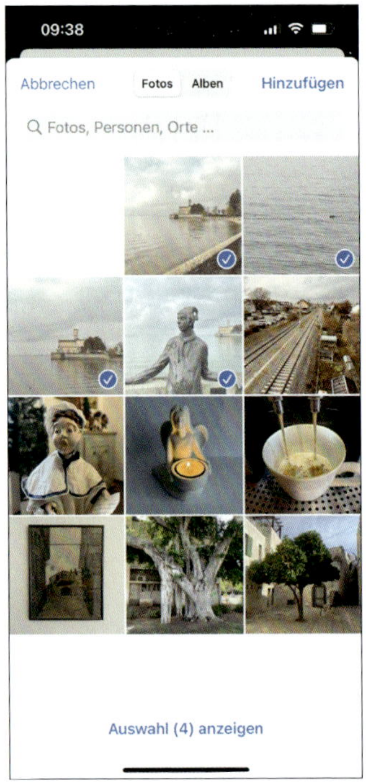

8. Sie können die Bilder anschließend noch mit einem Text versehen. Bestätigen Sie die Aufnahme in das freigegebene Album mit einem Fingertipp auf *Posten*.

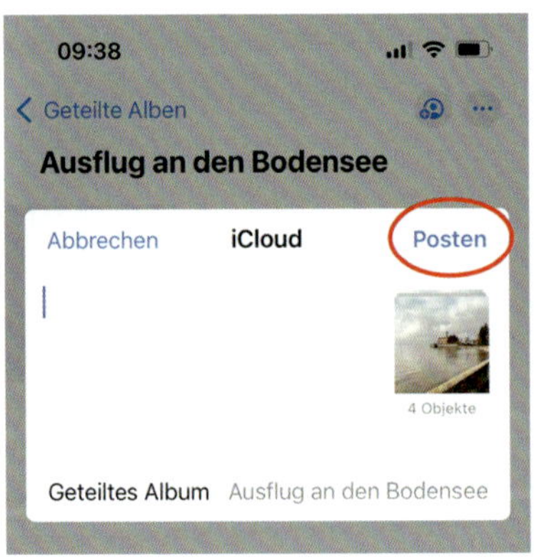

9. Nun legen Sie noch fest, wer alles auf das freigegebene Album zugreifen darf. Gehen Sie dazu rechts oben in einem freigegebenen Album auf das Symbol . Tippen Sie auf *Einladen*, um einzelnen Personen den Zugriff auf das freigegebene Album zu gestatten. Ist die Option *Abonniert: Posten mögl.* aktiviert, können auch die eingeladenen Perso-

nen Aufnahmen im freigegebenen Album veröffentlichen. Bei aktivierter Option *Mitteilungen* können die Fotos mit Kommentaren versehen werden. Eine Alternative bietet die Veröffentlichung auf einer kostenlosen Webseite. Hierzu brauchen Sie lediglich die Option *Öffentliche Website* zu aktivieren und dann den angezeigten Link an andere Personen zu senden.

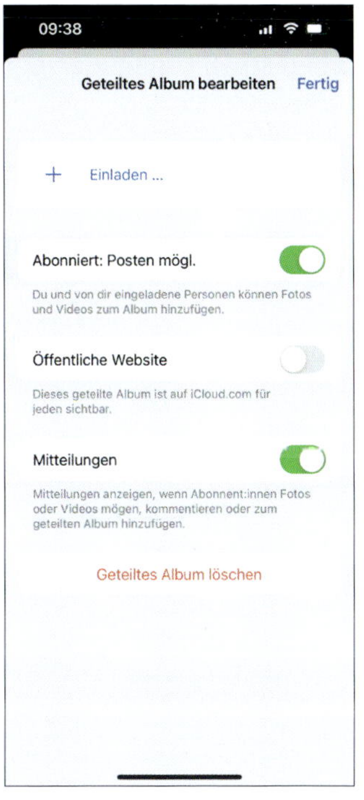

Um einem freigegebenen Album weitere Aufnahmen hinzuzufügen, brauchen Sie das Album nicht mal zu öffnen. Wählen Sie in der App *Fotos* stattdessen ein oder mehrere Fotos aus und tippen Sie auf das Symbol . Wählen Sie die Option *Zu geteiltem Album hinzufügen* (es können auch Videoclips freigegeben werden) und posten Sie anschließend die weiteren Aufnahmen – ggf. wieder mit einem neuen Text. Noch ein Hinweis: Wenn Sie mehrere freigegebene Alben verwenden, wählen Sie auch noch dasjenige aus, in dem die Bilder veröffentlicht werden sollen.

Das Album »Familie«

Falls Sie sich wundern, dass auf dem iPhone bereits ein freigegebenes Album mit dem Namen *Familie* zur Verfügung steht: Dieses dient der einfachen Freigabe für Familienmitglieder, die Sie bei der Familienfreigabe hinzufügen. In Kapitel 14 werde ich Ihnen diese Funktion genauer vorstellen.

Geteilte iCloud-Fotomediathek

Statt einzelner Alben lässt sich auch eine komplette geteilte iCloud-Fotomediathek erstellen, die Sie dann für bis zu fünf weiteren Personen freigeben können. Voraussetzung ist lediglich, dass Sie die Synchronisierung mit iCloud-Fotos aktiviert haben.

Sie können dann in den *Einstellungen* unter *Fotos* den Eintrag *Geteilte Mediathek* auswählen und die geteilte iCloud-Fotomediathek konfigurieren, indem Sie Teilnehmende hinzufügen und festlegen, welche Aufnahmen Sie in der geteilten Mediathek freigeben möchten. Auch die anderen Teilnehmenden können der geteilten iCloud-Fotomediathek Aufnahmen hinzufügen bzw. Aufnahmen entfernen.

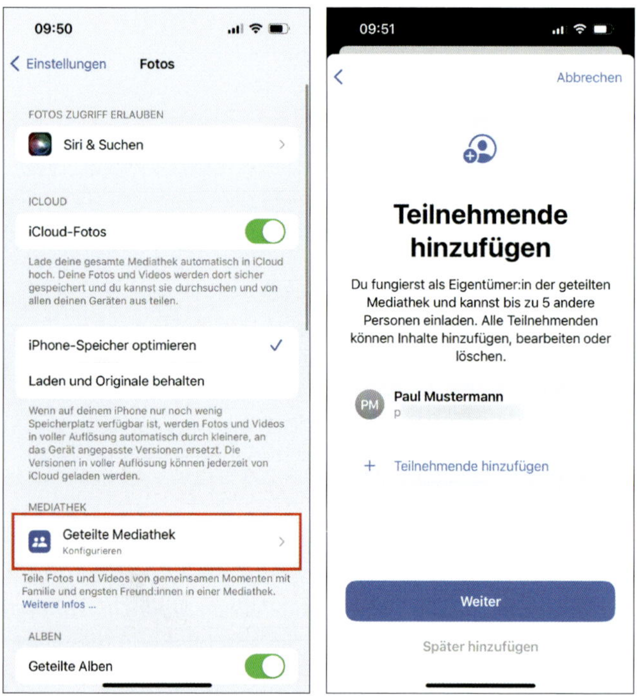

Konfigurieren Sie die geteilte iCloud-Mediathek mithilfe eines Assistenten, der etwa zum Hinzufügen der Teilnehmenden auffordert

Nachdem Sie eine iCloud-Fotomediathek geteilt haben, entscheiden Sie in der App *Fotos* unter dem Symbol ⊙, ob Sie nur die Inhalte einer bestimmten Mediathek oder die Inhalte aller verfügbaren Mediatheken angezeigt bekommen möchten. Soll das Teilen einer iCloud-Fotomediathek wieder beendet werden? Dann wählen Sie die geteilte Mediathek in den *Einstellungen* unter *Fotos* aus.

Entscheiden Sie sich für *Geteilte Mediathek löschen* und bestätigen Sie das Löschen anschließend noch mal. Sie werden außerdem gefragt, ob Sie die in der geteilten Mediathek befindlichen Aufnahmen behalten möchten oder nicht.

Bestimmen Sie, welche Mediathek-Inhalte Sie sehen möchten

Fotomotive auf simple Weise freistellen

Zum Abschluss dieses Kapitels rund um Ihre Aufnahmen möchte ich Ihnen noch eine pfiffige Fotofunktion vorstellen, die mit iOS 16 eingeführt wurde: das Freistellen von Fotomotiven mithilfe künstlicher Intelligenz. Sie können damit ein markantes Motiv aus einem Foto entnehmen und es dann freigestellt z. B. in ein Notizblatt oder in eine Nachricht einfügen.

Dazu eine kleine Anleitung – der Vorgang ähnelt ein wenig dem im zweiten Kapitel vorgestellten Drag-and-drop:

1. Öffnen Sie in der App *Fotos* das Foto, dem Sie ein Motiv entnehmen möchten. Besonders gut klappt das mit Porträtaufnahmen, deren Hintergrund mit Unschärfe versehen ist, aber es funktioniert auch bei herkömmmlichen Fotos mit markantem Motiv.
2. Halten Sie das Motiv gedrückt, sodass es von einem animierten Licht markiert wird.
3. Sie können nun im Menü *Kopieren* wählen. Alternativ halten Sie das Motiv gedrückt und ziehen es aus dem Foto heraus.
4. Öffnen Sie die App, in der Sie das Motiv einfügen möchten, etwa die App *Nachrichten*.

5. Lassen Sie das Motiv los. Haben Sie zuvor *Kopieren* gewählt, entscheiden Sie sich nun für *Einsetzen*. Schon steht eine Kopie des Motivs am neuen Ort zur Verfügung und kann – in diesem Fall – verschickt werden.

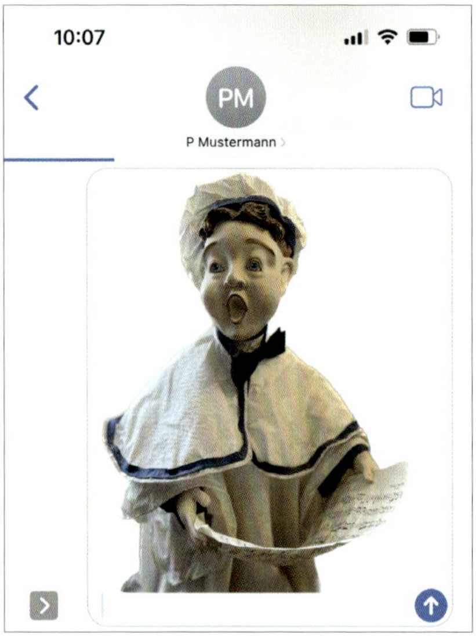

Kapitel 11

Ihr iPhone 14 als Begleiter für unterwegs

Sie wünschen sich einen Begleiter für unterwegs, mit dem Sie Ihre Gesundheitsdaten verwalten und einen Notfallpass immer dabeihaben können? Der alle Wege kennt und viele Sprachen beherrscht? Der Ihnen das Wetter vorhersagt, Ihre Tickets für Sie speichert und einfach immer zur Hand ist? Natürlich ahnen Sie es bereits: Ihr iPhone ist ein solcher Begleiter! In diesem Kapitel zeige ich Ihnen die besten Funktionen und Apps für unterwegs – sie sind Ihnen nützlich, egal ob Sie lediglich eine kürzere Autofahrt oder eine längere Reise unternehmen.

> **Datenübertragung im Ausland**
>
> Die Handynutzung im Ausland kann mitunter teuer werden – dies betrifft nicht nur Telefonate, sondern auch Datentransfers. Erkundigen Sie sich in jedem Fall vor einer Reise bei Ihrem Mobilfunkanbieter, welche Kosten bei Telefonaten und Datentransfers im jeweiligen Ausland auf Sie zukommen. Eine gute Nachricht für Reisende innerhalb der Europäischen Union: Wer in Deutschland über einen Datentarif verfügt, kann diesen auch im EU-Ausland ohne zusätzliche Kosten verwenden. Die Übertragung von Daten im Ausland ist standardmäßig deaktiviert, lässt sich aber in den iPhone-Einstellungen unter *Mobilfunk* jederzeit aktivieren, indem Sie dort unter *Datenoptionen* die Option *Datenroaming* einschalten. Im Nicht-EU-Ausland kann es häufig sinnvoll sein, per eSIM einen Mobilfunktarif des jeweiligen Landes hinzuzufügen (vgl. Kapitel 2).

Mit dem iPhone in mehrere Sprachen übersetzen

Sie haben bereits in Kapitel 6 erfahren, dass Sie die Sprachassistentin Siri für Übersetzungen aus oder in Fremdsprachen einsetzen können. Zusätzlich steht eine systemweite Übersetzungsfunktion zur Verfügung sowie die App *Übersetzen*, die Sie standardmäßig auf der zweiten Seite des Home-Bildschirms finden. Bei Redaktionsschluss verstand die App immerhin elf Sprachen.

Das systemweite Übersetzen funktioniert dadurch, dass Sie in einer App den zu übersetzenden Text markieren und dann im Menü die Option *Übersetzen* wählen. Dank der bereits erwähnten Live-Text-Funktion Ihres iPhones können Sie auch die Kamera auf einen zu übersetzenden Text richten und ihn für die Übersetzung einscannen.

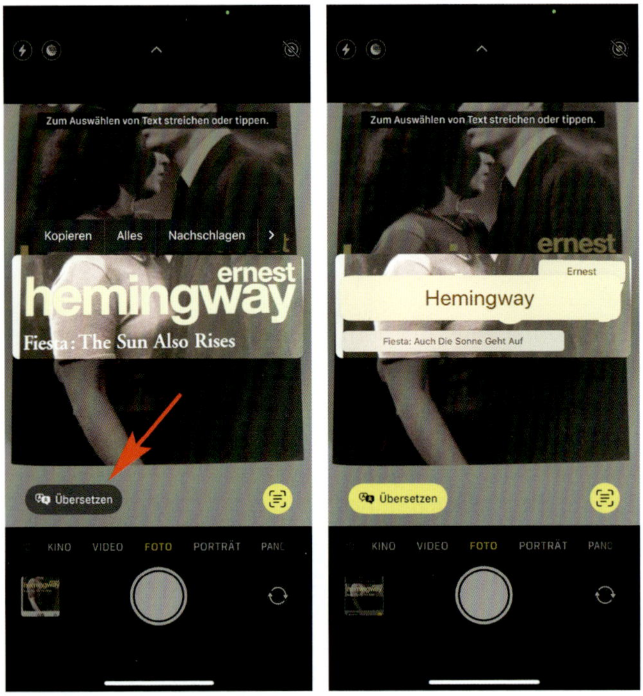

Hier wird Text mit der Kamera erfasst und vom iPhone automatisch übersetzt – so können Sie sich etwa auch Schilder im Ausland übersetzen lassen

Für die Übersetzung fremdsprachiger Gespräche kann Ihnen die App *Übersetzen* gute Dienste leisten. Gern zeige ich Ihnen, wie Sie in dieser App die Übersetzungssprachen auswählen und dann Übersetzungen entweder durch Text- oder Spracheingabe vornehmen:

1. Rufen Sie die App *Übersetzen* auf.

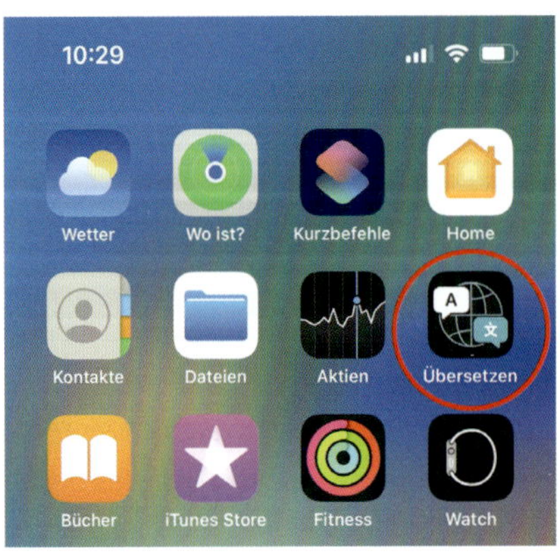

2. Ihnen werden oben zwei Sprachen angezeigt. Die Sprache links ist die Quellsprache und die Sprache rechts die Zielsprache. Tippen Sie eine Sprache an, um diese zu ändern.

3. Nun können Sie den Text, den Sie übersetzen möchten, entweder eintippen oder aber Sie betätigen das Mikrofonsymbol, um dem iPhone den zu übersetzenden Text zu diktieren.

4. Entscheiden Sie sich in der App für die Rubrik *Konversation*, um den Konversationsmodus zu verwenden.

Übrigens: Sprachen lassen sich auch auf das iPhone herunterladen, sodass Sie ohne Internetverbindung übersetzen können. Streichen Sie in der Sprachenübersicht aus Schritt 2 nach unten, um unter dem Eintrag *Sprachen verwalten* die Download-Möglichkeiten zu erhalten.

Gesundheitsdaten verwalten, Notfallpass bereithalten: die App Health

Die App *Health* steht auf Ihrem iPhone bereits zur Verfügung. *Health* ist das englische Wort für Gesundheit. Tatsächlich besteht der Sinn dieser App darin, Ihre Gesundheitsdaten aller Art übersichtlich zu verwalten und durch Checklisten und Trend-Mitteilungen alles Wichtige rund um Ihre Gesundheit im Blick zu behalten.

Sogar ein Schrittzähler ist eingebaut, es lassen sich jedoch auch Daten aus anderen Gesundheits-Apps, z. B. der App Ihres Fitness-Trackers, übernehmen. Eine Funktion, auf die Sie auf gar keinen Fall verzichten sollten, ist der Notfallpass, auf den andere Personen dann auf dem Sperrbildschirm zugreifen können.

Die App Health dient dem Sammeln aller möglichen Gesundheitsdaten

Gesundheitsdaten eintragen und übersichtlich anzeigen lassen

Sie können die App *Health* mit Gesundheitsdaten wirklich aller Art füttern. Schritte werden, wie gesagt, automatisch gezählt, sofern Sie das iPhone dabeihaben. Weitere Daten lassen sich manuell ergänzen – z. B. von einem Spaziergang, bei dem Sie das iPhone zu Hause gelassen haben, eingenommene Medikamente oder Werte einer Blutuntersuchung.

Hier zeige ich Ihnen das Erfassen von Gesundheitsdaten am Beispiel von Cholesterinwerten:

1. Entscheiden Sie sich in der App *Health* in der Rubrik *Entdecken* für die Kategorie *Ernährung* und wählen Sie anschließend den gewünschten Eintrag aus, in diesem Fall *Cholesterin*.

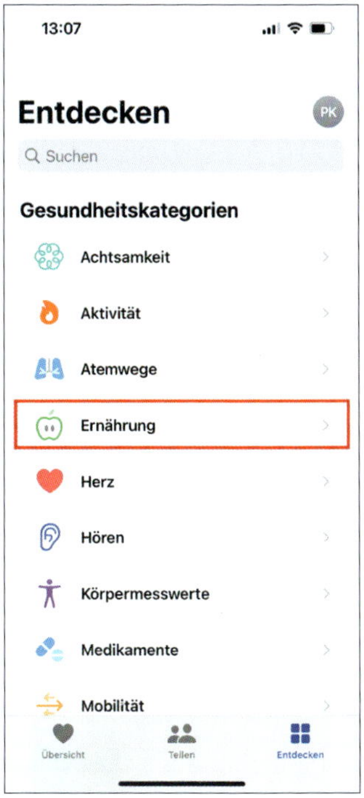

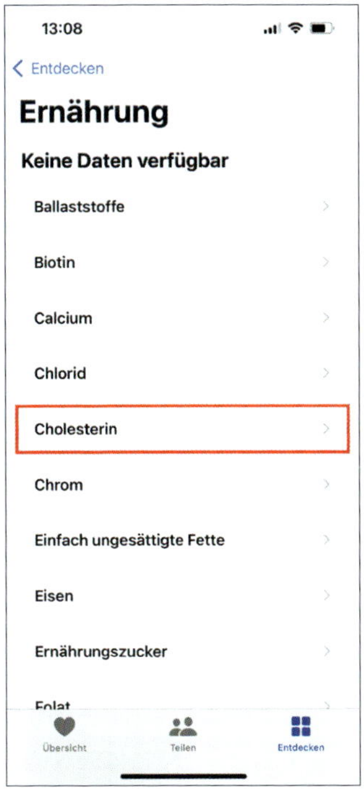

2. Nun möchten Sie das Ergebnis Ihrer letzten Cholesterinmessung speichern. Tippen Sie dazu rechts oben auf *Daten hinzufügen*.

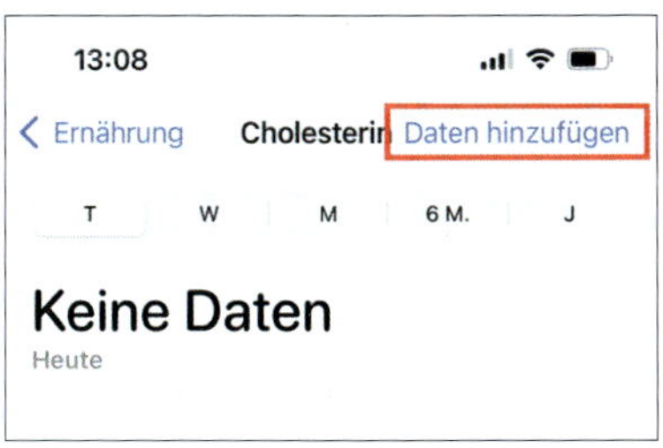

3. Geben Sie im nächsten Schritt die entsprechenden Messwerte ein und bestätigen Sie Ihre Eingabe mit *Hinzufügen*.

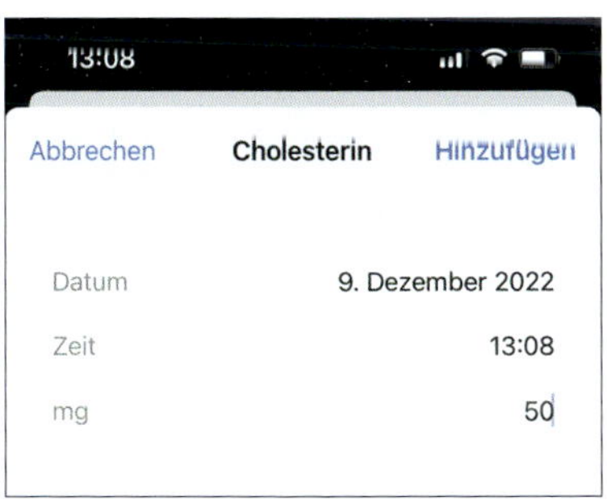

4. Die eingetragenen Werte werden grafisch dargestellt, wobei die Ansichten *Tag*, *Woche*, *Monat*, *6 Monate* sowie *Jahr* zur Verfügung stehen.

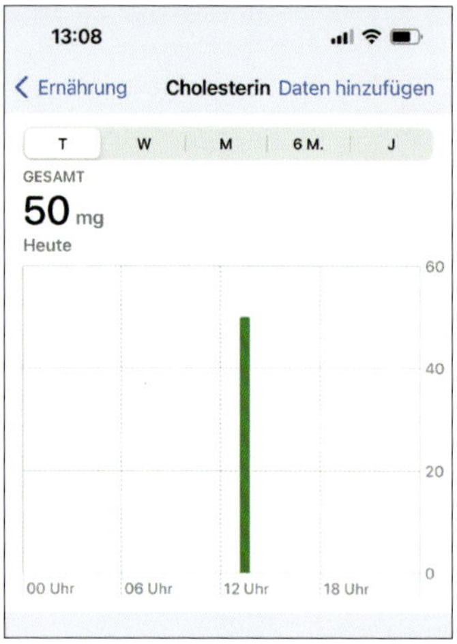

So einfach ist das! Welche Werte Sie speichern möchten, bestimmen Sie selbst. Wenn Sie sich unten in einer Kategorie für *Datenquellen & -zugriff* entscheiden, werden die Apps angezeigt, die Informationen in der Health-App speichern können. Wenn Sie dies bei einer App nicht wünschen, wählen Sie den entsprechenden Eintrag aus und deaktivieren den zugehörigen Schalter. Bei für Sie wichtigen Werten wählen Sie *Zu Favoriten hinzufügen*, um diese in der Rubrik *Übersicht* aufrufen zu können. Möchten Sie Ihre Gesundheitsdaten mit anderen Personen teilen, z. B. mit Ihrem Arzt? Dazu rufen Sie unten in der App *Health* die Rubrik *Teilen* auf. Gehen Sie mit Ihren Gesundheitsdaten aber auf alle Fälle behutsam um!

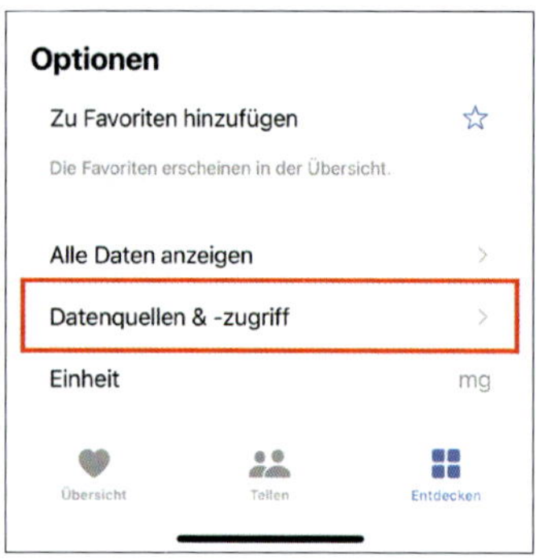

Die App Health kann verschiedene Apps als Datenquellen heranziehen

So richten Sie den Notfallpass ein

Eine weitere sinnvolle Einrichtung der App *Health* ist der Notfallpass, der es anderen Personen gestattet, auch auf dem Sperrbildschirm auf wichtige Notfalldaten zuzugreifen. Teilen Sie Ihren Rettern mit, wer im Notfall informiert werden soll, geben Sie Ihre Blutgruppe an, sagen Sie anderen, ob Sie Organspender sind oder nicht, und geben Sie noch einige weitere Daten ein. Öffnen Sie dazu die App *Health*, tippen Sie rechts oben auf Ihr Profilbild bzw. den Bildplatzhalter und dann auf *Notfallpass*. Wählen Sie nun *Los gehts*, um den Notfallpass zu erstellen.

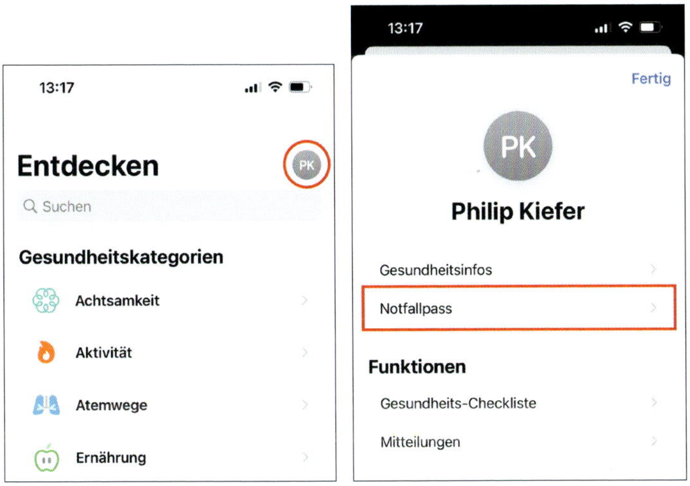

Erstellen Sie einen Notfallpass für Fälle, die hoffentlich nie eintreten werden

Machen Sie anschließend Ihre persönlichen Angaben: Geben Sie z. B. Ihre Blutgruppe ein und wählen Sie einen oder mehrere Notfallkontakte aus. Achten Sie darauf, dass die Option *Im Sperrzustand zeigen* aktiviert bleibt. Bestätigen Sie zum Schluss mit *Fertig*.

Ein Retter wird mit hoher Wahrscheinlichkeit Ihr iPhone checken, um auf Ihre persönlichen Daten zugreifen zu können. Versucht er, dass iPhone zu entsperren, erscheint links unten der Hinweis *Notfall*. Tippt er diesen Hinweis an, kann er einen Notruf tätigen. Links unten findet sich außerdem der Hinweis *Notfallpass*, den er nur antippen muss, um die von Ihnen hinterlegten Daten zu finden.

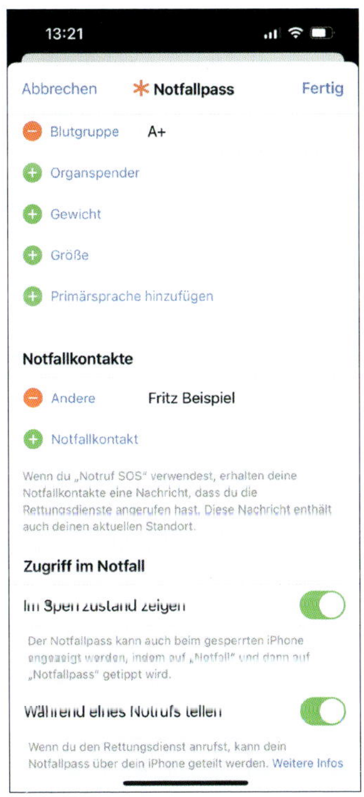

Welche Angaben Sie im Notfallpass machen möchten, bleibt ganz Ihnen überlassen

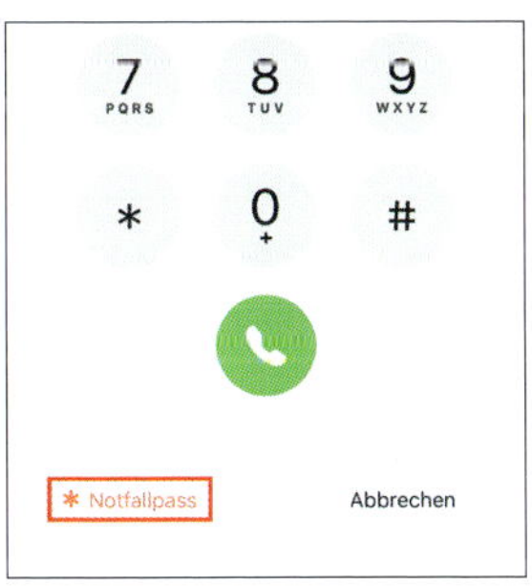

Auf den Notfallpass kann standardmäßig auch im Sperrzustand zugegriffen werden

Um einen Notruf zu tätigen oder auf den Notfallpass zuzugreifen, gibt es noch eine simplere Funktion, die Sie in Notlagen kennen sollten: Standardmäßig werden Ihnen die Not-Optionen auch dann angeboten, wenn Sie die Seitentaste sowie eine der Lautstärketasten gedrückt halten. In den *Einstellungen* unter *Notruf SOS* können Sie zusätzlich festlegen, dass ein Notruf nach einem kurzen (und lauten) Countdown direkt abgegeben wird, wenn Sie fünfmal schnell hintereinander die Seitentaste betätigen.

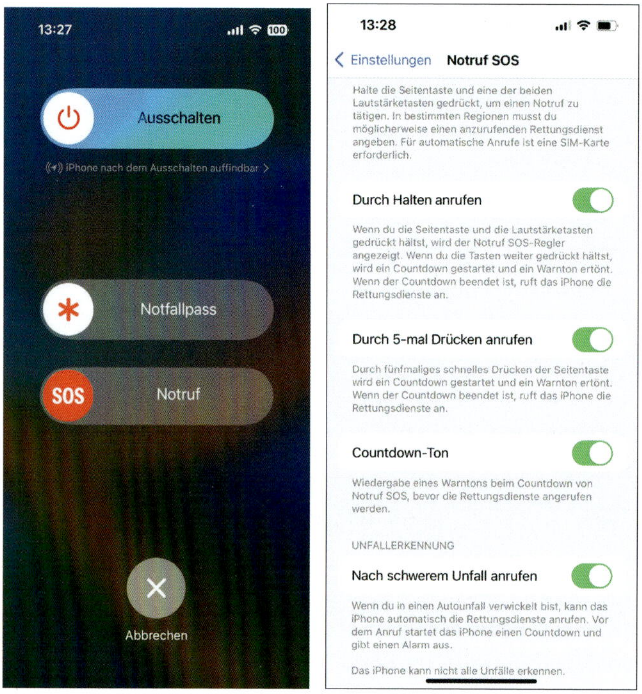

In Notfällen nützlich: die Not-Optionen des iPhones

Gut zu wissen: Ihr iPhone 14 kann einen schweren Unfall automatisch erkennen und darauf beruhend einen Notruf ausführen. Wenn Sie diese Option nicht wünschen deaktivieren den Schalter *Nach schwerem Unfall anrufen* in den *Einstellungen* unter *Notruf SOS*.

Die aktuelle Wetterprognose stets mit dabei: die Wetter-App

Damit Sie nie wieder unvorbereitet im Regen stehen, befragen Sie vor einer Fahrt oder dem Ausflug zum Strand Ihr iPhone, wie das Wetter wohl werden wird. Auch über Unwetterwarnungen, die Luftqualität vor Ort und Co. werden Sie in dieser App informiert. Hier zeige ich Ihnen, wie Sie die App *Wetter* mit wenigen Handgriffen einrichten:

1. Die App *Wetter* kann Ihnen das Wetter an Ihrem jeweiligen Standort anzeigen (Sie müssen der App *Wetter* dazu den Zugriff auf die Ortungsdienste gestatten). Sie können aber auch noch beliebige weitere Orte hinzufügen. Streichen Sie im oberen Bereich der App

oder ganz unten mit dem Finger von rechts nach links bzw. nachher auch umgekehrt, um sich die Wetterprognose für die angelegten Orte anzusehen. Um mehr Orte hinzuzufügen, tippen Sie rechts unten in der App *Wetter* (öffnen Sie diese per Fingertipp auf das App-Symbol oder auf das Wetter-Widget) auf das Symbol . Übrigens: Der Hintergrund der App passt sich der jeweiligen Wetterprognose an.

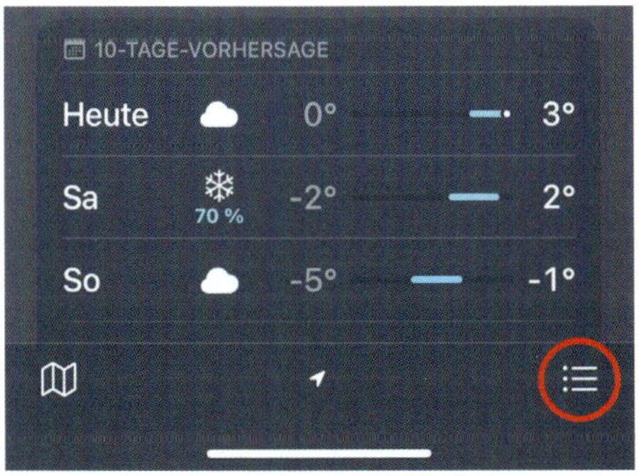

2. Sie erhalten nun zum einen die Möglichkeit, ggf. Mitteilungen über Extremwetterlagen und anstehende Niederschläge zu aktivieren, und zum anderen eine Übersicht über die bereits verfügbaren Orte. Um einen Ort zu entfernen, tippen Sie ihn an, streichen mit dem Finger nach links und tippen auf die Schaltfläche *Löschen*. Zum Hinzufügen eines Ortes tippen Sie in das Suchfeld.
3. Suchen Sie nach dem Ort, den Sie hinzufügen möchten, und tippen Sie den gewünschten Eintrag an.

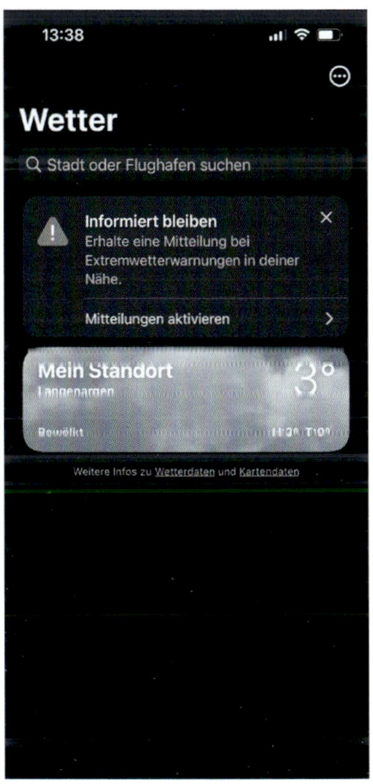

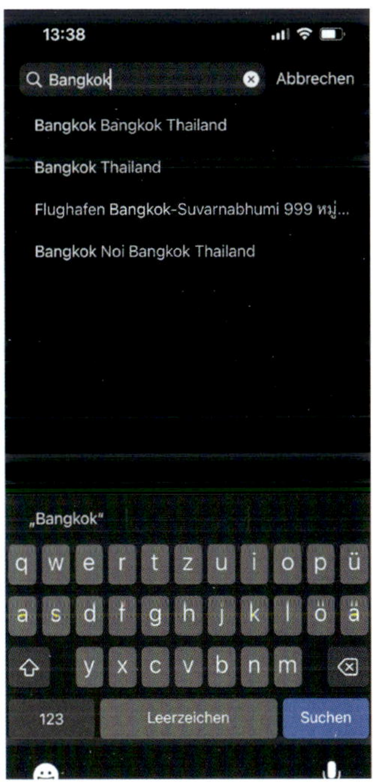

4. Bestätigen Sie mit *Hinzufügen*, um den Ort zu übernehmen. Sie können nun jeweils durch Antippen in der Übersicht bzw. durch horizontales Streichen den gewünschten Ort auswählen.

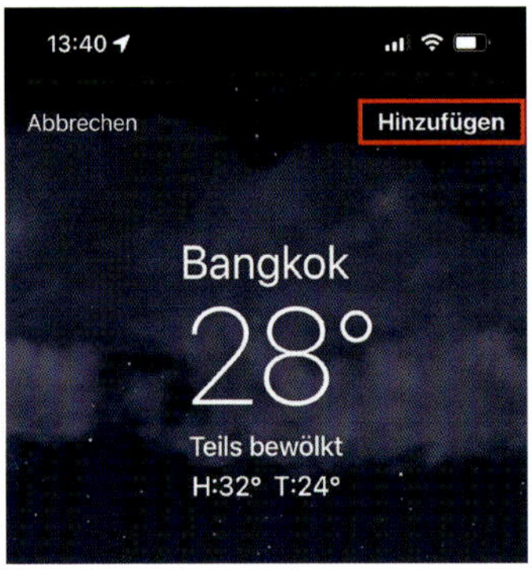

Im App Store lassen sich noch massenhaft weitere Wetter-Apps aufspüren. Beliebt ist beispielsweise die App *wetter.com*, die in der kostenlosen Version allerdings durch Werbung finanziert wird. Es gibt viele weitere Alternativen, stöbern Sie im App Store einfach mal nach dem Suchbegriff *wetter*.

Wertpapiere immer im Blick

Ihnen ist sicherlich nicht entgangen, dass sich auf dem Home-Bildschirm auch die Standard-App *Aktien* finden lässt. Verfolgen Sie darin die Wertentwicklung verschiedener Indizes sowie einzelner Wertpapiere, die Sie in der App hinzufügen. Suchen Sie dazu eine Aktie in der App, klicken Sie den gefundenen Eintrag an und wählen Sie unter dem Symbol ··· die Option *Zur Aktienliste hinzufügen*.

Hotelsuche, Routenplanung und Navigation mit Bordmitteln: die Karten-App

Straßenpläne, einen Routenplaner und sogar ein Navigationssystem haben Sie auf Ihrem iPhone ebenfalls bereits mit an Bord, nämlich in Form der App *Karten*. Selbst ein GPS-Empfänger wurde in Ihr iPhone eingebaut, der die Ortung durch GPS-Satelliten in der Erdumlaufbahn ermöglicht.

Der Nachteil der App *Karten* zuerst: Für die Nutzung ist jeweils eine Internetverbindung erforderlich. Für die Offlinenavigation setzen Sie eine alternative App ein wie z. B. *HERE WeGo* (kostenlos). Natürlich gibt es kostenpflichtige Navigations-Apps, die aber immer noch weniger kosten als ein Navigationsgerät.

Die App *Karten* hat Ihnen in jedem Fall eine Menge zu bieten. Lassen Sie mich Ihnen auf den folgenden Seiten die besten Funktionen der App vorstellen.

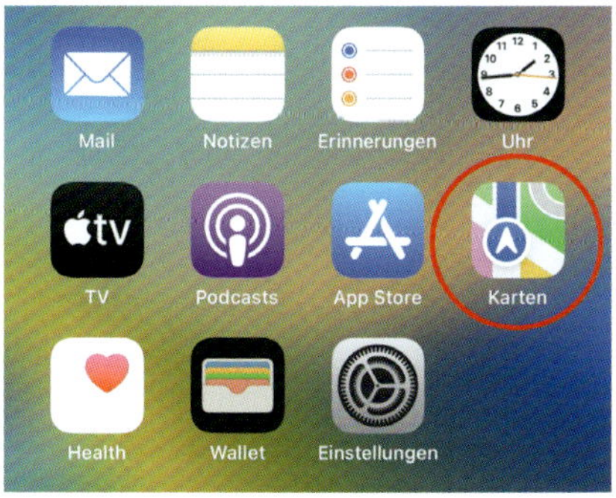

Die App Karten bietet Straßenkarten, Satellitenaufnahmen, Navigation und noch mehr

Straßenkarte oder Satellitenaufnahme aufrufen

In der App *Karten* wird Ihnen zunächst Ihr aktueller Standort auf einer Straßenkarte angezeigt (Sie müssen der App den Zugriff auf die Ortungsdienste erlauben). Per Symbol ➚ rechts oben in der App können Sie jederzeit zu Ihrem aktuellen Standort zurückkehren. Im unteren Bereich der App *Karten* finden Sie ein Suchfeld, um Adressen weltweit zu suchen. Tippen Sie in das Suchfeld und geben Sie die vollständige Adresse ein oder nur einen Ortsnamen. Wählen Sie anschließend einen der Vorschläge aus oder tippen Sie auf *Suchen*, um den entsprechenden Ort zu öffnen.

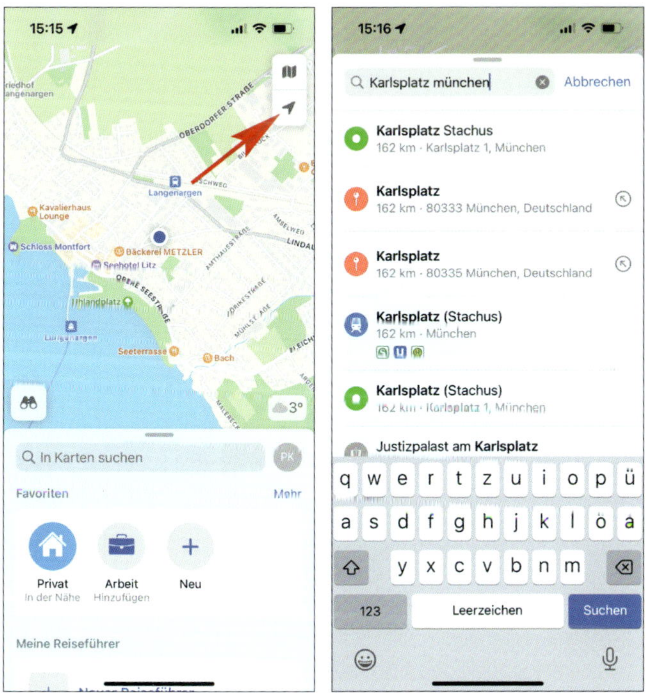

Rufen Sie in der App Karten Ihren eigenen Standort oder einen beliebigen weiteren Ort auf

Die entsprechende Straßenkarte wird daraufhin prompt geladen. Durch Auseinander- bzw. Zueinanderbewegen von Daumen und Zeigefinger auf dem Display können Sie die Ansicht heran- bzw. herauszoomen.

Das Heranzoomen kann auch durch Doppeltippen mit einem Finger erfolgen und das Herauszoomen durch Doppeltippen mit zwei Fingern.

Wenn Sie mit zwei Fingern – in der Regel Zeigefinger und Mittelfinger – auf der Karte eine Streichbewegung von unten nach oben vollführen, wandeln Sie außerdem die 2D-Karte in eine 3D-Karte um.

Streichen Sie mit zwei Fingern von oben nach unten, um wieder die 2D-Karte zu erhalten. Wird ein Fernglassymbol eingeblendet, lässt sich zur aufgerufenen Adresse auch eine Straßenansicht aufrufen, in der Sie sich durch Antippen einer Stelle fortbewegen können.

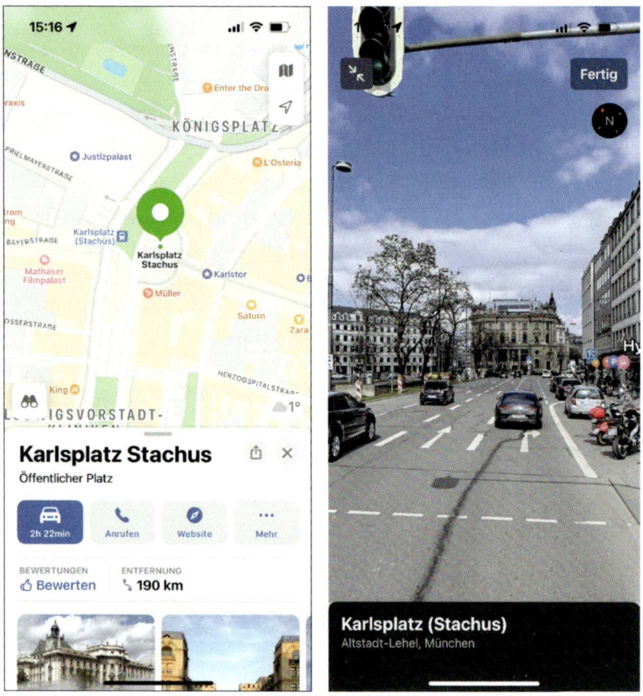

Die linke Abbildung zeigt die aufgerufene Straßenkarte, in der rechten Abbildung wurde eine Straßenansicht aufgerufen

Standardmäßig ist die Karte nach Norden ausgerichtet. Das lässt sich ganz leicht ändern, indem Sie auf der Karte mit Daumen und Zeigefinger eine Drehbewegung nach links bzw. rechts durchführen.

Wenn Sie wieder die Ausrichtung nach Norden erhalten möchten, tippen Sie einfach auf den eingeblendeten Kompass.

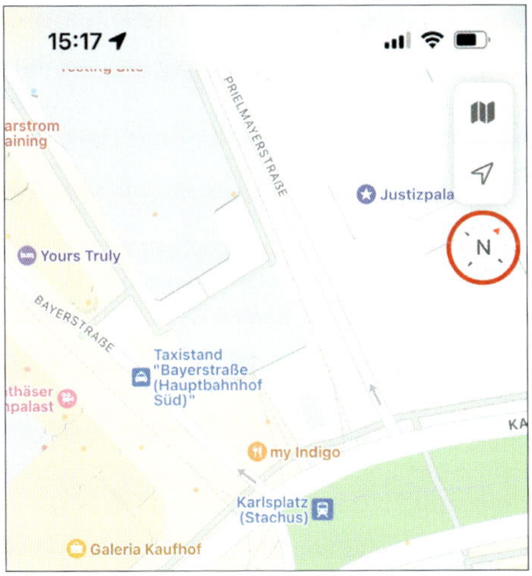

Durch eine Drehbewegung auf dem Display richten Sie die Karte anders aus

Statt der Straßenkarten lassen sich auch Satellitenaufnahmen, unter dem Reiter *ÖPNV* außerdem Stationen des öffentlichen Nahverkehrs einblenden. Um die Ansicht zu wechseln, tippen Sie rechts oben in der App *Karten* auf das Kartensymbol. Im sich öffnenden Menü haben Sie dann die Auswahl. Das Symbol wird der jeweiligen Ansicht angepasst.

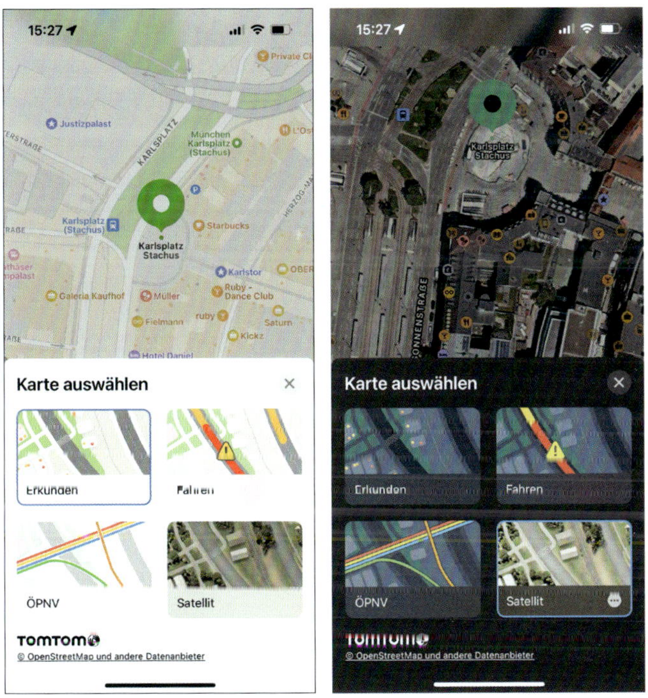

Die App Karten bietet mehrere Ansichten; hier werden Verbindungen des öffentlichen Nahverkehrs sowie Satellitenaufnahmen eingeblendet

Wenn Sie die Ansicht *Satellit* auswählen, lassen sich Beschriftungen auf dem Satellitenbild aus- oder einblenden – mit *Beschriftungen* erhalten Sie eine Hybridansicht, bei der auf den Satellitenaufnahmen wie bei den Straßenkarten Straßennamen und Co. dargestellt werden. Das Ein- bzw. Ausblenden erfolgt im Auswahlmenü unter dem Symbol mit den Auslassungszeichen ⊡.

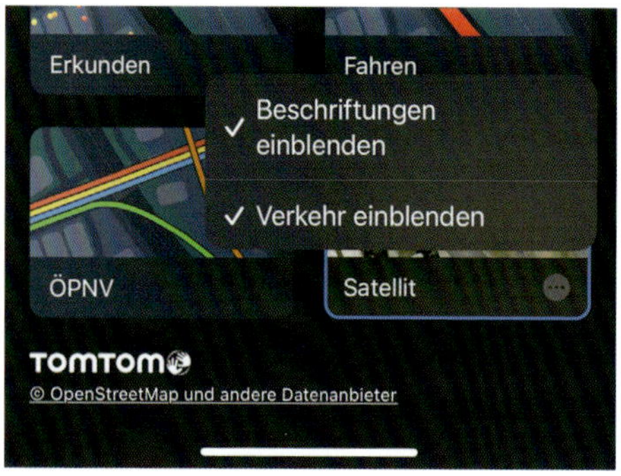

Entscheiden Sie per Menü, ob Sie Beschriftungen und Verkehrsinfos in der Satellitenaufnahme einblenden möchten oder nicht

Auch für die Ansicht *Satellit* gelten die bereits kennengelernten Möglichkeiten zum Zoomen, zur Anzeige in 3D oder für eine andere Ausrichtung. Suchen Sie doch einmal bekannte Gebäude weltweit in der App *Karten* auf und lassen Sie sich diese auf ansprechende Weise anzeigen.

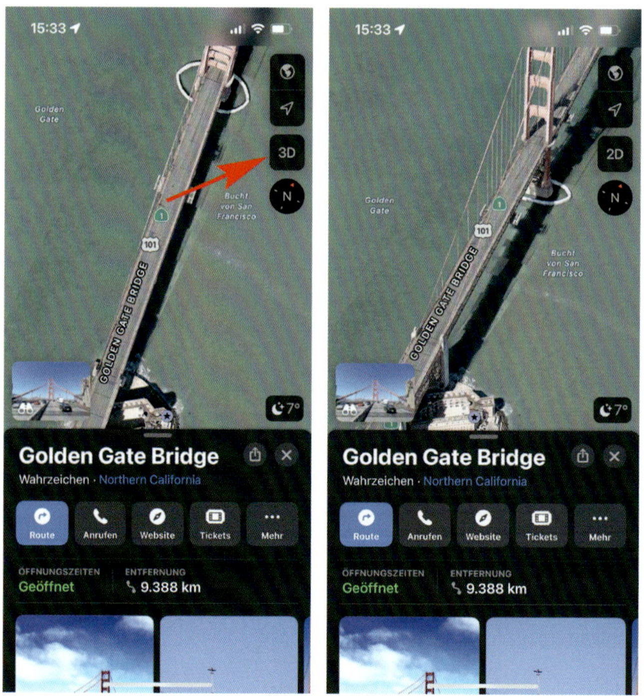

Hier werfe ich einen 3D-Blick auf die Golden Gate Bridge

Wenn Sie gerade eine Fahrt planen und wissen möchten, wie es an einem Ort mit dem Verkehr aussieht, wählen Sie unter dem Symbol (bzw. einem anderen Symbol, je nach aufgerufener Funktion) die Option *Fahren*. Ihnen werden dann nützliche Verkehrshinweise in der Karte angezeigt, z. B. gesperrte Straßen.

Indoor-Karten von Flughäfen oder großen Einkaufszentren aufrufen

Auch Indoor-Karten von Flughäfen und großen Einkaufszentren stehen in der App *Karten* zur Verfügung. Eine Übersicht über die verfügbaren Karten finden Sie unter der Webadresse *www.apple.com/de/ios/feature-availability*. Lassen Sie mich Ihnen das Ganze am Beispiel des Flughafens Frankfurt zeigen:

1. Suchen Sie in der App *Karten* nach *flughafen frankfurt* und tippen Sie den entsprechenden Eintrag an.

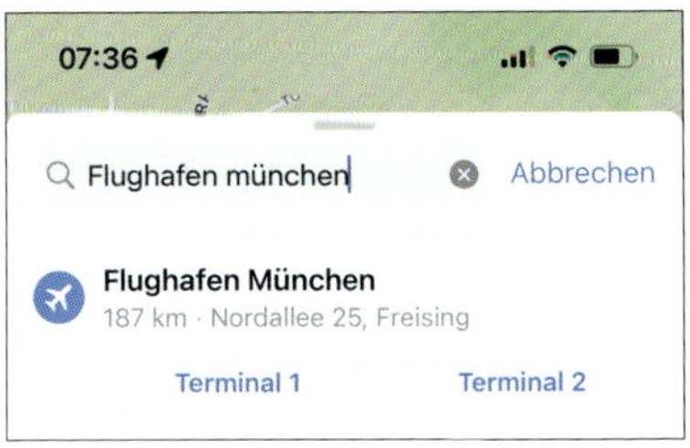

2. Der Flughafen wird Ihnen nun in der App *Karten* angezeigt. Um ins Innere des Flughafens zu gelangen, zoomen Sie sich näher ran.
3. Stehen mehrere Stockwerke zur Verfügung, wird rechts oben eine Zahl angezeigt. Tippen Sie die Zahl an, um das Stockwerk zu wechseln.

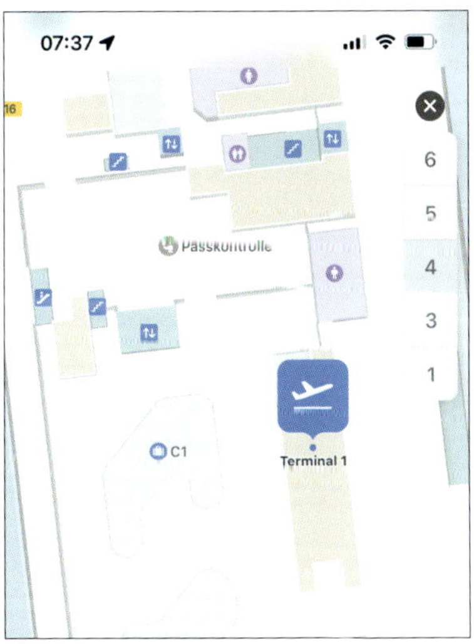

In der App Karten nach einem Hotel, einer Apotheke etc. suchen

Mit der App *Karten* suchen Sie nicht nur nach Adressen, sondern auch nach Geschäften aller Art. Wenn Sie lediglich nach der Art des Geschäfts suchen, etwa nach dem Begriff *hotel*, werden die gefundenen Geschäfte in der gerade geöffneten Ansicht angezeigt. Genauso können Sie die Suche aber auch mit einer Ortsangabe verknüpfen, suchen Sie also z. B. nach *hotel in hamburg*.

Jedes eingeblendete Symbol (die Symbole unterscheiden sich je nach gesuchtem Geschäft) entspricht einer gefundenen Örtlichkeit. Wenn Sie ein Symbol antippen, wird Ihnen der Name des Geschäfts angezeigt. Sie können unten in der App *Karten* eine Liste der Geschäfte einblenden. Um sich über ein Geschäft näher zu informieren, tippen Sie auf den angezeigten Namen und ziehen das Infofenster von unten auf den iPhone-Bildschirm. Sie erhalten dann die Adresse sowie weitere Daten.

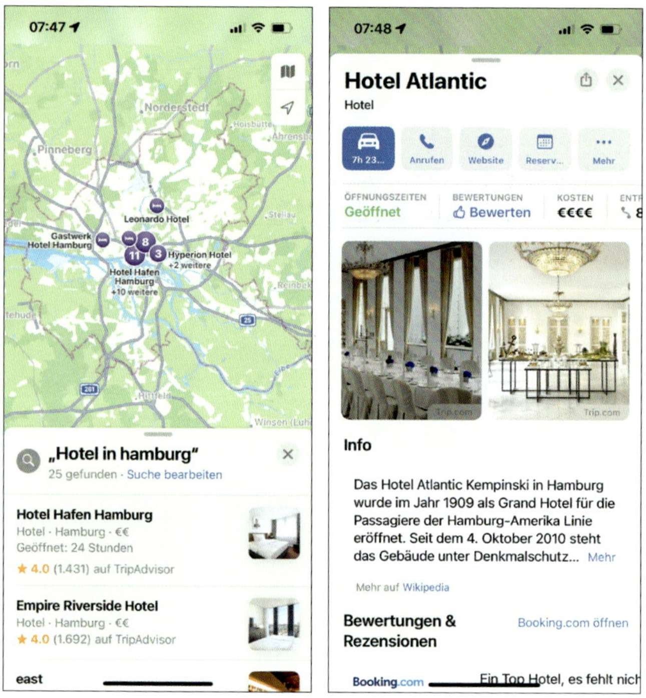

Die App Karten können Sie auch als eine Art »Gelbe Seiten« für Geschäfte auf der ganzen Welt einsetzen

Eine Route zum Zielort planen und sich zum Ziel navigieren lassen

Nun möchten Sie sich von Ihrem iPhone zuverlässig von Ihrem aktuellen Standort zu einer gefundenen Adresse bzw. einem gefundenen Geschäft navigieren lassen. Das iPhone bietet eine Navigation für Kraftfahrzeuge, aber auch für Fußgänger und Radfahrer. Außerdem lassen sich ggf. Verbindungen des öffentlichen Nahverkehrs aufrufen. Falls Sie über ein kompatibles E-Fahrzeug verfügen, können Sie sogar passende Routen entlang von Ladesäulen planen. Und auch das Einplanen von Stopps ist möglich. Wie Sie eine einfache Kfz-Route planen, zeigt Ihnen die folgende Anleitung:

1. Suchen Sie in der App *Karten* nach dem Zielort und tippen Sie im Infofenster unten auf die Schaltfläche mit der geschätzten Fahrzeit.

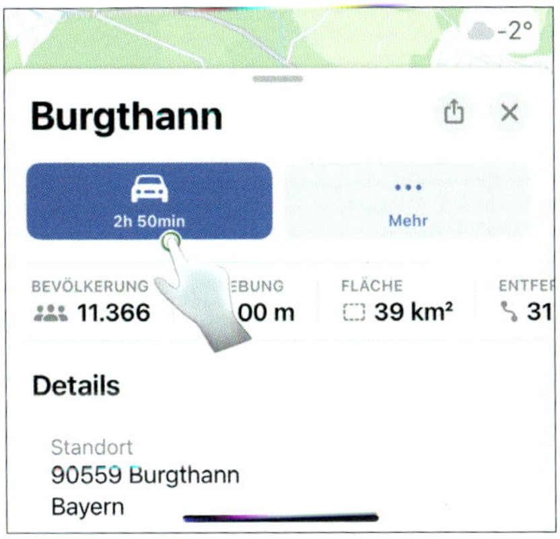

2. Wählen Sie im Menü das Verkehrsmittel aus, falls Sie statt mit einem Kraftfahrzeug mit dem Fahrrad oder zu Fuß unterwegs sind bzw. ein öffentliches Verkehrsmittel oder eine Mitfahrgelegenheit nutzen möchten. Wünschen Sie eine Routenplanung mit mehreren

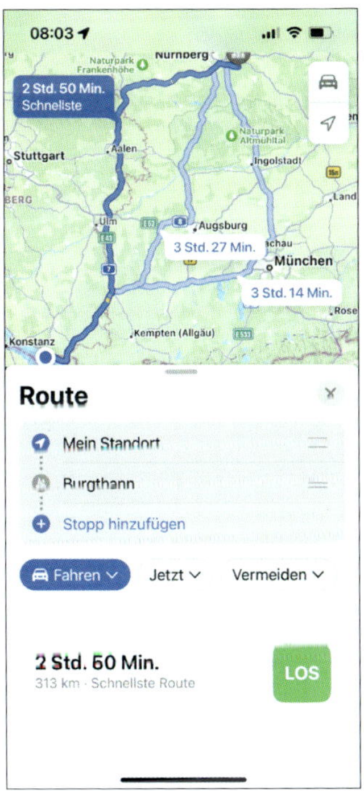

Stopps, entscheiden Sie sich für *Stopp hinzufügen*. Auf der Karte wird Ihnen eine Route angezeigt; falls mehrere Routen eingeblendet werden, wählen Sie die für Sie passende aus. Um sich Details zu einer Route in Listenform anzeigen zu lassen, tippen Sie diese an. Tippen Sie auf *Los*, um sich zum Ziel navigieren zu lassen.

3. Die Navigation wird prompt gestartet. Noch ein kleiner Tipp: Auf längeren Autobahnstrecken schalten Sie das Display am besten aus, um den iPhone-Akku zu schonen (die Navigation übers Internet strapaziert den Akku ziemlich). Die Navigationsführung wird auch auf dem Sperrbildschirm angezeigt.

Stopps können Sie übrigens auch noch nachträglich hinzufügen. Dazu ziehen Sie auf dem Navigationsbildschirm den Infobereich nach oben – schon erhalten Sie die entsprechende Option. Zum Beenden der Navigation tippen Sie hier auf *Route beenden*.

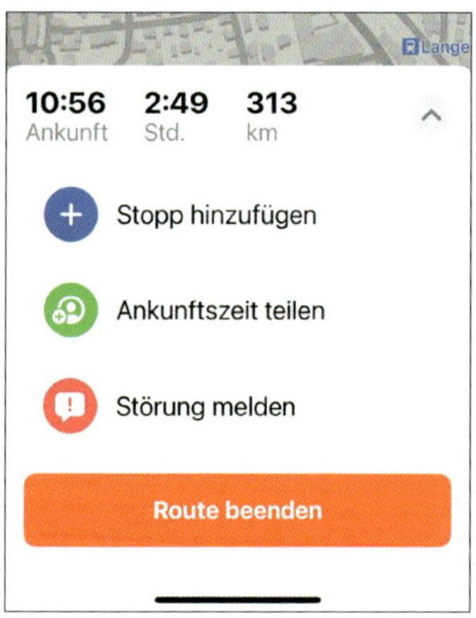

Einen Stopp hinzufügen, die Ankunftszeit teilen oder die Navigation beenden – diese Optionen erhalten Sie im Infobereich

Auch im Infobereich zu einer in der App *Karten* aufgerufenen Örtlichkeit erhalten Sie noch weitere Optionen. Mit der Auswahl der Option *Neuen Kontakt erstellen* (unter dem Symbol) lässt sich beispielsweise ein von Ihnen gebuchtes Hotel Ihren Kontakten hinzufügen.

> **Gebührenpflichtige Wege meiden**
>
> Möchten Sie gebührenpflichtige Straßen, Tunnel oder Brücken bei der Routenplanung meiden? Dann entscheiden Sie sich in den iPhone-Einstellungen für den Eintrag *Karten* und dort für *Fahren*. Aktivieren Sie im Abschnitt *Vermeiden* den Schalter *Gebühren*.

Auf vorhandene Reiseführer zugreifen oder eigene Reiseführer erstellen

Für verschiedene Orte der Welt stehen in der App *Karten* Reiseführer zur Verfügung. Diese wollen Sie in einer fremden Stadt zu interessanten Örtlichkeiten führen, allerdings unterscheidet sich die Qualität der vorhandenen Reiseführer stark.

Wenn Sie eine Stadt wie London aufrufen, werden Ihnen die zugehörigen Reiseführer im Infofenster angezeigt und Sie können einen Reiseführer durch Antippen öffnen. Schauen Sie sich einfach mal einige Reiseführer an, um sich einen Eindruck zu verschaffen.

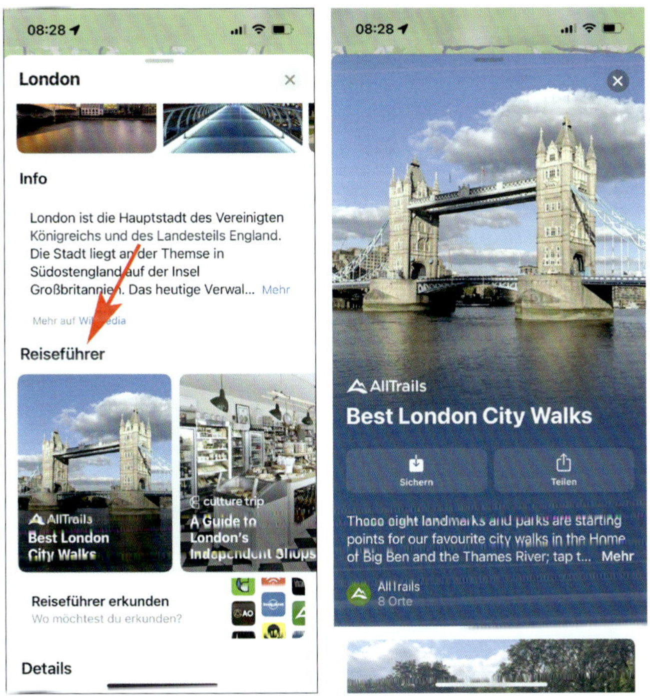

Nutzen Sie einen vorgeschlagenen Reiseführer, um sich in einer fremden Stadt zurechtzufinden

Um Ihre Lieblingsorte jederzeit schnell wiederzufinden, fügen Sie diese einem eigenen Reiseführer hinzu. Dies kann z. B. auch für die Planung einer Rundreise sehr praktisch sein. Ein

Verlauf der von Ihnen aufgerufenen Orte wird sowieso gespeichert. Um einen eigenen Reiseführer zu erstellen und diesem einen Ort hinzuzufügen, gehen Sie folgendermaßen vor:

1. Um zunächst einen neuen Reiseführer zu erstellen, tippen Sie im Infobereich der App *Karten* – es ist keine Adresse geöffnet – im Abschnitt *Meine Reiseführer* auf *Neuer Reiseführer*.

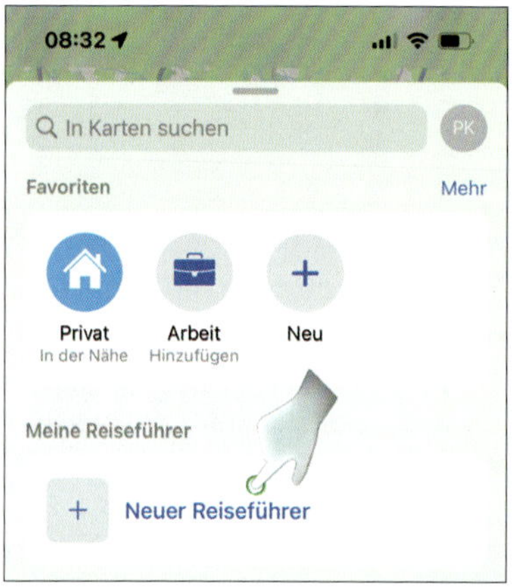

2. Geben Sie dem Reiseführer eine sinnvolle Bezeichnung und bestätigen Sie mit *Erstellen*.

3. Um dem Reiseführer einen Eintrag hinzuzufügen, suchen Sie nach einer Stadt, Adresse oder Sehenswürdigkeit.

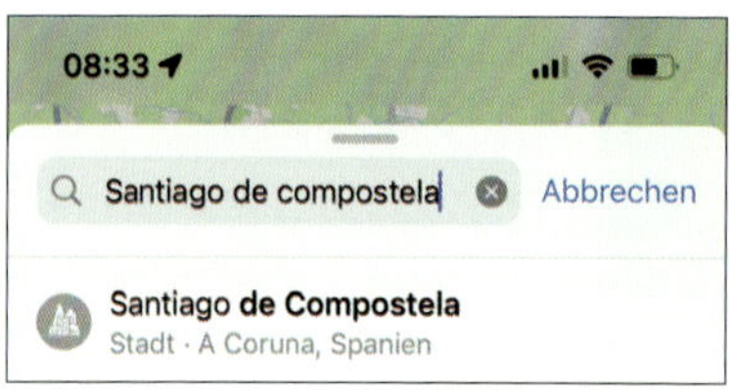

4. Entscheiden Sie sich im Infobereich des aufgerufenen Ortes für die Schaltfläche *Mehr* und dann für den Eintrag *Zu Reiseführern hinzufügen*.

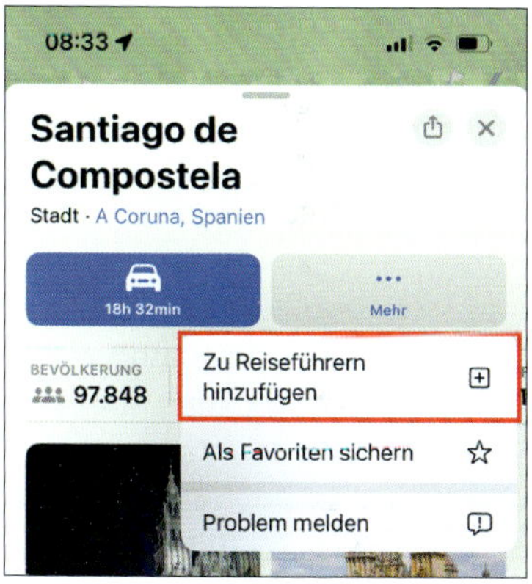

5. Wählen Sie den Reiseführer aus, dem Sie den Ort hinzufügen möchten. Auch hier ist es ansonsten möglich, einen neuen Reiseführer anzulegen.

6. Auf Ihre Reiseführer greifen Sie im Abschnitt *Meine Reiseführer* der App *Karten* zu.

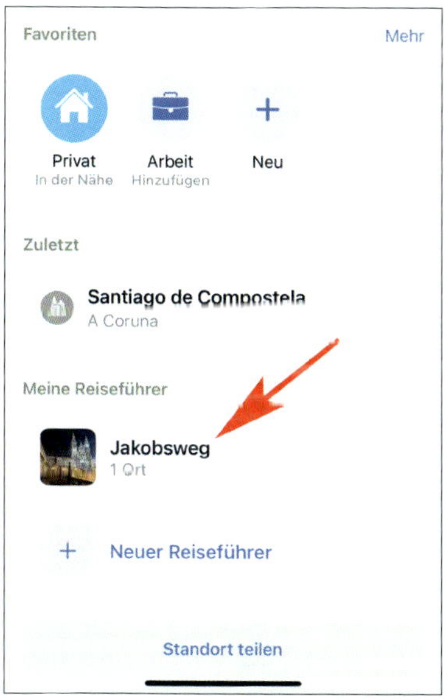

> **Standort markieren**
>
> Damit Sie nie wieder vergessen, wo Sie Ihr Auto in einer fremden Stadt geparkt haben, markieren Sie auf der Karte den Abstellort. Dazu rufen Sie zunächst per Fingertipp auf das Symbol ➤ Ihren aktuellen Standort auf. Tippen Sie anschließend den Standort auf der Karte an und halten Sie diesen zum Markieren gedrückt.
>
> Um eine Markierung wieder zu entfernen, tippen Sie diese auf der Karte an und wählen *Entfernen*. Gut zu wissen: Entsprechende Hardware im Auto vorausgesetzt, kann sich Ihr iPhone dessen Position auch automatisch merken.

Schneller zu Ihren favorisierten Adressen navigieren

Während die Reiseführer zum Speichern von Orten dienen, werden Sie die Favoriten für die Navigation zu besonders wichtigen Orten zu schätzen wissen. Um einen Ort den Favoriten hinzuzufügen und den Favoriten jederzeit aufzurufen, gehen Sie folgendermaßen vor:

1. Tippen Sie in der App *Karten* im Abschnitt *Favoriten* auf den Button *Neu*.

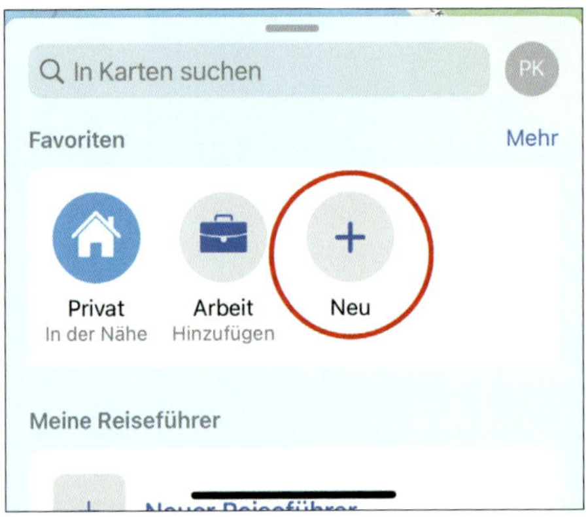

2. Suchen Sie nach der gewünschten Adresse und tippen Sie den gefundenen Eintrag an.

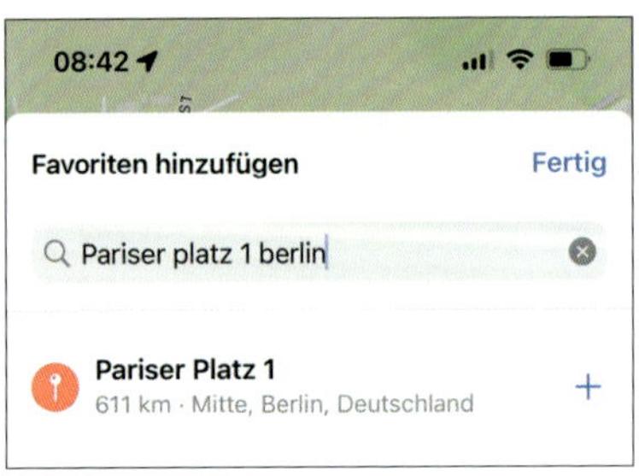

3. Passen Sie ggf. noch die Angaben zum Favoriten an, bevor Sie mit *Fertig* bestätigen.

4. Der Favorit lässt sich ab sofort im Abschnitt *Favoriten* aufrufen.

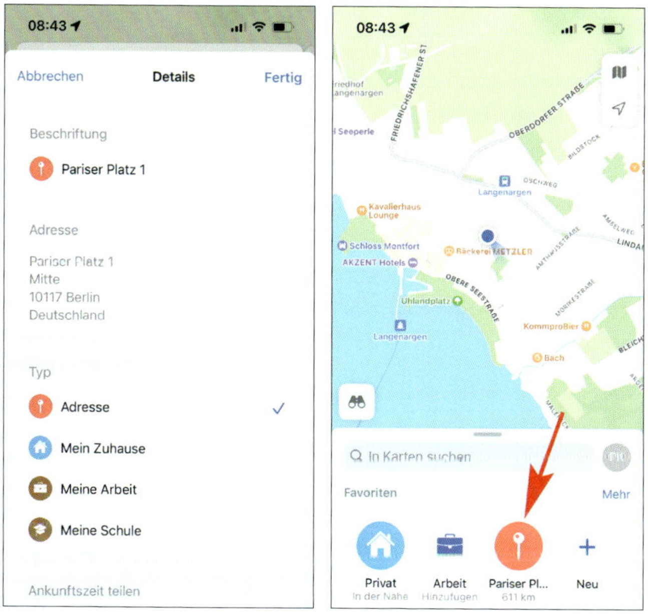

Um einen Favoriten wieder zu entfernen, tippen Sie im Abschnitt *Favoriten* auf *Mehr*. Vollführen Sie auf dem Favoriten die bereits bekannte Ziehbewegung von rechts nach links und wählen Sie *Löschen*. Sie sehen: Die App *Karten* kann mehr, als es auf den ersten Blick erscheinen mag. Unternehmen Sie doch gleich mal eine kleine virtuelle Weltreise, um die tollen Funktionen der App *Karten* zu verinnerlichen!

Impfnachweis, Tickets und Co. auf einen Blick: die App Wallet

Für Ihre realen Reisen, aber auch fürs tägliche Shoppen oder Events steht die App *Wallet* auf dem Home-Bildschirm für Sie bereit. Damit haben Sie Ihre Boardingkarten, Tickets, Coupons oder Ihren Impfnachweis immer mit dabei. In der App lassen sich außerdem Kreditkarten für die Zahlung mit Apple Pay speichern. Wallet bedeutet übersetzt so viel wie »Brieftasche« – und in der Tat sparen Sie sich damit das Herumtragen so mancher Dokumente, die normalerweise in einer Brieftasche Platz finden. Selbst elektronische Zimmerkarten von Hotels lassen sich ggf. in der App speichern.

Mit der App Wallet lassen sich u. a.die verschiedensten Karten und Coupons verwalten, etwa Boardingkarten oder Konzerttickets

Wenn Sie die App *Wallet* öffnen, werden Sie zunächst aufgefordert, eine Kreditkarte für Apple Pay hinzuzufügen, außerdem werden Sie auf die für *Wallet* im App Store verfügbaren Apps verwiesen – vertreten sind viele Fluglinien, aber auch Ticket-, Coupon-, Mietwagenanbieter etc. Tickets und Co. lassen sich auch per Link in einer E-Mail oder auf einer Webseite hinzufügen. Darüber hinaus steht in der App ein Codescanner zur Verfügung.

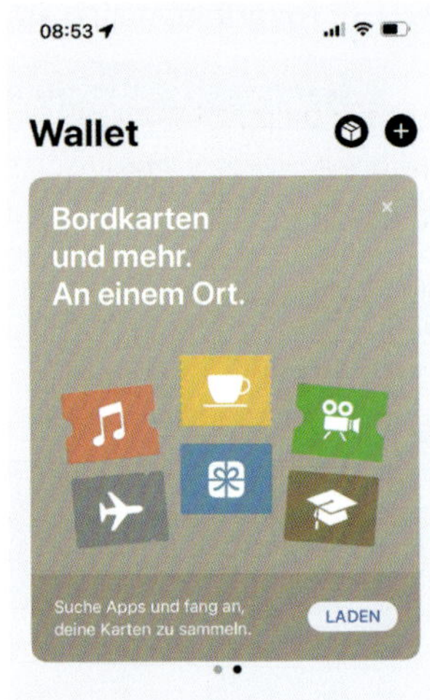

Bei einer leeren Wallet-App werden Sie zum Hinzufügen einer Kreditkarte sowie zum Laden von Apps aufgefordert, die Wallet unterstützen

Aus den entsprechenden Apps heraus lassen sich Tickets und Co. per Fingertipp der App *Wallet* hinzufügen. In der App *Wallet* tippen Sie ein Ticket, einen Coupon etc. einfach an, um Ihre Auswahl anzuzeigen. Wenn Sie die gewählten Tickets nicht mehr brauchen, schieben Sie sie mit dem Finger nach unten, um wieder alle Inhalte des Wallets zu sehen.

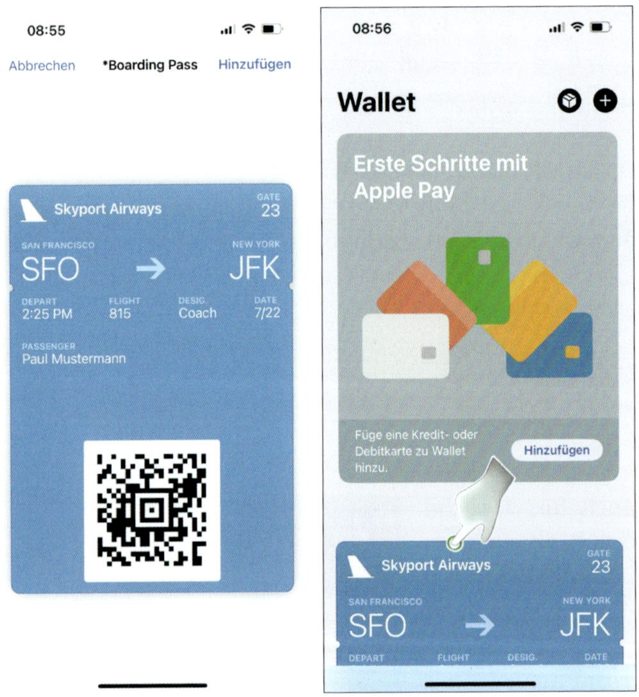

Fügen Sie Ihre Tickets, Coupons etc. der App Wallet hinzu, um sie dort jederzeit übersichtlich verfügbar zu haben; in diesem Fall wurde ein eigenes Ticket auf der Seite www.passsource.com erstellt

Unter dem Symbol ⊙ oberhalb des eingeblendeten Tickets erhalten Sie die Option zum Entfernen eines Tickets sowie ggf. weitere Informationen.

Die besten Reise-Apps für Sie zusammengestellt

Auf ein paar Zusatz-Apps sollten Sie auf Ihren Fahrten und Reisen nicht verzichten. Entnehmen Sie der folgenden Tabelle in diesem Zusammenhang empfehlenswerte Apps, die bei Redaktionsschluss allesamt kostenlos zu haben waren.

App-Name	Symbol	Kurze Beschreibung
Sicher reisen		Mit dieser App des Auswärtigen Amtes sind Sie stets über alles informiert, was Sie zum sicheren Reisen wissen müssen.
TripAdvisor		Verlassen Sie sich bei der Auswahl einer Reise nicht auf die Hochglanzprospekte der Reisebüros! Die App *TripAdvisor* bietet Bewertungen, Bilder und weitere Informationen direkt von Reisenden.
Holiday-Check		Auch HolidayCheck ist ein beliebtes Portal zur Reisebewertung. Mit dieser App checken Sie Hotels und mehr komfortabel auf Ihrem iPhone.
KAYAK		Eine sehr nützliche App für die Reisevorbereitung: Finden Sie damit den günstigsten Flug und das beste Hotel, schlagen Sie Gepäckgebühren nach, rechnen Sie Währungen um etc. 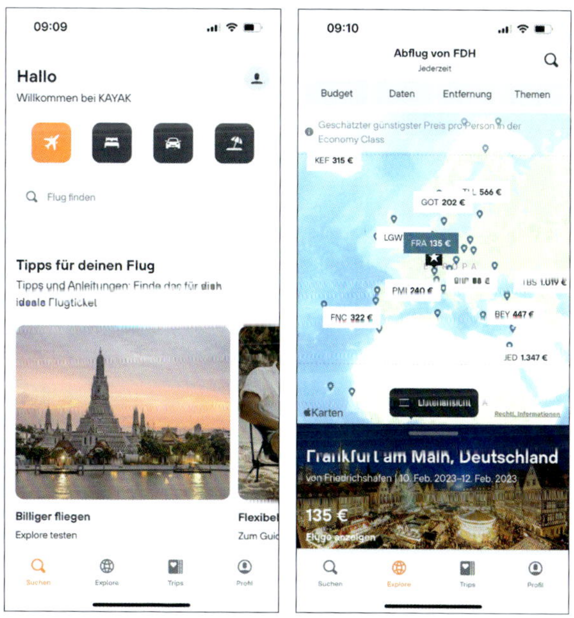

App-Name	Symbol	Kurze Beschreibung
Booking.com	Booking	Für die Suche nach Hotels kann ich Ihnen diese App empfehlen. Grundsätzlich bietet es sich aber an, die gefundenen Angebote mit denen anderer Anbieter zu vergleichen, um wirklich den besten Preis zu erhalten.
Airbnb		Ferienunterkünfte aller Art und auf der ganzen Welt werden auf dieser Website vermittelt. Da es sich häufig um Privatunterkünfte handelt, sollten Sie sich die zugehörigen Bewertungen ganz genau anschauen!
Check24 Reisen	CHECK24 Reisen	Auf der Jagd nach Reise-Schnäppchen kann Ihnen diese App eines großen Vergleichsportals gute Dienste erweisen. Sie eignet sich besonders dazu, um nach Pauschalreisen zu stöbern.
HERE WeGo		Diese Gratis-App wurde an anderer Stelle bereits kurz erwähnt. HERE WeGo ermöglicht eine kostenlose Navigation in Europa – bei Bedarf auch offline, sodass Sie dafür beispielsweise im Ausland keine Internetverbindung benötigen.
Skyscanner	Skyscanner	Sie unternehmen eine Flugreise und möchten ein passendes Hotel oder direkt am Flughafen einen Mietwagen buchen? Beim Preisvergleich hilft Ihnen diese App. 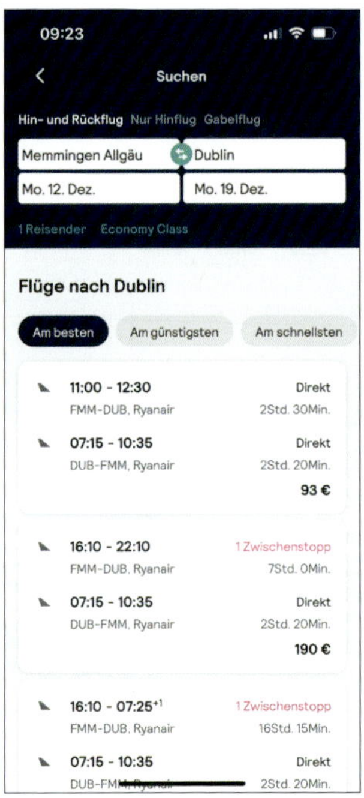 

App-Name	Symbol	Kurze Beschreibung
ADAC Spritpreise		Auf der Suche nach den aktuell günstigsten Benzinpreisen kann Ihnen diese App behilflich sein – der eine oder andere Euro lässt sich damit in jedem Fall sparen.
DB Navigator		Ohne langes Anstehen am Bahnschalter: Planen Sie Ihre Bahnreisen zukünftig mit dieser App der Deutschen Bahn. In Österreich nutzen Sie die App *ÖBB Scotty*, in der Schweiz die App *SBB Mobile*.
Free Now		Ein Taxi rufen, dessen Weg auf einer Karte verfolgen, den Fahrpreis berechnen und noch mehr – in vielen Großstädten können Sie das mit dieser App tun, deren Vorgänger *mytaxi* war.
Moovit		Eine äußerst nützliche App für alle, die viel mit öffentlichen Verkehrsmitteln unterwegs sind: Fragen Sie Haltestellen in der Umgebung sowie Abfahrts- und Ankunftszeiten ab.
alpenverein-aktiv.com		In dieser App greifen Sie auf tolle Wandertouren, Bergtouren, Skitouren etc. zu. Verzichten Sie bei Ihren Wanderungen zukünftig auf übergroße Wanderkarten, sondern lassen Sie sich den richtigen Weg dank GPS-Ortung von Ihrem iPhone weisen. 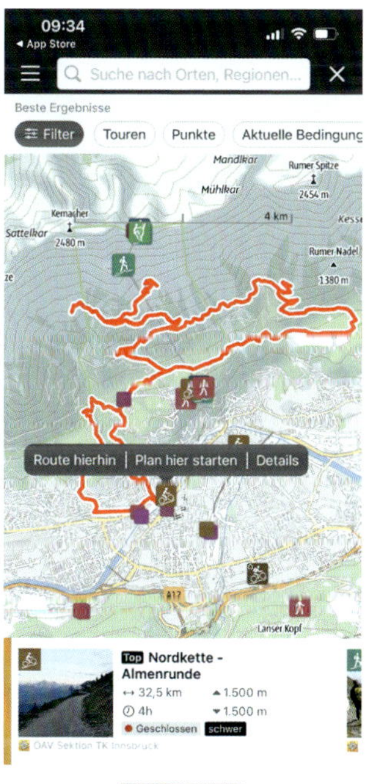 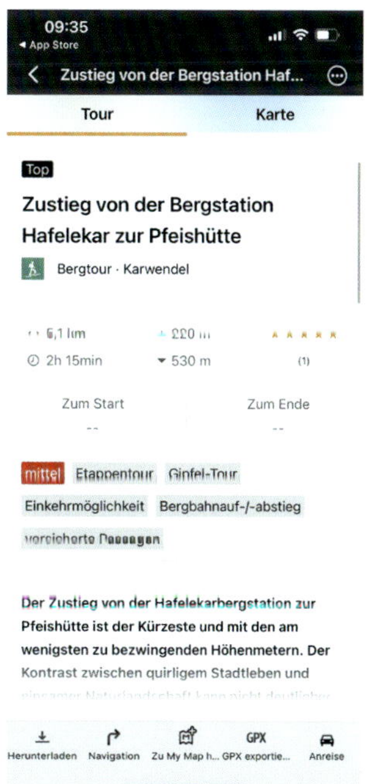

App-Name	Symbol	Kurze Beschreibung
Uber		Mit dieser App können Sie in wenigen Großstädten einen »privaten« Fahrer anheuern, der Sie von A nach B bringt. Im Vergleich zu einem herkömmlichen Taxi können Sie dabei einiges an Geld sparen.
Mozio Driver		Mozio Driver ist eine weitere Fahrdienst-App, die sich unter anderem für Fahrten vom und zum Flughafen in Ihrem Urlaubsland als nützlich erweisen kann.
Bikemap		Eine tolle App für Radfahrer: Finden Sie darin Hunderttausende Routen weltweit – ganz sicher ist da auch die passende für Sie dabei!
Google Übersetzer		Wenn Ihnen die elf Sprachen der bereits vorhandenen App *Übersetzen* nicht reichen: Die App *Google Übersetzer* bietet automatische Übersetzungen von und in über 100 Sprachen.
dict.cc		Mit dieser kostenlosen Wörterbuch-App übersetzen Sie online Begriffe von und in 26 verschiedene Sprachen.
LEO Wörterbuch		Auch dieses kostenlose Onlinewörterbuch beherrscht gleich mehrere Sprachen, z. B. Spanisch, Italienisch, Russisch, Chinesisch.

Denken Sie daran: Die vorgestellten Apps bilden lediglich eine kleine Auswahl aus dem schier unendlichen Fundus des App Stores. Ganz sicher finden Sie im App Store genau die App, die Sie für Ihre individuelle Reise benötigen! Und noch etwas: Aufgepasst bei Flugbuchungen auf einem Apple-Gerät! Es wird gemunkelt, dass diese deutlich teurer ausfallen können, als wenn Sie sie auf einem Windows-PC tätigen. Die Anbieter können nämlich sehen, von welchem Gerät eine Buchung erfolgt, und unter Umständen höhere Preise festlegen, wenn die Buchung z. B. auf einem iPhone 14 erfolgt.

Dank Kompass stets gut orientiert

Für die Orientierung in freier Wildbahn sehr nützlich: Setzen Sie auf Ihrem iPhone die bereits verfügbare App *Kompass* ein, die Sie standardmäßig auf der zweiten Seite des Home-Bildschirms im Ordner *Dienstprogr.* finden, um damit Ihre aktuelle Position zu bestimmen und die zugehörigen Koordinaten anzuzeigen.

KAPITEL 12

Das iPhone als komfortablen E-Book-Reader einsetzen

Das elektronische Lesen mag anfangs etwas gewöhnungsbedürftig sein – aber so haben Sie Ihre Lektüre immer mit dabei. Dank des Retina-Displays zeigt Ihr iPhone alle Texte gestochen scharf an. Lediglich vom Lesen am späten Abend raten Wissenschaftler ab, denn die Hintergrundbeleuchtung kann bei längerem Lesen zu einem unruhigen Schlaf führen. Doch erst mal wird ja nicht geschlafen, sondern Sie lernen in diesem Kapitel die besten Funktionen rund um elektronische Bücher (E-Books) und News kennen.

Kostenlose Klassiker oder aktuelle Bestseller in der Bücher-App lesen

Zum Herunterladen und Lesen von E-Books (sowie auch von Hörbüchern) steht Ihnen auf Ihrem iPhone die App *Bücher* bereits zur Verfügung. In diesem Zusammenhang ist zu erwähnen, dass es neben der App *Bücher* bzw. dem Book Store noch viele andere E-Book-Anbieter auf dem Markt gibt. Weitere bekannte Apps sind z. B. *Tolino*, *Skoobe* und *Kindle*. Mit der App *Onleihe* können Sie sogar E-Books aus einer Stadtbibliothek ausleihen. Entscheiden Sie selbst, welchen E-Book-Anbieter Sie verwenden möchten. Ich empfehle aber

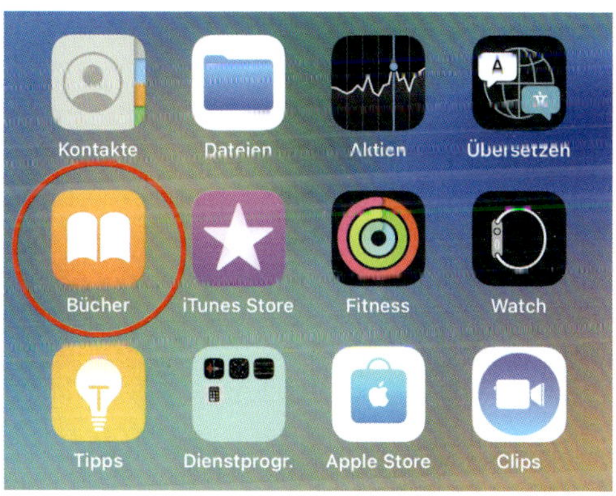

Dank der App Bücher können Sie eine ganze Bibliothek auf dem iPhone mit sich herumtragen

grundsätzlich, möglichst bei einem E-Book-Anbieter zu bleiben, ansonsten verlieren Sie schnell die Übersicht. Auf den folgenden Seiten stelle ich Ihnen die App *Bücher* vor.

Elektronische Bücher aus dem Book Store laden

Der Vorteil der App *Bücher*: Das Herunterladen von Büchern im Book Store funktioniert mit Ihrer Apple-ID genauso, wie Sie es bereits im Zusammenhang mit dem Herunterladen von Apps bzw. Inhalten aus dem App Store kennengelernt haben. Und wie die Inhalte aus dem App Store sowie iTunes Store lassen sich auch die einmal im Book Store gekauften Bücher jederzeit erneut herunterladen. Sie müssen also nicht alle Titel auf dem iPhone gespeichert lassen. Entscheiden Sie sich in der App *Bücher* unter *Book Store* für ein E-Book (Sie können alternativ auch die Suchfunktion unter *Suchen* nutzen, um nach Buchtiteln oder Autoren zu fahnden) und laden Sie dieses per Fingertipp auf die Schaltfläche *Laden* bzw. auf den angezeigten Preis herunter. Bei kostenpflichtigen E-Books empfehle ich Ihnen, zunächst die Option *Auszug* zu wählen, um sich in ein Buch erst mal einzulesen. Nur wenn es Ihnen zusagt, kaufen Sie den Rest. Der Auszug umfasst meist 10 % des E-Books. Logisch, dass für einen kostenpflichtigen Download Ihre Apple-ID mit Zahlungsdaten verknüpft sein muss, wie ja bereits in Kapitel 3 kennengelernt.

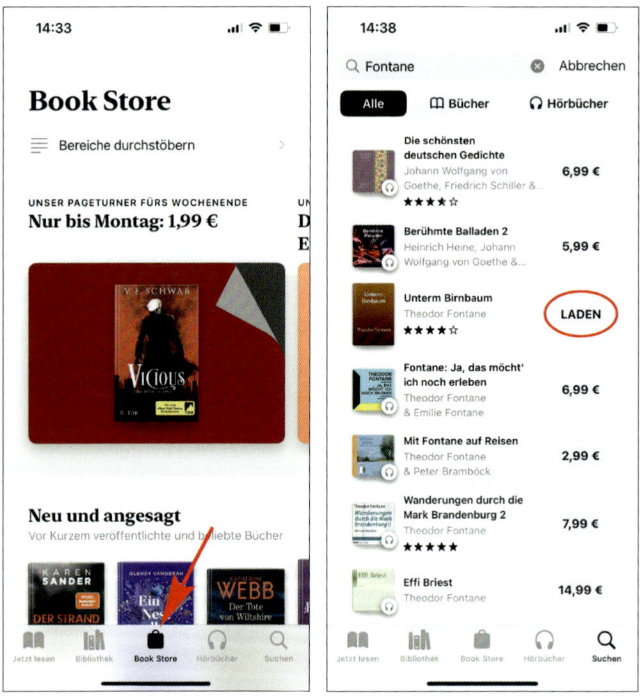

Stöbern Sie im integrierten Book Store nach Büchern, die Sie interessieren

Bestätigen Sie das Herunterladen durch Eingabe des zu Ihrer Apple-ID gehörenden Passworts bzw. per Face ID. Nach dem Herunterladen steht das E-Book in der App *Bücher* unter *Bibliothek* zur Verfügung.

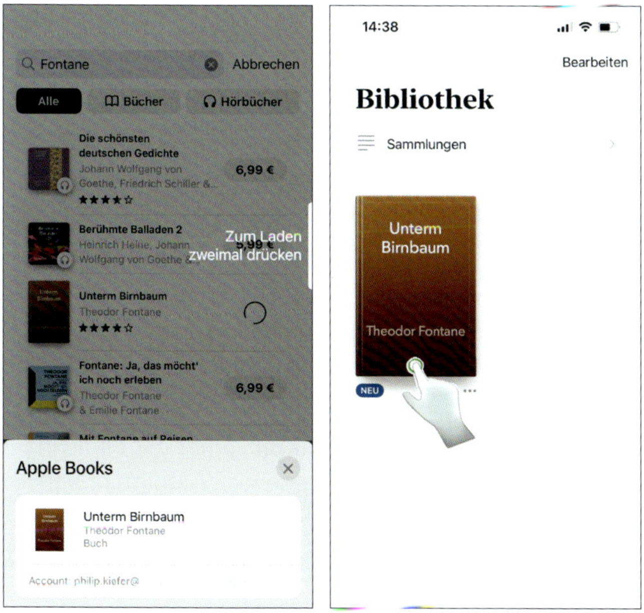

Greifen Sie sofort nach dem Download auf das heruntergeladene Buch zu

Um ein E-Book zu lesen, tippen Sie es unter *Bibliothek* an. Das Umblättern erfolgt durch horizontales Streichen nach links bzw. rechts oder per Fingertipp auf den rechten bzw. linken Displayrand. Gut zu wissen: Die App *Bücher* merkt sich die Stelle, die Sie zuletzt gelesen haben, und öffnet das E-Book beim nächsten Mal automatisch an dieser Stelle.

Sie können ein E-Book übrigens auch auf einer Webseite aufrufen und in der App *Bücher* öffnen, sind also bei der E-Book-Nutzung keineswegs an den Book Store gebunden.

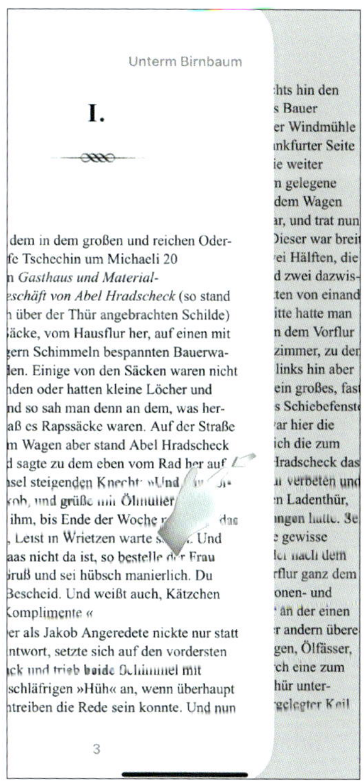

Das Umblättern erfolgt in der App Bücher entweder durch Streichen oder Tippen

Bereits vorhandene E-Books importieren

Haben Sie E-Books im gängigen E-Book-Format EPUB oder als PDF-Datei auf Ihrem PC gespeichert und möchten diese auf Ihr iPhone übertragen?

Zur Synchronisierung von E-Books auf dem Computer mit der App *Bücher* machen Sie sich in Kapitel 14 vertraut.

E-Books auf dem iPhone verwalten

Ihr iPhone riecht nicht so gut wie ein Buch und es fühlt sich auch anders an. Aber das Lesen von E-Books bietet auch Vorteile. So hat auf Ihrem iPhone eine komplette Bibliothek Platz, weitere online gespeicherte Bücher lassen sich innerhalb kürzester Zeit abrufen. Ihre E-Books beanspruchen keinerlei zusätzlichen Platz in Ihrer Wohnung und sie verstauben nicht. Aber das ist natürlich noch nicht alles. Erfahren Sie nachfolgend zunächst, wie praktisch das Verwalten Ihrer E-Books mit dem iPhone und der App *Bücher* ist.

- **E-Book-Suche:** Auch bei vielen gespeicherten E-Books brauchen Sie keinen Bibliothekar einzustellen. Wählen Sie in der App *Bücher* die Rubrik *Suchen*, um ein Suchfeld einzublenden und damit schnell jedes gesuchte Buch ausfindig zu machen – nicht nur im Book Store, sondern auch in Ihrer Bibliothek.
- **E-Books sortieren:** Ziehen Sie die Bücherliste in der Rubrik *Bibliothek* mit dem Finger nach unten, wird Ihnen oberhalb der Bücherliste ein Sortiermenü angezeigt. Tippen Sie das Menü an, um unterschiedliche Sortieroptionen zu erhalten.

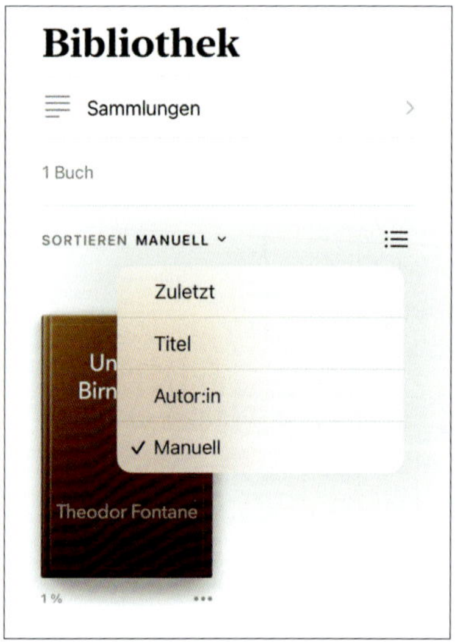

Die E-Books in Ihrer Bibliothek lassen sich nach unterschiedlichen Kriterien sortieren

- **Sammlungen erstellen:** Ähnlich wie mit den Bücherregalen in Ihrem Wohnzimmer lassen sich auch in der App *Bücher* Sammlungen erstellen, um Ihre Bücher thematisch zu sortieren.

  Tippen Sie dazu oben unter *Bibliothek* auf *Sammlungen*. Wählen Sie *Neue Sammlung*, geben Sie der neuen Sammlung eine schlüssige Bezeichnung und bestätigen Sie mit *Fertig*. Um E-Books einer Sammlung hinzuzufügen, tippen Sie unter *Bibliothek* auf *Bearbeiten* und suchen die gewünschten E-Books aus. Entscheiden Sie sich dann für *Hinzufügen* und tippen Sie die Sammlung an, in die die E-Books verschoben werden sollen.

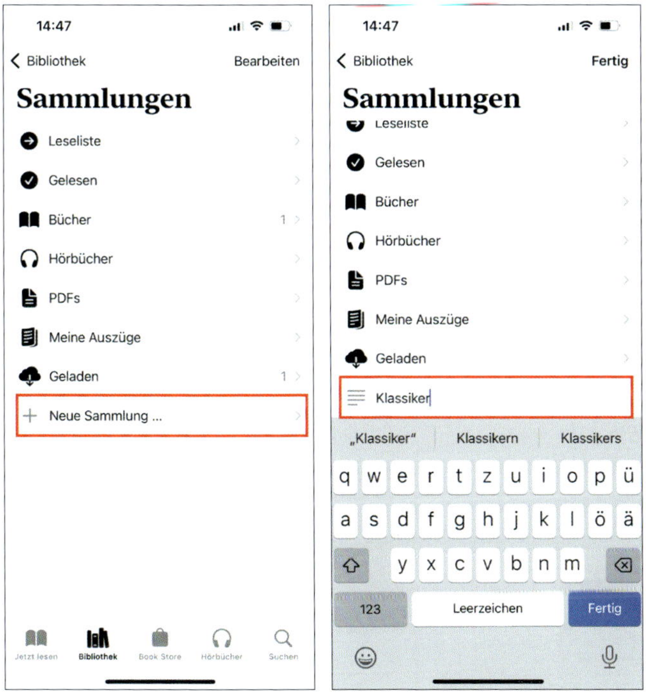

Bei einer umfangreichen Bibliothek sortieren Sie Ihre E-Books am besten in Sammlungen

Clevere Funktionen beim Lesen von E-Books

Und auch zum Lesen von E-Books wird mit einigen Funktionen aufgewartet, die ein gedrucktes Buch nicht bietet. Tippen Sie in ein geöffnetes E-Book und wählen Sie unten das Symbol ≡, um die verschiedenen Lese- und Anzeigeoptionen aufzurufen. Die folgende Auflistung gibt Ihnen einen kleinen Überblick.

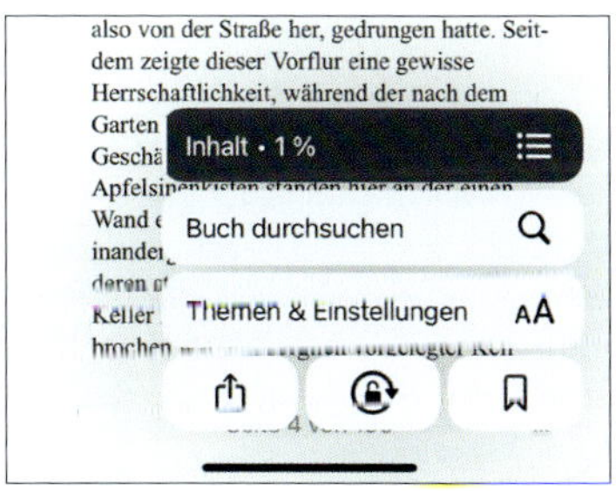

Rufen Sie Lese-, Anzeige- und weitere Optionen für das jeweils geöffnete E-Book auf

- **Themen und Einstellungen:** Sie möchten die Schrift vergrößern, die Schriftart ändern oder beim Lesen die Hintergrundbeleuchtung dimmen? Wünschen Sie den automatischen Nachtmodus oder möchten Sie, statt ein Buch umzublättern, vertikal scrollen? Wählen Sie dazu den Eintrag *Themen und Einstellungen* und legen Sie im sich öffnenden Menü Ihre gewünschten Einstellungen fest.

Die App Bücher bietet eine Reihe von Optionen für angenehmeres Lesen

- **Buch durchsuchen:** Besonders interessant für Recherchen, aber auch, wenn Sie in einem Krimi zu einer erhellenden Passage wechseln wollen, ist die Textsuche. Starten Sie unter dem Eintrag *Buch durchsuchen* eine beliebige Suche im Text des aktuell aufgeschlagenen E-Books. Durch Antippen eines Treffers gelangen Sie zur jeweiligen Position.

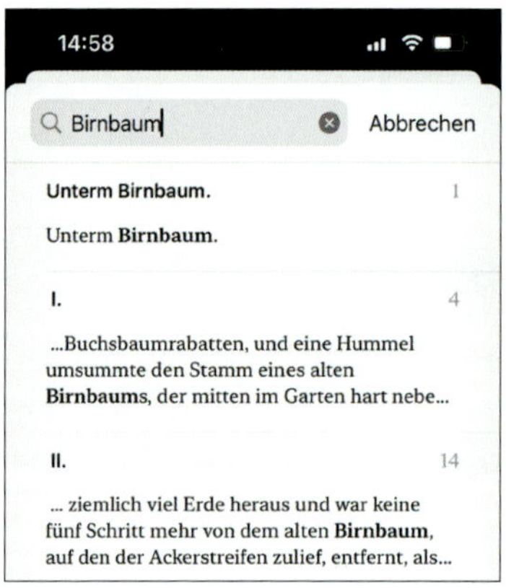

In einem E-Book können Sie nach ganz bestimmten Begriffen suchen und sich die passenden Textstellen anzeigen lassen

- **Lesezeichen setzen:** Wie bereits erwähnt, startet *Bücher* ein E-Book jeweils mit der zuletzt aufgeschlagenen Seite. Wenn Sie dennoch ein Lesezeichen setzen möchten, etwa um interessante Inhalte zu markieren, tippen Sie auf das Symbol 🔖. Das Abrufen der Lesezeichen erfolgt unter dem Eintrag *Lesezeichen & Markierungen*. Dieser wird dann eingeblendet, wenn entsprechende Inhalte zur Verfügung stehen. Das Hinzufügen eines Lesezeichens bzw. das Entfernen desselben kann alternativ auch durch einen Doppeltipp auf eine Seite erfolgen.

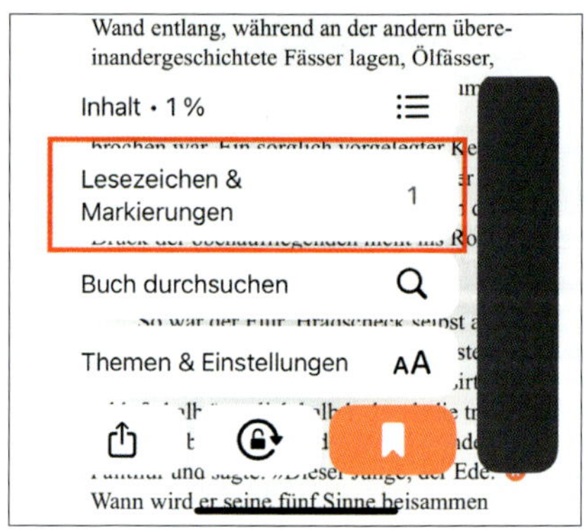

Setzen Sie ein Lesezeichen, wird das Lesezeichensymbol rot ausgefüllt dargestellt

- **Notizen und Co. hinzufügen:** Falls Sie schon den Einwand auf den Lippen haben, dass Sie in einem E-Book doch keine Notizen eintragen und keine Textpassagen markern könnten – doch, das geht! Halten Sie ein Wort gedrückt, um es auszuwählen, passen Sie anschließend ggf. die Markierungen an. Im sich öffnenden Menü finden Sie unter anderem die Optionen *Nachschlagen* (zum prompten Nachschlagen im Lexikon), *Übersetzen*, *Markieren* (zum Markern in Ihrer Wunschfarbe), *Notiz* (zum Hinzufügen von Notizen), *Suchen* (zur Suche nach dem Begriff im gesamten E-Book) sowie ggf. *Sprechen* (zum Vorlesen des E-Books, sofern Sie in den Bedienungshilfen die Sprachausgabe aktiviert haben). Auch Ihre Markierungen und Notizen rufen Sie jederzeit unter dem Eintrag *Lesezeichen & Markierungen* auf.

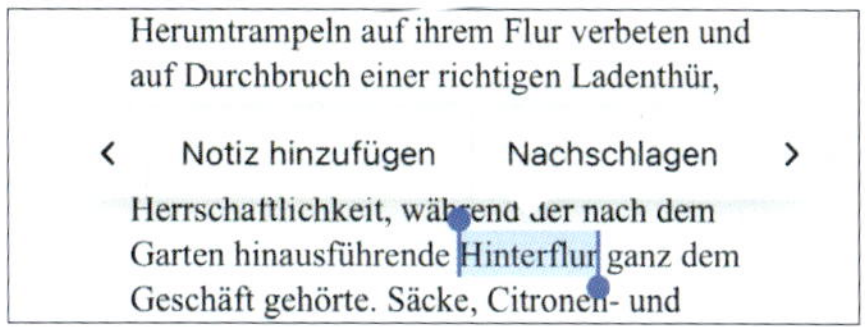

E-Book-Texte lassen sich unter anderem mit Markierungen und Notizen versehen

- **Kapitelauswahl**: Möchten Sie zu einem bestimmten Kapitel springen, entscheiden Sie sich unter dem Symbol ≡ für den Eintrag *Inhalt* und wählen anschließend im Inhaltsverzeichnis das gewünschte Kapitel aus.

Auf dem iPhone aktuelle News und Magazine lesen

Wie Ihnen sicher schon aufgefallen ist, wird Ihnen auf der Seite links neben dem Home-Bildschirm ein Standard-Widget mit Schlagzeilen aus unterschiedlichen Medien angezeigt. Tippen Sie eine solche Schlagzeile an, wird der vollständige Artikel im entsprechenden Medium in der Browser-App *Safari* aufgerufen. Die Auswahl wird Sie aber eventuell nicht zu-

Bevorzugen Sie das E-Paper oder die Onlineausgabe? Bei vielen Anbietern haben Sie die Wahl

friedenstellen. Kein Problem! Sie finden im App Store massenhaft Apps von News-Anbietern und Magazinen – sowohl als E-Paper als auch in Onlineausgaben. Nur ein Beispiel sind die Apps der Wochenzeitung »Die Zeit«, nämlich *Die Zeit* (E-Paper) und *Zeit Online* (Onlineausgabe). Meistens bietet die Onlineausgabe gegenüber dem E-Paper nicht viel weniger Inhalte und noch einiges an interaktiven Möglichkeiten. Bei der App *Zeit Online* lassen sich beispielsweise auch Push-Mitteilungen zu verschiedenen Nachrichtenthemen (kostenlos) abonnieren.

Verschiedene News-Apps lassen sich auch als Widget auf dem Home-Bildschirm anlegen, wie Sie es in Kapitel 3 kennengelernt haben. Dies ist z. B. bei der App *upday* möglich, die Nachrichten aus verschiedenen Quellen sammelt und sich nach eigenen Interessen anpassen lässt. So behalten Sie wichtige News stets im Blick.

Verschiedene News-Apps wie upday ermöglichen das Hinzufügen eines News-Widgets auf dem Home-Bildschirm

Falls Sie auf die Zusatzfunktionen der Apps keinen Wert legen, rufen Sie entsprechende News-Seiten einfach direkt in der App *Safari* auf, also etwa *www.handelsblatt.com*. In diesem Zusammenhang ist zu beachten, dass viele News-Anbieter ihre Inhalte nur noch teilweise kostenfrei zur Verfügung stellen. Für den vollen Zugriff ist dann ein Abo notwendig. Dies gilt für die Webseiten und Apps gleichermaßen. Apropos Abo: Die App *Readly* bietet gegen einen monatlichen Pauschalbetrag (bei Redaktionsschluss 11,99 Euro pro Monat) den Zugriff auf sehr viele Zeitungen und Zeitschriften. Ebenfalls bei Redaktionsschluss bot diese App ein einmonatiges Testangebot zum Preis von 0,99 Euro an.

Kapitel 13

Büro, Banking und mehr: Apps, die Sie kennen sollten

Nach dem Lesen der bisherigen Kapitel haben Sie sicherlich Lust bekommen, neue Apps auf eigene Faust zu erkunden. In diesem Kapitel finden Sie 50 von mir empfohlene (und, wenn nicht anders angegeben, bei Redaktionsschluss kostenlose) Apps zu wichtigen Themenbereichen. Laden Sie auf Ihr iPhone, was Ihnen gefällt – zu den meisten Apps gibt es im App Store Alternativen, falls Sie lieber auf andere Anbieter setzen möchten. Bei bereits auf dem iPhone vorhandenen Apple-Apps gilt das Umgekehrte: Löschen Sie, was Sie nicht benötigen, um den kostbaren iPhone-Speicher nicht unnötig zu verstopfen.

Büro-Apps

Für die Textverarbeitung unterwegs, für das »Einscannen« von Dokumenten und noch für weitere Office-Zwecke gibt es ebenfalls eine Menge toller Apps – in der folgenden Tabelle finden Sie besonders empfehlenswerte.

App	Symbol	Kurzbeschreibung
Pages		Die Textverarbeitungs-App von Apple erlaubt das Erstellen, Bearbeiten und Synchronisieren von Dokumenten.
Numbers		Mit der Tabellenkalkulations-App von Apple erstellen Sie beliebige Tabellen und Diagramme und greifen auch unterwegs auf Ihre Buchhaltungsdateien zu.
Keynote		Die Präsentations-App von Apple ermöglicht nicht nur das Erstellen und Bearbeiten von Präsentationen, sondern auch die direkte Wiedergabe im WLAN.

App	Symbol	Kurzbeschreibung
Freeform		Die mit iOS 16.2 eingeführte Whiteboard-App bietet eine große weiße Tafel, auf der sich unterschiedlichste Inhalte frei platzieren lassen. Da sich Tafeln mit anderen Personen teilen lassen, ist die App z. B. ideal fürs gemeinsame Brainstorming geeignet.
Microsoft Word		Als Alternative zur App *Pages* steht auch Microsoft Word als App zur Verfügung (neben den Apps *Excel* und *PowerPoint*). Für die vollumfängliche Nutzung ist ein Microsoft-365-Abo erforderlich.  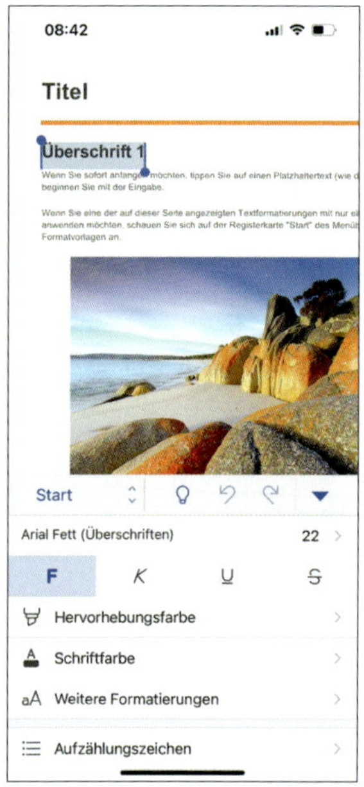
Microsoft Teams		Für die plattformübergreifende Zusammenarbeit übers Internet bieten sich ebenfalls verschiedene Dienste an, etwa *Microsoft Teams*. Mit dieser App lässt sich der Dienst auch auf dem iPhone nutzen.
Google Drive		Google Drive ist ein in der Basisversion kostenloser Onlinespeicher von Google. Greifen Sie mit dieser App auf die in Google Drive gespeicherten Dokumente und weitere Dateien zu.
Adobe Acrobat Reader		Der Adobe Acrobat Reader ist auch auf dem iPhone die perfekte App zum Lesen von PDF-Dateien.

App	Symbol	Kurzbeschreibung
Genius Scan		Mit der iPhone-Kamera Dokumente noch besser abfotografieren und sie als Bilddatei oder als PDF-Datei speichern – diese App unterstützt Sie dabei.
Automatische StempelUhr		Erfassen Sie mit dieser App Ihre Arbeitszeiten und berechnen Sie, wenn Sie auch noch den Stundenlohn eingeben, Ihren Verdienst.

Finanzen-Apps

Vielleicht sagt Ihnen die auf Ihrem iPhone bereits verfügbare App *Aktien* nicht zu? Entnehmen Sie der folgenden Tabelle noch weitere Apps für die Wertpapierverwaltung sowie weitere Finanzen-Apps.

App	Symbol	Kurzbeschreibung
Börse & Aktien – finanzen.net		Verschaffen Sie sich mit dieser App einen detaillierten Überblick über die Märkte und – in von Ihnen angelegten Watchlisten – über alle Ihre Wertpapiere.
Aktien & Börse – onvista		Auch dieses Finanzportal bietet Ihnen Informationen zu Wertpapieren aller Art.
Finanzblick Online-Banking		Wenn Sie eines oder mehrere Onlinekonten führen, können Sie mit dieser App darauf zugreifen, Budgets verwalten, Geldautomaten suchen und noch mehr. Das Ganze ist kostenlos.
OutBank		Auch diese App dient der Verwaltung Ihrer Bankkonten, sofern diese einen entsprechenden Zugang bieten.
Sparkasse		Die meisten großen Banken bieten eigene Apps für die mobile Kontenverwaltung an – die App der Sparkassen ist dafür nur ein Beispiel.
N26		Neben den großen Banken gibt es inzwischen eine Reihe von mobilen Banken, bei denen die Kontoführung komfortabel übers iPhone läuft. N26 ist ein Beispiel für einen solchen Anbieter.

App	Symbol	Kurzbeschreibung
Indeed Jobs		Sie sind auf der Suche nach einem (neuen) Job? Finden Sie mit dieser App von Indeed.com jede Menge Jobangebote auch in Ihrer Nähe! Auch ein Gehaltscheck ist im Angebot. Die Aufforderung zum Registrieren nach dem Starten der App kann ignoriert werden.  
Finanzielle Freiheit Rechner		Berechnen Sie mit dieser pfiffigen App, wie viel Geld Sie für Ihre ganz persönliche finanzielle Freiheit benötigen.
Trovit Immo		Eine interessante Immobilien-App, mit deren Hilfe sich zahlreiche Portale nach der Wunschimmobilie durchforsten lassen.
Haushalts-buch Money-Control		Dieses Haushaltsbuch fürs iPhone verschafft Ihnen einen Überblick über Ihre Ausgaben. Allerdings ist nur eine bestimmte Anzahl von Buchungen zum Testen kostenlos, dann benötigen Sie ein kostenpflichtiges Upgrade.

Shopping-Apps

Ob Sie in der App *Erinnerungen* eine Einkaufsliste erstellen oder mit der App *Rechner* die bei einem Einkauf fälligen Beträge ausrechnen möchten – das iPhone sollte auch bei Ihren Einkäufen nicht fehlen! In der folgenden Tabelle finden Sie zehn weitere tolle Apps, die Ihnen beim Shopping behilflich sein werden.

App	Symbol	Kurzbeschreibung
barcoo		Codes einscannen und detaillierte Produktinformationen aufrufen – dazu dient diese App, die auch noch mit einer Einkaufsliste und weiteren Extras aufwartet.
idealo		Mit dieser App stellen Sie Preisvergleiche zwischen zigtausend Onlineshops an, um das für Sie günstigste Angebot auswählen zu können.
kaufDa		Geschäfte in der Nähe aufspüren und deren Werbeprospekte ansehen – das alles geht auch auf dem iPhone. Sie brauchen sich also keinen Papiermüll mehr in den Briefkasten stecken zu lassen.
eBay		Kaufen und Verkaufen beim weltgrößten Internetauktionshaus – dank dieser App verpassen Sie kein Schnäppchen mehr, auch wenn Sie gerade unterwegs sind. Das Einstellen eigener Artikel fällt mit der App dank Barcodescan und Co. richtig leicht.
Sell4More		Wer Bücher verkaufen möchten, die für andere Personen noch attraktiv sind, kann mit dieser App einen Vergleich der Ankaufspreise verschiedener Anbieter wie Momox, Rebuy und Co. anstellen.
Zalando		Kleidung, Schuhe und Kosmetik online einkaufen – das können Sie unter anderem bei diesem beliebten Anbieter tun. Zalando ist in der deutschen Hauptstadt Berlin ansässig.
Quoka Kleinanzeigen		Kostenlose Kleinanzeigen schalten oder Waren und Dienstleistungen aller Art finden – mit dieser App ist das kein Problem. Ein anderer empfehlenswerter Anbieter ist eBay Kleinanzeigen.

App	Symbol	Kurzbeschreibung
IKEA		Sie gehen gern mal im schwedischen Einrichtungshaus IKEA bummeln? Mit dieser App können Sie dies zukünftig auch ohne Gedränge auf dem iPhone tun. 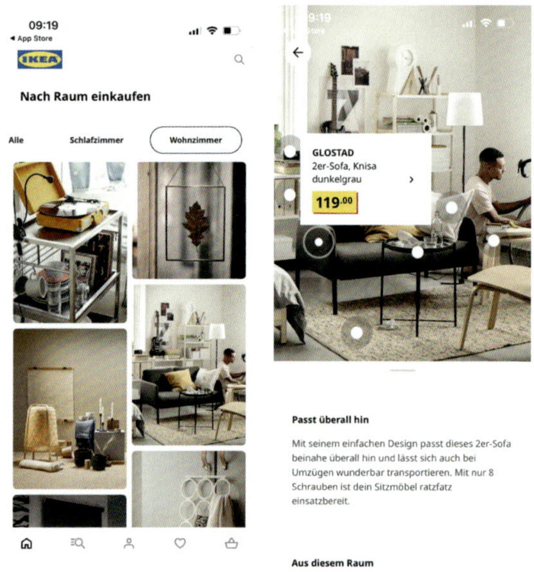
Edeka		Haben Sie mit der App Ihres Discounters oder Supermarkts die aktuellen Angebote stets im Blick. Außer Penny sind auch Aldi, Lidl, Netto, Norma, Edeka und viele weitere Märkte im App Store vertreten.
Groupon		Schnäppchenjäger gehen in dieser App auf Jagd nach aktuellen Rabatten und Vergünstigungen.

Spiele-Apps

Wenn Sie Ihr iPhone auch gern mal zum Spielen verwenden, sind Sie nicht der Einzige – Spiele-Apps zählen zu den beliebtesten Apps im App Store, und die Auswahl ist riesig! Im App Store unter *Arcade* können Sie Apples Spiele-Abo testen. Zusätzlich finden Sie im App Store viele weitere für das iPhone optimierte Gesellschaftsspiele, Videospiele und mehr. In der folgenden Tabelle habe ich eine kleine Spiele-Auswahl für Sie zusammengestellt – da ist für jeden Geschmack etwas dabei.

App	Symbol	Kurzbeschreibung
Schach – Spielen und Lernen		Eine tolle App, mit der Sie Ihr iPhone in einen perfekten Schachcomputer verwandeln.
Solitär!		Wer es auf seinem Computer gern spielt, wird es auch auf dem iPhone nicht missen wollen: das Kartenspiel Solitär.
Sudoku.com		Fürs Gehirnjogging oder die Unterhaltung zwischendurch: Lösen Sie auf Ihrem iPhone knifflige Sudokus.
Blockudoku		Bei diesem Spiel müssen die blauen Blöcke möglichst clever angeordnet werden, damit auch für die nächsten Blöcke noch Platz ist und weitere Punkte gesammelt werden können. 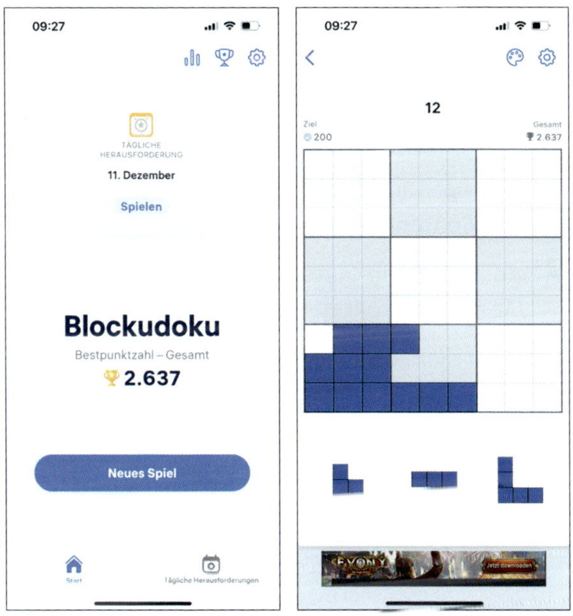
Lep's World 3		Bei diesem Jump'n'Run-Spiel helfen Sie dem kleinen Kobold Lep, in einer Welt voller Gefahren zu bestehen.

App	Symbol	Kurzbeschreibung
Skat LITE		Haben Sie Lust auf einen gepflegten Skat-Abend? Mit dieser App können Sie kostenlos gegen zwei gewiefte Computergegner spielen. Einfach reizend!
Pokémon Go		Begeben Sie sich mit dieser App auf Pokémon-Jagd, von denen sich bestimmt auch welche in Ihrer Umgebung aufhalten. Ein Spiel, das vor einiger Zeit einen wahren Hype auslöste!
CSR Racing 2		Autorennen mit getunten Wagen – das ist z. B. mit dieser App möglich. Es ist nur eine von zahlreichen Renn-Apps, die sich im App Store tummeln.
ARD Quiz		Mit dieser App können Sie beliebte Quizsendungen nachspielen bzw. auch bei Quizsendungen mitspielen oder sich um eine Teilnahme bewerben.
Pinball Deluxe		Funktionieren Sie Ihr iPhone mit dieser App in einen Flippertisch um. Mehrere Flipper lassen sich kostenlos freispielen, und diese werden den meisten Nutzern für den Adrenalinkick in der Mittagspause erst mal ausreichen.

Über das Game Center mit anderen gemeinsam spielen

Wenn Sie eine Spiele-App aufrufen, meldet sich eventuell das Game Center zu Wort und fordert Sie auf, ein Profil zu erstellen.

Das Game Center dient dazu, Spielergebnisse mit Freunden und Freundinnen zu teilen und manche Spiele sogar gemeinsam zu zocken. Verwenden Sie für das Game-Center-Profil einen Fantasienamen.

Sonstige Apps

Mit der Zubehör-App *Maßband*, die Sie auf der zweiten Seite des Home-Bildschirms im Ordner *Dienstprogr.* finden, können Sie Ihr iPhone zum Vermessen sowie als Wasserwaage einsetzen. Darüber hinaus habe ich noch zehn weitere pfiffige Apps für Sie, die nicht wirklich in eine Kategorie passen, die Sie sich aber trotzdem nicht entgehen lassen sollten!

App	Symbol	Kurzbeschreibung
Energie-Check co2online		Erfassen Sie mit dieser App regelmäßig die Stände von Strom-, Wasser- und Gaszähler, um jederzeit einen Überblick über die zu erwartenden Nachzahlungen zu haben.
Preply		Mit dieser App finden Sie Onlinesprachlehrer aus aller Welt, z. B. können Sie mit einer Peruanerin Ihr Spanisch aufpäppeln oder mit einem Gegenüber aus Bangkok Thailändisch lernen. Achten Sie in den Bewertungen darauf, dass die Lehrenden zuverlässig sind.
Car Scanner		Mit dieser App lässt sich der Fehlerspeicher Ihres Autos auslesen. Die Verbindung kann zu einem OBD-Adapter per Bluetooth oder WLAN hergestellt werden.
Bring!		Mit dieser App basteln Sie in Windeseile Ihre Einkaufsliste zusammen und können dabei auf die passenden Rezepte zugreifen. Auch Ihre Kundenkarten können Sie in der App verwalten.
Fing – Netzwerk-Scanner		Ihr WLAN voll unter Kontrolle – mit dieser App erhalten Sie eine komplette Übersicht über das von Ihnen eingerichtete Netzwerk. 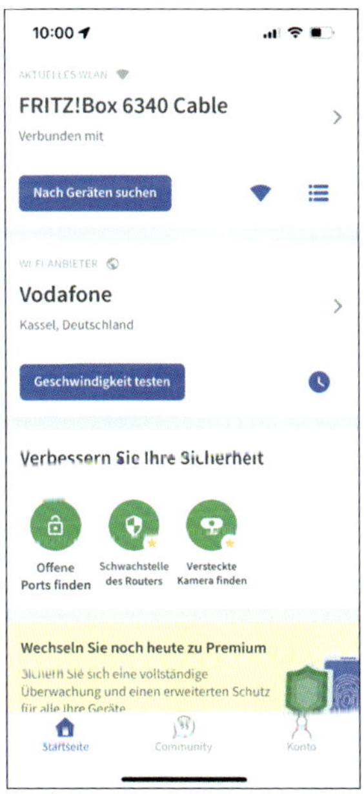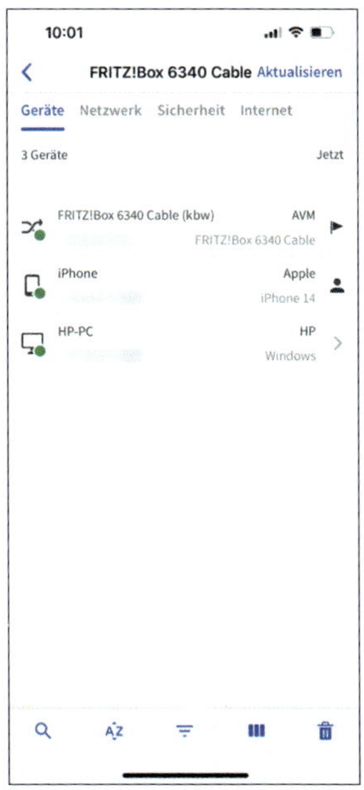

App	Symbol	Kurzbeschreibung
TeamViewer Remote Control		Diese App dient dazu, via Internet einen Computer fernzusteuern.
Adidas Running		Wenn Sie gern joggen oder anderweitig Sport treiben, zeichnen Sie z. B. mit dieser App Ihre Aktivitäten auf. Die kostenlose Version eignet sich allerdings eher zum Testen; ob sich das kostenpflichtige Abo für Sie lohnt, müssen Sie selbst entscheiden.
Lifesum		Wenn Sie eine Diät durchführen oder sich einfach gesünder ernähren möchten, kann Ihnen diese App dabei behilflich sein. Tracken Sie damit alle Nahrungsmittel, die Sie zu sich nehmen.
mobile.de		Wer ein Auto übers Internet kaufen möchte, ist mit der App *mobile.de* gut beraten. Es lassen sich darin sowohl Gebraucht- als auch Neuwagen fast aller Typen finden.
Stimmgerät n-Track		Verwandeln Sie Ihr iPhone mithilfe dieser App in ein digitales Stimmgerät für diverse Musikinstrumente.

Kapitel 14

Daten sichern und austauschen mit iCloud und Co.

Um Ihre auf dem iPhone gespeicherten Daten zu sichern, mit anderen Geräten zu synchronisieren oder mit anderen Personen auszutauschen, ist Apples Cloud-Dienst iCloud das Mittel der Wahl. Alternativ können Sie Ihr iPhone aber auch per Kabel oder WLAN mit dem Computer verbinden und Daten auf diesem Wege austauschen. Lassen Sie mich Ihnen in diesem Kapitel ausführlich zeigen, wie Sie dazu vorgehen.

iCloud: Daten im Internet sichern und austauschen

Dank iCloud ist der Zugang zu einem PC für die iPhone-Nutzung nicht zwingend notwendig, und wichtige Daten stehen Ihnen sofort auch auf Ihren anderen Apple-Geräten (Mac, iPad und Co.) zur Verfügung. 5 GB Onlinespeicherplatz sind pro Apple-ID kostenlos. Weiterer Speicherplatz lässt sich bei Bedarf per Monatsabo nachrüsten. Wenn der Speicher knapp wird, erhalten Sie auf Ihrem iPhone einen entsprechenden Hinweis, Sie haben dann immer noch genügend Zeit zu handeln.

Entscheiden Sie, welche iCloud-Funktionen Sie nutzen

Tippen Sie in den iPhone-Einstellungen auf Ihren Account, um diesen Dienst individuell einzurichten. Die iCloud-Nutzung würde ich Ihnen generell empfehlen, dabei müssen Sie aber nicht alle iCloud-Funktionen nutzen.

Nachdem Sie Ihren Account angetippt haben, finden Sie zunächst mal verschiedene Optionen, um ihn zu verwalten, beispielsweise um, wie bereits kennengelernt, eine Zahlungsmethode hinzuzufügen oder das zu Ihrer Apple ID gehörende Passwort zu ändern. In Kapitel 15 zeige ich Ihnen die Vorgehensweise zum Ändern des Passworts Schritt für Schritt.

Auch zum Einrichten der Familienfreigabe, die auf iCloud beruht, finden Sie eine Option. Um Inhalte verschiedener Art mit den Mitgliedern Ihrer Familie zu teilen, muss die Familienfreigabe zunächst eingerichtet werden. Wie Sie dazu vorgehen, zeige ich Ihnen noch später in diesem Kapitel. Nehmen Sie zunächst Ihre individuellen Einstellungen zum Onlinespeicherdienst iCloud vor, indem Sie sich für den Eintrag *iCloud* entscheiden.

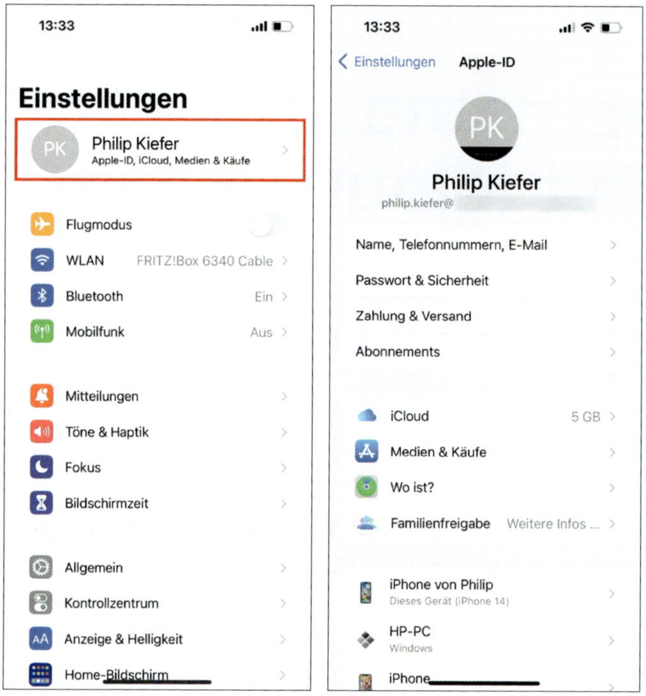

Tippen Sie in den iPhone-Einstellungen Ihren Account an, um ihn zu verwalten, aber auch, um auf die iCloud-Einstellungen zuzugreifen

Wählen Sie unter *iCloud* im Abschnitt *Apps, die iCloud verwenden* nun noch *Alle anzeigen*. Diese iCloud-Optionen bieten sich Ihnen:

- *Fotos:* Diese Option zum Aktivieren der iCloud-Fotomediathek sowie den geteilten Alben und Mediatheken kennen Sie bereits aus Kapitel 10. Speichern Sie Ihre Aufnahmen im Internet, um auch auf anderen Geräten darauf zugreifen und sie mit anderen Personen teilen zu können.
- *iCloud Drive:* Mit dieser Option gestatten Sie den unterschiedlichsten Apps, Daten in iCloud zu speichern. Wenn der Schalter aktiviert ist, können Sie wiederum per Schalter für die einzelnen Apps festlegen, ob diese Daten in iCloud Drive speichern dürfen oder nicht.

Achtung! Wenn Sie alle Ihre Aufnahmen in iCloud hochladen, kann der kostenlose Onlinespeicher schnell voll sein

- *iCloud-Mail:* Wenn Sie eine iCloud-E-Mail-Adresse einrichten und in der App *Mail* automatisch nutzen möchten, dann aktivieren Sie diese Option.
- *Passwörter & Schlüsselbund:* Wenn Sie den iCloud-Schlüsselbund nutzen, können Sie auch auf anderen Geräten auf die Zugangs- und Kreditkartendaten zugreifen, die Sie auf Ihrem iPhone speichern.
- *Notizen:* Machen Sie mit dieser Option Ihre Notizen auch auf anderen Apple-Geräten verfügbar.
- *Nachrichten:* Entscheiden Sie mit dieser Option, ob Sie auch Ihre Nachrichten aus der gleichlautenden App über iCloud synchronisieren möchten.
- *Health:* Auch in der App *Health* eingetragene Gesundheitsdaten lassen sich in iCloud sichern und synchronisieren.
- *Kontakte:* Laden Sie Ihre auf dem iPhone gespeicherten Kontaktdaten zur Sicherung und für den Zugriff auch von anderen Geräten aus in den Onlinespeicher.
- *Kalender:* Ihre Termine im Internet sichern und, wenn gewünscht, für andere Personen freigeben – diese iCloud-Option macht es möglich.
- *Erinnerungen:* Ihre in der App *Erinnerungen* erstellten Listen und Einträge lassen sich ebenfalls im Internet sichern und so auf einfache Weise mit anderen Apple-Geräten synchronisieren.
- *Safari:* Wenn Sie diese Option aktivieren, werden Ihre in Safari gesicherten Lesezeichen im Internet gespeichert, außerdem stehen die iCloud-Tabs auf Ihren anderen Apple-Geräten zur Verfügung, auf denen Sie mit der gleichen Apple-ID angemeldet sind.
- *Aktien:* Verwenden Sie die App *Aktien* für die Verwaltung Ihrer Wertpapiere, können Sie die Daten mit dieser Option ebenfalls über iCloud synchronisieren.
- *Home:* Diese Option betrifft Daten kompatibler Heimelektronik, die sich mit dem iPhone und der darauf befindlichen App *Home* steuern lässt.
- *Wallet:* Die in die App *Wallet* aufgenommenen Tickets, Coupons und Co. lassen sich ebenfalls in den Onlinespeicher laden.
- *Game Center:* Spieledaten speichern und synchronisieren – auch das ist mit iCloud möglich.
- *Siri:* Speichern und synchronisieren Sie auch Ihre Siri-Daten, um diese auf allen Ihren Apple-Geräten verfügbar zu haben.
- *E-Mail-Adresse verbergen:* Auch diese Datenschutzoption steht nur mit iCloud+ zur Verfügung. So wie bei einer »Anmeldung mit Apple« (vgl. Kapitel 7) kann die E-Mail-Adresse mit dieser Option auch bei anderen Vorgängen verborgen werden.
- *Mich finden:* Unter diesem Eintrag erhalten Sie eine Übersicht, welche Apps auf Ihre Apple-ID zugreifen.

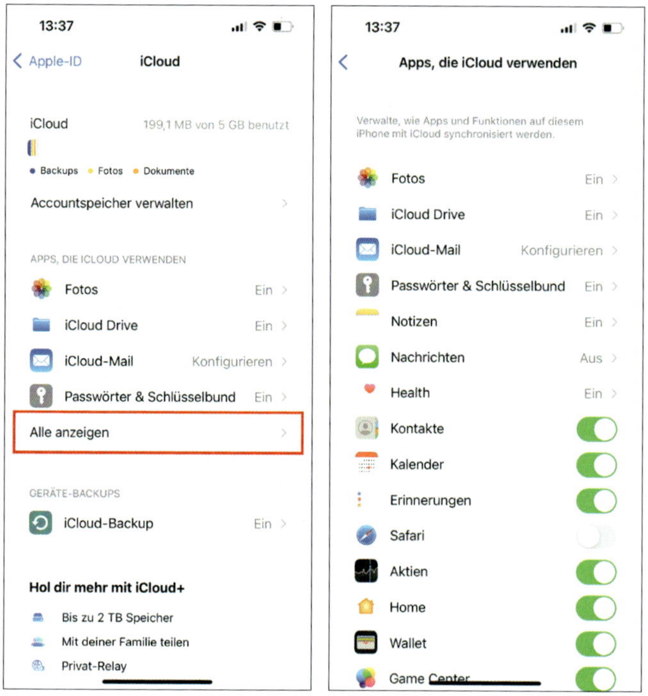

Welche Daten in iCloud gespeichert werden dürfen, bestimmen allein Sie

Nutzen Sie ein kostenpflichtiges iCloud+-Abo, steht Ihnen außerdem die Option *Privat-Relay* zur Verfügung. Diese dient, wie bereits in Kapitel 7 erwähnt, dazu, beim Surfen im Internet Ihre IP-Adresse zu maskieren.

Auch weitere Apple-Apps wie beispielsweise die App *Bücher* oder die App *Sprachmemos* erlauben das Speichern in iCloud, das Gleiche gilt auch für Apps von Drittanbietern wie etwa WhatsApp. Entscheiden Sie selbst, welche Optionen Sie nutzen möchten. Wenn es Ihnen lediglich um die Datensicherung geht, können Sie auch nur die gleich im Anschluss beschriebene Backup-Funktion nutzen – ein Backup lässt sich allerdings nur vollständig wiederherstellen, das Importieren einzelner Daten ist bei dieser Funktion nicht möglich.

So einfach erstellen Sie ein iCloud-Backup

Um Ihre Daten unabhängig vom verwendeten Gerät im Internet zu sichern und jederzeit wiederherstellen zu können, erstellen Sie ein iPhone-Backup in iCloud. Das Erstellen eines solchen iCloud-Backups dauert nur beim ersten Mal etwas länger, da eine große Menge Daten ins Internet geladen werden muss. Bei den weiteren Backups werden dann nur noch Änderungen hochgeladen. So einfach geht's:

1. Entscheiden Sie sich in den *Einstellungen* für Ihren Account und dann unter *iCloud* für den Eintrag *iCloud-Backup*.

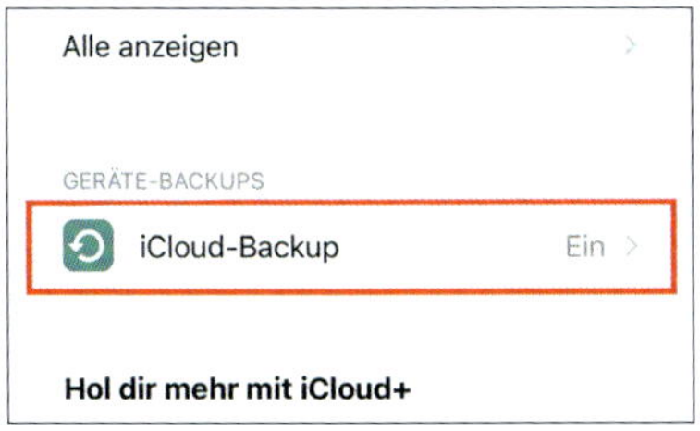

2. Aktivieren Sie, falls noch nicht erfolgt, die Option *iCloud-Backup*. Entscheiden Sie per Schalter außerdem, ob das Backup auch im Mobilfunknetz erfolgen darf oder nur bei einer WLAN-Verbindung.

3. Wenn Sie Ihr iPhone mit dem Stromnetz verbinden und es sich im gesperrten Zustand befindet, wird ein Backup automatisch durchgeführt. Eine WLAN-Verbindung ist Voraussetzung.

   Um ein Backup manuell zu veranlassen, tippen Sie auf den Eintrag *Backup jetzt erstellen*.

   Die Backup-Dateien werden daraufhin ins Internet geladen.

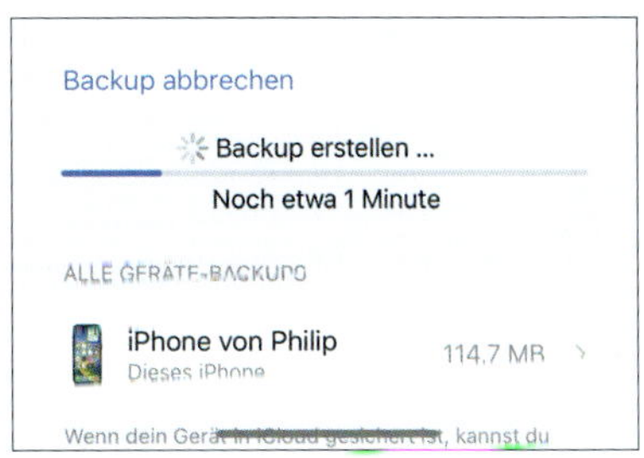

Das war's schon! Wenn Sie ein iCloud-Backup nach dem Zurücksetzen des iPhones bzw. bei der Inbetriebnahme eines neuen iPhones einsetzen möchten, entscheiden Sie sich während des Vorgangs der Inbetriebnahme für die Option *Aus iCloud-Backup wiederherstellen*.

Den iCloud-Speicher gekonnt verwalten

Da mitunter größere Datenmengen in iCloud gespeichert werden (insbesondere dann, wenn Sie mit mehreren Apple-Geräten auf den gleichen Onlinespeicher zugreifen), sollten Sie die Speicherbelegung stets im Blick behalten.

Behalten Sie in den iPhone-Einstellungen den iCloud-Speicher im Blick

Auf Ihrem iPhone entscheiden Sie sich dazu in den *Einstellungen* für Ihren Account und dann für *iCloud*. Oberhalb der iCloud-Einstellungen wird Ihnen eine Speicherübersicht angezeigt. Um den iCloud-Speicher zu verwalten, tippen Sie auf den Eintrag *Accountspeicher verwalten*.

Ihnen wird angezeigt, mit welchen Daten der iCloud-Speicher belegt ist. Viel Speicherplatz benötigen unter anderem die Backups. Löschen Sie unbedingt nicht mehr benötigte Backups, etwa das Backup eines älteren Gerätes, das Sie bereits verkauft haben, oder von Apps, die längst deinstalliert wurden.

Sie können ein Backup auch auswählen und per Schalter im Einzelnen festlegen, welche Daten ins Backup aufgenommen bzw. vom Backup ausgeschlossen werden sollen. Die Sortierung der Apps erfolgt nach der Datenmenge, die eine App im Backup jeweils beansprucht.

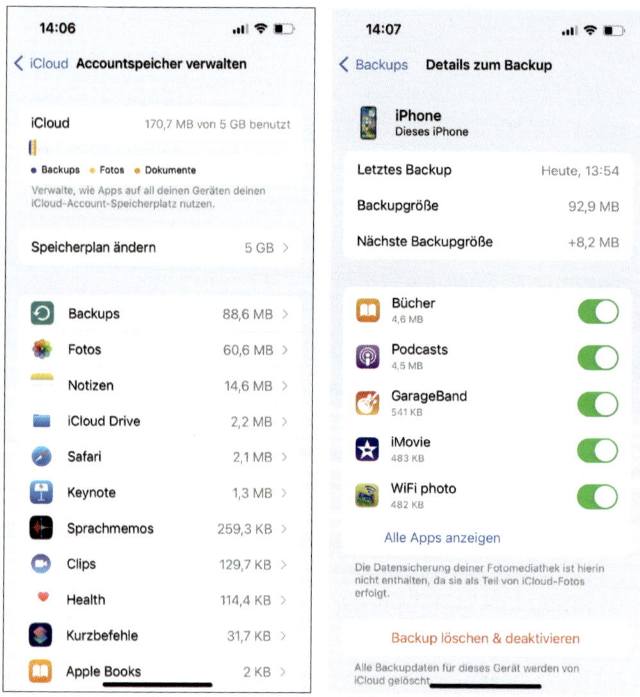

Bei einer App ist nicht unbedingt ein Backup notwendig? Dann deaktivieren Sie das Backup für diese App, um iCloud-Speicherplatz zu sparen

Und falls doch eine Erweiterung des iCloud Speicherplatzes notwendig sein sollte, können Sie diesen direkt auf dem iPhone abonnieren. Entscheiden Sie sich dazu in den iPhone-*Einstellungen* erneut für Ihren Account und dann unter *iCloud* und *Accountspeicher verwalten* für *Speicherplan ändern*.

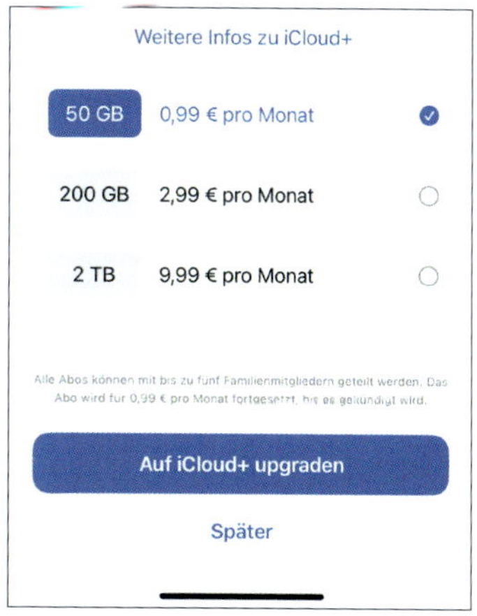

Wenn die 5 GB iCloud-Speicher nicht mehr ausreichen, können Sie zusätzlichen Speicherplatz abonnieren

Wählen Sie das nächstmögliche Abo aus (Sie können später bei Bedarf immer noch upgraden) und bestätigen Sie mit *Kaufen*.

Voraussetzung ist auch hier, dass für Ihre Apple-ID Zahlungsdaten hinterlegt wurden, wie ich es in Kapitel 3 beschrieben habe. Wie bereits erwähnt, profitieren Sie mit einem kostenpflichtigen iCloud-Abo zusätzlich von den Funktionen von iCloud+.

Dank Familienfreigabe gekaufte Apps und weitere Inhalte mit der ganzen Familie teilen

Die Familienfreigabe ermöglicht es mehreren Personen, auf dieselben Käufe zuzugreifen. Allerdings besteht ein kleiner Haken darin, dass Sie als Organisator der Familienfreigabe Ihre Kreditkarte zur Verfügung stellen müssen – Kinder müssen Käufe aber erst von einem Erwachsenen autorisieren lassen.

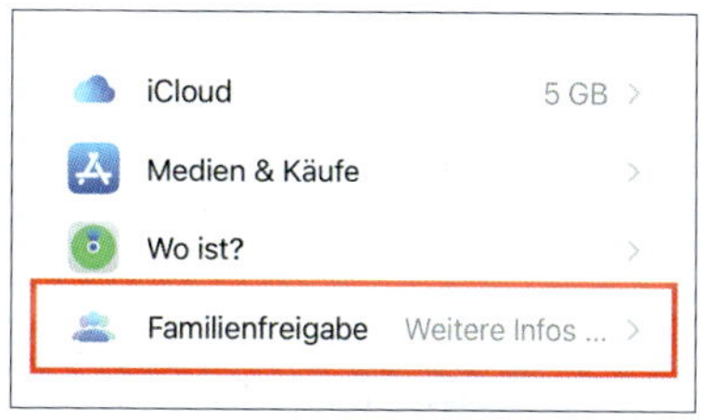

Verwenden Sie die Familienfreigabe für den gemeinsamen Zugriff auf Einkäufe, aber auch auf Fotos, Standorte oder Termine

Ich gehe im Folgenden davon aus, dass Sie Ihrer Apple-ID bereits eine Kreditkarte zugewiesen haben (vgl. Kapitel 3). Um die Familienfreigabe durchzuführen, entscheiden Sie sich zunächst in den *Einstellungen* für Ihren Account und dann für den Eintrag *Familienfreigabe*. Lesen Sie sich anschließend die Hinweise zur Familienfreigabe durch und starten Sie die Einrichtung mit *Weiter*.

Familienmitglieder hinzufügen

Nun folgt ein Assistent, mit dessen Unterstützung Sie Ihre Familienmitglieder hinzufügen. Jede der Personen muss über eine Apple-ID verfügen und auf dem eigenen Apple-Gerät auch bei iCloud angemeldet sein. Sie können ein Familienmitglied entweder übers Internet einladen oder aber die Apple-ID direkt eingeben (Option *Andere Personen einladen/Persönlich einladen*). Einem Kind möchten Sie im Normalfall die Verwendung Ihrer Kreditkarte nicht selbst überlassen. Kein Problem, denn es lässt sich direkt im Zusammenhang mit der Familienfreigabe eine Apple-ID für das Kind erstellen. Wählen Sie dazu unterhalb des Eintrags *Andere Personenen einladen* die Option *Kinderaccount erstellen*.

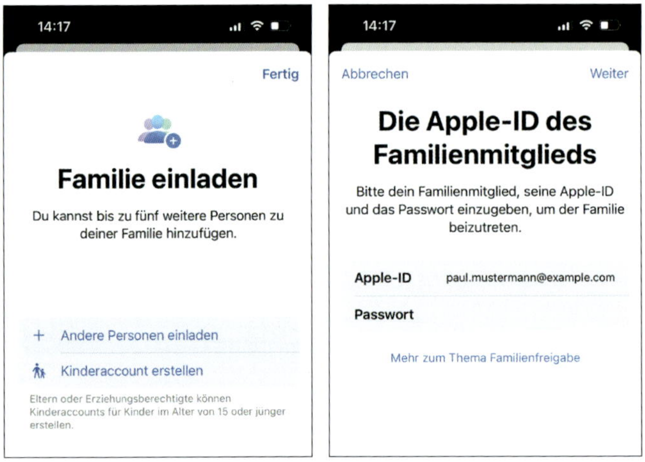

Fügen Sie Ihrer Familie bis zu fünf Mitglieder hinzu

Die Familienfreigabe verwalten

Wenn Sie die Familienfreigabe aufrufen, erhalten Sie eine Übersicht über die Familienmitglieder mit der Option, weitere Mitglieder hinzuzufügen oder vorhandene Mitglieder wieder zu entfernen. Außerdem können Sie unter den einzelnen Einträgen festlegen, welche Funktionen der Familienfreigabe Sie nutzen möchten und welche nicht, also z. B. die Funktion *Kauffreigabe*.

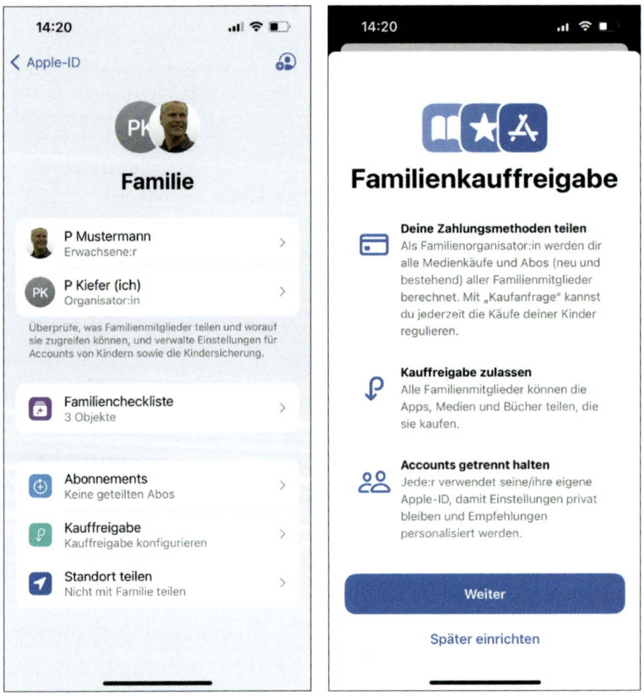

Nachdem Sie die Familienfreigabe eingerichtet haben, können Sie diese individuell verwalten

Auf viele iCloud-Daten auch im Webbrowser zugreifen

Um auch unterwegs auf viele der in iCloud gespeicherten Daten zugreifen zu können, muss nicht unbedingt ein Apple-Gerät parat sein. Der Zugriff kann auch ganz einfach im Webbrowser an jedem beliebigen PC erfolgen. Melden Sie sich dazu unter der Webadresse *www.icloud.com* mit Ihrer Apple-ID an.

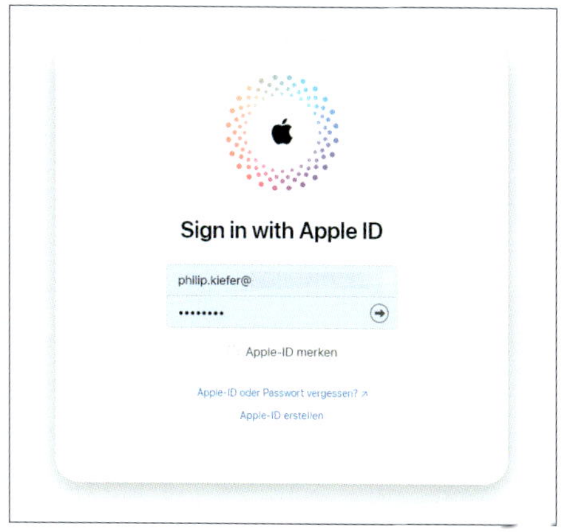

Hier rufe ich die iCloud-Website im Webbrowser auf einem Windows-PC auf und melde mich mit den zu meiner Apple-ID gehörenden Zugangsdaten an

Ihnen bieten sich nun auch auf der Webseite verschiedene Widgets (in diesem Fall Kacheln genannt) sowie Apps, mit denen Sie auf die unterschiedlichen Daten zugreifen können. Wenn Sie die iCloud-Seite anpassen möchten, wählen Sie die Schaltfläche *Homepage anpassen*. Am wichtigsten sind aber sicherlich die Web-Apps. Tippen Sie eine Web-App an, um diese zu öffnen. Hier der Überblick:

Klicken Sie das Symbol einer Web-App im Browser an, um die Web-App zu öffnen. Mit der Mail-App erhalten Sie z. B. Zugriff auf Ihre iCloud-Mails

- **Mail:** Greifen Sie in dieser Web-App auf Ihr iCloud-E-Mail-Konto zu, d. h., Sie können genauso wie auf dem iPhone E-Mails senden und empfangen sowie Ihre Mails verwalten.
- **Kontakte:** Um auch unterwegs auf Ihre in iCloud gespeicherten Kontakte zuzugreifen und ggf. neue Kontakte hinzuzufügen, wählen Sie diese Web-App.
- **Kalender:** In dieser Web-App erhalten Sie Zugriff auf alle Ihre Termine und Kalender sowie die Option, neue Termine und Kalender anzulegen.
- **Fotos:** Mit dieser App greifen Sie im Webbrowser auf Ihre iCloud-Fotos zu, sofern Sie diese iCloud-Einstellung aktiviert haben.
- **Drive:** Diese Web-App gestattet nicht nur den Zugriff auf Daten, die von verschiedenen Apps in das iCloud Drive hochgeladen wurden, sondern auch das Anlegen neuer Ordner in iCloud Drive und das Hochladen beliebiger Dateien in denselben.

iCloud Drive lässt sich auf der iCloud-Website mit eigenen Ordnern und Dateien bestücken

- **Notizen:** Greifen Sie mit dieser Web-App auf die mit der App *Notizen* erstellten und in iCloud gespeicherten Notizen zu.
- **Erinnerungen:** Auch für Ihre mit der App *Erinnerungen* erstellten Listen und Aufgaben steht eine Web-App zur Verfügung, natürlich auch hier inklusive der Option, weitere Listen anzulegen und Aufgaben einzutragen.

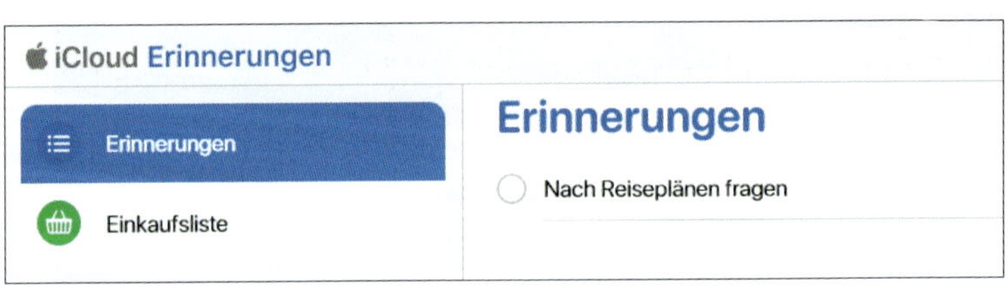

Verwenden Sie vom iPhone her vertraute Apps auch im Webbrowser

- **Pages:** In dieser Web-App können Sie nicht nur auf Dokumente zugreifen, die Sie in der App *Pages* auf dem iPhone erstellt haben – es lassen sich auch neue Dokumente anlegen und direkt im Webbrowser bearbeiten.

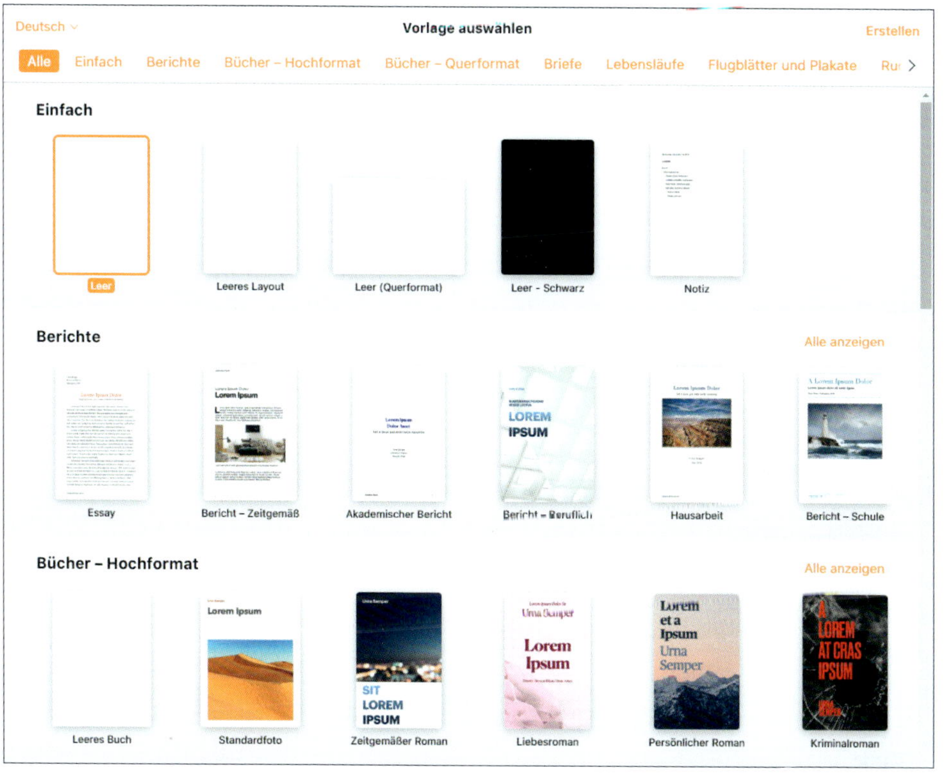

Sie können mit den Web-Apps nicht nur leere Dokumente, Tabellen oder Präsentationen erstellen, sondern auch auf zahlreiche Vorlagen zurückgreifen

- **Numbers:** Diese Web-App bietet den Zugriff auf Tabellen und Diagramme, die Sie mit der App *Numbers* auf dem iPhone erstellt haben – sie bietet aber ebenfalls gleichzeitig das Anlegen und Bearbeiten neuer Dateien an.
- **Keynote:** Schließlich können Sie mit dieser Web-App auch auf Präsentationen zugreifen, die Sie mit der App *Keynote* auf dem iPhone erstellt haben, sowie neue Dateien anlegen und bearbeiten.
- **Wo ist?:** Wenn Sie auf Ihrem iPhone die iCloud-Option *Wo ist?* aktiviert haben, können Sie es mit dieser Web-App orten. Den genauen Vorgang beschreibe ich noch ausführlich in Kapitel 15.

Unter dem Profil-Icon rechts oben auf der Seite finden Sie den Eintrag *iCloud-Einstellungen*. Die iCloud-Einstellungen lassen sich alternativ auch über die Kachel oben links öffnen. Verwalten Sie in den iCloud-Einstellungen beispielsweise Ihre Apple-ID oder die Familienfreigabe. Wichtig auf fremden PCs: Speichern Sie bei der Anmeldung nicht Ihre Anmeldedaten und melden Sie sich nach einer Session jeweils ab, indem Sie rechts oben auf der Seite auf das Profil-Icon klicken und im sich öffnenden Menü den Eintrag *Abmelden* wählen.

iCloud für Windows installieren

Wie Sie gesehen haben, erhalten Sie mithilfe des Webbrowsers Zugriff auf eine ganze Menge Ihrer in iCloud gespeicherten Daten. Auf einem Mac lassen sich alle diese Daten automatisch mit den entsprechenden Mac-Apps synchronisieren – dazu gehören dann auch noch Fotos, die Sie in iCloud geladen haben, sowie Lesezeichen, die Sie in Safari auf dem iPhone gespeichert haben.

Auch auf einem Windows-PC lassen sich Ihre in iCloud Drive gespeicherten Dateien, Ihre Fotos, Lesezeichen sowie ggf. mit Outlook erstellte Kalender, Kontakte und Aufgaben synchronisieren. Installieren Sie dazu iCloud für Windows. Sie finden die App kostenlos im Microsoft Store.

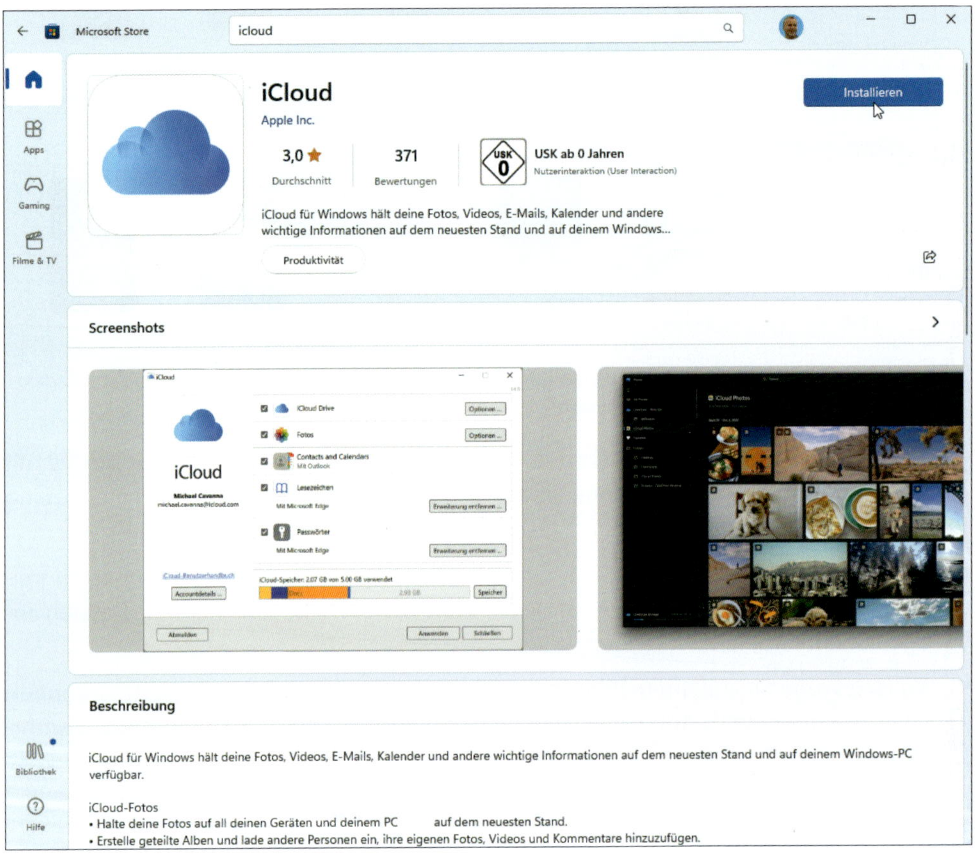

Installieren Sie die App iCloud aus dem Microsoft Store auf einem Windows-Computer

Nachdem Sie iCloud installiert haben, finden Sie einen entsprechenden Eintrag im Windows-Startmenü. Klicken Sie diesen an. Wenn Sie iCloud eingerichtet haben, finden Sie auch ein Symbol im Infobereich, um auf die iCloud-Einstellungen zuzugreifen.

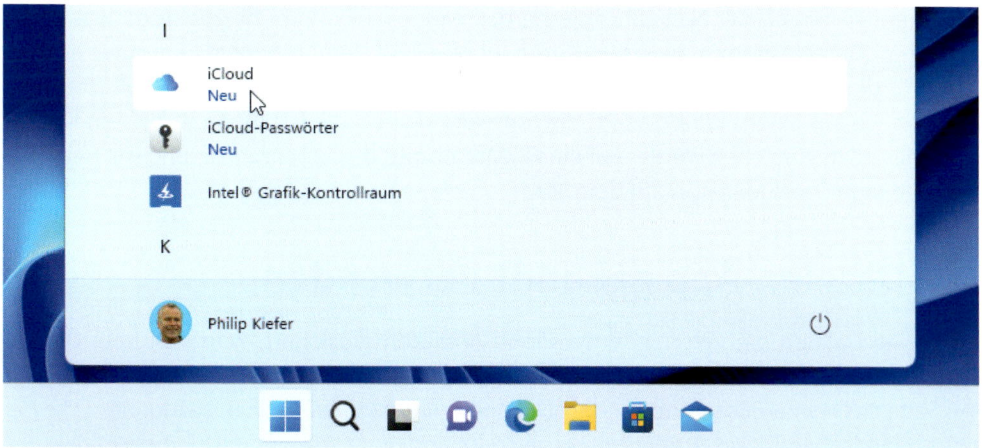

Rufen Sie die App iCloud nach der Installation im Windows-Startmenü auf; hier wird das Startmenü von Windows 11 gezeigt

Melden Sie sich nun mit Ihrer Apple-ID an. Anschließend können Sie festlegen, welche iCloud-Daten Sie synchronisieren möchten und welche nicht. Bestätigen Sie Ihre Auswahl mit der Schaltfläche *Anwenden*. Wenn Sie die Option *iCloud Drive* aktivieren, wird ein ent-

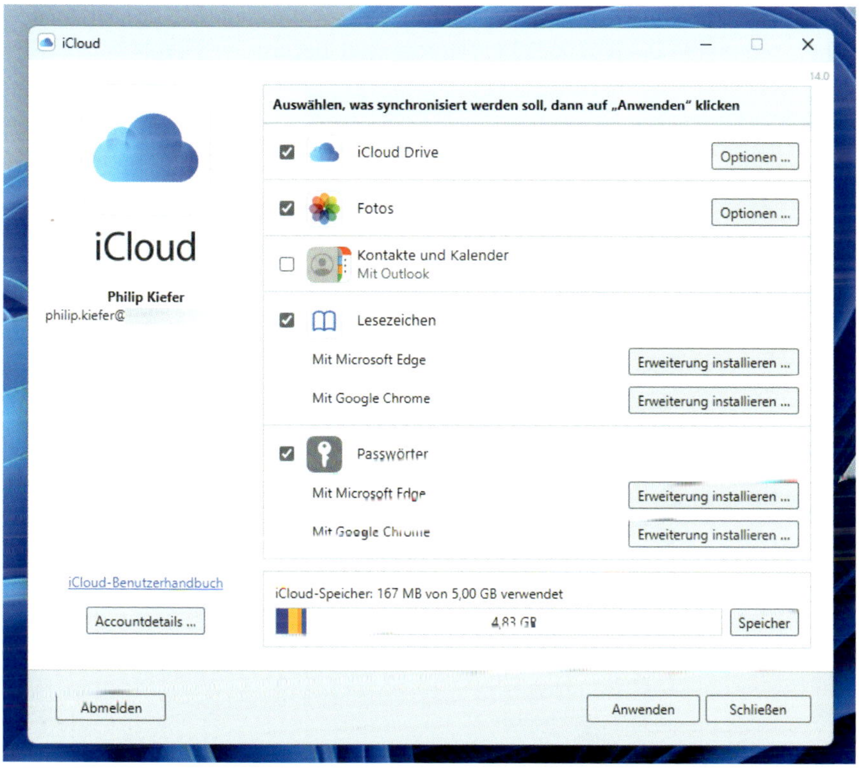

Entscheiden Sie, welche Daten Sie mit iCloud synchronsieren möchten und welche nicht

sprechender Eintrag der Navigationsleiste des Windows-Explorer hinzugefügt, was einen einfachen Dateiaustausch zwischen Ihrem iPhone und dem Windows-Computer ermöglicht. Für die Synchronisierung Ihrer Käufe im App Store, iTunes Store und Book Store verwenden Sie auf einem Windows-PC die Software iTunes, die ich Ihnen in diesem Kapitel ebenfalls noch vorstellen werde. Auf einem Mac erfolgt die Synchronisierung mit dem Finder, also dem Datei-Manager auf dem Mac.

Die Dateien-App gekonnt verwenden

Wer seine Dateien bei verschiedenen Cloud-Anbietern auslagert, wird sich über die auf dem iPhone bereits vorhandene App *Dateien* freuen, die Sie standardmäßig auf der zweiten Seite des Home-Bildschirms finden. Die App erlaubt es, auf Dateien zuzugreifen, die bei unterschiedlichen Cloud-Anbietern gespeichert sind. Voraussetzung ist lediglich, dass Sie die jeweilige App des Cloud-Anbieters auf dem iPhone installiert haben. Die folgende Anleitung zeigt Ihnen, wie Sie zunächst eine Datei in der App *Dateien* sichern und anschließend darauf zugreifen:

1. Wählen Sie beispielsweise in der App *Fotos* eine Fotoaufnahme aus, tippen Sie auf das Symbol ⇧ und entscheiden Sie sich nun für die Option *In Dateien sichern*.
2. Legen Sie den gewünschten Cloud-Anbieter fest und bestimmen Sie ggf. noch den Cloud-Ordner, in dem die Datei gespeichert werden soll. Bestätigen Sie mit *Sichern*.

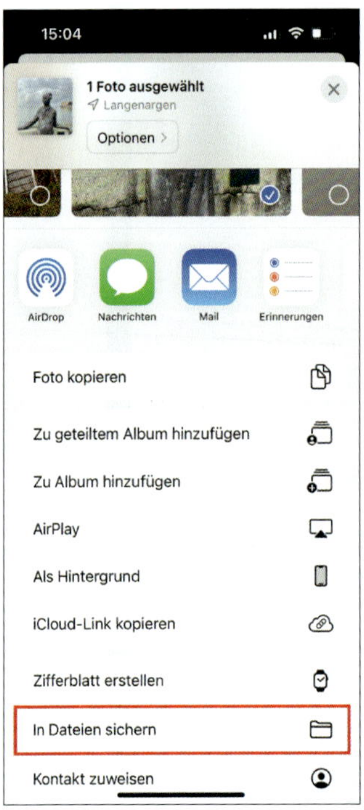

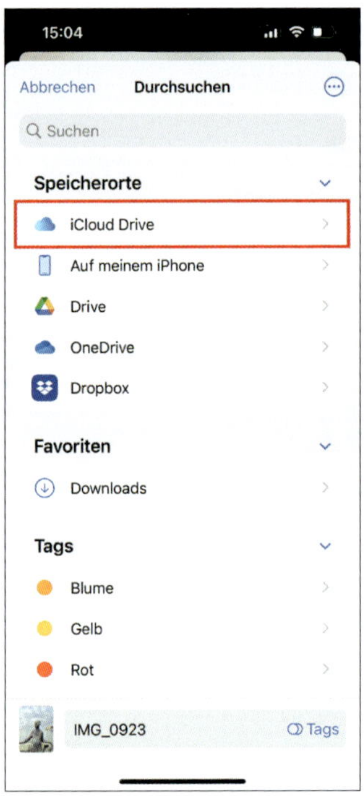

3. Um auf die gespeicherte Datei zuzugreifen, tippen Sie auf der zweiten Seite des Home-Bildschirms auf die App *Dateien*.

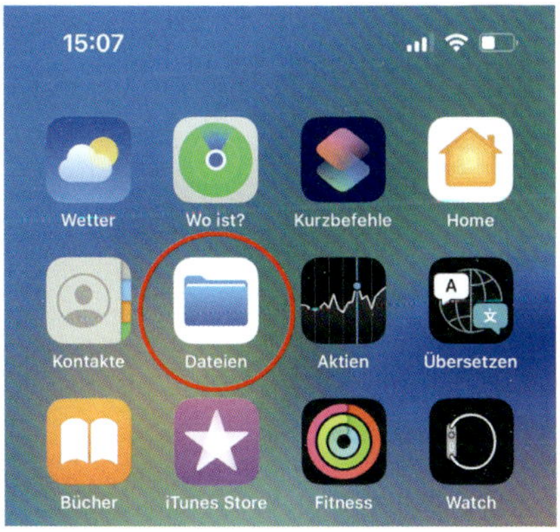

4. Wählen Sie in der App *Dateien* den entsprechenden Speicherort aus.
5. Schon erhalten Sie Zugriff auf die Datei. Das Herunterladen einer in der Cloud gespeicherten Datei erfolgt durch Antippen derselben.

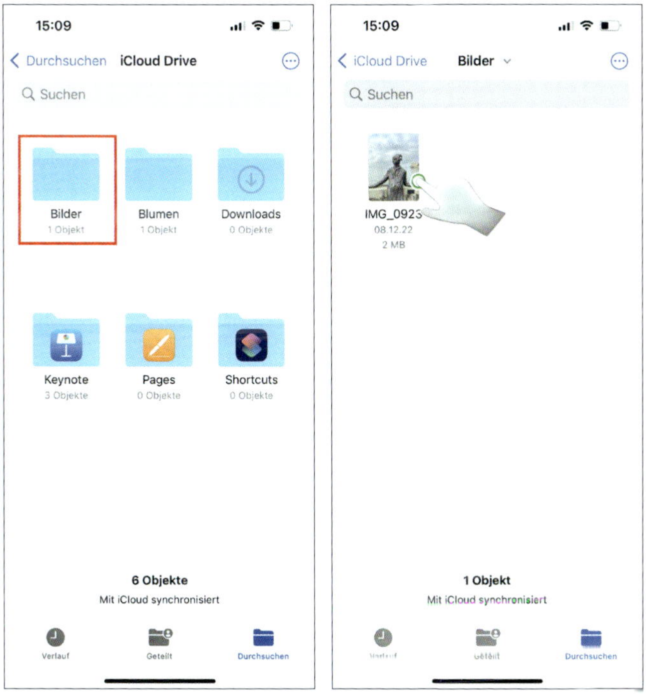

Um auch bei vielen in der App *Dateien* gespeicherten Dateien schnell die benötigte Datei zu finden, stehen einige pfiffige Funktionen zum Suchen und Verwalten zur Verfügung. Tippen Sie beispielsweise links unten auf *Verlauf*, um die Dateien in einer chronologischen

Übersicht zu betrachten. Um nach einer bestimmten Datei zu suchen, tippen Sie in das Suchfeld und geben einen Suchbegriff ein, um passende Dateien angezeigt zu bekommen.

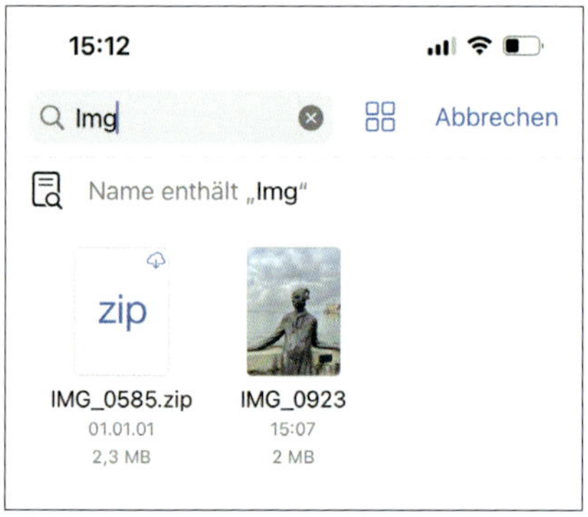

Bereits während Sie einen Suchbegriff eintippen, werden Ihnen die jeweils passenden Treffer angezeigt

Speicherorte in der Dateien-App ein- oder ausblenden

Möchten Sie Dateien von bestimmten Speicherorten ein- oder ausblenden, entscheiden Sie sich bei geöffneter Speicherorte-Übersicht (ganz links in der App *Dateien*) oben für das Symbol ⊙ und wählen *Bearbeiten*. Nun werden bei den einzelnen Speicherorten Schalter eingeblendet und Sie können einzelne Speicherorte per Schalter aktivieren bzw. deaktivieren.

Dateien taggen

In der App *Dateien* werden unterhalb der Speicherorte-Übersicht mehrere Tags aufgeführt, mit denen Sie Ihre Dateien kennzeichnen können. Der Vorteil von Tags: Sie können ein und dieselbe Datei mehreren Kategorien zuweisen, ohne ihren Speicherort zu verwenden. Um einer Datei ein Tag hinzuzufügen, gehen Sie folgendermaßen vor:

1. Wählen Sie in der App *Dateien* die Datei aus, die Sie taggen möchten, und tippen Sie links unten auf das Symbol ⇧. Um mehrere Dateien auszuwählen, entscheiden Sie sich an einem Speicherort rechts oben für das Symbol ⊙ und dann für *Auswählen*, tippen die gewünschten Dateien an und dann ebenfalls auf das Symbol ⇧.

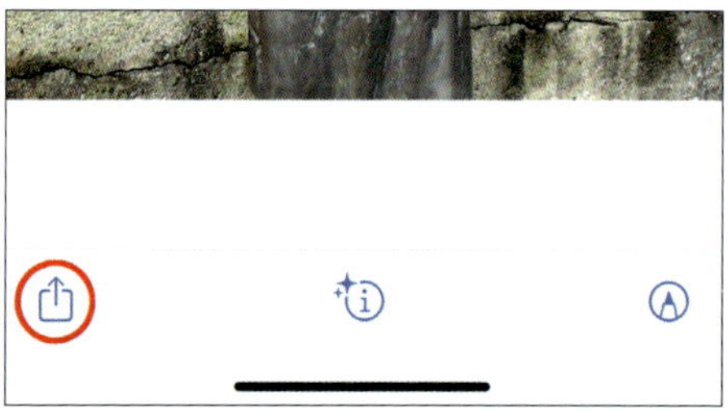

2. Im sich öffnenden Menü entscheiden Sie sich für den Eintrag *Tags hinzufügen*.

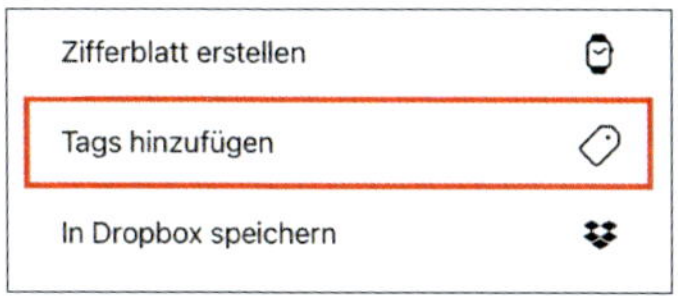

3. Wählen Sie anschließend ein Tag aus oder erstellen Sie – wie ich es hier tue – ein neues Tag, indem Sie sich für *Neues Tag hinzufügen* entscheiden.

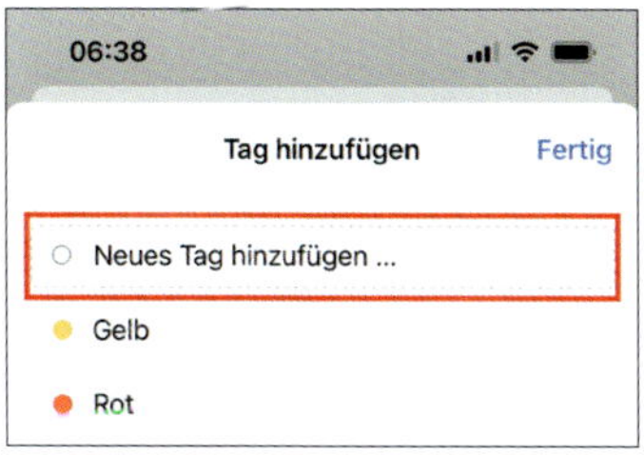

4. Geben Sie dem Tag eine sinnvolle Bezeichnung und wählen Sie ggf. eine andere Tag-Farbe aus. Bestätigen Sie mit *Tag hinzufügen*.

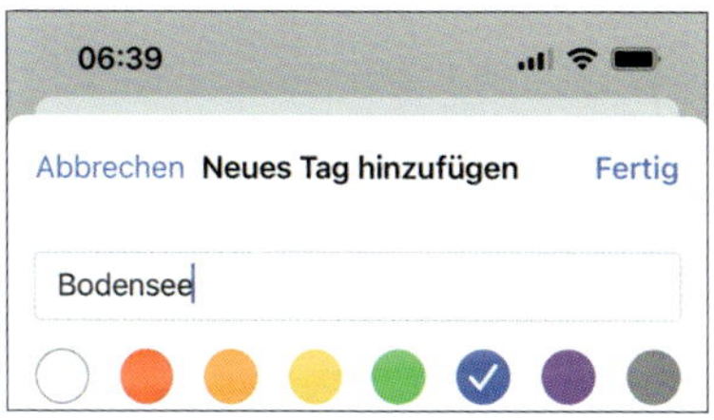

5. Bestätigen Sie das Taggen mit *Fertig*.

6. Tippen Sie auf der Seite mit den Speicherorten und dort im Abschnitt *Tags* auf ein Tag, um die entsprechend getaggten Dateien aufzurufen.

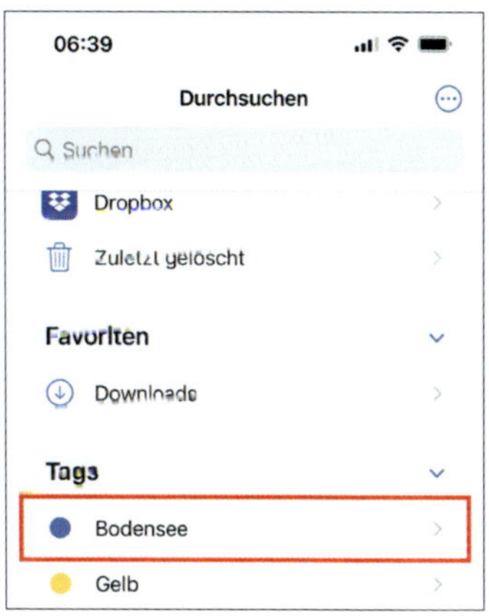

Ordner erstellen und Dateien hineinbewegen

Auch klassische Ordner lassen sich in der App *Dateien* anlegen, um Ihre Dateien thematisch zu sortieren, also einzuordnen. In der folgenden Anleitung zeige ich Ihnen, wie Sie einen neuen Ordner auf dem iCloud Drive erstellen und Dateien hineinbewegen:

1. Wählen Sie in der App *Dateien* iCloud Drive aus. Um einen neuen Ordner zu erstellen, tippen Sie auf eine freie Fläche und wählen im eingeblendeten Menü den Eintrag *Neuer Ordner*.

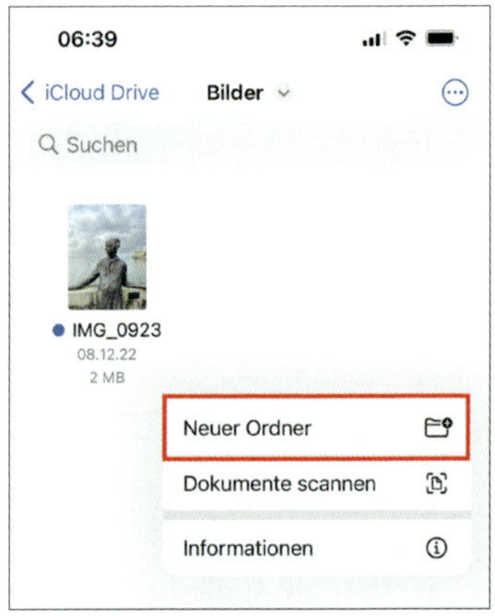

2. Geben Sie dem neuen Ordner eine sinnvolle Bezeichnung und bestätigen Sie mit *Fertig*.

3. Tippen Sie jetzt in einem Ordner, der Dateien enthält, die Sie in den neuen Ordner verschieben möchten, rechts oben unter dem Symbol ⊙ auf *Auswählen*.
4. Entscheiden Sie sich für eine oder mehrere Dateien, die Sie dem neuen Ordner hinzufügen möchten.
5. Tippen Sie unten auf das Symbol 🗀.

6. Wählen Sie den Ordner aus, in den Sie die Datei(en) verschieben möchten, und bestätigen Sie mit *Bewegen*.

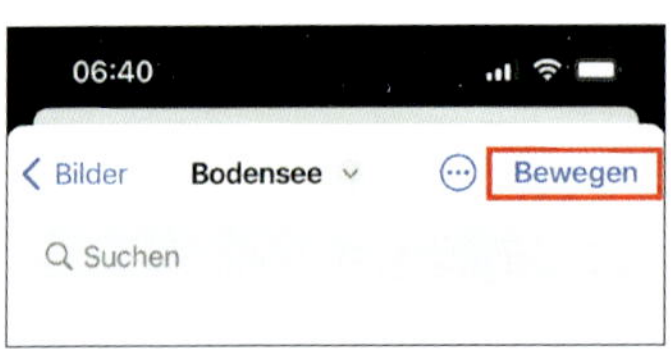

7. Die verschobenen Dateien können ab sofort in dem Ordner aufgerufen werden.

Standardmäßig werden die Dateien an einem Speicherort bzw. in einem Ordner alphabetisch nach Namen sortiert. Unter dem Symbol ⊙ können Sie jedoch auch eine andere Sortierung – eine chronologische Sortierung nach Datum, eine Sortierung nach Größe, eine Sortierung nach Art oder eine Sortierung nach Tags – vornehmen.

> **Listendarstellung**
>
> Wünschen Sie eine Darstellung als Liste statt als Symbole? Das Umschalten der Ansicht erfolgt ebenfalls unter dem Symbol ⊙.

Dateien komprimieren

Besonders praktisch zum Versenden: Komprimieren Sie mehrere Dateien sowie Ordner zu einem ZIP-Archiv. Auch das gelingt in der App *Dateien* ganz einfach, wie Ihnen die nächste Anleitung zeigt:

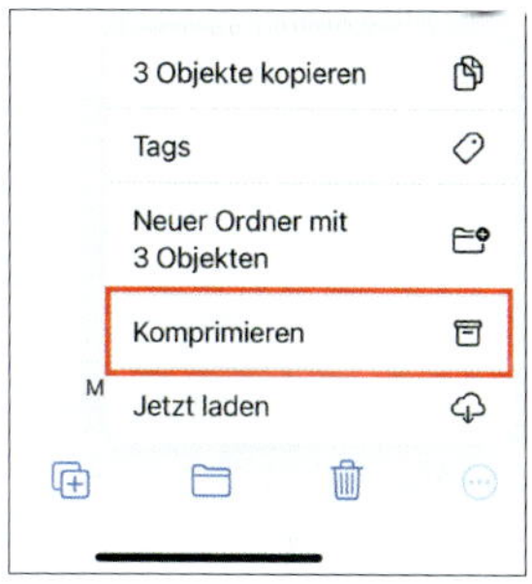

1. Wählen Sie – indem Sie unter dem Symbol ⊙ rechts oben auf *Auswählen* tippen – die gewünschten Elemente aus.
2. Tippen Sie rechts unten auf das gleiche Symbol ⊙. Im sich öffnenden Menü tippen Sie auf den Eintrag *Komprimieren*.
3. Das ZIP-Archiv wird am gleichen Speicherort erstellt. Um ein Archiv zu entpacken, tippen Sie es einfach an.
4. Zum Dekomprimieren sowie für weitere Optionen, etwa das Umbenennen des ZIP-Archivs, halten Sie dieses gedrückt und treffen im folgenden Menü Ihre Auswahl.

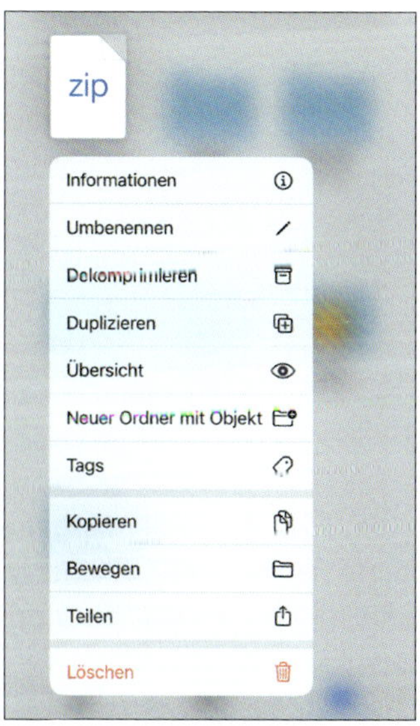

Datensicherung, Datenaustausch und Medienverwaltung per Computer

Die meisten iPhone-Nutzer werden auch über einen Computer verfügen, meist einen Windows-PC oder einen Mac. Auf einem Windows-PC setzen Sie zum Synchronisieren Ihrer Daten mit dem iPhone sowie für die Medienverwaltung die Software iTunes ein.

Auf einem Mac erfolgt das Synchronisieren zwischen iPhone und Computer hingegen im Finder, dem Datei-Manager auf dem Mac. Für die Medienverwaltung gibt es auf dem Mac so wie auf dem iPhone einzelne Apps für Musik, TV etc.

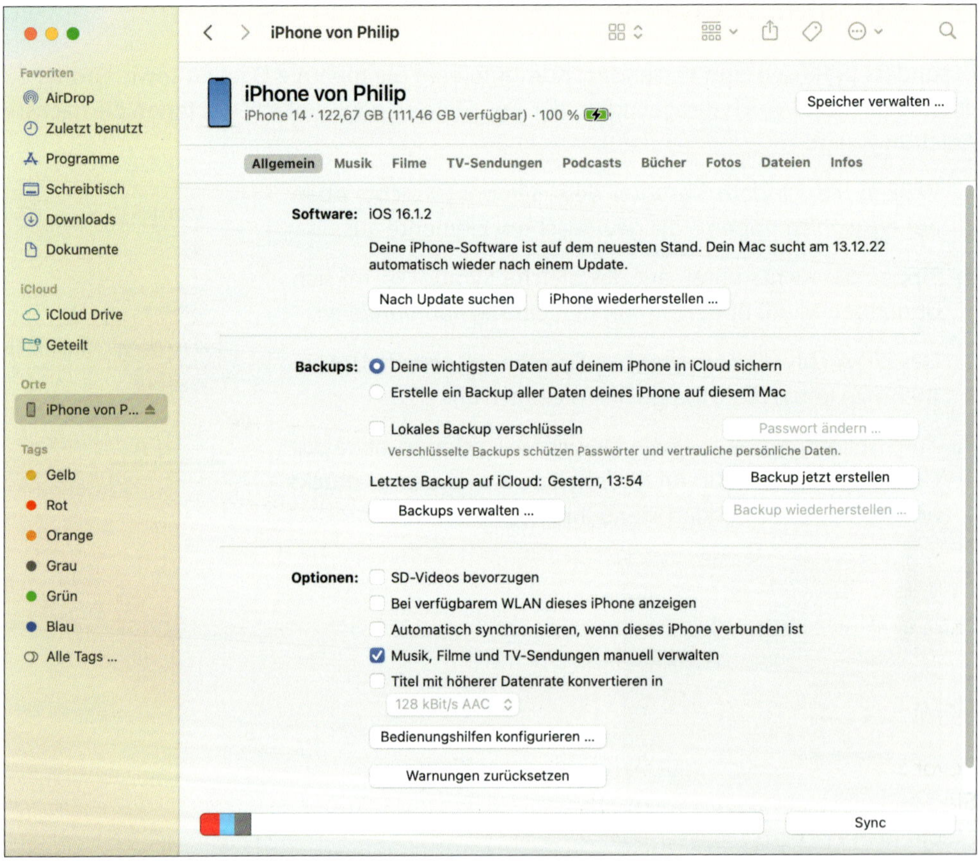

Auf einem Mac lässt sich das iPhone mit dem Finder – dem Datei-Manager unter macOS – synchronisieren

Da die meisten Leser doch einen Windows-PC nutzen, soll im Folgenden die Vorgehensweise mit der Software iTunes vorgestellt werden. Aber keine Bange, falls Sie einen Mac verwenden sollten: Zwar verwenden Sie andere Software, die Funktionen sind aber prinzipiell die gleichen.

Nun also zur Software iTunes. Mit iTunes holen Sie sich eine kostenlose Software zur Verwaltung von Mediendateien auf Ihren PC, die es gleichzeitig erlaubt, Mediendateien mit dem iPhone zu synchronisieren. Laden Sie iTunes aus dem Microsoft Store.

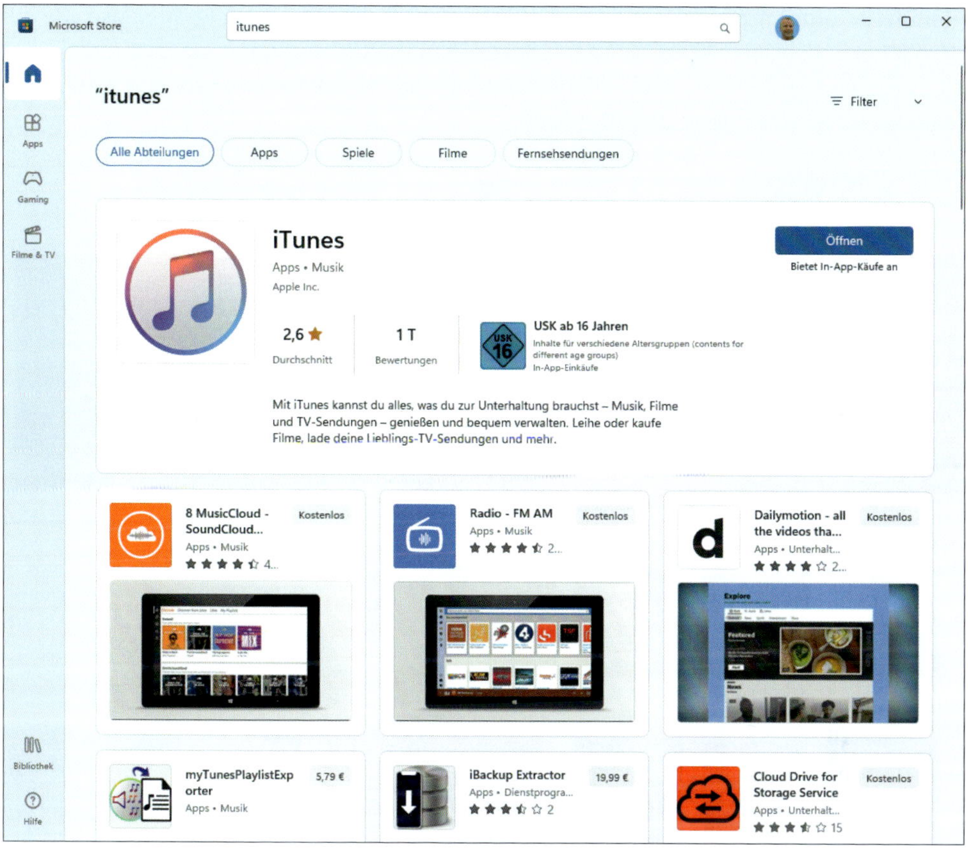

Laden Sie die Apple-Software iTunes kostenlos herunter und installieren Sie sie auf Ihrem PC

Ihre Mediendateien mit iTunes verwalten

Bevor Sie darangehen, Daten zwischen Ihrem iPhone und iTunes auszutauschen, machen Sie sich zunächst mit den wichtigsten iTunes-Funktionen vertraut. Mit iTunes lassen sich Mediendateien verwalten, aber auch wiedergeben. Auch der bereits auf dem iPhone kennengelernte iTunes Store ist enthalten, und Sie können darin etwas komfortabler stöbern als auf dem iPhone.

Um in der Software iTunes den iTunes Store anzuzeigen, klicken Sie in iTunes in der Leiste oben auf *Store*. Welche Medieninhalte im iTunes Store angezeigt werden, bestimmen Sie mithilfe des Menüs links in der Leiste.

Wenn Sie den iTunes Store geöffnet haben, nutzen Sie das eingebaute Suchfeld, um den iTunes Store nach Medieninhalten aller Art zu durchsuchen.

Um Einkäufe tätigen zu können, wählen Sie sich mit Ihrer Apple-ID an, und zwar in der Menüleiste unter *Account/Anmelden*. Ein Einkauf im iTunes Store erfolgt genauso wie auf dem iPhone, d. h., Sie klicken auf den angezeigten Preis eines Songs, eines Albums, eines Films etc. und bestätigen anschließend wiederum per Mausklick den Kauf, um den Download der entsprechenden Datei zu starten.

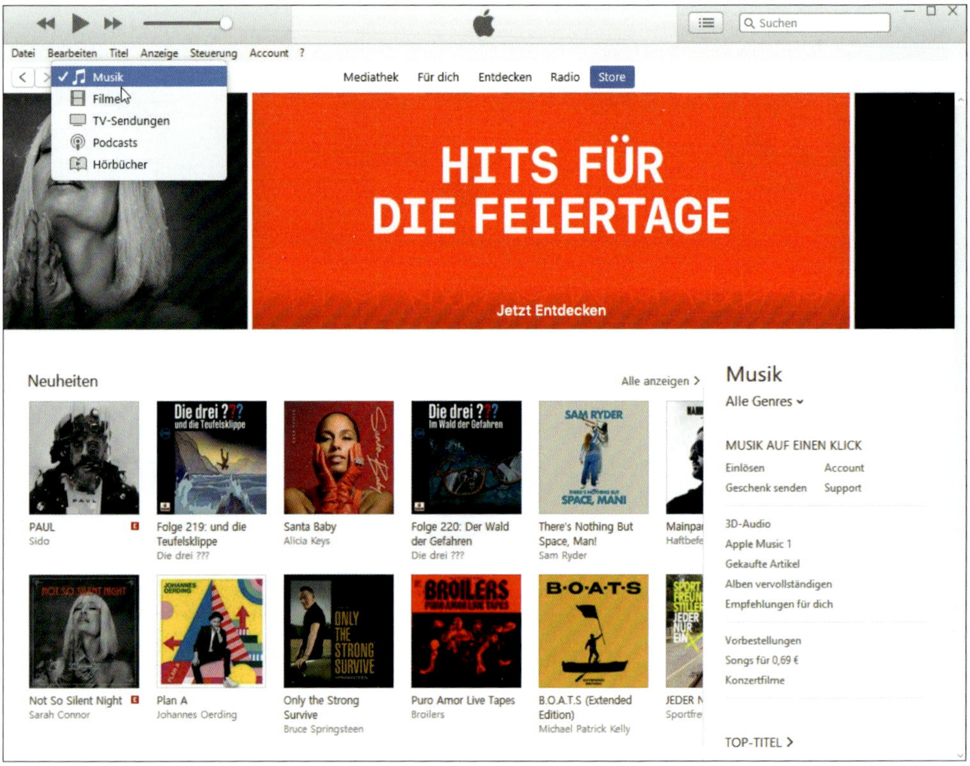

Der iTunes Store auf dem PC funktioniert wie der auf dem iPhone, ist allerdings deutlich übersichtlicher

Die gekauften Dateien finden Sie in Ihrer iTunes-Mediathek vor. Diese öffnen Sie, indem Sie in der Leiste oben in iTunes auf *Mediathek* klicken – was in der Mediathek angezeigt wird, richtet sich erneut danach, was Sie im Menü links in der Leiste ausgewählt haben. Zu Beginn ist die Mediathek noch leer und iTunes bietet Ihnen an, diese per iTunes Store zu füllen bzw. ggf. auf dem Computer vorhandene Dateien zu importieren.

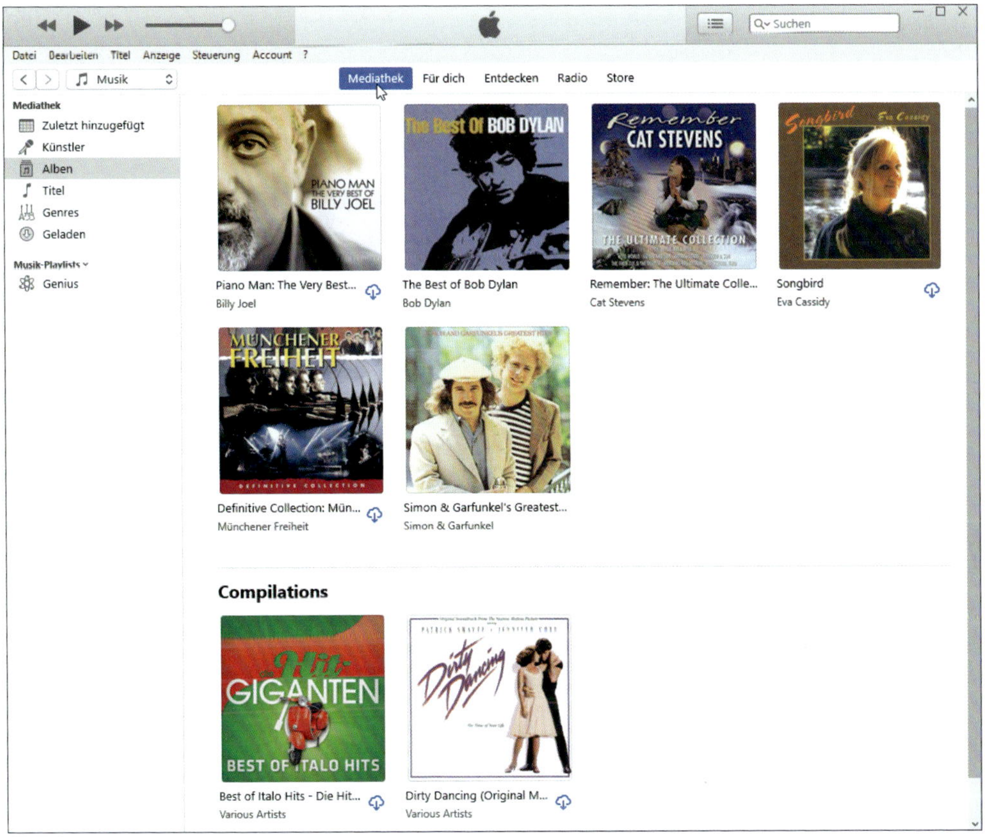

Hier lasse ich mir in der Mediathek meine Musik anzeigen

Um die Mediathek zu füllen, können Sie im iTunes Store einkaufen. Selbstverständlich stehen auch die Einkäufe zur Verfügung, die Sie bereits auf dem iPhone getätigt haben. Diese werden in der Mediathek angezeigt, wenn Sie sich (in der Menüleiste unter *Account/Anmelden*) mit Ihrer Apple-ID anmelden und unter *Anzeige* die Option *Alle Musikdateien* wählen. Diese Einkäufe werden auch in iTunes am PC durch ein Wolkensymbol gekennzeichnet und lassen sich – wie schon auf dem iPhone kennengelernt – entweder herunterladen oder übers Internet streamen.

Sie möchten Dateien, die Sie auf anderen Geräten gekauft haben, automatisch auch in iTunes am PC laden? Dazu klicken Sie in der Menüleiste auf *Bearbeiten* und wählen im sich öffnenden Menü den Eintrag *Einstellungen*. In den iTunes Einstellungen klicken Sie oben auf *Downloads* und bestimmen anschließend im Abschnitt *Automatische Downloads* per Kontrollkästchen, welche Dateien automatisch heruntergeladen werden sollen.

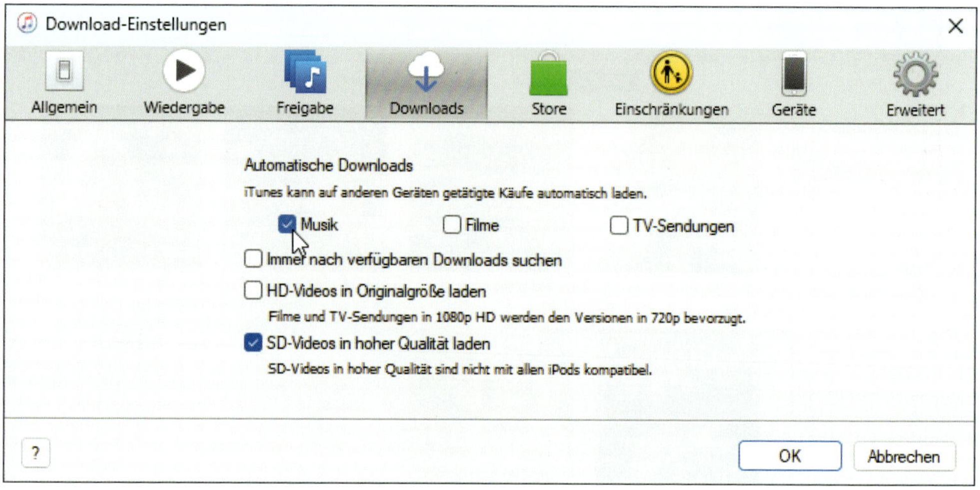

Automatische Downloads von Dateien, die Sie auf anderen Geräten gekauft haben, sind auch in iTunes am PC kein Problem

Beachten Sie zudem die weiteren Einstellungen unter *Store*, z. B. das geräteübergreifende Synchronisieren von Wiedergabeinformationen.

Speicherort der iTunes-Mediathek

Ihre iTunes-Mediathek wird übrigens standardmäßig im Benutzerordner *Musik* gespeichert und dort im Unterordner *iTunes*. Sie können in iTunes auch mehrere Mediatheken anlegen, halten Sie dazu einfach beim Starten des Programms die ⇧-Taste gedrückt. Ihnen wird dann angeboten, eine neue Mediathek zu erstellen bzw. eine von mehreren iTunes-Mediatheken auszuwählen. Beim Starten ohne Taste wird jeweils die zuletzt verwendete Mediathek geladen.

Auf dem Computer befindliche Dateien in iTunes importieren

Der iTunes Store ist nicht die einzige Quelle, aus der Sie Mediendateien beziehen können. Wenn Sie bereits Mediendateien auf dem PC gespeichert haben, lassen sich diese – kompatible Formate vorausgesetzt – mit wenigen Handgriffen in iTunes importieren.

Beachten Sie: Wenn iTunes ein Format nicht unterstützt, ignoriert die Software die gewählten Dateien einfach. So gehen Sie zum Importieren eines ganzen Medienordners vor:

1. Entscheiden Sie sich in der iTunes-Menüleiste für *Datei*.
2. Wählen Sie im sich öffnenden Menü den Eintrag *Ordner zur Mediathek hinzufügen*.

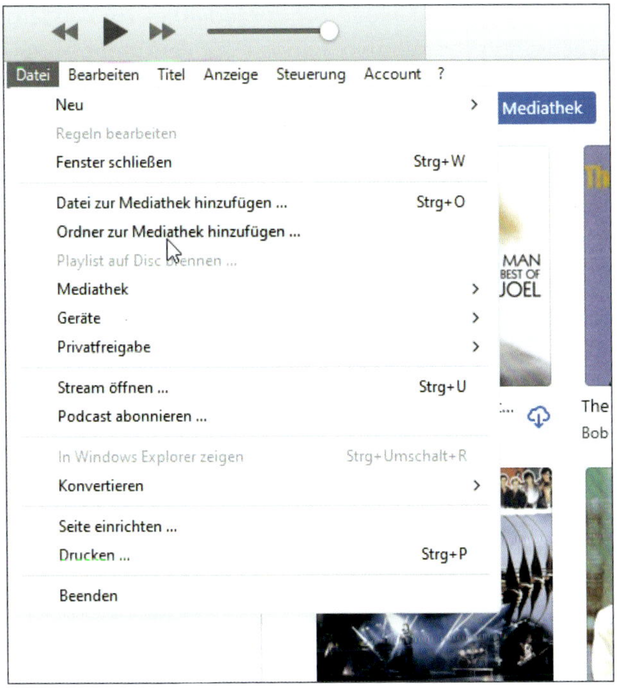

3. Wählen Sie einen oder – bei gedrückter [Strg]-Taste – mehrere Ordner aus, deren Inhalte Sie der Mediathek hinzufügen möchten. Bestätigen Sie mit *Ordner auswählen*.

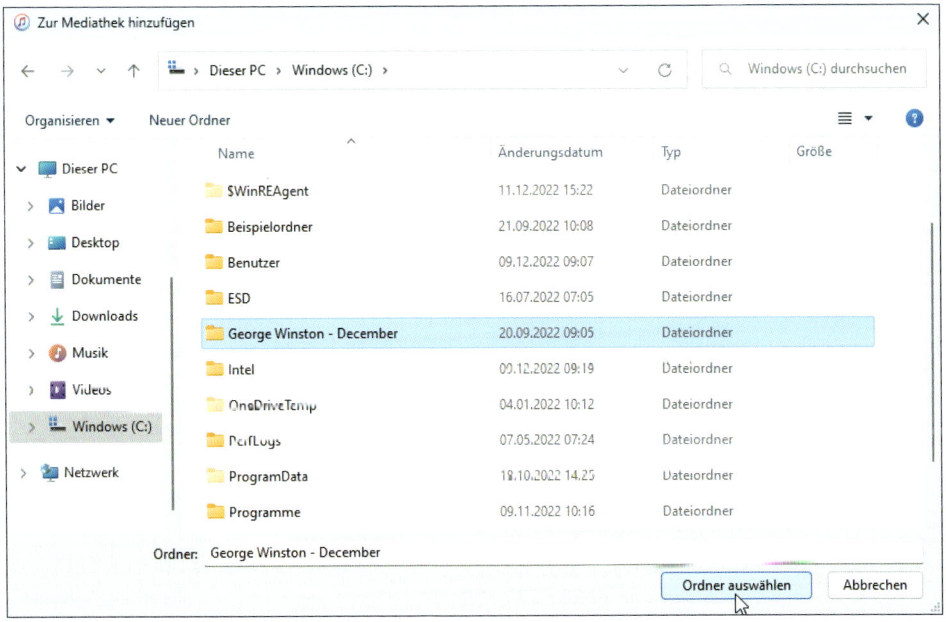

4. Die importierten Inhalte stehen anschließend in der iTunes-Mediathek zur Wiedergabe – sowie nachher auch zum Synchronisieren mit dem iPhone – zur Verfügung.

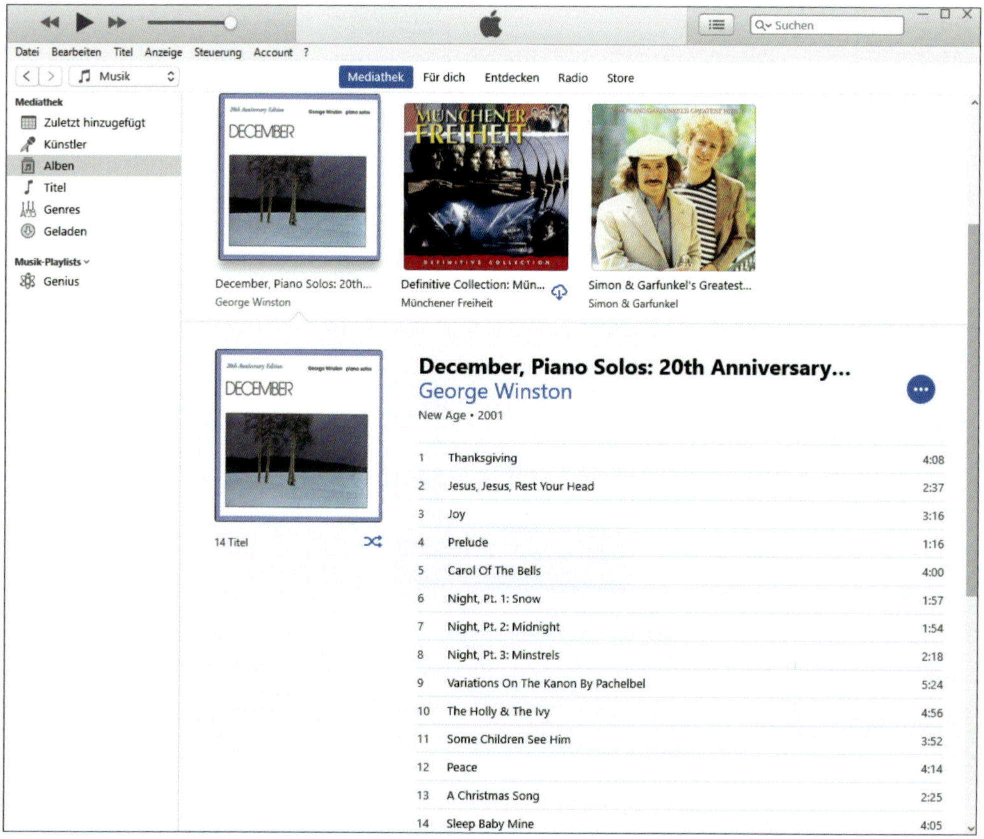

Andere Darstellung gewünscht?

Sie wünschen sich in der iTunes-Mediathek eine andere Sortierung? Klicken Sie in der Seitenleiste links eine Option an, um sich z. B. statt der Alben einzelne Songs anzeigen zu lassen.

Audio-CDs in iTunes importieren

Sie verfügen über eine größere CD-Sammlung und möchten diese Musik ebenfalls auf dem iPhone verfügbar machen? Mit iTunes lassen sich Audio-CDs sehr einfach importieren. Voraussetzung ist natürlich, dass Ihr Computer über ein optisches Laufwerk verfügt bzw. Sie ein optisches Laufwerk angeschlossen haben. Bevor Sie eine Audio-CD in das Laufwerk einlegen, um diese zu importieren, nehmen Sie zunächst einige Importeinstellungen vor. Klicken Sie dazu in der Menüleiste auf *Bearbeiten* und wählen Sie *Einstellungen*.

In den *Einstellungen* unter *Allgemein* finden Sie, sofern ein optisches Laufwerk verfügbar ist, das Menü *Beim Einlegen einer CD*. In diesem Menü können Sie auswählen, dass eine Audio-CD beim Einlegen – sofern iTunes geöffnet ist – automatisch importiert und ausgeworfen wird. Das wäre dann sinnvoll, wenn Sie vorhaben, eine größere CD-Sammlung zu importieren. Wichtiger ist aber die Schaltfläche *Importeinstellungen*, die Sie rechts neben dem Menü anklicken.

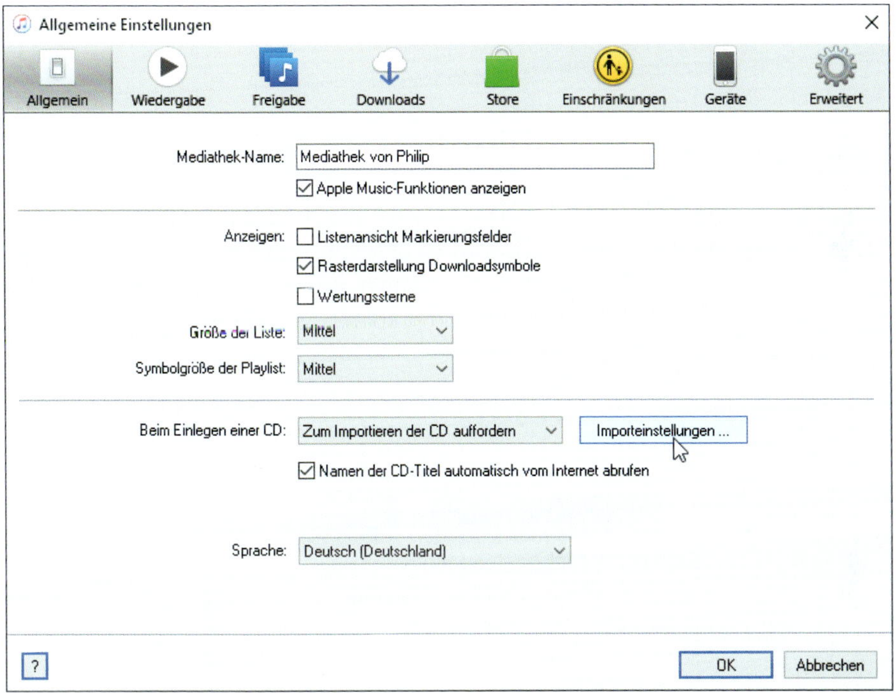

Lassen Sie sich in den iTunes-Einstellungen die Importeinstellungen anzeigen

Standardmäßig werden Audio-CDs in hoher Qualität im AAC-Format importiert. Daran gibt es an sich nichts zu mäkeln, was die Wiedergabe auf dem iPhone betrifft. Für die Wiedergabe auch auf anderen Playern wäre jedoch das MP3-Format universeller.

Meine Empfehlung ist deshalb die Importeinstellung *MP3-Codierer* und *Höhere Qualität*, die Sie über das Menü auswählen und mit *OK* bestätigen. Welche Importeinstellungen Sie selbst vornehmen, richtet sich aber ganz nach Ihren individuellen Bedürfnissen.

Nachdem Sie Ihre Importeinstellungen festgelegt haben, brauchen Sie nur noch die Audio-CD ins Laufwerk einzulegen und den Import zu starten.

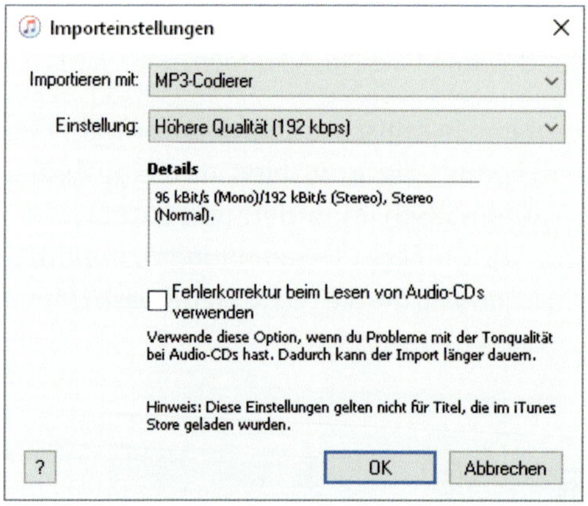

Hier entscheide ich mich für das Importieren von Audio-CDs im MP3-Format in höherer Qualität

Damit ein Hörbuch in iTunes als Hörbuch erkannt wird

Normalerweise kann iTunes die Titelinformationen zu importierten Audio-CDs automatisch aus dem Internet abrufen. Doch das klappt nicht immer. Ein krasser Fall ist es außerdem, wenn importierte Hörbücher der Musik-Mediathek hinzugefügt werden. Bevor Sie Ihre Mediendateien mit dem iPhone synchronisieren, sollten Sie in jedem Fall die Informationen anpassen, und zwar so:

1. Klicken Sie mit der rechten Maustaste auf ein Album und wählen Sie im Kontextmenü den Eintrag *Albuminformationen*.

2. Wenn Sie mehrere Titel gleichzeitig bearbeiten möchten, erscheint ein Hinweisfenster, das Sie mit *Objekte bearbeiten* bestätigen.

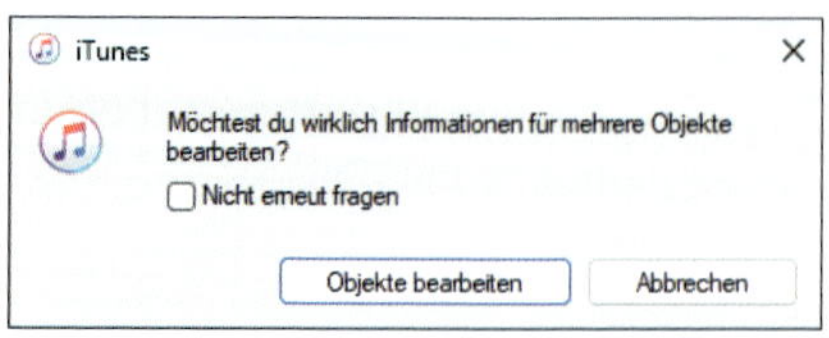

3. Im folgenden Informationsfenster können Sie unter *Details* Informationen zu Interpret, Album und Co. hinzufügen bzw. bearbeiten; unter *Cover* lässt sich entsprechend das Albumcover ändern bzw. überhaupt erst mal ein Cover einfügen. In meinem Fall soll ein Album statt der Musik-Mediathek der Hörbuch-Mediathek hinzugefügt werden, deshalb entscheiden Sie sich im Informationsfenster für *Optionen*.

4. Treffen Sie unter *Medienart* die Auswahl *Hörbuch* und bestätigen Sie mit *OK*.

5. Das Hörbuch wird prompt in die entsprechende Mediathek verschoben. Das Abrufen derselben erfolgt durch die Auswahl *Hörbücher* im Menü links oben in iTunes.

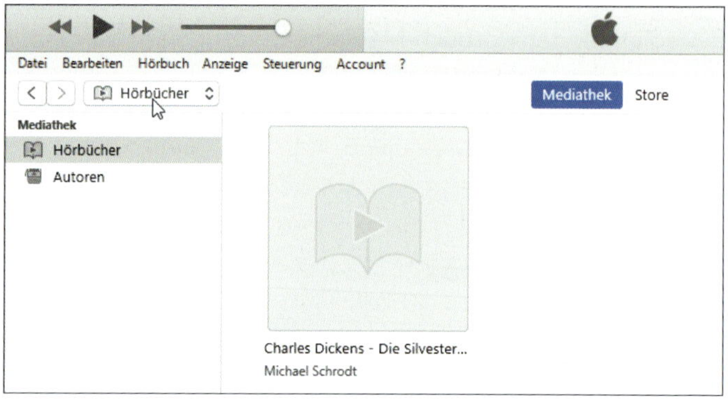

Die Medienwiedergabe in iTunes am PC erfolgt ganz ähnlich wie die auf dem iPhone: Doppelklicken Sie auf eine Datei, um die Wiedergabe zu starten, verwenden Sie die Steuerelemente oben in iTunes, um die Wiedergabe zu steuern etc. Ich denke mal, dazu benötigen Sie nicht noch mal die entsprechenden Anleitungen, oder?

Das iPhone mit dem PC verbinden

Nun geht's los! Nachdem Sie iTunes auf dem Windows-PC installiert und mit Mediendateien bestückt haben, können Sie endlich das iPhone anschließen. Auf einem Mac stellen Sie die Verbindung, wie bereits erwähnt, ohne zusätzliche Software mit dem Finder her.

Beim ersten Mal verwenden Sie dazu in jedem Fall das dem iPhone beigelegte Kabel, ggf. ist für die Verbindung zusätzlich ein USB-C-Adapter erforderlich. Später kann die Synchronisierung auch im WLAN erfolgen. Bestätigen Sie das Herstellen der Verbindung auf dem

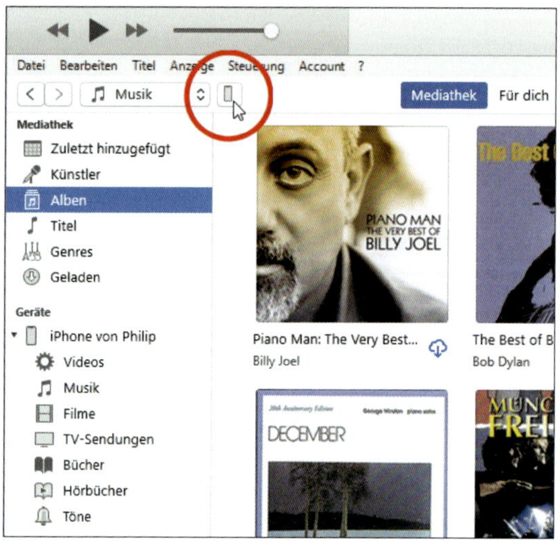

Das angeschlossene iPhone wird in der Software iTunes erkannt

iPhone mit *Vertrauen*. Wenn Sie das iPhone anschließen, wird dieses in iTunes automatisch erkannt, und es lässt sich in der Leiste oben unter dem Symbol auswählen.

Ihnen wird nach dem Auswählen des iPhones in iTunes zunächst die *Übersicht* angezeigt, die unterschiedliche Informationen und Optionen beinhaltet:

- *iPhone:* In diesem Abschnitt finden Sie eine Angabe zur Speicherkapazität, Ihre Handynummer sowie die Seriennummer Ihres iPhones. Mit der Schaltfläche *Nach Update suchen* können Sie Aktualisierungen am PC herunterladen und von dort auf das iPhone übertragen (alternativ zur Softwareaktualisierung, wie sie in Kapitel 15 beschrieben wird). Wenn Sie die Schaltfläche bei gedrückter ⇧-Taste anklicken, können Sie aus dem Internet heruntergeladene Dateien manuell installieren. Mit der Schaltfläche *iPhone wiederherstellen* stellen Sie ein iPhone aus einem Backup wieder her.

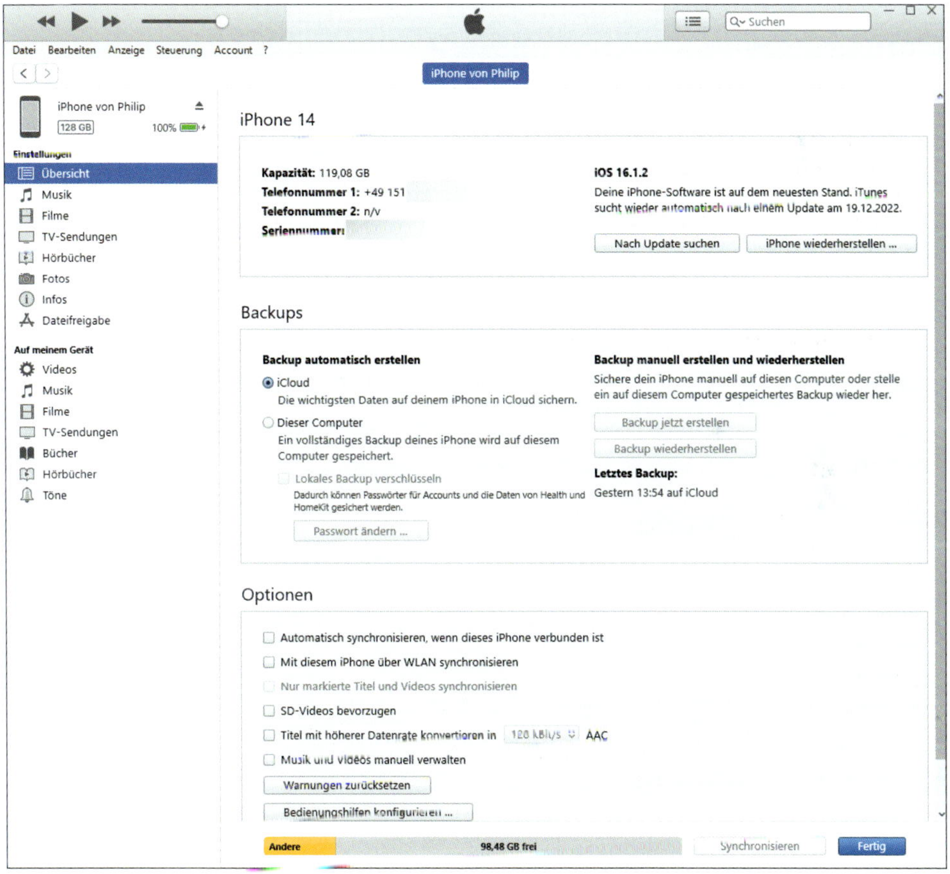

Sie erhalten Informationen zum iPhone sowie Optionen zum Aktualisieren oder Wiederherstellen über iTunes

- *Backups:* In diesem Abschnitt legen Sie fest, ob Sie Ihre Backups in iCloud oder mithilfe von iTunes auf dem Computer sichern möchten. Sie können das iPhone-Backup verschlüsselt auf dem Computer speichern, indem Sie das entsprechende Kontrollkästchen aktivieren.

- *Optionen:* In diesem Abschnitt bestimmen Sie per Kontrollkästchen etwa, ob die Synchronisierung mit dem verbundenen iPhone auch im WLAN erfolgen darf, sodass Sie sich zukünftig das Verbinden mit dem USB-C-Kabel sparen.

Den iPhone-Speicher im Blick

Wenn Sie Ihr iPhone in iTunes auswählen, wird ganz unten in der Bedienoberfläche eine bunte Leiste angezeigt, in der Sie – geordnet nach Themen – über die Speicherbelegung des iPhones in Kenntnis gesetzt werden.

Daten zwischen iPhone und PC synchronisieren

Links neben der Übersicht wird eine Leiste eingeblendet, in der Sie die Abschnitte *Einstellungen* sowie *Auf meinem Gerät* sehen. Unter *Auf meinem Gerät* lassen Sie sich später anzeigen, welche Dateien synchronisiert wurden.

Unter *Einstellungen* bestimmen Sie aber zunächst mal, welche Dateien synchronisiert werden sollen. Wählen Sie hierzu jeweils eine Rubrik per Mausklick aus. Um eine Synchronisierung manuell vorzunehmen, finden Sie rechts unten in iTunes eine entsprechende Schaltfläche.

Wählen Sie in der Leiste links aus, welche Synchronisierungseinstellungen Sie vornehmen möchten

Musik, Filme, Bücher etc.

Die Synchronisierung von Musik, Filmen und weiteren Mediendateien erfolgt auf jeweils ähnliche Weise, d. h., Sie wählen die jeweilige Rubrik in der Leiste links aus und bestimmen rechts, welche Dateien synchronisiert werden sollen. Lassen Sie mich Ihnen die Vorgehensweise am Beispiel der Synchronisierung von Musikdateien vorstellen.

1. Entscheiden Sie sich – bei ausgewähltem iPhone – in der Leiste links für die Rubrik *Musik*.

2. Aktivieren Sie das Kontrollkästchen *Musik synchronisieren*.

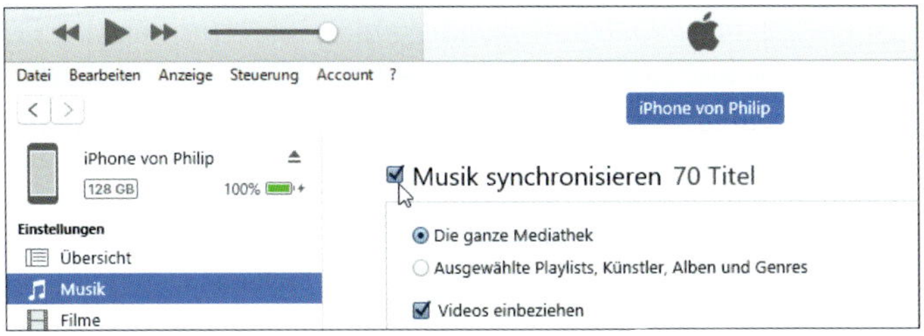

3. Entscheiden Sie, ob die gesamte in iTunes verfügbare Musik synchronisiert werden soll oder lediglich eine von Ihnen getroffene Auswahl. Bestimmen Sie außerdem, ob Sprachmemos und Musikvideos in die Synchronisierung einbezogen werden sollen oder nicht.

4. Bestätigen Sie rechts unten in iTunes mit *Anwenden*, um die Synchronisierung durchzuführen.

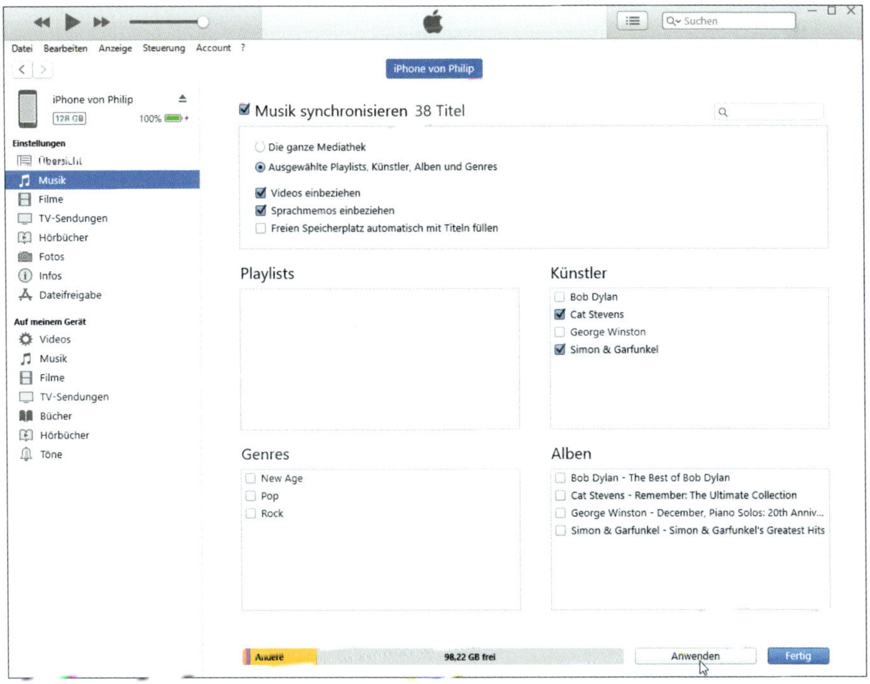

Auch Wiedergabelisten lassen sich synchronisieren – und diese lassen sich in iTunes am PC ebenfalls komfortabler anlegen als in iTunes auf dem iPhone. Zum Erstellen einer Wiedergabeliste klicken Sie – bei eingeblendeter Musik-Mediathek – mit der rechten Maustaste in den Bereich *Musik-Playlists* in der Seitenleiste. Wählen Sie im Kontextmenü den Eintrag *Neue Playlist*, geben Sie der Wiedergabeliste eine sinnvolle Bezeichnung und fügen Sie die gewünschten Songs hinzu.

Fotos

Fotos synchronisieren Sie im Prinzip ebenso. Das Besondere hier: Bilderordner, die Sie für die Synchronisierung auswählen, werden auf dem iPhone als Alben angelegt – jeder Ordner wird zu einem Album. Bringen Sie deshalb auf Ihrem PC zunächst Ordnung in Ihre Bildersammlung, bevor Sie diese mit dem iPhone synchronisieren.

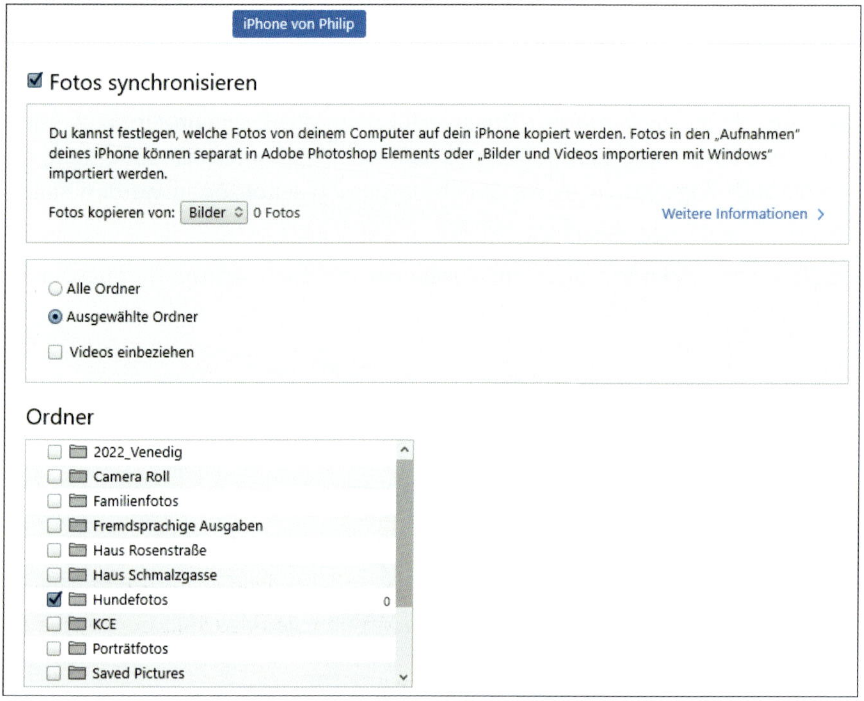

Wählen Sie aus, welche Bilderordner Sie mit dem iPhone synchronisieren möchten

Eine weitere Besonderheit: Synchronisierte Alben lassen sich nicht direkt auf dem iPhone löschen. Sie müssen das entsprechende Häkchen wieder in iTunes entfernen und die Synchronisierung erneut starten, um das Album vom iPhone zu löschen.

Infos

Unter *Infos* lassen sich schließlich Infodaten synchronisieren: Kontakte, Kalender, Mail-Accounts sowie Lesezeichen. Das klappt aber nur dann, wenn Sie nicht die entsprechende iCloud-Synchronisierungsoption ausgewählt haben.

Eine weitere Voraussetzung ist, dass auf Ihrem PC ein kompatibles Programm zur Verfügung steht, z. B. eine unterstützte Outlook-Version. Die Auswahl erfolgt ansonsten wie gehabt. Beachten Sie aber den Hinweis in iTunes, dass diese Synchronisierungsfunktion in zukünftigen Softwareversionen wegfallen könnte, da sie nicht mehr den neusten Stand der Technik widerspiegelt.

Unter anderem lassen sich Kontakte und Kalender zwischen iPhone und iTunes synchronisieren

Dateifreigabe

Ganz unten in der Liste finden Sie noch die Option *Dateifreigabe*. Hier findet der Dateiaustausch mit Apps statt, die diese Möglichkeit anbieten. Wählen Sie dazu links eine App aus. Rechts werden die verfügbaren Dateien angezeigt, die mit *Speichern* auf den PC heruntergeladen werden können. Mit *Datei hinzufügen* lassen sich Dateien vom PC in eine App laden.

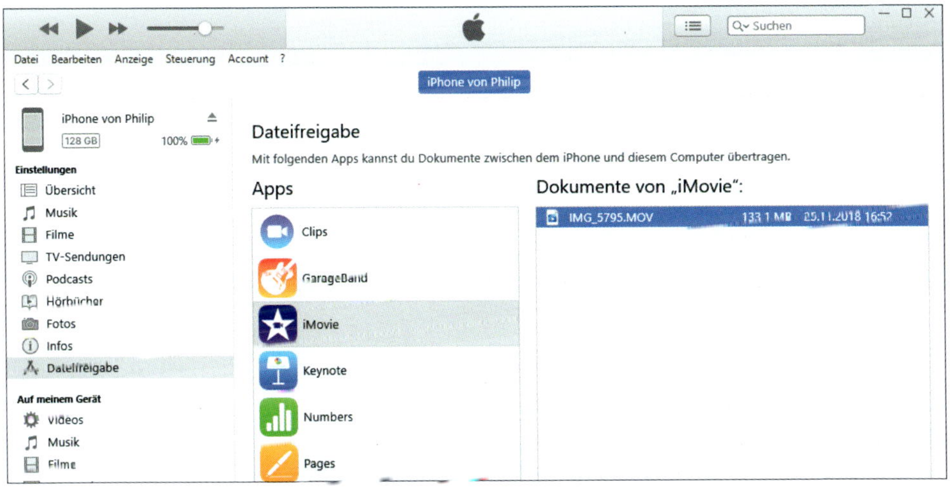

Der Dateiaustausch mit einzelnen Apps findet unter »Dateifreigabe« statt

Per Privatfreigabe auf Ihre Mediathek zugreifen

Sie können auf Ihre Mediathek auch ohne Synchronisierung zugreifen. Dies erfolgt durch eine auf Ihrer Apple-ID basierenden Privatfreigabe. Das Aktivieren der Privatfreigabe erfolgt auf einem Windows-PC und einem Mac auf unterschiedliche Weise.

Auf einem Windows-PC nehmen Sie die Privatfreigabe in der Software iTunes vor. Klicken Sie dazu in der iTunes-Menüleiste auf *Datei* und wählen Sie unter *Privatfreigabe* den Eintrag *Privatfreigabe aktivieren*. Geben Sie anschließend Ihre Apple-ID ein und bestätigen Sie per Schaltfläche *Privatfreigabe aktivieren*. Klicken Sie zum Abschluss des Vorgangs auf *OK*.

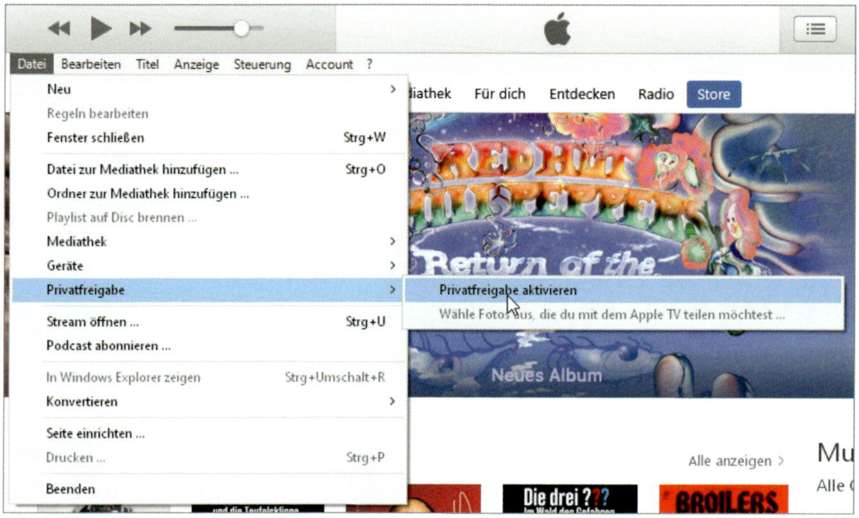

So aktivieren Sie die Privatfreigabe in iTunes am PC

Auf einem Mac mit aktuellem macOS nehmen Sie die Privatfreigabe in den *Systemeinstellungen* vor. Entscheiden Sie sich dort für die Kategorie *Allgemein* und wählen Sie anschließend in der Unterkategorie *Teilen* das Symbol ⓘ bei *Medien teilen*. Aktivieren Sie nun das Kontrollkästchen *Privatfreigabe*. Geben Sie danach auch hier Ihre Daten ein und bestätigen Sie mit der Schaltfläche *Privatfreigabe aktivieren*.

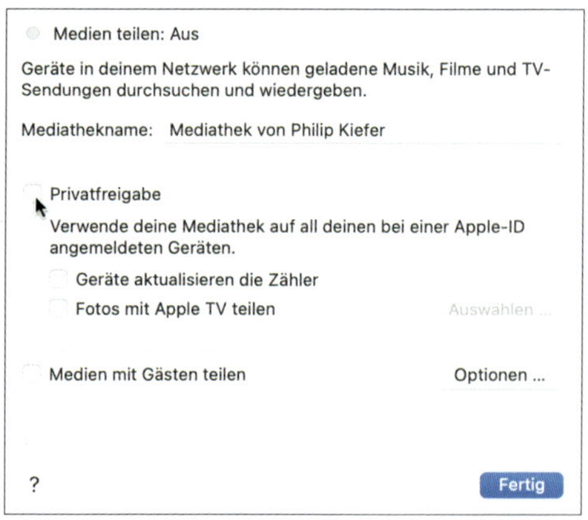

Auf dem Mac erfolgt die Aktivierung der Privatfreigabe in den Systemeinstellungen

Auf dem iPhone wird die Privatfreigabe z. B. in den *Einstellungen* unter *Musik* und dort im Abschnitt *Privatfreigabe* aktiviert. Der Zugriff auf die iTunes-Mediathek erfolgt dann auf dem iPhone in der App *Musik* sowie in der App *TV*.

Wählen Sie in der Musik-App in der Rubrik *Mediathek* die Option *Privatfreigabe*, um die freigegebene Mediathek auswählen zu können. In der App *TV* wählen Sie die freigegebene Mediathek in der Rubrik *Mediathek* aus.

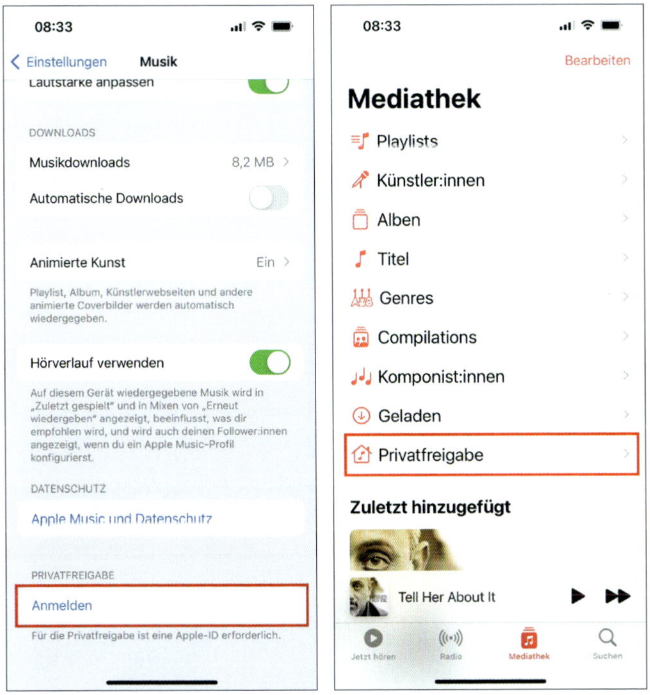

Musik und Videos vom PC auf das iPhone streamen – das geht per Privatfreigabe

> **Das iPhone als Fernsteuerung verwenden**
>
> Um Ihr iPhone als Fernsteuerung für iTunes am PC, aber auch für ein Apple TV einzusetzen, holen Sie sich die kostenlose Apple-App *iTunes Remote* aus dem App Store. Aktivieren Sie auch in dieser App die Privatfreigabe, um auf eine freigegebene Mediathek bzw. das Apple TV zugreifen zu können.

Mit AirDrop Dateien mit anderen Apple-Nutzern austauschen

Eine weitere Option zum schnellen Austauschen von Dateien zwischen Ihrem iPhone und anderen Apple-Geräten (allerdings nur solchen neueren Datums) nennt sich *AirDrop*. Zunächst mal legen Sie im Kontrollzentrum fest, wem Sie eine AirDrop-Verbindung erlauben möchten – jedem oder nur auf dem iPhone gespeicherten Kontakten? Dazu gehen Sie folgendermaßen vor:

1. Streichen Sie das Kontrollzentrum vom unteren Displayrand auf das Display.
2. Tippen Sie im Kontrollzentrum auf den Bereich mit den Datenoptionen und halten Sie diesen gedrückt.

3. Wählen Sie nun *AirDrop*.

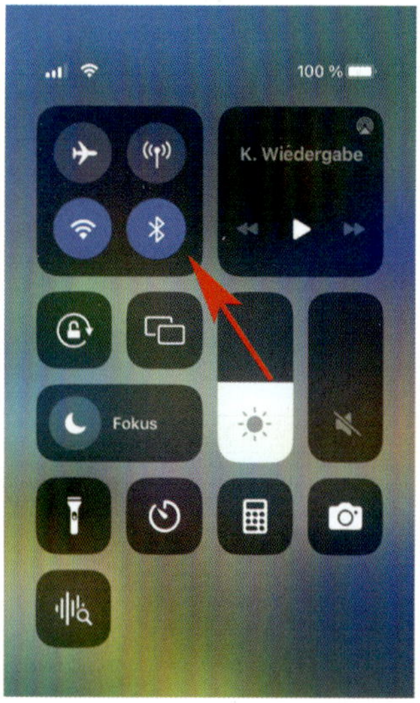

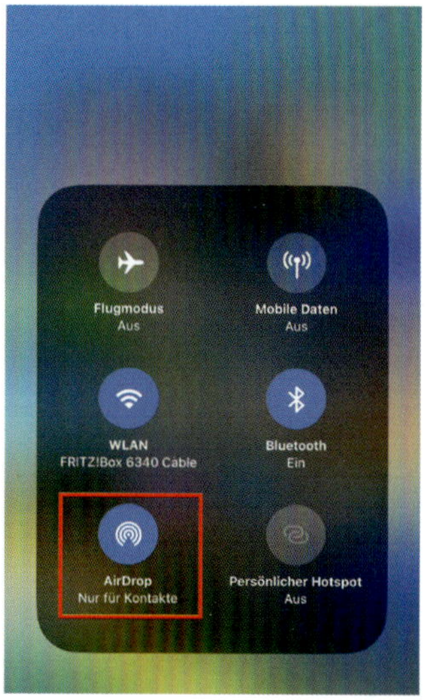

4. Entscheiden Sie, ob Sie AirDrop für jeden freigeben möchten, nur für die von Ihnen gespeicherten Kontakte oder ob Sie AirDrop ganz deaktivieren möchten. Standard ist, dass AirDrop nur für den Datenaustausch mit den gespeicherten Kontakten zur Verfügung steht. Ab iOS 16.2 ist zudem die *AirDrop*-Freigabe *Für jeden* auf zehn Minuten begrenzt.

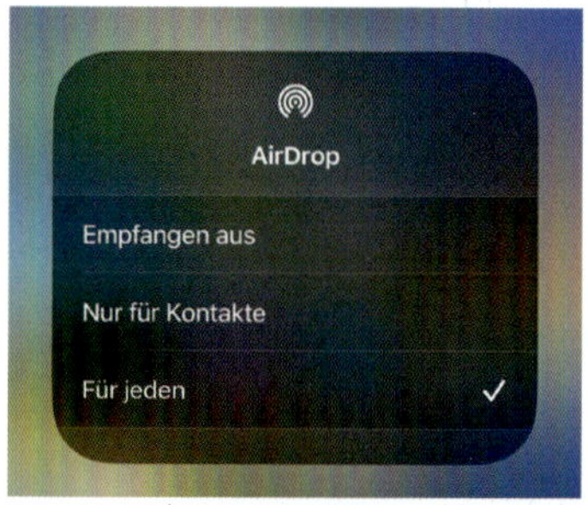

Wenn AirDrop aktiviert ist und die empfangende Person ihr eigenes iPhone entsperrt hat, tippen Sie in einer App – z. B. in der App *Fotos* – auf das Symbol, um das ausgewählte Element mit AirDrop zu versenden.

Wählen Sie dazu den AirDrop-Nutzer aus, an den der Versand erfolgen soll (erkennbar am Symbol). Der andere Nutzer sieht auf seinem Gerät, dass eine Datei übertragen werden soll, und muss lediglich die Annahme bestätigen.

Wählen Sie eine Person aus, um die Datei via AirDrop an diese zu versenden

Kapitel 15

Von Akku bis Zurücksetzen: das iPhone-Pflegeprogramm

In diesem letzten Kapitel möchte ich Ihnen noch einige Hinweise zum Thema Wartung und Sicherheit des iPhones geben – damit Sie Schwierigkeiten von vornherein vermeiden können. Lesen Sie unter anderem, wie Sie die Akkulaufzeit Ihres iPhones erhöhen, wie Sie Ihr iPhone vor unbefugten Zugriffen schützen, wie Sie Speicher- und Datenfresser entlarven oder ein verloren geglaubtes iPhone orten. Sie werden sehen: Auch das ist mit dem iPhone alles ganz einfach!

So hält der Akku möglichst lange durch

Für das, was Sie mit dem iPhone alles anstellen, hält der Akku schon recht lange. Doch Sie werden sich, besonders dann, wenn Sie unterwegs sind, eine noch längere Akkulaufzeit wünschen. Beherzigen Sie in diesem Zusammenhang die folgenden Tipps:

- Aktivieren Sie, wenn Sie gerade nicht den vollen Funktionsumfang Ihres iPhones benötigen, den *Stromsparmodus*, und zwar entweder im Kontrollzentrum oder in den *Einstellungen* unter *Batterie*. Der Stromsparmodus reduziert das automatische Abrufen von E-Mails sowie die Hintergrundaktivitäten. Den aktivierten Stromsparmodus erkennen Sie am gelben Batteriesymbol in der Statusleiste. Bei einer Akkuladung von 20 % wird der Stromsparmodus automatisch aktiviert.

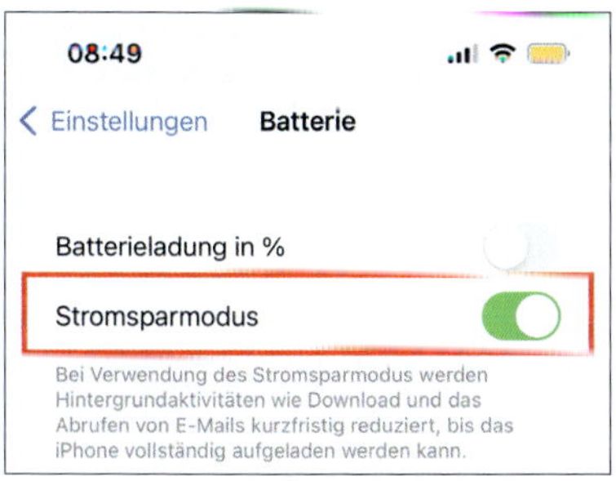

Der Stromsparmodus sorgt für eine kurzfristige Verlängerung der Akkulaufzeit

- Das iPhone-Display kann außer durch Drücken der Systemtaste aktiviert werden, indem Sie es anheben (Option *Beim Anheben aktivieren*) oder wenn Sie auf das Display tippen (Option *Zum Aufwecken tippen*). Doch das geschieht häufig auch dann, wenn Sie es gar nicht benötigen – und das kostet Strom. Falls Sie die Funktionen lieber deaktivieren möchten, erfolgt dies für die Option *Beim Anheben aktivieren* in den *Einstellungen* unter *Anzeige & Helligkeit* und für die Option *Zum Aufwecken tippen* in den *Einstellungen* unter *Bedienungshilfen* und dort unter *Tippen*. Unter *Anzeige & Helligkeit* können Sie, wie bereits an anderer Stelle gezeigt, auch das Always-on-Display eines iPhone 14 Pro oder iPhone 14 Pro Max abschalten.

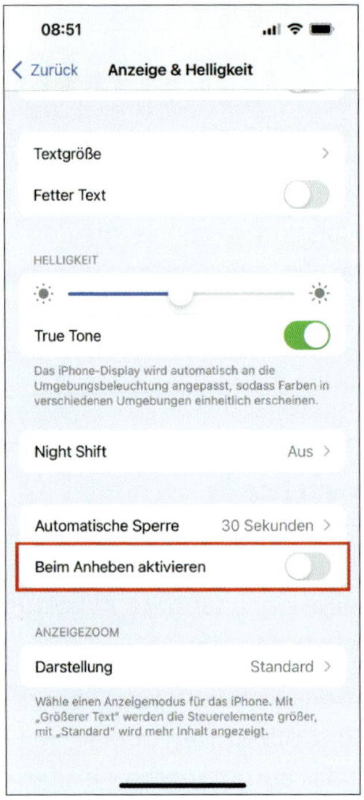

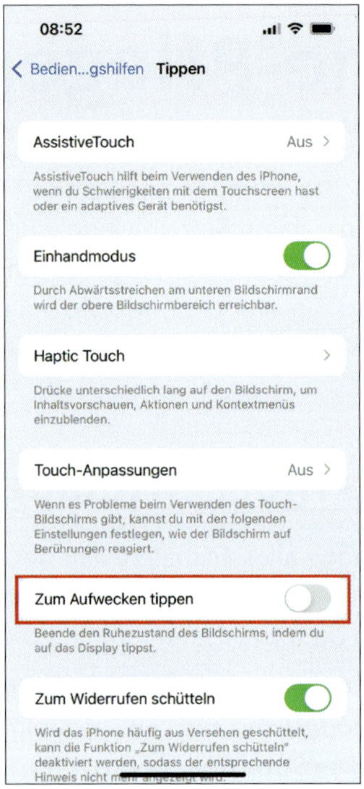

Das automatische Aktivieren des iPhone-Displays bietet Komfort, kann allerdings auch unnötig Strom kosten

- Sie benötigen die schnelle Internetverbindung übers Mobilfunknetz nicht bzw. möchten gar keine mobilen Daten senden oder empfangen? Deaktivieren Sie die mobilen Daten ganz einfach per Symbol im Kontrollzentrum oder in den *Einstellungen* unter *Mobilfunk*.

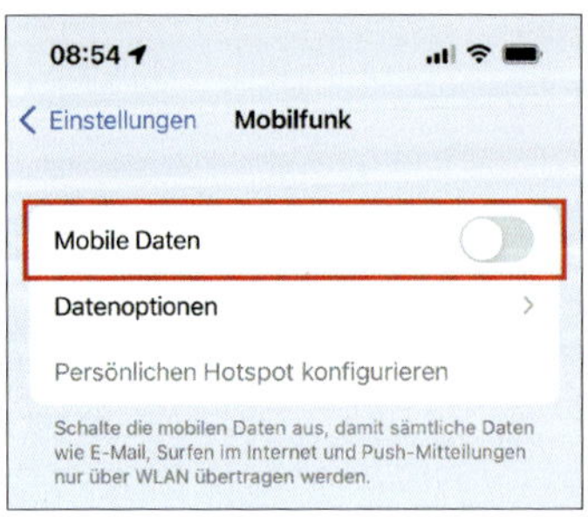

Die mobilen Daten sind ein nicht zu unterschätzender Stromfresser

- Deaktivieren Sie auch weitere nicht benötigte Funktionen, die Strom verbrauchen: Benötigen Sie Bluetooth im Moment? Falls nicht, deaktivieren Sie die Funktion im Kontrollzentrum bzw. in den *Einstellungen* unter *Bluetooth*. Brauchen Sie die Ortungsdienste in nächster Zeit? Wenn nicht, deaktivieren Sie diese in den *Einstellungen* unter *Datenschutz & Sicherheit* und dort unter *Ortungsdienste*. Nutzen Sie die Push-Option zum automatischen Empfang neuer E-Mails? Sofern nicht benötigt, deaktivieren Sie auch diese Option, und zwar in den *Einstellungen* unter *Mail*, indem Sie dort *Accounts* und dann *Datenabgleich* wählen.
- Wie Sie bereits wissen, können zahlreiche Apps im Hintergrund weiterlaufen, während Sie eine andere App benutzen. Beenden Sie nicht mehr benötigte Hintergrund-Apps, indem Sie diese im App-Umschalter (Sie erinnern sich: mit dem Finger vom unteren Displayrand nach oben ziehen und dann innehalten, um den App-Umschalter zu öffnen) nach oben aus dem Display schieben. Sie können außerdem in den *Einstellungen* unter *Allgemein* und dort unter dem Eintrag *Hintergrundaktualisierung* die Hintergrundaktualisierung für Apps insgesamt oder für einzelne Apps verbieten.

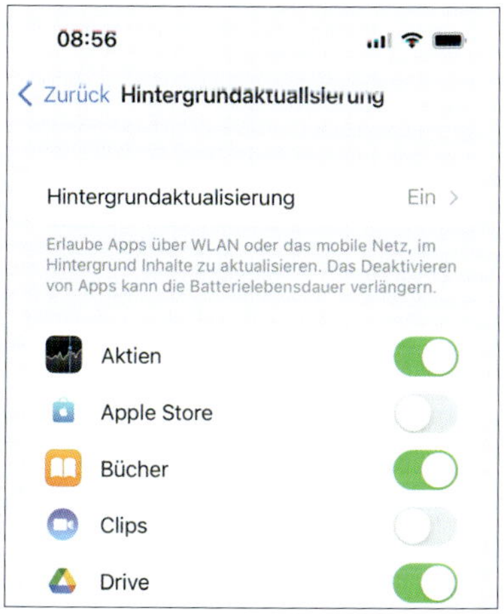

Passen Sie die Einstellungen zum Thema Hintergrundaktualisierung sinnvoll an

Batteriezustand prüfen

Wählen Sie in den *Einstellungen* unter *Batterie* den Eintrag *Batteriezustand & Ladevorgang*, wird Ihnen die maximale Kapazität des eingebauten Akkus angezeigt. Diese sollte für längere Zeit 100 % betragen.

Doch wenn das iPhone älter wird, wird sich das auch bei der maximalen Akkukapazität bemerkbar machen. Als Faustregel wird empfohlen, den Akku austauschen zu lassen, sobald die Marke von 80 % unterschritten wird. Pflicht ist das jedoch nicht.

Um die größten Stromfresser zu ermitteln, schauen Sie sich regelmäßig an, welche Apps in den jeweils letzten Tagen am meisten am Akku gesaugt haben. Entscheiden Sie sich dazu in den iPhone-Einstellungen für *Batterie*. Scrollen Sie zum Abschnitt *Batterienutzung*. Warten Sie einen Moment, bis die Daten zur Batterienutzung geladen sind, um die gewünschte Statistik zu erhalten.

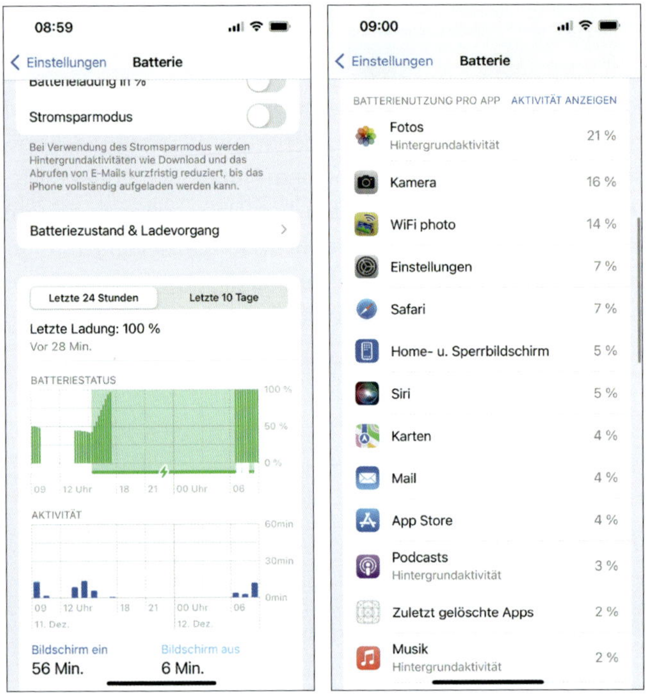

Ermitteln Sie in den iPhone-Einstellungen, welche Ihrer Apps besonders viel Strom verbrauchen

Den iPhone-Speicher voll unter Kontrolle

Um den iPhone-Speicher zu verwalten, gehen Sie in den *Einstellungen* auf *Allgemein* und dann auf *iPhone-Speicher*. Im Abschnitt *Speicher* wird Ihnen zunächst mal angezeigt, wie viel Speicher belegt und wie viel noch frei ist.

Unterhalb der Speicheranzeige erhalten Sie Tipps, um Speicher auf dem iPhone freizumachen (je nachdem, ob Sie die entsprechenden Optionen bereits aktiviert haben oder nicht). Tippen Sie bei den Empfehlungen auf *Alle anzeigen*, um sich alle Tipps anzusehen. Einer dieser Tipps betrifft, sofern noch nicht aktiviert, die schon in einem anderen Kapitel erwähnten *iCloud-Fotos*.

Allerdings: Diese Funktion frisst zwar keinen iPhone-Speicher, aber dafür viel iCloud-Speicher, sodass Sie voraussichtlich schnell auf ein kostenpflichtiges Speicherabo umsteigen müssten.

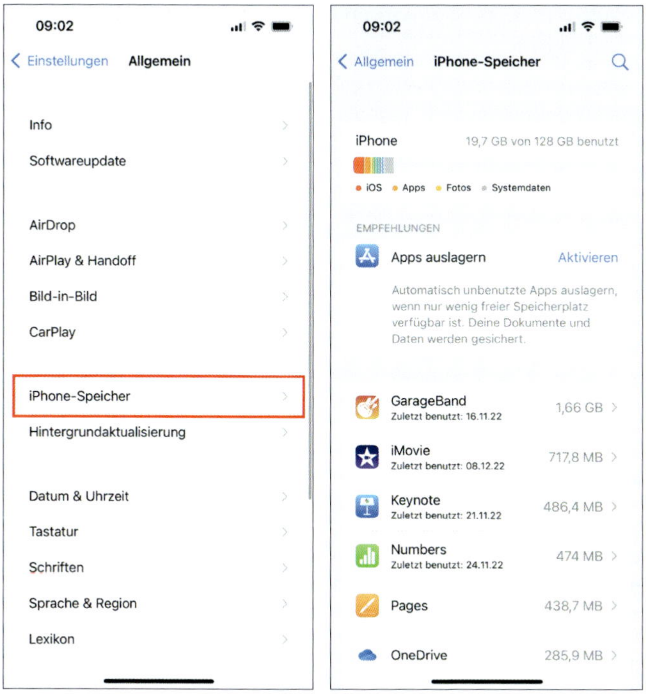

Erhalten Sie Tipps, um Speicherplatz auf dem iPhone einzusparen

Ein weiterer Tipp betrifft das Auslagern ungenutzter Apps. Falls kaum mehr Speicher zur Verfügung steht, werden die Apps ins Internet ausgelagert, um auf dem iPhone mehr Speicherplatz zur Verfügung zu stellen. Um die Funktion zu aktivieren, tippen Sie auf *Aktivieren* bzw. aktivieren in den *Einstellungen* unter *App Store* den Schalter *Unbenutzte Apps auslagern*.

Auch das Auslagern von Apps schont den kostbaren iPhone-Speicherplatz

Unterhalb der Tipps erhalten Sie eine Übersicht über die einzelnen Apps und können einen Speicherfresser direkt an Ort und Stelle löschen. Tippen Sie ihn dazu in der Übersicht an und wählen Sie *App löschen*. Diese Funktion kann übrigens auch weiterhelfen, wenn sich eine App einmal nicht direkt auf dem Home-Bildschirm löschen lässt, was bei mir in meiner langjährigen iPhone-Karriere aber erst ein- oder zweimal vorkam.

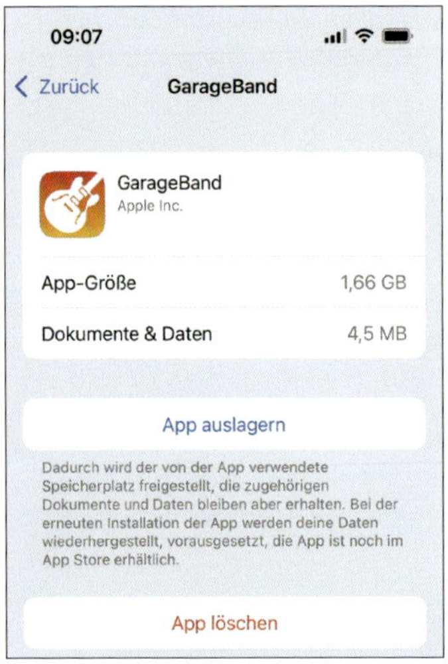

Entlarven Sie Speicherfresser und löschen Sie diese ggf. direkt vom iPhone

Mit den mobilen Daten sparsam umgehen

Sie wissen bereits, dass die mobilen Daten einen teils erheblichen Stromverbrauch verursachen können. Hinzu kommt, dass bei einem Vertrag meist das verfügbare schnelle Datenvolumen stark begrenzt ist. Legen Sie deshalb genau fest, welche Apps die mobilen Daten verwenden dürfen und welche nicht. Tippen Sie dazu in den iPhone-Einstellungen auf *Mobilfunk* und scrollen Sie nach unten zum Abschnitt *Mobile Daten*.

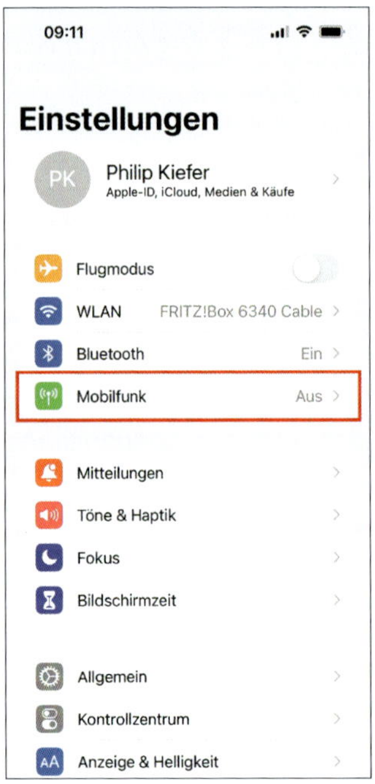

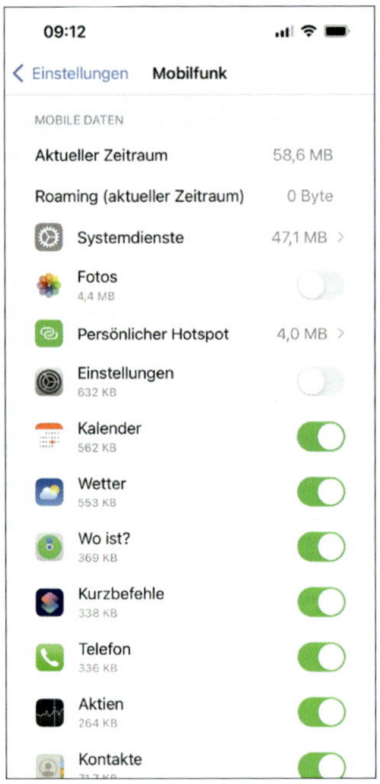

Deaktivieren Sie die mobilen Daten für Apps, die Sie unterwegs nicht unbedingt benötigen

Sie erhalten eine alphabetisch sortierte Übersicht über diejenigen Apps, die die mobilen Daten verwenden.

Per Schalter können Sie die mobilen Daten hier für einzelne Apps deaktivieren. Außerdem finden Sie den Eintrag *Systemdienste*, der mit interessanten Infos aufwartet, welche iOS-Funktionen wie viel Datenvolumen beanspruchen.

Ihr iPhone vor unbefugten Zugriffen schützen

Mit der Zeit werden Sie Ihr iPhone mit sehr vielen privaten Daten füllen: mit E-Mails, Kontakten, Fotos und mit noch vielem mehr. Zumindest dann, wenn Sie unterwegs sind, sollten Sie Ihr iPhone deshalb vor unbefugten Zugriffen schützen. Nicht zuletzt dank der Face ID auf Ihrem iPhone 14 schränkt das den Bedienkomfort kaum ein. Werfen Sie einen näheren Blick auf die diesbezüglichen Funktionen.

Das iPhone mit einer Code-Sperre sichern

Sie werden bereits bei der Inbetriebnahme Ihres iPhones dazu aufgefordert, einen sechsstelligen Code einzugeben, den Sie dann beim Entsperren Ihres iPhones eintippen müssen (früher war der Standardcode nur vierstellig).

Sie können den sechsstelligen Code durch einen einfacheren, aber auch weniger sicheren vierstelligen Code oder durch einen noch sichereren alphanumerischen Code ersetzen. Bestimmen Sie außerdem, auf welche Daten auch im Sperrzustand zugegriffen werden darf.

Entscheiden Sie sich in den iPhone-Einstellungen für den Eintrag *Face ID & Code*. Oben auf der Seite werden Ihnen zunächst die Optionen zur Face ID angezeigt. Darunter erhalten Sie die Code-Optionen. Diese sind:

- *Code aktivieren* bzw. *Code deaktivieren:* Wählen Sie diese Option, um einen Code anzulegen bzw. um einen bestehenden Code zu deaktivieren. Dazu ist jeweils die Eingabe des Codes erforderlich.
- *Code ändern:* Finden Sie das eigene Geburtsdatum als Code nicht mehr sicher genug? Dann tippen Sie auf *Code ändern*, um einen anderen Code zum Schutz Ihres iPhones einzugeben. Während der Eingabe lassen sich andere Codeoptionen aufrufen, die da lauten: *Eigener alphanumerischer Code* (Buchstaben und Ziffern), *Eigener numerischer Code* sowie *Vierstelliger numerischer Code.*
- *Code anfordern:* Hier ist die Voreinstellung, dass der Code sofort nach dem Sperren des iPhones angefordert wird, bereits aktiviert.

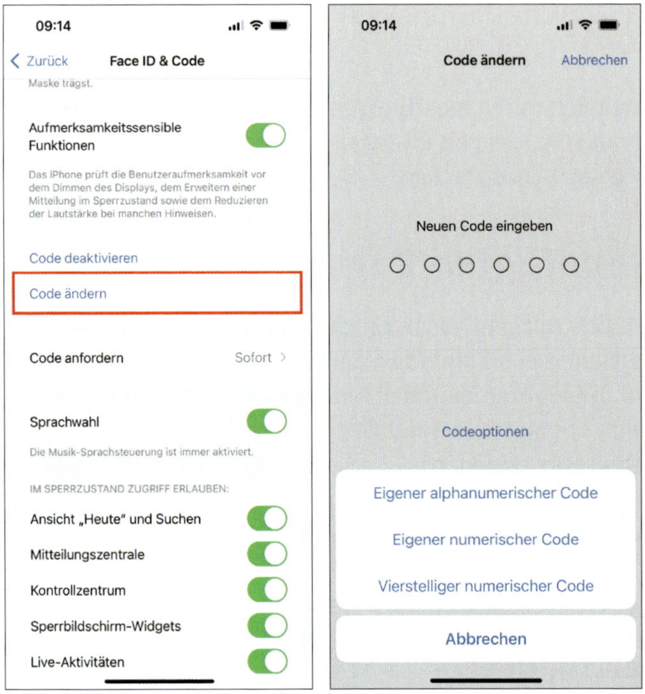

Schützen Sie Ihr iPhone mit einem sicheren Code, etwa einem sechsstelligen Zahlencode oder einem alphanumerischen Code, der aus Buchstaben und Ziffern besteht

Neben den Optionen zur Face ID (dazu gleich mehr) und zum iPhone-Code finden Sie noch einige weitere Optionen, die Sie kennen sollten:

- *Sprachwahl:* Diese Option betrifft lediglich die Sprachsteuerung für die Musikwiedergabe. Da sie kein wirkliches Sicherheitsrisiko darstellt, kann sie in der Regel aktiviert bleiben.
- *Im Sperrzustand Zugriff erlauben:* In diesem Abschnitt können Sie verschiedenen Funktionen per Schalter den Zugriff auf dem Sperrbildschirm untersagen, etwa der Sprachassistentin Siri oder der Mitteilungsansicht.
- *Daten löschen:* Wenn Sie diese Option aktivieren, dürfen Sie sich bei der Eingabe des Codes nicht zu oft vertippen – nach zehn Fehlversuchen werden alle Daten vom iPhone gelöscht.

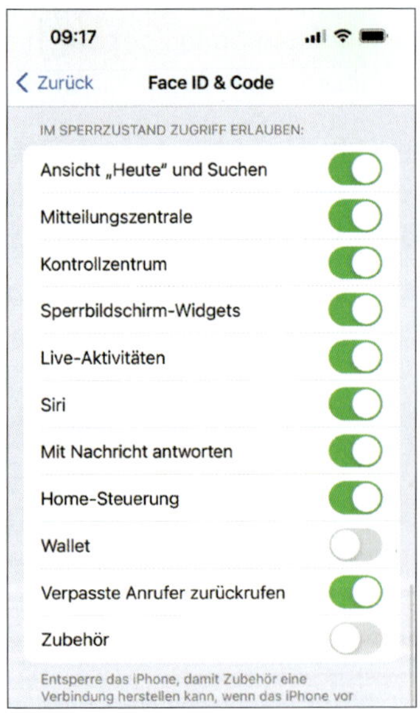

Entscheiden Sie, worauf im Sperrzustand zugegriffen werden darf, und ob die Daten auf dem iPhone nach zehn erfolglosen Anmeldeversuchen gelöscht werden sollen oder nicht

Die Face ID zum Entsperren und Anmelden verwenden

Alle Varianten des iPhone 14 verfügen über einen Gesichtsscanner, der unter anderem das automatische Entsperren oder Anmelden bei verschiedenen Apps ermöglicht. Die Face ID erfolgt durch die TrueDepth-Kamera auf der Vorderseite des iPhones. Achten Sie bei der Nutzung darauf, dass Sie das Gesicht nicht zu nah ans iPhone halten, denn sonst klappt es häufig nicht mit dem Einscannen. Der Abstand zwischen Gesicht und iPhone sollte etwa 25 bis 50 cm betragen.

Das Einrichten der Face ID erfolgt bereits bei der Inbetriebnahme des iPhones. Sie können jedoch noch ein zusätzliches alternatives Erscheinungsbild sowie ein Erscheinungsbild mit Schutzmaske einscannen, um die Gesichtserkennung zu verbessern. Hierzu eine kurze Anleitung:

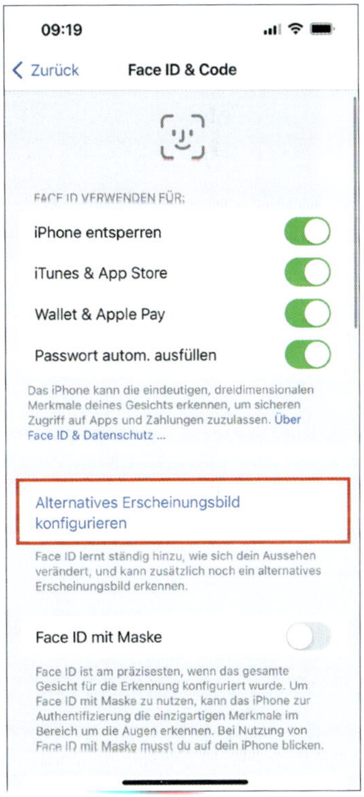

1. Wählen Sie in den *Einstellungen* den Eintrag *Face ID & Code*.
2. Tippen Sie in diesem Fall auf *Alternatives Erscheinungsbild konfigurieren*.
3. Tippen Sie auf die Schaltfläche *Los gehts*.

4. Halten Sie nun das iPhone mit einer Armlänge (ca. 25–50 cm) Abstand vor Ihr Gesicht, und zwar so, dass sie von oben darauf blicken. Eine Brille oder Kontaktlinsen können anbehalten werden. Schauen Sie auf das iPhone und achten Sie darauf, dass sich Ihr Gesicht im dargestellten Rahmen befindet.
5. Kreisen Sie nun Ihren Kopf so, dass er in einer Rundumsicht aufgenommen wird – so lange, bis der angezeigte Kreis vervollständigt wird.
6. Bestätigen Sie mit *Fertig*, um den Vorgang abzuschließen.

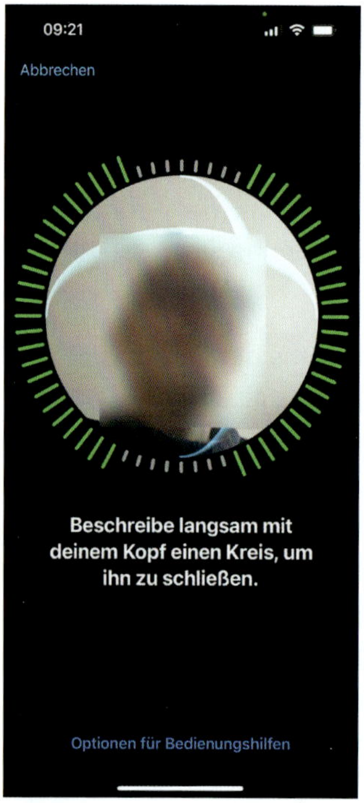

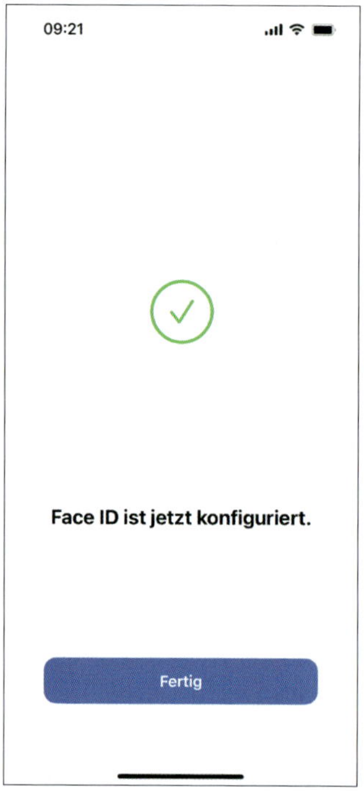

Info zum Datenschutz

Die Face ID wird laut Apple nur auf Ihrem iPhone gespeichert und nicht übers Internet verschickt.

Sie finden in den *Einstellungen* unter *Face ID & Code* noch weitere Einstellungen für die Face ID:

- *Face ID verwenden für:* In diesem Abschnitt entscheiden Sie, wofür Sie die Face ID einsetzen möchten, also zum Entsperren des iPhones, für Ihre Einkäufe in den integrierten Stores, zum automatischen Ausfüllen von Passwörtern oder – sofern vorhanden – auch für die Anmeldung in Apps von Drittanbietern.

Dank Face-ID sparen Sie sich so manche Passworteingabe

- *Face ID zurücksetzen:* Wenn Sie den Eindruck gewinnen, dass die Face ID nicht zuverlässig genug funktioniert, wählen Sie diese Option und führen einen erneuten Gesichtsscan durch.
- *Aufmerksamkeitsprüfung für Face ID:* Diese Option ist standardmäßig aktiviert und sorgt dafür, dass das Entsperren per Face ID nur erfolgt, wenn Sie auf das iPhone blicken.
- *Aufmerksamkeitssensible Funktionen:* Auch diese Option ist standardmäßig aktiviert. Bei bestimmten Funktionen wie beispielsweise dem Ändern der Hinweislautstärke wird ebenfalls zunächst die Aufmerksamkeit geprüft, bevor sie ausgeführt werden.

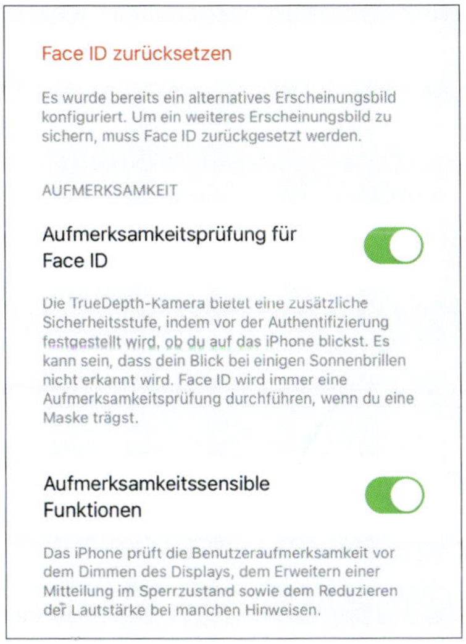

Damit die Face ID nicht missbraucht werden kann, etwa wenn Sie schlafen, wird bei der Nutzung Ihre Aufmerksamkeit überprüft

Die Nano-SIM-Karte durch eine SIM-Sperre schützen

Die SIM-Sperre haben Sie bereits im Zusammenhang mit dem Entsperren der Nano-SIM-Karte kennengelernt. Grundsätzlich ist die SIM-Sperre eine nützliche Einrichtung, denn damit schützen Sie die Funktionen der Nano-SIM-Karte, damit diese nicht einfach in einem anderen Mobiltelefon weiterverwendet werden kann. Das Einrichten der SIM-Sperre erfolgt, Sie erinnern sich, in den *Einstellungen* unter *Mobilfunk*, indem Sie sich dort für den Eintrag *SIM-PIN* entscheiden, die Option *SIM-PIN* aktivieren und die zugehörige Geheimzahl eintippen, die Sie zusammen mit der Nano-SIM-Karte erhalten haben.

Aktivieren Sie die Option »SIM-PIN«, um die Nano-SIM-Karte vor unbefugter Benutzung zu schützen

Regelmäßig das zu Ihrer Apple-ID gehörende Passwort ändern

Schließlich gehört zum Thema Sicherheit auch Ihre Apple-ID bzw. das zur Apple-ID gehörende Passwort. Auch im Zusammenhang mit Ihrer Apple-ID werden eine Menge Daten gespeichert, die es unbedingt zu schützen gilt. Ich empfehle Ihnen, das Passwort in regelmäßigen Abständen zu ändern. Ein sicheres Passwort besteht aus einer willkürlichen Folge von mindestens acht Groß- und Kleinbuchstaben, Ziffern sowie Sonderzeichen. Verwenden Sie als Passwort nicht die Namen von Familienmitgliedern oder Haustieren oder sonstige einfach zu erratende Passwörter! Um das zu Ihrer Apple-ID gehörende Passwort zu ändern, gehen Sie folgendermaßen vor:

1. Öffnen Sie die *Einstellungen* und tippen Sie auf Ihr Benutzerkonto.
2. Wählen Sie den Eintrag *Passwort & Sicherheit*.
3. Entscheiden Sie sich als Nächstes für die Option *Passwort ändern*.

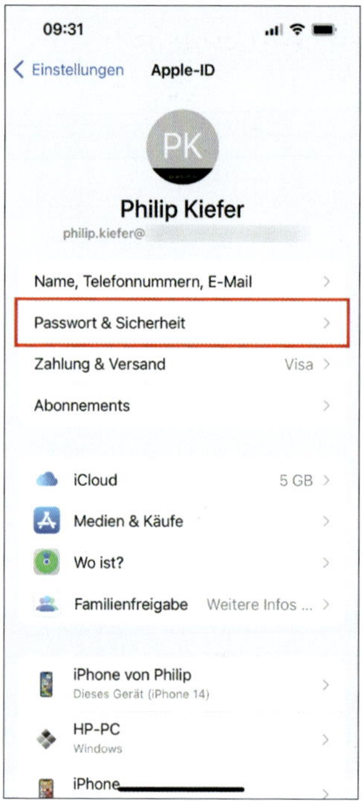

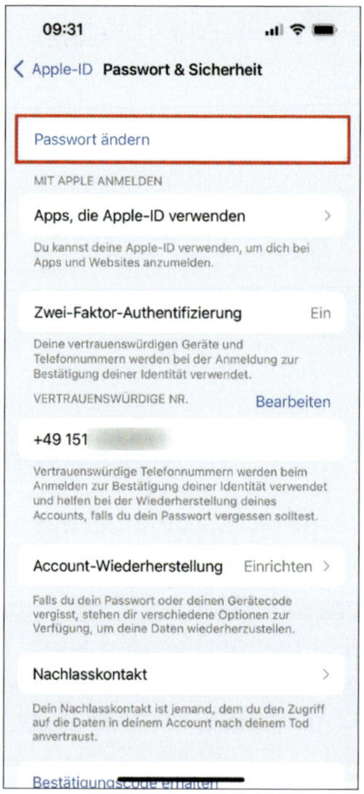

4. Geben Sie den Code zum Entsperren Ihres iPhones ein.
5. Geben Sie zweimal das neue Passwort ein und bestätigen Sie mit *Ändern*.

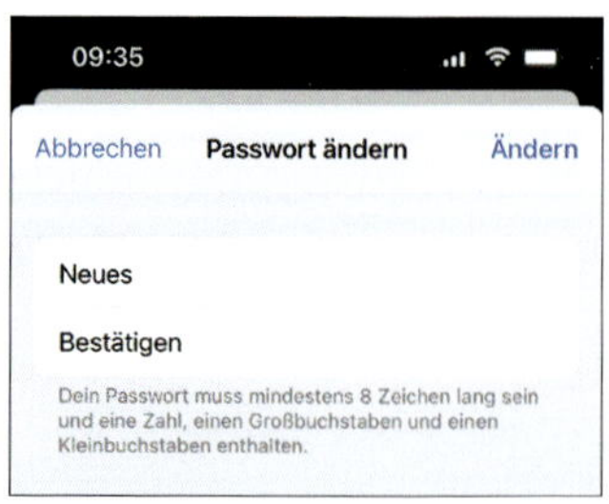

Das zur Apple-ID gehörende Passwort kann alternativ auch unter der Webadresse *appleid.apple.com* geändert und verwaltet werden. Als zusätzliche Absicherung empfiehlt sich die ebenfalls angebotene Zwei-Faktor-Authentifizierung.

Ein verloren geglaubtes iPhone übers Internet orten

Ihr iPhone ist Ihnen während einer Busfahrt aus der Tasche gerutscht oder Sie haben es beim Shoppen in der Umkleidekabine verloren? Kein Problem, denn Ihr iPhone lässt sich übers Internet orten. Voraussetzung ist, dass das iPhone eingeschaltet ist und dass Sie die Option *Mein iPhone suchen* festgelegt haben (in den *Einstellungen* Ihren Account antippen, dann *Wo ist?* wählen und unter dem Eintrag *Mein iPhone suchen* den Schalter *Mein iPhone suchen* aktivieren; schalten Sie hier ggf. auch die Optionen *„Wo ist?"-Netzwerk* sowie *Letzten Standort senden* ein, um den letzten Standort im Internet zu speichern, wenn der Akku schlappmacht).

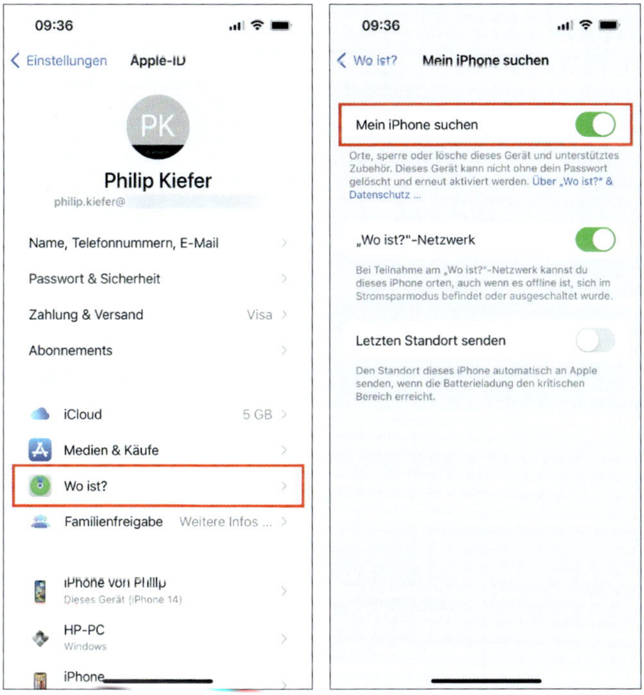

Aktivieren Sie die Option »Mein iPhone suchen«

Die Option *Mein iPhone suchen* empfehle ich in jedem Fall zu aktivieren, da sie den zusätzlichen Vorteil bietet, dass bei eingeschalteter Option ein iPhone nicht ohne Eingabe des zur Apple-ID gehörenden Passworts zurückgesetzt bzw. aktiviert werden kann. Ein potenzieller Dieb könnte mit dem Gerät also relativ wenig anfangen.

Das Orten des iPhones kann entweder in einem Webbrowser erfolgen oder alternativ mit der App *Wo ist?*, die auf iPhones, iPads und Macs zur Verfügung steht. Diese App kann übrigens auch für die Ortung anderer Nutzer (sofern diese es wünschen) verwendet werden. Hier stelle ich die Ortung des iPhones Schritt für Schritt im Browser am PC dar:

1. Öffnen Sie die Webadresse *www.icloud.com* und melden Sie sich mit Ihrer Apple-ID an.

2. Klicken Sie im nächsten Schritt auf die Web-App *Wo ist?*. Geben Sie anschließend noch mal das zu Ihrer Apple-ID gehörende Passwort ein.

3. Klicken Sie in der Leiste oben auf das dort angezeigte Menü *Alle Geräte*, um alle Geräte einzublenden, bei denen die Suchoption aktiviert ist.

4. Wählen Sie in der Geräteliste Ihr iPhone aus.

5. Der Standort des iPhones wird auf der Karte hervorgehoben. Gleichzeitig wird ein Menü mit verschiedenen Optionen eingeblendet.

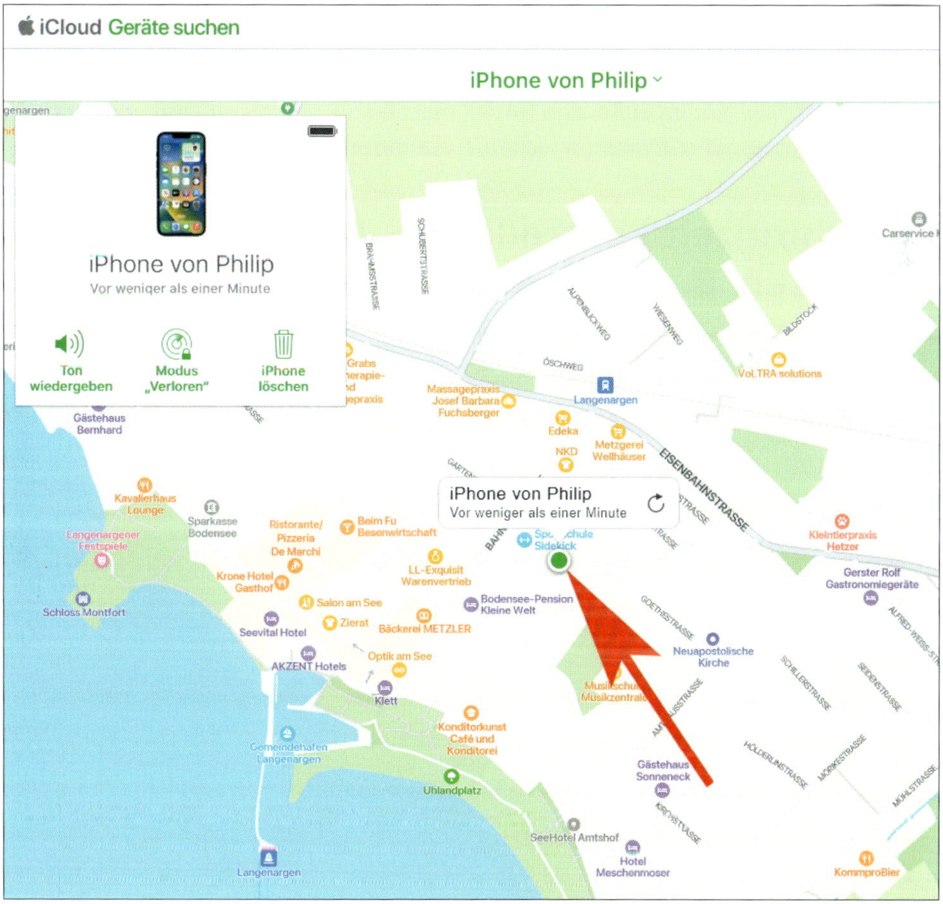

Die eingeblendeten Optionen verwenden Sie, wenn Sie denken, dass es länger dauern wird, bis Sie wieder an Ihr iPhone gelangen – oder wenn Sie dies gar nicht mehr erhoffen.

Dies sind die Optionen:

- *Ton wiedergeben:* Wenn Sie sich für diese Option entscheiden, wird auf dem iPhone ein lauter Signalton wiedergegeben und es erscheint ein Hinweis auf dem Display. Diese Option kann übrigens auch dann hilfreich werden, wenn Sie Ihr iPhone mal im Haus verlegt haben.
- *Modus „Verloren“:* Mit dieser Option versehen Sie Ihr iPhone aus der Ferne mit einer Code-Sperre, falls Sie eine solche zuvor nicht schon eingerichtet hatten. Sie können außerdem Ihre Rufnummer für die Kontaktaufnahme durch den ehrlichen Finder auf dem iPhone anzeigen lassen.

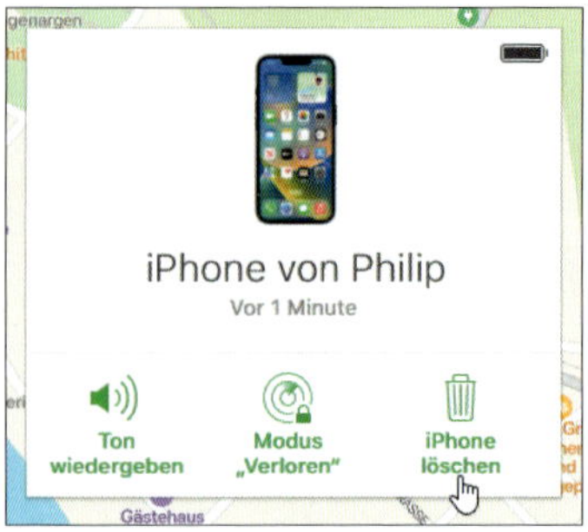

Ihr iPhone wurde geklaut? Dann löschen Sie sämtliche Daten, damit wenigstens diese nicht in unbefugte Hände fallen

- *iPhone löschen:* Nur im äußersten Notfall machen Sie von dieser Option Gebrauch, bei der das iPhone auf den ursprünglichen Zustand zurückgesetzt wird.

Bildschirmzeit kontrollieren, App-Limits einrichten, Beschränkungen konfigurieren

Für die mediale Selbstkontrolle, aber auch als »Kindersicherung« für minderjährige iPhone-Nutzer interessant sind die Optionen, die sich auf Ihrem iPhone in den *Einstellungen* unter dem Eintrag *Bildschirmzeit* finden lassen. Zunächst mal wird Ihnen in den *Einstellungen*

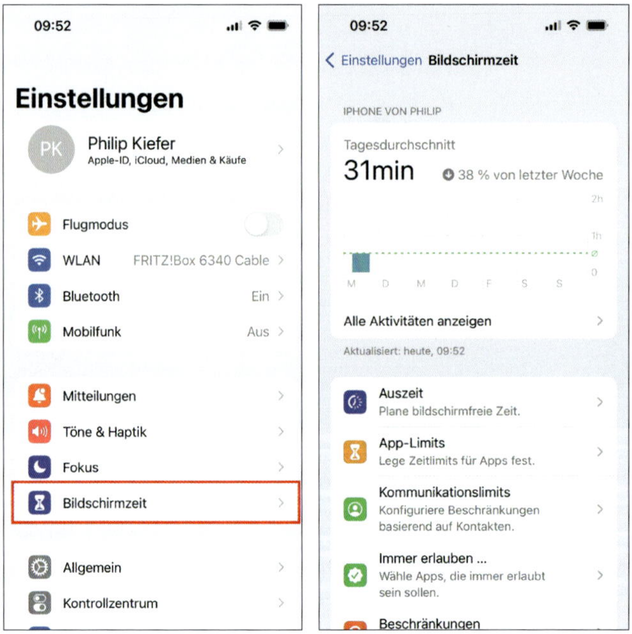

Erhalten Sie automatisierte Informationen, wie Sie die Zeit am iPhone-Bildschirm nutzen

unter *Bildschirmzeit* angezeigt, wie viel Zeit Sie am iPhone-Display verbringen und welche Aktivitäten Sie bei der iPhone-Nutzung ausüben. Informationen zur Bildschirmzeit können Sie auch auf der Seite links neben der ersten Seite des Home-Bildschirms in einem Widget aufrufen.

Sie können nun für sich selbst oder für einen Sprössling, der das iPhone verwendet, Auszeiten, App-Limits und weitere Beschränkungen einrichten. Die *Auszeit* aktivieren Sie unter dem gleichlautenden Eintrag, um anschließend eine bildschirmfreie Zeit festzulegen, in der nur diejenigen iPhone-Apps zur Verfügung stehen, die Sie unter dem Eintrag *Immer erlauben* festlegen. Unter *Kommunikationslimits* können Sie zudem Kontakte auswählen, die auch während der bildschirmfreien Zeit mit Ihnen selbst bzw. dem Sprössling kommunizieren dürfen.

Eine Alternative zur globalen Auszeit sind Zeitbeschränkungen für bestimmte Apps. Diese Zeitbeschränkungen legen Sie unter dem Eintrag *App-Limits* fest, indem Sie einen App-Typ auswählen, dann die entsprechenden Apps markieren und auf *Limit hinzufügen* tippen, um die gewünschten Einstellungen vorzunehmen.

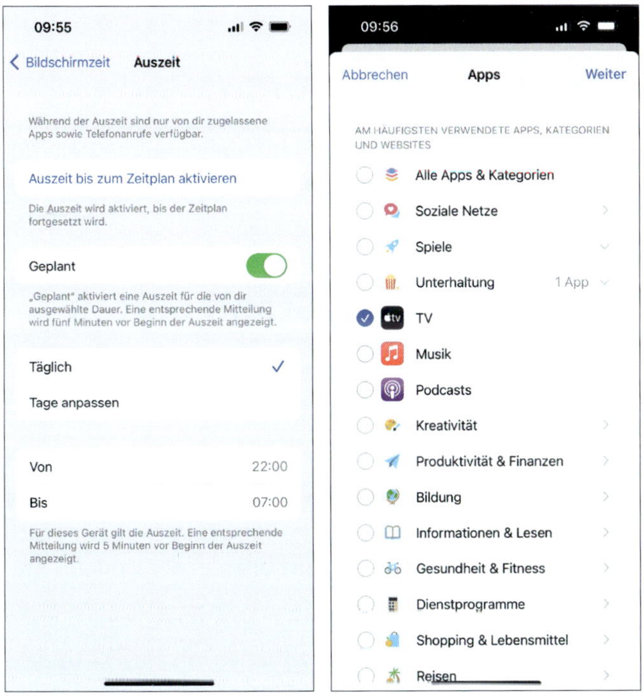

Schränken Sie Ihre Bildschirmzeit durch Auszeiten und App-Limits ein

Ein ganzer Strauß weiterer Beschränkungen lässt sich unter dem Eintrag *Beschränkungen* einrichten. Damit lassen sich unterschiedliche – beispielsweise nicht jugendfreie – Inhalte ausblenden oder ungewünschte Änderungen verhindern. Tippen Sie jeweils einen Eintrag an, um Ihre Einstellung dazu vorzunehmen.

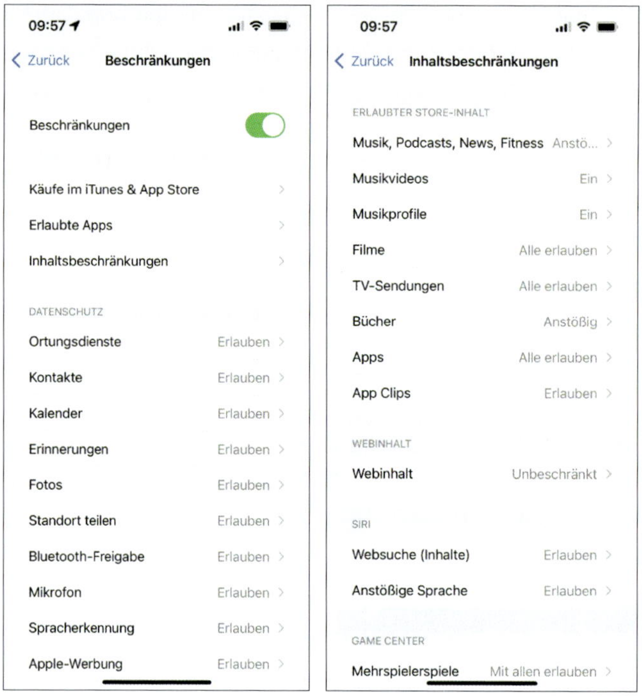

Nehmen Sie die unterschiedlichsten Beschränkungen vor, beispielsweise Inhaltsbeschränkungen für Filme, abhängig von deren Altersfreigabe

Ihre Einstellungen zur Bildschirmzeit lassen sich übrigens auch auf mehreren Geräten nutzen, wenn Sie in den *Einstellungen* unter *Bildschirmzeit* den Schalter *Geräteübergreifend teilen* aktivieren.

iOS jederzeit auf dem aktuellsten Stand halten

Für das iPhone-Betriebssystem iOS gab es in den letzten Jahren jedes Jahr ein großes Update. Es gibt aber auch immer wieder mal kleinere Aktualisierungen, die Fehler ausmerzen oder Funktionen verbessern.

Wenn ein Update vorliegt, wird Ihnen dies auf Ihrem iPhone durch ein Kennzeichen auf dem Symbol der *Einstellungen* angezeigt. Standardmäßig werden die Updates automatisch durchgeführt, jedoch können Sie sich auch für eine manuelle Installation der Updates entscheiden.

Um Ihre Einstellungen zu den iOS-Updates zu prüfen bzw. um zu sehen, ob ein iOS-Update vorliegt, wählen Sie in den *Einstellungen* unter *Allgemein* den Eintrag *Softwareupdate*. Es wird nach Updates gesucht. Falls ein solches vorliegt, wird es Ihnen zur Installation angeboten. Beachten Sie, dass bei größeren Updates ausreichend Speicherplatz auf dem iPhone zur Verfügung steht – falls der Speicherplatz nicht ausreicht, weist Ihr iPhone Sie darauf hin.

Die Softwareaktualisierung kann direkt auf dem iPhone durchgeführt werden – entweder automatisch oder manuell

Mit Updates manchmal lieber warten

Seien Sie bei den Updates nicht einer der ersten, sondern warten Sie mit der Installation einer Aktualisierung lieber einen oder zwei Tage ab. Es kam schon vor, dass Apple fehlerbehaftete iOS-Versionen veröffenticht hat und im schlimmsten Fall bei einigen Nutzern das iPhone während der Installation im Wartungszustand hängen blieb. Lassen Sie ruhig andere erst mal das Update testen, bevor Sie es selbst auf das iPhone ziehen.

Für den Verkauf oder einen Neuanfang: das iPhone zurücksetzen

Wenn Sie Ihr iPhone irgendwann mal verkaufen oder an einen Verwandten weiterreichen sollten, z. B., weil Sie ein neueres Modell erworben haben, oder wenn Sie auf Ihrem iPhone mit den in diesem Buch gewonnenen Erkenntnissen einfach noch mal neu anfangen wollen, setzen Sie das iPhone auf die Werkseinstellungen zurück, wobei sowohl sämtliche Inhalte als auch alle Einstellungen gelöscht werden. Legen Sie zuvor, wie in Kapitel 14 beschrieben, ein Backup an! Zum Zurücksetzen auf die Werkseinstellungen gehen Sie nun folgendermaßen vor:

1. Entscheiden Sie sich in den *Einstellungen* für *Allgemein* und wählen Sie anschließend ganz unten den Eintrag *iPhone übertragen/zurücksetzen*.

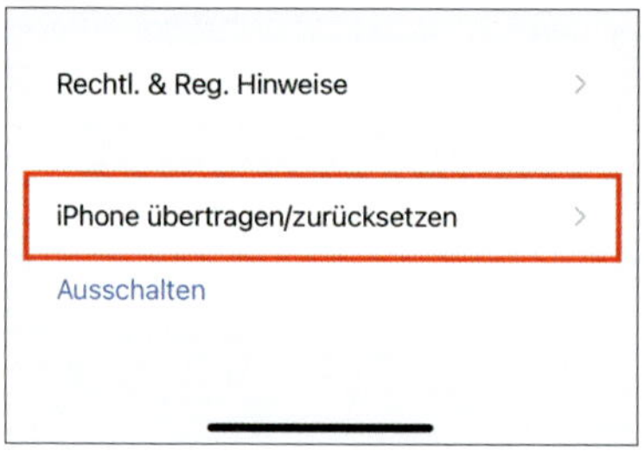

2. Tippen Sie auf *Alle Inhalte & Einstellungen löschen*.
3. Bestätigen Sie die folgenden Hinweise mit *Fortfahren*.

4. Geben Sie den Code ein, mit dem Sie Ihr iPhone schützen.
5. Es wird nochmals ein iCloud-Backup durchgeführt. Wenn Sie dieses nicht benötigen, können Sie das Hochladen des Backups aber auch überspringen.
6. Sie werden außerdem dazu aufgefordert, die iPhone-Suche zu deaktivieren, indem Sie das zu Ihrer Apple-ID gehörende Passwort eingeben und auf *Deaktivieren* tippen.

7. Bestätigen Sie mit *iPhone löschen*, um das Zurücksetzen auf die Werkseinstellungen durchzuführen.

Sie müssen nicht gleich das ganze iPhone zurücksetzen, sondern es lassen sich unter *iPhone übertragen/zurücksetzen* und dort unter *Zurücksetzen* auch einzelne Elemente zurücksetzen. Hier die weiteren Optionen:

- *Alle Einstellungen zurücksetzen* löscht sämtliche von Ihnen vorgenommenen Einstellungen, jedoch nicht die auf dem iPhone vorhandenen Apps und Dateien.
- *Netzwerkeinstellungen* löscht sämtliche WLAN-Verbindungsdaten, die entsprechenden Passwörter müssen für eine Verbindung neu eingegeben werden.
- *Tastaturwörterbuch* löscht sämtliche Daten, die das Tastaturwörterbuch durch Ihre Eingaben mit der Zeit »gelernt« hat.

- *Home-Bildschirm* richtet den Home-Bildschirm wieder im ursprünglichen Zustand ein, wobei aber keine von Ihnen installierten Apps gelöscht werden – diese werden lediglich alphabetisch sortiert.
- *Standort & Datenschutz:* macht alle im Hinblick auf Standortzugriff und Datenschutz gemachten Freigaben rückgängig.

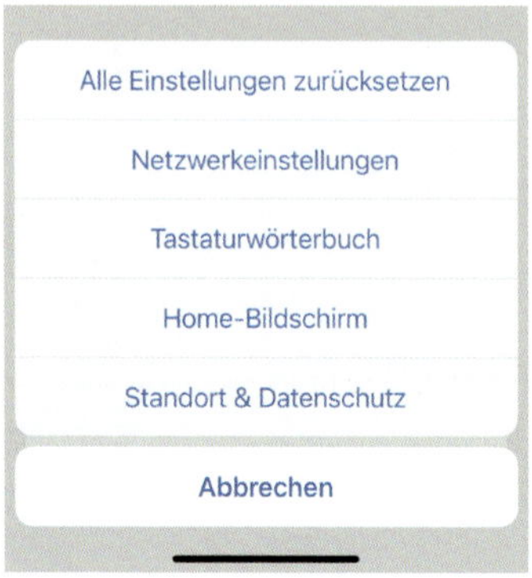

Statt des ganzen iPhones lassen sich auch einzelne Einstellungen zurücksetzen

Sie sehen: Mit Ihrem iPhone können Sie gar nichts falsch machen bzw. Fehler aller Art lassen sich schnell wieder korrigieren. Haben Sie einfach eine Menge Spaß damit!

Seite für Fortgeschrittene

Sie möchten Kenntnisse darüber erlangen, wie Sie Ihr iPhone in den DFU-Modus versetzen (DFU steht für **D**evice **F**irmware **U**pdate) oder einen Jailbreak durchführen (einen »Gefängnisausbruch«, gemeint ist damit das Lösen der Bindung an App Store und iTunes Store)? Unter der Webadresse *iszene.com* finden Sie ein großes iPhone-Forum, in dem auch solche Themen rege zur Sprache kommen.

Stichwortverzeichnis

D

E

F

S

W

Y

Z